国家自然科学基金重点项目
"城市交通治理现代化理论研究"

面向2035年中国城市交通发展战略

汪光焘　郭继孚　陈小鸿◎等 著

TOWARDS 2035: CHINA'S URBAN TRANSPORT DEVELOPMENT STRATEGY

中国建筑工业出版社

图书在版编目（CIP）数据

面向2035年中国城市交通发展战略 = TOWARDS 2035: CHINA'S URBAN TRANSPORT DEVELOPMENT STRATEGY / 汪光焘等著. —北京：中国建筑工业出版社，2023.12
ISBN 978-7-112-29371-1

Ⅰ.①面… Ⅱ.①汪… Ⅲ.①城市交通系统—经济发展战略—研究—中国 Ⅳ.①F572.3

中国国家版本馆CIP数据核字（2023）第233191号

责任编辑：李玲洁　杜　洁
书籍设计：锋尚设计
责任校对：芦欣甜

面向2035年 中国城市交通发展战略
TOWARDS 2035: CHINA'S URBAN TRANSPORT DEVELOPMENT STRATEGY
汪光焘　郭继孚　陈小鸿　等　著

*

中国建筑工业出版社出版、发行（北京海淀三里河路9号）
各地新华书店、建筑书店经销
北京锋尚制版有限公司制版
北京富诚彩色印刷有限公司印刷

*

开本：880毫米×1230毫米　1/16　印张：19¼　字数：464千字
2024年3月第一版　2024年3月第一次印刷
定价：**168.00**元
ISBN 978-7-112-29371-1
（42140）

版权所有　翻印必究
如有内容及印装质量问题，请联系本社读者服务中心退换
电话：（010）58337283　QQ：2885381756
（地址：北京海淀三里河路9号中国建筑工业出版社604室　邮政编码：100037）

编委会

汪光焘　郭继孚　陈小鸿　孙明正　王　婷
叶建红　陈　明　王继峰　安　健　张　华

编写组分工

篇章	作者
《面向 2035 年 中国城市交通发展战略》	
《面向 2035 年 中国城市交通发展战略》综合报告	郭继孚　汪光焘　陈小鸿　孙明正　王　婷　叶建红 陈　明　安　健　王继峰　张　华　刘奕彤
城市交通问题本质是提升城市的基础公共服务水平	汪光焘　郭继孚　陈小鸿　孙明正　张　华　王　婷
专题一： 影响我国城市交通发展的基础问题研究	王　颖　陈　明　张丹妮　骆芊伊
专题二： 发展绿色交通 营造高品质宜居城市	孔令斌　王继峰　郝　媛　赵珺玲　刘　冉
专题三： 新基建背景下城市交通发展的新挑战	张晓春　安　健　黄　泽　李正行　黎旭成　高　亮
专题四： 建设交通强国对城市交通发展要求	郭继孚　孙明正　王　婷　刘奕彤　王　晴　贾思琦 黄克同
专题五： 我国城市交通发展状况和展望	陈小鸿　张　华　涂颖菲　叶建红　杨　超　雷凌云 刘若云

序

"城市交通治理能力现代化理论研究"是国家自然科学基金委员会管理学部 2017 年度重点项目（71734004），于 2023 年 3 月结题并通过验收。该项目的主要成果是提出了城市交通治理现代化理论架构，主要内容是：一、明确城市交通的基础公共服务属性定位，界定城市交通治理现代化的内涵；二、构建认识论、方法论、对策论"三位一体"的城市交通治理基础理论体系；三、提出融合"三元空间""三股源流"的城市交通治理基础理论研究两维矩阵架构；四、融合"目标—要素—杠杆"的城市交通技术对策体系，构建基于"价值—信任—合作"的城市交通治理体系；五、城市交通"三元空间"中的利益相关者识别及权责关系界定方法。

课题结题阶段，正值党的二十大召开，课题组深入学习了党的二十大精神。在党的二十大提出全面建设社会主义现代化国家新征程的大背景下，围绕党的二十大报告指出"坚持人民城市人民建、人民城市为人民，提高城市规划、建设、治理水平，加快转变超（特）大城市发展方式，实施城市更新行动，加强城市基础设施建设，打造宜居、韧性、智慧城市"的要求，课题组成员认识到，城市交通问题是城市全体居民生存和发展的基本需要，保障城市安全、高效、低能耗、可持续运行，在城市高质量建设和发展中承担着重要角色，在新型城镇化战略中发挥着举足轻重的作用。课题组深入开展了课题成果转化的研究工作。组织开展《面向 2035 年 中国城市交通发展战略》的研究工作，目的是基于我国当前的发展阶段，从国家战略高度进一步论述城市交通与经济、与民生、与生态文明、与科技创新等关系，阐述新时代的城市交通内涵与外延，发展愿景、模式与路径，旨在面向我国基本实现现代化的未来，坚持我国行政制度的法治思维，突出发展阶段的时代特征，以战略的眼光和务实的精神，引领城市交通的研究工作。

城市交通问题内容广泛，综合性强，有多元融合的特征，需坚持多学科思维系统论方法研究。而遵循什么准则来研究城市交通（即城市交通问题的定位），促进和实现城市和城市交通的高质量发展，是首先需要明确的问题。《城市交通问题本质是提升城市的基础公共服务水平》就城市交通定位问题进行了系统的研究和梳理，提出了城市交通问题的定位："城市交通问题归属于城市的基础公共服务范畴，本质是提升城市的基础公共服务水平"。具体来说就是：城市交通的基础公共服务是指由政府主导，鼓励市场主体企业参与，为城市居民的生活、工作及游憩等必不可少的人和物的移动需求提供服务，是城市可持续运行的基本保障。在此基础上，制定《面向 2035 年 中国城市交通发展战略》的总体思路是建立和完善城市交通的基础公共服务供给体系和运行机制，从综合性、整体性的角度出发，提出城市交通的基础公共服务体系。

《面向 2035 年 中国城市交通发展战略》综合报告首先梳理了我国发展以及我国城市交通发展的阶段特征，分析提炼了未来城市交通发展面对的热点和难点问题。在此基础上，回顾了城市交通新理论的形成，提出了城市交通发展的新要求、新定位、新目标与原则。最后明确制定《面向 2035 年 中国城市交通发展战略》的总体思路是建立和完善城市交通的基础公共服务供给体系和运行机制。应坚持问题导向和目标导向结合，以战略的眼光解决现实问题。应坚持改革促进发展。应坚持城市政府的主导地位。应坚持提高居民获得感，提升城市可持续发展能力和竞争力。城市交通的基础公共服务体系可归纳为三大类十项具体行动，三大类是提升基本生活需求的服务水平、支撑和服务国家战略实施、增强城市的基础公共服务水平能力，为未来城市交通发展明确了行动方向。

五个专题报告《专题一：影响我国城市交通发展的基础问题研究》《专题二：发展绿色交通 营造高品质宜居城市》《专题三：新基建背景下城市交通发展的新挑战》《专题四：建设交通强国对城市交通发展要求》《专题五：我国城市交通发展状况和展望》从不同角度就中国城市交通发展的社会发展影响背景、发展问题和方向以及城市交通发展面向的重大问题进行了深入研究和分析，研究成果形成对《面向2035年 中国城市交通发展战略》综合报告的支撑。

本书编制的工作基础是中国城市交通发展论坛十几年来召开的30余次论坛对城市交通理论问题和交通治理实践的研讨成果、2012年以来在国家自然科学基金项目的支持下开展和形成的"我国城市交通公交优先发展战略研究""新常态下城市交通理论创新与发展对策研究""城市交通治理现代化理论研究"等理论研究成果，以及在此基础上形成的城市交通学理论和中国各地城市已经形成的经验和成果等，这些都为编写本书提供了理论基础。

在本书研究和成稿过程中，中国城市交通发展论坛成员单位尤其是中国城市规划设计研究院孔令斌、赵一新、殷广涛，上海市城乡建设和交通发展研究院薛美根、朱洪，广州市交通规划研究院有限公司景国胜、江雪峰，深圳市城市交通规划设计研究中心股份有限公司林涛、田锋、杨宇星，南京市城市与交通规划设计研究院股份有限公司杨涛，重庆市交通规划研究院周涛，北京市城市规划设计研究院郑猛，成都设计咨询集团有限公司陆辉、罗斌，天津市城市规划设计研究总院有限公司崔扬、东南大学陈学武、北京工业大学陈艳艳、北京交通大学徐猛、河海大学单肖年等专家学者多次参与了研究成果的讨论并提出了意见和建议，中国人民大学冯玉军、叶裕民、周晓英，北京工业大学熊文、时玥，北京市城市规划设计研究院魏贺等专家学者提供了有关公共服务方面的研究资料，在此深表感谢。同时，感谢课题组成员、各位撰稿人以及统稿人北京交通发展研究院孙明正的辛勤付出，感谢中国建筑工业出版社领导和责任编辑在本书出版过程中给予的帮助和支持。

2023年9月

目录

序

《面向 2035 年 中国城市交通发展战略》   1

    一、中国城市发展的阶段特征   3
    二、中国城市交通的阶段特征   3
    三、中国城市交通问题的新定位   3
    四、中国城市交通发展的新目标   4
    五、重点行动   6

《面向 2035 年 中国城市交通发展战略》综合报告   13

    一、中国城市发展的回顾及阶段特征   16
    二、中国城市交通发展新要求   22
    三、中国城市交通发展新定位、新目标   25
    四、重点行动   27

城市交通问题本质是提升城市的基础公共服务水平   77

    一、关于新发展阶段明确城市交通问题定位的必要性   82
    二、城市交通问题的定位   85
    三、城市交通问题定位为基础公共服务的遵循原则   88
    四、城市交通问题是城市的基础公共服务的内在逻辑   89
    五、城市交通的基础公共服务的供给体系和运行机制   92
    六、结束语   95

专题一　影响我国城市交通发展的基础问题研究　　103

- 一、我国的经济转型历程与政策机制变化　　105
- 二、我国人口流动格局变化　　110
- 三、我国财税制度与城市交通　　114
- 四、我国特色行政体制与城市交通　　124
- 五、我国法律制度与城市交通　　132
- 六、总结与展望　　133

专题二　发展绿色交通　营造高品质宜居城市　　135

- 一、绿色交通发展背景与要求　　137
- 二、城市绿色交通发展历程回顾　　138
- 三、城市绿色交通发展目标与要求　　144
- 四、绿色交通与节能减排　　149
- 五、绿色交通与人的高品质出行　　154
- 六、绿色交通与城市协同发展　　159
- 七、绿色交通与城市更新和品质提升　　163
- 八、推动城市绿色交通发展的行动建议　　167

专题三　新基建背景下城市交通发展的新挑战　　171

- 一、城市交通基础设施是城市高质量发展的重要基础　　173
- 二、构建现代化的交通基础设施已上升成为国家战略　　174
- 三、新基建背景下的城市交通未来发展趋势　　178
- 四、围绕城市交通内涵树立城市交通新基建发展目标　　179
- 五、城市交通新基建网络的构建与运行　　186
- 六、新基建背景下的现代化城市交通治理　　190
- 七、结束语　　194

专题四 建设交通强国对城市交通发展要求   **195**

    一、对交通问题和《交通强国建设纲要》的基本认识   197

    二、创新建设现代化城市与《交通强国建设纲要》实施融合   200

    三、高质量城市交通支撑交通强国建设   213

专题五 我国城市交通发展状况和展望   **219**

    一、中国特色的机动化进程   221

    二、城市交通供需发展的基本特征   226

    三、我国城市交通发展存在问题总结   239

    四、面向未来的城市交通发展展望   263

附录 三份国内外城市交通有关报告的比较与评述   **287**

《面向2035年中国城市交通发展战略》

一、中国城市发展的阶段特征

二、中国城市交通的阶段特征

三、中国城市交通问题的新定位

四、中国城市交通发展的新目标

五、重点行动

引言

中国正在推进中国式现代化建设，城市现代化是重要标志。城市交通治理能力的现代化，是城市现代化的重要内容，关键是提升城市的基础公共服务水平，形成政府—社会—公众之间协同合作机制，提高人民群众的满意度。依照这个指导思想，制定《面向 2035 年 中国城市交通发展战略》，目的是制定城市交通政策的基本准则，明确政策制定的方向，也是研究城市交通问题的技术措施要把握的方向。

一、中国城市发展的阶段特征

城市是经济、政治、社会、文化等方面活动的中心。

城镇化将进入 70% 人口生活在城市的时代。

城市进入"区域化、数字化、低碳化"的转型发展时代。

超（特）大城市和中心城市转型发展的新要求。

让城市居民更加宜居、宜业、安全是国家现代化水平的标志。

二、中国城市交通的阶段特征

城市交通整合优化存量资源要素为城市注入新活力。

城市交通是新技术、新服务、新模式广泛应用的领域。

城市交通在城市高质量建设和发展中承担着重要角色。

三、中国城市交通问题的新定位

城市交通问题归属于城市的基础公共服务范畴，本质是提升城市的基础公共服务水平。

（一）定位遵循的三个原则

1．城市交通问题具有城市基础公共服务的属性

城市交通的公共性支撑城市公共资源的开发与合理利用；面向市民的开放性与无差别使用，体现城市交通服务的普遍性和基础性。

2．普惠性非基本公共服务是城市交通设施和服务供给的权责定位

城市交通设施和服务供给要适应多元化、有差别需求。非基本公共服务可以由市场供给，但须按照政府确定的规则进行。政府可以运用普惠性非基本公共服务方式供给。这是政府职能转变的必然要求。

3．城市交通问题在城市发展中具有基础性作用

城市交通是连接和实现城市其他三大功能（居住、就业、游憩）的纽带与功能转换载体，直接影响城市的生产效率和人们的生活品质。

（二）定位的内涵

城市交通的基础公共服务：是指由政府主导，鼓励市场主体企业参与，为城市里居住人们的生活、工作及游憩等必不可少的人和物的移动需求提供服务，是城市可持续运行的基本保障。

服务的决策：交通需求与交通供给的协同管理，其核心是权衡城市可持续运行和居民权益之间的利弊关系。

服务的场景：提供城市交通设施和运行服务（即城市交通网络的构建和运行）。

服务的方式：政府以财政资金提供，或者经政府特许经营和监管由企业提供。

服务的运行机制：城市居民纳税和使用者付费相结合。

（三）定位具有三项特征

1. 城市交通是在城市生活的居民同等享有的权利

城市交通不是为特定个体服务的，而是保障全体人民生存和发展基本需要并与经济社会发展水平相适应的公共服务，由政府承担保障供给数量和质量的主要责任，引导市场主体和公益性社会机构补充供给。

2. 财政资金是城市的基础公共服务重要支撑要素

财政资金支持城市交通基础设施建设及调控服务居民出行的企业运行和效益，是城市交通网络构建和运行的基础。财政资金关系财政事权和支出责任，由此决定了形成的实物资产是公共资源。

3. 在法律制度方面，城市交通的主体与活动既受私法调整，也受公法调整

城市交通中的公共交通、道路交通设施、管理与服务以及必要的技术、财政支撑等，主要由公法调整。私人交通以及一部分由市场提供的个性化交通服务虽然不是公共服务，但由于占用公共资源，公法也在一定范围或程度上进行调整。政府与私营部门的合作方式，由于无差别提供普遍性出行服务，便具有一定"公共"性质，因此也需有公法一定程度的介入，一般表现为特许方式。

四、中国城市交通发展的新目标

（一）未来城市交通发展的战略方向（"五个坚持"）

（1）坚持问题导向和目标导向相结合，以战略的眼光解决现实问题；
（2）坚持改革促进发展；

（3）坚持城市政府的主导地位；
（4）坚持提高居民获得感；
（5）坚持提升城市可持续发展能力和竞争力。

（二）城市交通发展的新要求（"五个更加"）

（1）更加注重公平性、包容性；
（2）更加突出绿色低碳发展；
（3）更加强调包括安全、韧性的全面可持续；
（4）更加突出信息化和智慧化；
（5）更加强调"政府—社会—公众"协同治理。

（三）形成"政府—社会—公众"之间协同合作的城市交通治理机制（处理好"四个关系"）

（1）处理好满足城市居民需求和组织城市运行的基本关系；
（2）处理好人与物的流动与城市运行的安全、效率和资源消耗的关系；
（3）处理好政府与市场之间的关系；
（4）处理好公平与效率之间的关系。

（四）建立和完善城市交通供给体系与运行机制相融合的城市基础公共服务体系（落实好"三项要求"）

（1）城市居民享有同等权利；
（2）有效市场和有为政府更好结合；
（3）基础设施网络高质量发展。

（五）城市的基础公共服务体系应当符合标准（衡量是"五项标准"）

（1）标准1：经济的可行性；
（2）标准2：财政的可承受性；
（3）标准3：社会的可接受性；
（4）标准4：环境的可持续性；
（5）标准5：安全的可保障性。

五、重点行动

按照国家治理体系和治理能力现代化建设的总体要求，围绕着推进城市交通治理能力现代化开展三大类十项行动：提升基本生活需求的服务水平（行动一至行动四）；支撑和服务国家战略实施（行动五至行动八）；增强城市的基础公共服务水平能力（行动九和行动十）。

（一）行动一："15分钟生活圈"服务与环境品质提升行动

该行动是地方城市政府实施城市更新行动的重要组成部分。

主要思路：提出15分钟生活圈交通活动非机动化理念。即，以步行交通出行服务半径为基础，来落实15分钟生活圈建设，实现生活类公共服务资源便捷可达、街道空间品质显著提升，改善城市交通的基础公共服务水平、提升城市宜居水平，从而满足人民对于美好生活向往的重要支撑。

中央政府有关部门应：

统筹协调国家层面城市规划建设和城市更新的技术标准和规程，并提供相应的技术指导。

地方城市政府应：

（1）制定"15分钟生活圈"城市交通更新规划并组织实施。以公共交通站点为核心构建"15分钟生活圈"，营造步行、自行车友好的街区空间环境，开展人性化、精细化的街道空间设计，构建全龄友好的无障碍出行环境。

（2）在资金、政策等方面给予区以下街镇支持，加强部门协同，确保"15分钟生活圈"规划建设与城市更新、城中村改造等工作相互衔接。

（二）行动二：通勤出行效率提升行动

该行动是城市交通高质量发展，城市宜居性和居民生活幸福感提升的重要方面。主要围绕超（特）大城市开展，其他大中城市参照实施。

主要思路：一是要提升人口和就业岗位在大容量公共交通走廊周边的集聚程度，切实发挥公交引领城市发展作用；二是要制定政策措施，以"门到门"出行链的视角，通过数字化转型全面提升通勤出行效率；三是强调综合运用智能化手段提升路网运行效率，减少由于道路拥堵带来的通勤延误。

中央政府有关部门应：

推动制定相关政策和指导意见，鼓励干线铁路、城际铁路等为城市提供通勤服务，加强对市域（郊）铁路规划建设工作的支持。

地方城市政府应：

（1）严格落实公共交通引领城市发展，强化人口和就业岗位向大容量公共交通周边聚集，提升通勤走廊效益；

（2）充分利用信息化手段，整合轨道、地面公交、慢行及出租汽车等服务资源，建立面向门到门、一体化、无缝衔接的交通组织方法，以"门到门"出行链的视角全面提升通勤出行效率；

（3）综合运用智能化手段提升路网运行效率，减少通勤延误；

（4）规范电动自行车运行秩序，提高通行效率，保障骑行者安全。

（三）行动三：生活物资为主的配送服务能力提升行动

该行动的目的是适应信息技术发展下居民生活方式的转变、提升生活物资为主的配送服务能力，保障居民生活供给和支撑城市运转。

主要思路：突出政府要致力于营造公平、开放的市场环境，加强物流配送平台企业规范运营监管，让市场在资源配置中发挥决定性作用。

中央政府有关部门应：

（1）在居民信息安全、平台企业及从业人员监管、交通工具标准和安全使用规则等方面制定严格规范的安全生产经营管理规定；

（2）出台相关政策推动城市配送领域新技术、新模式的广泛应用。

地方城市政府应：

（1）加强城市物流配送规划编制，落实物流配送节点网络和临时停车位或装卸货场地等设施空间，制定城市配送车辆的时空精细化通行管理政策；

（2）加强运输安全监管和保障；

（3）积极探索并推广创新配送服务模式，因地制宜给予政策支持，推进共同配送、低空无人配送、"公交＋物流""轨道＋物流"等新技术新模式的发展应用。

（四）行动四：建立和完善协同治理机制，调控机动车及电动自行车保有及使用行动

该行动的目的是合理配置道路设施等公共资源，提高城市的整体运行效益。

主要思路：一是以超（特）大城市为核心带动中小城市实施机动车管理和调控，从而推动私人乘用小汽车由购买管理向拥有管理和使用管理并重转变，更加注重经济政策调控过度使用；二是以电动自行车、电动摩托车出行秩序为抓手，整体统筹推动城乡交通安全水平的提升。

中央政府有关部门应：

（1）颁布新一轮汽车（机动车）产业政策，正确引导地方政府制定机动车拥有和使用管理措施；

（2）完善停车治理相关法规，切实发挥"以静制动"的管理作用；

（3）针对不同规模城市的电动自行车发展进行差异化的政策指导；

（4）适应新的交通工具需求评估现行城市道路设计规范和建筑设计规范。

地方城市政府应：

（1）因地制宜完善机动车需求调控政策，推动形成经济杠杆、碳减排和技术创新手段相结合的机动车综合交通需求管理政策体系；

（2）加强城市停车治理，健全市场决定价格的停车收费机制，推动停车产业化、智慧化发展；

（3）以电动自行车出行秩序为抓手，带动对电动自行车生产、销售、使用、行驶与停放、淘汰等全链条监督与治理。

（五）行动五：创新思路，全面实施城市公共交通优先发展战略行动

该行动旨在统一认识，鼓励改革与创新，推动居民优先选择乘用集约化公共交通工具出行。

主要思路：一是进一步明确城市公共交通的概念；二是城市政府要主持组织制订实施城市公共交通优先发展战略提质行动规划；三是要充分发挥城市公共交通运营企业的市场主体作用，提升综合服务能力和财务的可持续能力；四是进一步规范特许经营制度和数据资源管理、使用。

中央政府有关部门应：

（1）明确城市公共交通优先发展战略的内涵，建立和完善综合性评价指标体系并定期组织实施评估；

（2）抓紧出台引导城市公共交通优先发展战略实施的行政性法规。

地方城市政府应：

（1）坚持土地与交通协同发展理念，坚持给予公共交通设施用地优先、投资安排优先、路权分配优先、财税扶持优先政策；

（2）建立健全公共交通优先发展战略实施的后评估机制，组织制订实施城市公共交通优先发展提质行动规划，提升城市公共交通整体运行效率和效益；

（3）坚持数据驱动的公交资源整合与运营组织模式优化；

（4）提升城市公共交通财务可持续能力。

（六）行动六：超（特）大城市与周边地区，政府间协同建设都市圈交通行动

该行动的目标是培育现代化都市圈，支持新型城镇化战略的实施。

主要思路：加强以多层次、多模式区域交通体系为支撑，引导都市圈和区域协同发展，以城市群内的中心城市为核心引擎，发挥对周边地区的带动引领作用，形成产业链带动共同发展、生活必需公共设施等服务全面共享的一体化格局，促进乡村振兴。

中央政府有关部门应：

（1）建立符合我国国情的都市圈空间范围划定标准，在此基础上明确都市圈交通协同管理机制，指导中心城市主导编制都市圈交通规划；

（2）制定多层级轨道交通、道路交通网络互联互通、协同运输的技术标准体系和服务评价体系；

（3）要加大中央财政对跨行政区划的城际铁路、市域（郊）铁路建设投入；

（4）建立都市圈、城市群尺度下的交通出行特征的常态化普查机制。

地方城市政府应：

（1）创新协商合作机制和规划协调机制；

（2）构建服务都市圈发展的多层次多模式交通体系；

（3）推动枢纽站城一体化发展；

（4）统筹城乡交通发展实现出行服务一体化。

（七）行动七：加快城市交通绿色低碳转型行动

该行动是贯彻落实生态文明思想和推动发展方式绿色转型，实现碳达峰碳中和目标，促进城市交通系统可持续发展，引导城市绿色转型的关键举措。

主要思路：一是以国家"双碳"目标为引领，以城市交通节能减碳为抓手，推动城市交通与城市协调发展、城市交通与能源融合发展；二是要推动高强度使用小汽车向绿色出行方式转移，要在城市更新过程中注重基础设施和基础服务补短板，提升自行车和步行出行的服务品质；三是营造良好的新能源交通工具发展环境。

中央政府有关部门应：

（1）建立科学化、规范化、标准化的城市交通碳排核算方法，建立以个人碳账户为载体的碳交易机制和规则；

（2）加大机动车能源结构绿色化转型的政策保障及技术研发支持；

（3）加大对城市交通领域可再生能源利用相关技术研发支持；

（4）编制绿色交通与绿色出行指引，针对不同规模、发展阶段、机动化水平的城市，引导地方城市科学制定与市情相适配的绿色发展目标。

地方城市政府应：

（1）做好城市交通与城市空间、能源体系融合发展顶层设计，以绿色、低碳的交通发展引领城市空间、生产生活方式转型，明确交能融合中长期发展目标和模式；

（2）制定绿色出行方式的激励政策措施，提倡和改善绿色出行条件，降低小汽车出行依赖，推动小汽车出行向绿色低碳出行方式转移；

（3）加快建立机动车新能源化的政策保障体系，完善新能源机动车购买和使用相关政策。

（八）行动八：新基建带动，完善城市交通网络服务功能行动

该行动是以新型基础设施推动城市转型发展，是建设现代化城市的重要基础。

主要思路：强调新基建对于带动完善城市交通网络服务功能的重要性，明确城市交通新基建的价值与目标，推进城市交通新基建网络的构建与运行，形成新基建背景下城市交通的现代化治理新思路。

中央政府有关部门应：

（1）建立并完善城市交通新基建发展相关标准规范体系，明确城市交通新基建的内涵，明确数据等新型生产要素治理要求；

（2）研究制定城市交通新基建规划指引，指导地方开展城市交通新基建规划编制；

（3）完善新基建发展的体制机制、多元化投融资机制、科技研发与科研转化支持等保障体系。

地方城市政府应：

（1）负责制定新基建规划与完善城市交通网络服务功能深度融合规划。

（2）构建城市交通大数据底座，强化数据安全保障体系建设，严守数据安全底线；建立数据可信流通体系，对数据流通全过程进行动态管理。

（3）推动数据标准化建设，促进数据交换共享。

（4）推动交通基础设施网与运输服务网、信息网、能源网融合发展。

（5）推动现代化城市交通新基建网络的构建与运行。

（九）行动九：创新城市交通规划理念，变革编制方法行动

该行动旨在转变思想观念和改革规划编制内容及其方法，既有理论内涵又有实践需求，具有深远影响。

主要思路：创新城市交通规划理念，变革编制方法行动，建立新阶段城市交通规划体系。一是强化政府部门间协作，共同支持多方机构探索及多个学科融合，推进建立综合协同的新阶段城市交通规划体系和编制方法；二是支持地方城市政府因地制宜进行城市交通规划编制方式与技术的创新。

中央政府有关部门应：

强化协作，共同支持学会、协会、研究会以及高等院校等机构积极探索，推进城市规划、交通工程、交通经济、生态环境、社会人文等多学科交叉融合，共同推动创新建立综合协同的城市交通规划体系和编制办法。

地方城市政府应：

（1）因地制宜进行新阶段城市交通规划的编制与完善，创新编制方法和技术，并积极开展试点工作；推动建立由城市政府主管领导负责的、各部门协调的规划编制机制和成果审批制度；

（2）完善数字底座建设，将交通发展评估的维度从单一的工程学向经济、社会、环境等多元视角拓展，建立交通与经济、社会、环境等多元视角协调融合的评价指标体系；

（3）创新城市交通规划管理机制，以数字化的持续观测、评估、体检为闭环，构建规划—实施—反馈—优化的工作流程，建立规划实施绩效的动态监测、评估与调整办法。

（十）行动十：推进科技进步与人才培养行动

该行动是制定城市交通需求管理政策、改善城市交通状况、提高城市出行品质、提升城市交通可持续发展水平的基础性工作。

主要思路：一方面主动支持开展城市交通的基础理论研究、创新实践；另一方面为人才培养、科研成果转化创造更好的条件与环境。各级政府在制定人才政策和人才培养方案时，既要强调全球视野，更要强调重视国情特点。

中央政府有关部门应：

（1）成立国家级的城市交通研究院，做好顶层设计，不断创新发展城市交通学的理论体系；

（2）设立系列重大科技专项，围绕城市交通大模型、自主知识产权软件开发、超大规模网络运行与构建算法等关键问题进行攻关；

（3）大力支持、推动并完善以城市交通学为核心的城市交通学科建设。

地方城市政府应：

（1）进一步推动教育、科研、应用结合，建立产教融合机制；

（2）进一步鼓励研究成果转化，推动理论研究—技术研发—平台建设的链条贯通，形成政策工具与产品服务；

（3）在制定人才政策和人才培养方案时，既要强调全球视野，更要强调重视国情教育，研究对象要与城市交通学的目标内涵一致；研究方法强调战略的眼光、多学科的思维系统论方法；研究属性坚持应用理论科学，城市交通学是城市科学的重要组成部分。

《面向2035年中国城市交通发展战略》

综合报告

一、中国城市发展的回顾及阶段特征

二、中国城市交通发展新要求

三、中国城市交通发展新定位、新目标

四、重点行动

研究单位

北京交通发展研究院
同济大学
中国城市规划设计研究院
深圳市城市交通规划设计研究中心股份有限公司

研究人员

郭继孚　北京交通发展研究院　院长
汪光焘　原建设部部长
陈小鸿　同济大学　交通运输工程学院　教授，博导
孙明正　北京交通发展研究院　教授级高级工程师
王　婷　北京交通发展研究院　战略所副所长
叶建红　同济大学　交通运输工程学院　交通工程系副主任，教授，博导
陈　明　中国城市规划设计研究院　副总规划师，区域规划研究所所长，研究员
安　健　深圳市城市交通规划设计研究中心股份有限公司　交通规划专业总工程师，教授级高级工程师
王继峰　中国城市规划设计研究院　教授级高级工程师
张　华　同济大学　磁浮交通技术研究中心　副研究员，博导
刘奕彤　北京交通发展研究院　战略所工程师

提要

党的二十大报告指出"坚持人民城市人民建、人民城市为人民，提高城市规划、建设、治理水平，加快转变超（特）大城市发展方式，实施城市更新行动，加强城市基础设施建设，打造宜居、韧性、智慧城市"。城市交通是城市全体居民生存和发展的基本需要，组织城市高效、安全、低耗、可持续运行，在城市高质量建设和发展中承担着重要角色，在新型城镇化战略中发挥着举足轻重的作用。

《城市交通问题本质是提升城市的基础公共服务水平》提出了城市交通问题的定位："城市交通问题归属于城市的基础公共服务范畴，本质是提升城市的基础公共服务水平"。在此基础上，编制《面向2035年 中国城市交通发展战略》综合报告的总体思路是建立和完善城市交通的基础公共服务供给体系和运行机制，从综合性、整体性的角度出发，提出城市交通的基础公共服务体系。

《面向2035年 中国城市交通发展战略》综合报告以《专题一：影响我国城市交通发展的基础问题研究》《专题二：发展绿色交通 营造高品质宜居城市》《专题三：新基建背景下城市交通发展的新挑战》《专题四：建设交通强国对城市交通发展要求》《专题五：我国城市交通发展状况和展望》为研究基础。首先梳理了我国发展以及我国城市交通发展的阶段特征，分析提炼了未来城市交通发展面对的热点和难点问题。在此基础上，回顾了城市交通新理论的形成，提出了城市交通发展的新要求、新定位、新目标与原则。最后提出了重点行动，城市交通的基础公共服务体系可归纳为三大类十项具体行动，三大类是提升基本生活需求的服务水平、支撑和服务国家战略实施、增强城市的基础公共服务水平能力，为未来城市交通发展明确了行动方向。

一、中国城市发展的回顾及阶段特征

（一）中国发展的阶段特征

我国的发展阶段和趋势特征与社会主义市场经济体制改革的进程息息相关，不同阶段经济社会、城市发展、法律法规、行政管理、财政管理等各方面的变革都对城市交通发展产生深刻影响。在新时代发展的新阶段，我国的发展显示出一系列阶段性新特征，准确把握这些新特征，对未来城市交通领域做出新判断、提出新思路、制定新战略、落实新举措起到关键支撑作用。

1. 经济体制改革给经济社会发展和城镇化带来持续动力

我国现代化建设的历程，是不断完善社会主义市场经济的过程，人口、土地和资本要素的持续释放，给经济社会发展带来持续动力。

1978—1992年是国家中心任务回归经济建设和城乡发展阶段，从以计划经济为主、市场调节为辅，过渡到有计划的商品经济。1984年经济体制改革的重点转向城市，中小城市的快速发展成为城镇化的重要"拉力"，一系列对外开放政策的实施推动了东南沿海城市大发展，逐步探索和形成了梯度推进的全方位对外开放格局。

1992—2002年是经济高速增长的快速城镇化时期，在此期间社会主义市场经济体制初步形成，实现了从早期的"计划经济"、改革开放初期"有计划的商品经济"到"社会主义市场经济体制"的重大转变。不断推进的市场化改革提高了经济活力，资本、劳动力和空间的整合持续进行，在沿海形成人口、产业和城镇的高密度聚集区。在这一时期，分税制改革塑造了中央政府与地方政府的独特关系，经济建设成为地方政府工作的中心，土地有偿使用制度改革逐步深化，成为城镇化发展的强大推动力。同时，住房制度改革引发了房地产业的繁荣，汽车产业政策调整推动了机动化的逐步发展，市场在资源配置方面的作用日益突出，城市与城市、城市与区域之间的联系逐渐增强，亿万进城务工人员跨区域进城就业推动了城镇化的发展。这一阶段，私人小汽车迅速进入家庭，公交企业经营机制转换，公交投资主体呈现多元化特征。

2002—2012年是经济全球化背景下的城市快速扩张期，在此期间社会主义市场经济体制进一步完善。自"十五"计划开始，城镇化逐渐上升为国家战略，城镇化的发展动力进一步显著激发，并得到积极稳妥的推进，"十一五"规划提出把城市群作为推进城镇化的主体形态。经济全球化的快速发展，从根本上改变了城市发展的动力机制，多元资金、房地产作为动力支撑城市大规模建设，城市普遍性迅猛扩张，土地财政支撑城市基础设施完善。我国私人机动化进入高速发展期，超大特大、大城市交通问题日益严重。2004年新一轮公交改革启动，强调公共交通的公益性质，将优先发展公共交通上升为国家战略，公交运力持续提升，轨道交通快速发展。

2012年以来是生态文明下的经济社会发展转型期，既需要市场在资源配置中发挥主导性作用，也要更好地发挥政府的作用。党的十八大确定了中国特色社会主义事业"五位一体"的总体布局，明确提出"四化"同步发展战略。2013年中央城镇化工作会议和2014年出台的《国家新型城镇化规划（2014—2020年）》进一步明确了城镇化重点任务和空间格局。这一阶段我国城乡建设进入历史新时期，以人为核心，有序推进农业转移人口市民化、优化城镇化布局和形态、提高城市可持续发展能力、推动城乡发展一体化、改革完善城镇化体制机制，成为城镇化和城市发展的重要方针。党的二十大进一步明确了中国式现代化的内涵，提出其最艰巨、最繁重的任务是农村，要坚持城乡融合发展，促进城乡要素流通，统筹乡村基础设施和公共服务布局。这一阶段对城镇化和城市格局的影响主要体现在：①人口向都市圈和大城市的进一步聚集，需要都市圈城市体系进行支撑；②众多城市进入更新和收缩阶段，要求地方财政在可持续背景下提供可支付的公共服务；③老龄化、人口减少、存量基础设施、空间和公共服务的更新维护成本引发更多关注；④区域治理与地方行政管理辖区的关系协调，市场、民众共同参与的治理，保障弱势群体的利益等成为热点议题。在此背景下，城市交通发展进入了模式转型的新阶段。

2．我国城镇化发展进入以城市群为主体形态的新阶段

随着改革开放的不断推进，区域战略的深入实施，我国城市与区域的关系持续实现优化，城市化地区的形态也历经从城市点状拓展、城市群持续发力，再到都市圈一体化建设的新阶段。

城市发展方针的调整带动城镇化空间形态的变化。从1978年"控制大城市规模、合理发展中等城市、积极发展小城市"进行逐步调整，1979年在党的十一届四中全会上，党中央第一次正式提出了农村城镇化的概念，并且肯定了建设小城镇在推进国家现代化进程、缩减城市和乡村和发展过程中差距的重要作用。在2001年国家"十五"计划中首次把"积极稳妥地推进城镇化"作为国家的重点发展战略之一。在2002年党的十六大将城镇化政策正式写入报告中，明确了走"中国特色的城镇化"道路。

区域战略不断深化。我国的改革开放，是从东南沿海地区的特区率先实现开放开始的。当时除了经济特区城市和沿海开放城市得到较快发展外，大部分的城市发展相对滞缓，城市建设主要处在内部调整阶段。自20世纪90年代起，随着国家开放格局从东南沿海特区，到沿边、沿江和内地省会的逐次开放，并逐步扩大到内陆省份，促进了国家全方位开放格局的形成。人口跨地区的流动开始增长，特别是向东南沿海省份的快速聚集，使得东部对率先实现现代化的国家区域战略有了更加坚实的基础，但也使国家东、中、西部的差距不断加大，国家相继提出的1999年西部大开发战略、2003年东北老工业基地振兴、2006年中部崛起等覆盖全国的四大区域发展战略逐步完善。在区域发展战略完善过程中，城市和区域经济变得更加综合全面，小城镇快速发展起步进而过渡到大中城市的发展，中心城市地位得到较大程度提升，但其辐射带动能力尚不强大。受行政因素影响，行政区内部市域城镇体系不断发育，区域间的要素流动尚在培育之中，长三角、珠三角、京津唐、辽中南等地区形成了城镇密集地区。

区域协同发展成为中央重要关切。进入21世纪以来，超大特大、大城市发展能级和聚集要素资源的优势不断突出，导致城市间竞争加剧，区域协同发展面临更大的挑战。在鼓励城市

之间合理竞争的同时加强区域的统筹协调成为政策关注的重点，一系列的城市群发展规划和区域协同战略纷纷出台。珠三角、长三角、京津冀等城市群规划相继推出，成渝、长江中游、海峡西岸、长株潭、山东半岛、关中平原、北部湾等全国主要的城市密集地区都出台了推动城市群发展的相关规划。党的十八大以来，推进生态文明建设又为区域协同发展注入新的内涵和要求，特别是随着京津冀协同发展上升为国家战略后，长江经济带、粤港澳大湾区、长江三角洲一体化发展、黄河流域生态保护和高质量发展、成渝双城经济圈等国家区域战略相继出台。基于生态文明构建国家更高质量、更加均衡的区域发展格局，各城市群成为构建高水平开放格局、承担国家"双循环"战略支撑的重点。都市圈作为一种介于城市与区域之间的城镇化形态，既是城市群承载经济社会和人口集聚的核心区，也是中心城市建成区与周边中小城市建成区间互动的城市空间形态，是城镇化战略、区域发展战略和乡村振兴战略叠加的重要地域空间，是当前国家切实提高区域治理能力、进行高水平一体化建设的重点区域。

2006年，"十一五"规划首次提出城市群战略："将城市群作为推进城镇化的主体形态"；2016年，"十三五"规划在强调以城市群为城镇化主体形态的同时，也提到通过都市圈建设增强中心城市辐射带动能力；2021年，"十四五"规划提出"坚持走中国特色新型城镇化道路，深入推进以人为核心的新型城镇化战略，以城市群、都市圈为依托促进大中小城市和小城镇协调联动"，并提出"提高1小时通勤圈协同发展水平，培育发展一批同城化程度高的现代化都市"的具体要求。

3. 经济社会发展的体制机制、政策法规不断健全完善

"市带县"管理体制的特殊作用。我国的设市城市政府与西方国家最大的差别在于，其管辖范围在城市建成地区以外还包括一定地域范围的农村地区，以及附带一定数量的县级行政单元。因此城市政府兼有城市与区域管理事权，也具有城乡统筹的任务，是混合型政府。我国行政管理上的这种特殊性，对推进行政辖区内的区域统筹和城乡统筹具有体制性优势，如支持县域经济发展，缩小中心城市与县域经济社会发展的差距；实现经济发展的统筹，按照中国特色社会主义市场经济的要求，加速推进各类资源在城乡间的高速流动，促进城乡经济快速发展；实现发展上的统筹，以消除城乡二元结构为目标，加强制度供给，建立公平发展的现代制度供给体系，在科技、就业、文化、教育、医疗卫生等方面保证城市居民和农村居民的待遇一致；实现生态上的统筹，在城乡发展过程中，保障农村地区的土地权益，实现资源配置上的城乡均衡，优化基础设施配置，合理布局公共服务设施，保障农村地区的生态健康，统筹城乡区域发展生态架构。

财政分权制度的影响。20世纪90年代的分税制改革，使发展权逐步向地方倾斜，地方政府拥有了更大的发展自主权和调动大部分经济资源的能力，拥有了更大的主导地区发展的能力和提高地区发展的积极性，地方政府的财政能力得到极大提升，成为推动地方工业化和城市化的主体。分权制度设计改变了中央政府主导经济发展的模式，并进一步鼓励城市政府促进市场化机制发展、加快城市建设、谋求城市快速发展的主动性，这也是我国各级城市快速发展的重要原因。分权推动了地方政府在地区经济发展中的主导作用，增强了我国城市化自下而上的动

力，当然在某种程度上也加剧了区域内部城市间的竞争。总之，分税制改革完善了中央和地方事权，提高了中央政府的调控能力，推动了地方政府自主发展的积极性。从改革开放以来城市基础设施投融资情况来看，中央投入比例逐年降低，1994年分税制改革以后，城市基础设施被认为是地方事权，主要依靠地方财政和负债投入，贷款比例、地方财政投入比例迅速扩大。

城市立法权限不断扩大。按照我国《中华人民共和国立法法》授权，目前我国的直辖市、"设区的市"具有地方立法权，可以根据城市发展的具体需求制定相应的地方性法规。以城市交通相关的法律法规为例，其对城市的规划建设管理具有很强的引导和作用力。如城市交通法律制度应与城市发展的目标相一致，为城市发展提供重要的制度保障，具体而言，城市交通规划制度通常影响着城市土地规划、城市发展规划等内容，往往也对城市布局和形态产生实际影响；城市交通设施建设制度须与城市财政管理制度、城市行政管理等制度相衔接，确保得到必要的资金、土地等；交通工具管理制度，如限购限行、停车收费等制度与城市居民切身利益密切相关，要与城市管理其他制度，如弹性时间工作制度、住宅设计制度相衔接；城市交通运营以及安全管理制度必须和城市街道管理、社区管理、公共安全等制度相配套协调。

4．小结

我国现代化建设的历程，是不断完善社会主义市场经济的结果，也是进一步推进改革的动力。其中人口、土地和资本要素的持续释放，给经济社会发展带来持续动力。

逐层递进和深化的开放战略，使全国都融入国家发展的大格局中。从东南沿海特区，到沿边、沿江和内地省会的逐次开放；从东部率先实现现代化，到西部大开发、东北老工业基地振兴、中部崛起四大区域战略的更加完善；从中央关注京津冀的协调发展，到长江经济带、粤港澳大湾区、长江三角洲、成渝双城经济圈、海南自由贸易区等更加全面综合的区域战略。

城市发展方针顺应国家现代化的发展进程，城市地位和作用发生巨大变化。从1978年"控制大城市规模、合理发展中等城市、积极发展小城市"进行逐步调整，国家"十五"计划中首次将"积极稳妥地推进城镇化"作为国家的重点发展战略之一，并执行"大中小城市和小城镇协调发展"的多样化城市发展方针；自2005年的国家"十一五"规划以来，除了延续大中小城市和小城镇协调发展的方针外，开始将城市群作为城镇化的主体形态，对都市圈的一体化建设给予更多关注。

经济社会发展的体制机制、政策法规不断健全完善。"市带县"管理体制的全面推行，形成了具有中国特色的城镇体系，地方政府的立法权限不断完善和扩大；分税制改革完善了中央和地方事权，提高了中央政府的调控能力，推动了地方政府自主发展的积极性；国家生态文明建设和"双碳"目标的总体要求，"倒逼"地方转型和绿色发展。

（二）中国城市交通的阶段特征

1．1978—1992年："人多车少，居民乘车难"

这一时期城市交通发展的总体特点是"人多车少，居民乘车难"。改革开放以来，国民经济快速发展，被压抑的交通需求得到释放。由于城市交通基础设施建设长期停滞，交通供需矛盾开始暴露。1985年年底，全国21个特大城市的公共汽（电）车总量只有26479辆，万人公交车拥有率仅为5.69辆，乘车难问题突出。城市交通主要依靠自行车，国家实行了鼓励自行车交通出行的财政补贴政策，使得自行车交通快速发展。从20世纪80年代初开始，我国主要大城市在通勤高峰期已出现严重的自行车交通拥堵。当时世界银行的研究指出："在上海和广州，除步行者外，有50%的人骑车出门，自行车堵塞已成为严重的问题。公共交通系统中为数不多的老爷车挣扎于日益为自行车阻塞的街道中。"

2. 1992—2002年："车多路少，行车难"

随着城市化进程的推进，以及国家鼓励个人购买小汽车的《汽车工业产业政策》（1994年）的实施，小汽车逐渐进入家庭。城市交通由自行车模式快速向汽车模式转化。全国私人汽车保有量由1990年的81.6万辆增加到1999年的533.9万辆，年均增加45万辆以上。由于城市道路等基础设施建设严重滞后，"30年代的路走90年代的车"，道路狭窄，路网残缺，"瓶颈""堵头"路众多是很多城市面临的现实困境。同时由于大量非机动化交通方式的存在，各类交通方式之间混行严重，降低了交通运行效率。这一时期城市交通开始呈现出"车多路少，行车难"的问题。

因此，加快基础设施建设，补偿"历史欠账"成为这一时期城市交通发展的重点。以上海为例，20世纪90年代提出"一年一个样、三年大变样"的城市建设号召，集中力量大规模建设一批市内骨干交通设施工程，包括"申"字形高架道路、中心区三纵三横主干路，以及地铁1号线、2号线等。

3. 2002—2012年："多元化、多模式齐头并进"

进入21世纪以后，在继续加强城市道路网络建设外，城市公共交通网络建设（尤其是大城市以轨道交通为骨干的快速公共交通网络）快速推进。2005年《国务院办公厅转发建设部等部门关于优先发展城市公共交通意见的通知》（国办发〔2005〕46号）确立了城市公共交通优先发展的战略地位。截至2010年年底，我国开通运行城市轨道交通的城市有12个（含香港、澳门），大陆开通运行轨道交通的城市有10个，总线路达33条、通车总里程达931.78公里。

这一时期，小汽车进入家庭的速度也急剧增长。2000年全国私人汽车保有量625.3万辆，2010年达到5938万辆，年均增加531万辆。快速增长的机动车保有量使得交通拥堵开始成为常态化特征。以机动车限行、限购为代表的交通需求管理政策开始在诸多大城市尝试与实施。值得提出的是，北京奥运会、上海世博会、广州亚运会等国际大型活动在这一时期举办，一方面促进了城市交通基础设施的加速建设，另一方面也为城市交通的集约化规划、设计与管理提供了实践机遇。

4. 2012年以来："区域化、数字化、低碳化"

2012年以来，国家逐渐进入新型城镇化阶段，相继实施区域协调发展、交通强国、网络强国、数字中国、"碳达峰""碳中和"等一批重大战略，城市交通发展迈入城市群与都市圈时代、迈入全面数字化转型时代、迈入资源环境强约束时代，体现为内涵式的高质量发展要求。

随着移动互联网、智能手机广泛普及与相关信息技术突破，共享经济与"交通＋互联网"得以快速推进。以共享单车、分时租赁、定制公交、共享车位、网约车、出行即服务（MaaS）等一系列具有共享特质的交通服务新业态不断涌现并快速发展，既给传统客运组织方式带来挑战，也为交通运输服务的变革和创新提供了新机遇。

5. 小结

总体而言，中国城市交通经历了近40年的基础设施快速建设时期，基本弥补了设施不足的历史欠账。科学技术的快速发展、社会主义市场经济的不断完善带动了居民出行场景的极大丰富。从交通工具以自行车为主到交通服务新业态不断涌现，我国城市交通服务体系开启了多元化繁荣发展的新阶段，同时也对政府治理能力提出了更高要求。从解决居民乘车难到面对"区域化、数字化、低碳化"的高质量发展要求，从交通工具迭代更新、基础设施规模扩充等工程视角来认识和治理城市交通已不再合适，亟需立足人的本源性需求统筹国土空间开发保护、产业经济转型升级、绿色低碳发展等多重诉求之间的关系，推动城市交通实现可持续发展。

（三）中国城市交通面对的热点和难点问题

城市交通发展中的热点、难点和痛点问题，主要体现在以下五个方面：

一是城市交通与城市协调发展的问题。具体表现为城市交通设施和城市功能布局与土地开发脱节，加剧了城市交通拥堵；引导培育现代化都市圈机制有待探索和完善。

二是交通需求管理政策措施精细化水平有待改进。城市居民出行结构有待进一步引导和改进，绿色出行、自行车出行比例有待提高，尤其需要完善超（特）大城市、大城市私人小汽车拥车及用车管理政策措施等。

三是城市公共交通系统多种交通方式发展不协调。常规公交客流下降，轨道交通客流和效益呈下降趋势，公共交通系统运营补贴高，引发财政可持续问题。新业态交通服务（如网约车、共享单车等）的监管与治理问题突出。

四是城市交通系统的韧性、包容性有待提升。如应急救援、重大事故、恶劣天气的交通系统承载及韧性不足，需要开展交通系统包容性的评估及改善。

五是交通治理与监管方面仍有较大潜力可挖掘。针对多种交通主体的精细化的道路交通组织设计与管控滞后，政府、企业、公众多主体协作治理水平有待提升。

综上所述，从城市交通面对社会的热点问题和对城市交通问题的角度重新审视，归结起来是缺乏对城市交通问题与城市的关系的综合性分析，缺乏对城市交通问题与城市协同发展的定位。如何定位我国城市交通问题，继而改善城市交通和解决发展中遇到的问题，已经提上日程。

二、中国城市交通发展新要求

（一）中国城市交通新理论形成回顾

2012年以来，课题组在国家自然科学基金项目的支持下开展了"我国城市交通公交优先发展战略研究""新常态下城市交通理论创新与发展对策研究""城市交通治理现代化理论研究"，高校和主要城市的研究机构等业内人士广泛参与。同时，中国城市交通发展论坛10年来开展了30余次研讨，深入研究了城市交通理论问题，形成了一系列成果。这些都为编写本书提供了理论基础。

一是城市公共交通优先发展的定位明确为国家的城市发展战略，被国务院文件采用。"城市公共交通优先发展"的新内涵，是指在城市行政区域里，通过优先配置资源，构建适应市场机制、由政府调控监管、符合当地经济社会发展阶段、由多种类型企业等经营机构提供均等和高效的公共服务的公共交通体系，引导出行者优先选择，引导城市集约利用土地和节约能源、保护和改善人居环境。

二是在新发展背景、新理念指导下，为更好地运用新技术、支持新业态发展、应对新问题，形成了城市交通新理论，即城市交通学。城市交通定义与内涵不断完善，对多智能体建模等关键技术研发提出了需求。城市交通学理论体系的核心是城市交通网络的构建与运行。三元空间视角下的城市交通治理理论包括城市交通多元主体协作关系理论、基于协作的城市交通服务共建理论、面向包容共享的城市交通服务绩效评估与调控方法等基础理论。

我国进入了以城市群为主体形态的城镇化时期，必须考虑都市圈与城市群环境下城市交通发展的支撑作用。经济社会发展依托城市化地区发展，城市化地区发展形态随城镇化过程演进是客观规律，城市化地区的空间聚集性、规模、密度、联系提升地区发展效率与效益。交通的便利性使得人口聚集在发展地区，超（特）大城市由市域城镇体系逐步跨越自身城市的行政区域走向都市圈，支持着以产业链、产品链为纽带的相关城市之间协同发展（城市群）。由此，城市交通的空间服务范围、运行特征需要被重新认识。

总之，城市交通学的研究目标是服务于人的需求，组织城市高效、安全、低耗、可持续运行，带动培育发展现代化都市圈，增强城市群实力和竞争力，支持新业态发展发挥引领作用。

（二）中国城市交通发展的新时代新要求

我国社会的主要矛盾已经转化为人民日益增长的美好生活需要和不平衡不充分的发展之间的矛盾。随着以人为核心的新型城镇化深入推进，城市交通要始终坚持以人民为中心的发展思想，回归为人服务的本源。同时，国家提出了"双碳"、数字中国等一系列重大国家战略。新的时代背景对城市交通的发展提出了新要求：应更加注重公平性、包容性，更加突出绿色低碳发展，更加强调包括安全韧性的全面可持续，更加突出信息化和智慧化，以及更加强调"政府—社会—公众"协同治理。

1. 更加注重公平性、包容性

第三届联合国住房与城市可持续发展大会发布的《新城市议程》提出"我们的共同愿景是人人共享城市"。人口负增长背景下，"少子老龄化"将成为常态，城市交通公共服务供给将更多转向"个性化服务"与"全龄友好"，新时代的交通应当是对儿童友好、对老龄友好、对弱势群体友好的交通。

公平包容的交通意味着向所有人提供安全、便捷、可负担的交通服务，保障老人、儿童、残疾人、低收入群体等都能够人享其行。城市通过法律制度、技术创新、社会保障等多种途径完善交通服务系统，保障弱势群体的基本移动性需求，包括最贫困人群公共交通可支付能力、移动能力受限人群的出行及交通服务可获得性等，保障步行、非机动车等所有方式的活动空间、活动权利及安全，让市民在可接受的时间内获得更多就业选择、更加公平地享有各类优质的公共服务资源，促进包括儿童、妇女、老年人、残疾人等所有居民、所有领域的综合发展。

2. 更加突出绿色低碳发展

当前，气候问题已成为全球共识，推动城市发展模式、产业经济结构、生产生活模式的全方位变革，不仅是落实"碳达峰""碳中和"国家战略的迫切需要，更是推动我国实现新旧发展动能转换、迈向更高级的社会文明形态的内在要求。城市交通是实现"碳达峰""碳中和"的重点领域之一，"双碳"目标的实施将给既有交通系统带来巨大机遇和挑战。

能源结构优化方面，交通运输工具将经历一场由传统燃油汽车向新能源汽车转变的能源结构转型，电动化、网联化、智能化、共享化正在成为汽车产业的发展潮流和趋势。

城市空间优化方面，绿色交通引导城市空间高效组织并推动城市有机更新，高效土地利用与生态宜居的城市布局是国际公认的可持续城市发展模式，强化交通与城市空间布局、环境保护、土地高效利用的整合，继而实现"交通引导城市发展"，已成为国际趋势。

出行结构优化方面，绿色交通塑造人的可持续移动性，"公共交通＋自行车＋步行"成为未来城市交通发展的主流模式。通过碳交易、碳账户建立基于市场机制的绿色出行可持续激励新模式，以碳为载体更加公平和高效地分配调节交通资源乃至其他公共资源，将带来交通治理模式的重大升级。

3. 更加强调安全韧性的全面可持续发展

早在1995年，《北京宣言：中国城市交通发展战略》就提出了交通发展的政策和规划应当符合四项标准，即经济的可行性、财政的可承受性、社会的可接受性、环境的可持续性，在当前仍是城市和城市交通问题的衡量标准，只不过内容更加丰富。2021年，第二届联合国全球可持续交通大会发布的成果文件《北京宣言》明确指出，可持续交通是可持续发展的核心。

除了重视经济、社会和环境的可持续，还应重视安全韧性问题。在经历了自然灾害等冲击后，居民普遍将人的生命财产安全放到更加突出的位置。要增强城市交通网络的韧性，提高城市应对灾害的能力，尤其在"后疫情"时代，更应强调城市交通系统对人员出行和货物流动的服务保障。换言之，城市交通网络的韧性，保障城市安全和城市交通安全，应当是城市交通发展战略的重要内容。

4. 更加突出信息化和智慧化

新一轮科技革命和产业变革方兴未艾，尤其是5G、自动驾驶、人工智能、超级计算等前沿新技术的发展，将给生产方式、生活方式和治理方式带来颠覆性变化，有望推动交通基础设施、出行服务、运输组织、治理模式深入变革，为城市交通回归服务人的需求本源提供精准改善方案。城市居民活动对高品质出行服务的期待为创新交通服务业态提供了取之不竭的动力。同样，城市经济活动的高效运行也需要"互联网+"高效交通运输体系的支撑。车路协同、自动驾驶等新技术将改变交通行为，进而改变城市的基础设施体系并塑造新的城市环境，要求加快智慧交通设施的新建和既有设施的智慧化改造，亟需城市交通理论、技术和法规的探索和创新。

5. 更加强调"政府—社会—公众"协同治理

党的十八届三中全会指出，全面深化改革的总体目标是完善和发展中国特色社会主义制度，推进国家治理体系和治理能力现代化。关键是政府职能从行政管理向"政府—社会—公众"协同治理转变（社会包括企业和其他社会组织），提升交通服务共建、共治能力与共享水平。

协同治理机制的建立包括政府部门间的协同以及"政府—社会—公众"之间的协同。需要强调的是，中国特色行政体制所决定的城市交通发展模式是研究城市交通治理的基础。在地方政府体制上，混合型地方政府体制是在《中华人民共和国宪法》的基础上调整央地关系、实现地方政治与行政目标的最重要的政治架构，体现着自上而下的领导与地方实际治理相结合的主要原则，其目的是既强调党中央的领导，同时也强调发挥地方的主观能动性。中央政府及其相关部门，应当从国家整体发展要求出发，正确引导地方政府统筹兼顾，坚持经济可持续、社会可持续、环境可持续、安全可持续的原则，制定向城市居民提供的共享服务和个性化服务政策措施。在城市管理体制方面，城乡统筹管理是中国特色行政体制的体现，这就决定了中国城乡统筹管理的制度基础。这深刻影响了中国城市交通治理的基本特征、内涵、模式和路径。由于城市交通具有整体性特征，仍会遇到城市交通职能管理分散或者管理部门协调性不足的问题，因此中国的多部门协同与跨区域联动机制尤为重要，这种联动机制既包括中央政府组织，也包括省级政府组织，是构建现代化城市交通治理体系非常重要的制度基础。

三、中国城市交通发展新定位、新目标

（一）中国城市交通新定位

1．对中国城市交通本质的理解

（1）中国城市交通本质上属于城市的基础公共服务范畴

城市交通是城市所有居民生存和发展的基本需要，对于城市运行具有基础性、支撑性作用，要处理好满足城市居民需求和组织城市运行的基本关系。从政府履行职责提供公共服务的内容和形式来讲，城市交通问题本质归属于城市的基础公共服务范畴，在强调多元市场主体参与提供交通服务的同时，要强化城市政府在提高城市交通服务水平中的主导地位。具体运行方式是，城市居民以纳税或使用付费的方式获得服务，政府以财政资金提供，或者经特许经营由企业提供城市交通设施和运行服务（即城市交通网络的构建和运行），其内涵是为满足城市居民的人员与货物流动的需求，提供包括设施、信息、管理等多种形式的服务。城市交通是政府为城市居民的生活、工作及游憩提供的基础公共服务，是城市可持续运行的基本保障。

（2）从城市与交通的关系重新理解中国城市交通的定位与作用

城市交通是连接城市其他三大功能（居住、就业及游憩）的纽带与转换载体，与城市发展相互关联。城市现代化和城市交通现代化相互交融、互为支撑。城市交通是满足城市居民美好生活向往的重要保障，是影响城市可持续发展的重要方面，是带动培育发展现代化都市圈、增强城市群实力和竞争力的重要支撑。

从城市与交通的关系看，城市交通的内涵与外延发生了变化。城市交通问题不是一个环节的问题，而是规划、建设、运营、管理、维护等全过程贯通的问题。不是交通系统内部的问题，而是城市与交通协调发展的关系问题。不是单纯工程技术问题，而是涉及多学科的复杂公共治理问题。城市交通的地理空间边界不局限于城市内部，超（特）大城市还应履行跨行政边界的区域组织功能；不局限于组织人员和货物的空间移动，同时还要关注对居住与就业、教育、医疗和社会融合的综合影响。

（3）从信息革命和治理能力认识中国城市交通面临的新问题

当今世界正在经历以信息科技为代表的新一轮科技革命，相关产业的变革极大提升了生产效率和全社会资源配置水平。城市交通是各类交通系统发展和新技术运用的试验田，能够创新驱动、激发培育出新型的服务业态和模式。数字经济、人工智能等新技术、新业态不断涌现，为城市交通发展提供了更广阔的平台、带来更多的机遇。基础设施、出行服务、物流组织等都出现了新的形态，如可感知、可学习、可迭代、可生长的基础设施方兴未艾，全链条、一站式、伴随式的出行服务蓬勃发展，一体化、智能化的物流运输组织迅猛推进。当然也要看到，新业态兼具"技术先进性"和"应用负外部性"双重特征，现行的政府管理架构、职能分工、管理机制、标准规范都将面临严峻挑战，城市交通系统的复杂性以及各类矛盾的严峻性将全面升级。

（4）中国城市交通要充分体现新阶段国家战略的实施

在新技术发展和新型城镇化背景下，以服务交通强国、健康中国、数字中国、"碳达峰""碳中和"、发展培育都市圈等国家战略为目标，城市交通应由城市发展的配套转变为调控城市发展模式、引导城市群健康发展的重要手段，发挥交通引导城市发展的作用，通过交通治理支撑城市高效、安全、低耗、可持续运行，增强城市群的综合竞争力。

2. 中国城市交通的定位 ❶

贯彻党的二十大精神，按照建设人民满意的服务型政府的总体要求，以公共行政的理念和政府改革的要求为切入点，参考公共服务以"内容和形式"的分类方式，结合城市交通问题自身特点，加强普惠性、基础性民生建设，完善共建共治共享的城市交通治理制度，提出城市交通问题的定位："城市交通问题归属于城市的基础公共服务范畴，本质是提升城市的基础公共服务水平"。

城市交通作为城市的基础公共服务，是指由政府主导，鼓励市场主体企业参与，为城市里居民的生活、工作及游憩等必不可少的人和物的移动需求提供服务，是城市可持续运行的基本保障。服务的决策：交通需求与交通供给的协同管理，其核心是权衡城市可持续运行和居民权益之间的利弊关系。服务的场景：提供城市交通设施和运行服务（即城市交通网络的构建和运行）。服务的方式：政府以财政资金提供，或者经政府特许经营和监管由企业提供。服务的运行机制：城市居民纳税和使用者付费相结合。

综上所述，城市交通归属于城市的基础公共服务范畴，在服务供给的权责上采取普惠性非基本公共服务，城市居民纳税和使用者付费相结合，既要适应差别化需求又要促进社会公平正义，推动有效市场和有为政府更好结合。要着眼于交通与城市协同发展，从综合性、整体性的角度出发，提出提升城市基础公共服务水平的行动。

（二）中国城市交通发展新目标和原则

1. 发展目标

城市交通问题本质是提升城市的基础公共服务水平，其公共性在于对城市公共资源的开发与合理利用。关键是发挥政府的统筹、协调和监督作用，提供保障全体人民生存和发展基本需要、与经济社会发展水平相适应的基础公共服务。同时强调多元市场主体参与服务，由政府引导，并由市场主体和公益性社会机构对基础公共服务进行补充供给。建立和完善城市基础公共服务体系，要处理好城市居民的人员与货物的流动需求与城市运行的安全、效率和资源消耗的关系，处理好政府与市场之间的关系，处理好公平与效率之间的关系，共同实现基础公共服务在数量和质量上的保障。

---

❶ 参阅"城市交通问题本质是提升城市的基础公共服务水平"一文。

2. 发展原则

原则一　坚持城市居民享有同等权利

城市交通作为城市基础公共服务，应满足人们出行所用和生活所需，不应过分关注交通工具或者交通设施本身。城市交通是城市全体居民生存和发展的基本需要，其设施和服务不是为特定个体服务，而是让全体居民享有同等权利。城市交通基础公共服务的运行机制是城市居民纳税和使用者付费相结合，并权衡好居民享有权利和城市可持续运行之间的关系。

原则二　坚持有效市场和有为政府更好结合

推动有效市场和有为政府更好结合，坚持完善土地、劳动力、资本、技术、数据等要素市场化配置，突出服务于城市居民的需求，全面提升城市交通设施的运行水平和服务能力；坚持多学科思维、系统论方法，研究提升城市交通品质，实现城市交通设施建设、维护、运转管理依法行使，创新建设"政府—社会—公众"协同治理机制；坚持城市交通治理能力现代化改革方向，构建政府主导，企业、社会组织、公众等多元主体"价值—信任—合作"新型关系，提升交通服务共建、共治能力与共享水平。

原则三　坚持基础设施网络高质量发展

坚持基础设施网络化适度超前，发挥城市交通基础设施对城市经济社会发展的基础性、先导性、战略性和服务性作用，统筹协调多空间尺度与多方式网络、存量优化与增量建设、传统设施与新型基础设施建设需求，推动城市交通基础设施网络更高质量发展；坚持全生命周期效益，实现城市交通设施建设和运行服务供给的经济效益、社会效益、生态效益、安全效益相统一，支持城市经济增长并实现经济可承受，促进社会公平、包容性发展，保护生态环境和资源，保障城市安全、韧性运行。

四、重点行动

（一）总体要求

党的十八届三中全会指出，全面深化改革的总体目标是完善和发展中国特色社会主义制度，推进国家治理体系和治理能力现代化。这是指导城市和城市交通治理的总体思想。城市交通问题改善和高质量发展，关键是建立由地方政府主导的城市交通的基础公共服务体系，由行政管理向协同治理转变，形成"政府—社会—公众"之间协同合作的城市交通治理机制。建立和完善城市交通的基础公共服务供给体系和运行机制，要实施城市交通发展和城市发展协调互动，坚持需求导向和问题导向，守住安全底线，探索融合发展，加快数字化转型，破解交通热点难点问题、引导城市可持续健康发展，让居民有获得感、幸福感、安全感，让政府有成就感。

（二）具体行动

按照国家治理体系和治理能力现代化建设的总体要求，围绕着推进城市治理体系和治理能力现代化开展三大类十项行动：提升基本生活需求的服务水平（行动一至行动四）；支撑和服务国家战略实施（行动五至行动八）；增强城市的基础公共服务水平能力（行动九和行动十）。这些行动是相互影响、相互关联的。

1. 行动一："15分钟生活圈"服务与环境品质提升行动

该行动是地方城市政府实施城市更新行动的重要组成部分，同时也是实现生活类公共服务资源便捷可达、街道空间品质显著提升，从而满足人民对于美好生活向往的重要支撑。

总体思路：

党的"十四五"规划建议首次提出城市更新行动，提出推进城市生态修复、功能完善工程，提高群众生活品质，建设更健康、更安全、更宜居的城市。这是党中央的重要决策，也是服务城市居民提高宜居水平的重要举措。这项行动的基本思想是提出15分钟生活圈交通活动非机动化理念，实现生活类公共服务资源便捷可达、街道空间品质显著提升，方便群众生活，提高宜居水平。

城市是人们集中生活的地方。宜居的城市，不仅要能就业、有房住，还要生态环境好。

自改革开放以来，我国城镇化进程不断加快，以产业为主的工业园区和以居住为主的居住区是支撑城市发展的重要组成部分。城市总体规划根据城市的整体发展要求，重视规划区范围内的功能分区布局，带来的负面效应是工业园区与居住区分离形成职住关系失衡。此外，居住区规划多由房地产开发商负责实施，并以较大地域范围一次供地分期开发的方式来建设，因此虽然对配套设施有相关规范进行要求和规定，如商业服务面积和停车位数量等，但多存在既有指标标准低、实际开发及其商业性运作与居民需求脱节等问题。另外，还有部分开发小区实行封闭管理，导致本应面向社会的服务设施变成只服务于开发范围的居民，甚至于变相成为高档会所。不仅义务教育阶段的学生入学和基础的医疗公共服务得不到保障，基本生活所需的物资供给和社会交流交往所需的活动场地显得不足，用于应对我国老龄化社会进程的适老养老设施也存在缺失。由于居民获取教育、医疗、购物等相关生活服务需要更长距离、更长时间的出行，进而加剧了交通拥堵与环境污染等问题。

市场经济体制改革，特别是国有土地建立有偿使用制度改革，促进了城市中心城区的商业和服务业的繁荣发展。这些设施对活跃城市生活、让城市更美好更繁荣是必要的，但代替不了城市里生活日常基本需求。城带县、城带乡的政府行政建制的变革后，城市政府成为统筹城乡的混合型政府。这样的管理体制使得城市形态发生了变化，形成了新的城镇体系的格局，但同时也带来了城市政府更加重视中心城区发展现象，导致城市外围区域、新城等的发展不平衡、相关生活服务配套不完善,从而影响到我国城镇化进程和人口流动落户。

要强调的是,改善上述问题,我们的基本思想是提出 15 分钟生活圈交通活动非机动化理念。即,以步行交通出行服务半径为基础,来落实 15 分钟生活圈建设,改善城市交通的基础公共服务水平、提升城市宜居水平。鼓励以非机动化交通方式保障生活圈交通活动,与实施城市公共交通优先发展战略结合起来,推进 15 分钟生活圈建设,方便群众生活。

"15 分钟生活圈"服务与环境品质提升行动(简称:15 分钟生活圈行动)定义为,以居民集中居住街道社区为基本范围,将步行 15 分钟左右、行走半径 800~1000 米左右的空间范围作为城市居民基本生活保障单元,研究满足生活基本需求所需的服务水平。目标是在居民 15 分钟步行可及的空间范围内,优化配置居民基本生活所需的各项基本功能和基础设施,提升社区与街区活力,促进提升 15 分钟生活圈交通活动非机动化水平,促进提升城市公共交通优先发展战略实施的服务水平,引导健康、绿色低碳的生活方式。

这项行动的工作核心是对我国长期以来的城市发展模式在生活服务方面补短板,并推动实现生活类公共服务资源便捷可达、街道空间品质和城市活力显著提升,构建便民生活圈、安宁生活圈和健康生活圈,满足人民对于美好生活的向往。工作是持续的,时效是长远的。这项行动的基本实施单元是区以下街镇,工作思路要与行动二(通勤出行效率提升行动)、行动四(建立和完善协同治理机制,调控机动车和电动自行车保有及使用行动)和行动五(创新思路,全面实施城市公共交通优先发展战略行动)等行动相结合共同推进"15 分钟生活圈"服务与环境品质提升。具体工作应围绕以公共交通站点为核心构建"15 分钟生活圈",保障步行和骑行的优先地位,营造步行、自行车友好的街区空间环境,并实现与公共交通枢纽站和轨道交通换乘站的顺畅连结。

中央政府有关部门:

要统筹协调国家层面城市规划建设和城市更新的技术标准和规程,并制定其与国家现行技术标准和技术规程相冲突时应采取的处置原则和措施。技术标准和规程归口的主管部门,应当就可能会涉及的普遍性问题事前开展科学论证,并提供相应的技术指导。同时,推动相关考核评估体系,提出相应指标进行验收与监督。

地方城市政府:

一是制定"15 分钟生活圈"城市交通更新规划并组织实施。可借鉴 TOD 等先进理念,以公共交通站点为核心构建"15 分钟生活圈",促进公共交通、慢行空间与生活场景的空间融合,优化公共交通站点与周边接驳设施的一体化设计。"15 分钟生活圈"内的街道规划建设应保障步行和自行车出行的优先地位,营造步行、自行车友好的街区空间环境。应积极推广街区制,形成"小街区、密路网"的空间结构。开展人性化、精细化的街道空间设计,加强对道路红线内外空间统筹管控。面向多元化的人本需求,构建全龄友好的无障碍出行环境,满足各类人群的使用需求。加强交通稳静化设计,通过分时段采取机动车禁行、限速等做法,优化居住区周边交通组织。

二是应在资金、政策等方面给予区以下街镇支持,加强部门协同,确保"15 分钟生活圈"规划建设与城市更新、城中村改造等工作相互衔接。

2. 行动二：通勤出行效率提升行动

该行动是促进城市交通高质量发展、提升城市宜居性和居民生活幸福感的重要方面。

总体思路：

（1）实施该项行动的必要性

通勤是城市居民生活的重要组成部分，通勤出行效率关系着居民幸福感，影响着城市宜居性。在中国快速城镇化过程中，通勤出行与城市结构、土地利用、城市形态和产业布局有着直接关系，又关系到国家机动化发展的政策导向和城市公共交通优先发展战略的实施。我们面对的是长期历史过程形成的现实问题，要以战略的眼光、务实的精神制定政策，循序渐进地实现人民群众高效通勤的愿景。将通勤时间控制在合理的范围内，降低极端通勤人口比例，是保证居民生活质量的重要前提，也是城市交通高质量发展的重要标志。

（2）我国城市通勤的主要问题

中国城市规划设计研究院发布的《2022年度中国主要城市通勤监测报告》选取44个城市，汇聚9000万人的职住通勤数据，用通勤时间、通勤空间、通勤交通三个方面的9项指标，呈现中国城市职住空间与通勤特征。以此为基础，对照各地实际通勤状况，并参考相关研究成果，归纳我国城市通勤存在的主要问题如下：

1）居民通勤距离和时耗不断增加。随着城市规模扩张和机动化快速发展，居民通勤距离持续增长，目前超大城市平均通勤距离9.4公里，特大城市8.7公里，Ⅰ型大城市7.8公里，Ⅱ型大城市7.6公里，超大城市、特大城市单程60分钟以上的极端通勤比重分别达到19%、14%，适宜步行、骑行的5公里以内通勤比重持续下降。

2）轨道交通等骨干客运走廊与城市职住空间匹配度不高。2021年，我国城市轨道运营里程比前一年增加近20%，但覆盖通勤比重仅提升2个百分点，同期，全国城市轨道交通平均日客运量仅为0.82万人次/公里，有80%的城市低于这一平均值。

3）城市通勤交通服务效率和能力不高。一是轨道站外时间占全程出行时间的比重高，交通接驳成为制约公交"门到门"出行服务能力提升的瓶颈；二是常规公交在拥堵影响下运行速度慢、准点率低，导致其吸引力逐渐下降，客运量不断萎缩；三是电动自行车由于骑行省力、行驶速度快、使用成本低、占用空间少、"门到门"出行方便等特点，越来越多地被中短距离通勤者使用，对现有城市道路非机动车通行空间提出了新的要求。

（3）该项行动实施的总体要求

该项行动主要围绕超（特）大城市开展，其他大中城市参照实施。行动的核心工作：一是要提升人口和就业岗位在大容量公共交通走廊沿线的集聚程度，切实发挥大容量公共交通对城市空间结构调整和功能布局优化的引导作用；二是要制定政策措施，以"门到门"出行链的视角，通过数字化转型改善公共交通接驳条件，全面提升通勤出行效率；三是强调综合运用智能化手段提升路网运行效率，减少由于道路拥堵带来的通勤延误；四是加强城市通勤干道非机动车通行空间保障，改善电动自行车通行管理。

这项行动不是独立的，是一个涉及面较广的系统工程，应与行动五（创新思路，全面实施城市公共交通优先发展战略行动)、行动六(超(特)大城市与周边地区,政府间协同建设都市圈交通行动)等互为补充。行动方案的制定应按照中央政府政策规定,综合分析有关部门的意见,主要依托地方城市政府提供的基础公共服务方案,在政府引导下由居民自行选用。

中央政府有关部门:

一是要推动制定通勤交通改善相关政策和指导意见,鼓励干线铁路、城际铁路等为城市提供通勤服务,加强对市域(郊)铁路规划建设工作的支持。

二是研究制定适应电动自行车大规模使用的城市非机动车通行空间设计标准和建设管理指导意见。

地方城市政府:

一是要严格落实公共交通支撑和引导城市发展的建设模式,强化居住和就业向大容量公共交通站点和沿线聚集,提升通勤走廊效益。宏观层面,强化人口、产业与交通网络布局协同融合;中观层面,促进大客流通勤走廊的职住平衡;微观层面,引导关键城市功能围绕轨道交通站点周边高密度集聚,形成由近及远、梯度开发的城市格局。

二是要以全链条视角全面提升通勤"门到门"出行效率。充分利用信息化手段,探索出行即服务(MaaS)的组织新模式。逐步整合轨道交通、地面公交、慢行交通及出租汽车等服务资源,建立健全数据要素及服务资源协同共享机制,建立面向门到门、一体化、无缝衔接的交通组织方法。以通勤出行者需求为核心,支持企业灵活进行运力调配和组织,实现按需定制、多样化的服务供给体系。

三是综合运用智能化手段提升路网运行效率,减少通勤延误。推进信号灯智能化改造升级,实现路网管理智能化。探索道路预约通行管理,利用智慧化手段提高道路时空通行效率。精准化提升地面公交路权效益,优化常规公交线路组织,实行公交信号优先,全面提升地面公交出行服务水平。

四是规范电动自行车运行秩序,因地制宜配置道路空间,保障骑行者安全。在电动自行车流量较大的通勤干道上增加非机动车通行空间,扩大交叉口待行区,优化交叉口灯控方案,引导电动自行车有序通行。

3. 行动三:生活物资为主的配送服务能力提升行动

该行动的目的是适应信息技术发展下居民生活方式的转变、提升生活物资为主的配送服务能力,保障居民生活供给和支撑城市运转。

总体思路:

人们去商店购买生活物资是市场经济的传统方式。随着互联网技术的进步与现代物流产业的发展,网上选购生活物资后由物流公司配送到指定地点成为现实。供货商可以是实体店,也可能是平台公司,由此,货源的拓展、人们购物选择空间的扩大,以及配送品类的拓展,都给人们的起居和生活习惯带来影响。在公共卫生事件以及各类突发事件情况下,物流配送更成为保障居民生活供给和支撑城市运转的重要方式。

城市交通问题应当包括工业生产中原材料和产品运输，或称物流。工业生产性原材料和产品一般由综合运输体系解决，分散的原材料输入和集中的产品输出都是大宗货物，与城市交通网络的关系在工厂、货物通道、枢纽站和仓库场站，多数是作为另一类服务体系来讨论，本行动重点关注生活物资为主的配送服务。

随着中国社会经济发展进入新时代，城市产业布局的调整、现代消费方式的不断升级、电子商务技术的广泛应用，以及城市工商业发展模式的日趋多元，使得城市配送呈现新的特征：一是多样性需求不断增加。小批量、多批次的配送需求日益旺盛，多样化、个性化的配送需求不断增加。城市居民对配送时效性、便捷性的期待日益提高，配送企业和商贸企业对改善城市配送环境、提升城市配送效率的诉求愈加强烈；二是城市配送组织形式变化。城市配送的形式由集中向集中与分散共存转变。原先的工业、农业产品以及商业配送占比较大，其配送量大且有比较稳定的需求，通常采用集中与固定配送的方式进行组织。但由于网上购物、商务活动以及生活需求的多样化等原因，快递以及配送增值服务的需求量不断增加，配送品种多、配送需求量波动大、配送需求点多面广，合理化的城市配送组织难度也在不断加大；三是环保和可持续性要求逐渐提高。城市配送需要满足城市对于环保和可持续的要求，致力于减少配送中产生的交通与噪声污染，提高能源利用效率已经成为重要目标；四是对安全韧性的要求提升。突发事件对城市配送在应急保障方面提出了更高要求，配送系统需要在各类情况下都保证足够的安全性、灵活性和可靠性，以保障城市的持续运转。

相应的，城市配送也面临着新的问题和挑战。一是城市物流配送基础设施网络有待完善。首先表现在城市的交通管理压力较大，城市交通资源的配置普遍优先向客运交通倾斜，城市配送车辆的路权无法得到充分保障；其次表现在城市配送中心、末端配送网点和仓储设施建设滞后、城市中心区缺少配送车辆停靠装卸设施，城市配送站的落地选址中缺少相关政策的支持；二是先进的配送组织方式和模式应用较少。城市配送的组织化、专业化、规模化、社会化和现代化程度较低，城市配送组织模式呈现多平台、多层级模式，在配送过程中缺乏资源统筹，设施及运能利用不合理，共同配送、专业配送等服务模式需要进一步提升。城市配送新技术应用水平不足，智慧化、绿色化程度急需提高；三是运输安全问题。快递、外卖车辆往往面临快速配送的需求，但存在路权空间保障不足、车辆管理不规范、违规行驶现象普遍、企业安全教育管理薄弱等问题；四是特殊情况的配送问题，如应急情况下的配送体系保障有待完善。

城市配送是社会保障的重要组成部分。在新时代背景下，其未来的发展趋势，一是智能化，无人机、无人驾驶车辆、物流机器人等智能设备的应用将不断扩大，将提高配送服务的效率和准确性，同时降低人力成本和运营风险；二是信息化，信息化的深入推进、大数据和物联网技术的广泛应用将实现物流链条的全程可视化和优化，未来将通过数据分析和预测实现更精准的配送管理和决策；三是绿色化，环境污染的加剧、环保意识的增强将推动城市物流配送向更绿色、低碳的方向发展；四是个性化，居民需求的个性化、多元化将要求未来城市配送将更加注重个性化和用户体验，通过技术手段提供更灵活、便捷、高效的物流服务以满足多样需求；五是协同化，城市配送将与其他领域进行更多融合，城市共同配送作为未来的发展趋势，将进一步减少拥堵、提高配送效率、降低环境影响。

这项行动重点讨论的生活物资配送有其自身的特点。提供信息技术服务的平台公司往往负责组织生活物资配送的全过程运行，无论平台公司是否有仓储业务，实际上都存在货源整体分散、供应以分级网络化组织的现象，因此平台公司需要在不同方位建立转运场地以便将货物集散分送到户。需要强调的是，生活物资为主的配送服务能力的提升是未来的发展方向，且城市物流配送是一个市场化程度较高的行业，其发展在很大程度上取决于企业本身，遵循自身从低到高、从小到大、从无序到有序的基本发展规律。

因此，这项行动的工作要在总结已有经验、遵循规律的基础上制定行动要求，要以提升城市的基础公共服务水平为总体要求来思考政府—社会—公众之间的协同关系。核心工作是突出政府扶植政策和必须由政府提供的服务环境，致力于营造公平、开放的市场环境，协调经济效益和社会效益，不宜过多干预市场经济环境下企业的经营行为，让市场在资源配置中发挥决定性作用。要与其他行动协同思考采取行动。

中央政府有关部门：

一是要制定严格规范的安全生产经营管理规定。要严格规定和规范涉及居民信息安全的保障措施，加强对物流配送平台企业的督查，要求企业加强对雇佣人员的教育和监督。完善行业管理体系，建立平台、企业及从业人员诚信体系制度。要不断完善配送交通工具标准和安全使用规则，规范平台企业和员工的服务水平。

二是要出台相关政策推动城市配送领域新技术、新模式的广泛应用。为无人配送技术、货运公交、共同配送等提供政策支持，推动试点建设以验证新技术、新模式在实际应用中的效果并逐步推广。

地方城市政府：

一是要加强城市物流配送规划编制。遵从集中和分散相结合的原则，制定提升这类服务水平的规划和政策措施。统筹规划建设"物流园区—公共配送中心—末端配送点"三级节点网络，科学施划城市配送车辆专用临时停车位或装卸货场地并完善相关标准规范，考虑未来技术发展合理预留无人配送车、无人机配送、地下管道配送等设施空间。推动城市配送车辆的时空精细化通行管理，制定出台保障配送车辆通行便利的管理政策。加强和完善城市应急物流体系的规划建设。

二是要加强运输安全监管和保障。要充分发挥现有配送服务平台企业优势，适应服务到户和骑手时效高的特点，更加注重安全、路权和运输工具升级的短板改善，探索给予通行便利，提升城市配送效率。

三是要积极探索并推广创新配送服务模式。因地制宜给予政策支持，推进共同配送、低空无人配送、"公交＋物流""轨道＋物流"等新技术、新模式的发展应用。鼓励适应航空运输方式的高附加值物品的物流配送方式，服务高端产品产业链，促进城市高质量的转型发展。

4. 行动四：建立和完善协同治理机制，调控机动车及电动自行车保有及使用行动

该行动的目的是合理配置道路设施等公共资源，提高城市的整体运行效益。

总体思路：

（1）机动车辆保有及使用现状问题、各方观点及未来趋势

1）我国城市小客车调控的现状与问题

近30年来，随着我国汽车工业发展，汽车生产能力大幅提高，2022年我国汽车产量达2702.1万辆。品牌多元化、制造成本下降、销售价格下调，增强了人们购买私家车的愿望，城乡居民私人拥有机动车辆数量显著提高，机动化进程持续推进。截至2022年年底，全国机动车保有量达4.17亿辆，其中汽车保有量达3.19亿辆，千人汽车保有量达到226辆；机动车驾驶员数量超过5亿人，其中汽车驾驶员数量达到4.64亿人，机动车和驾驶员总量均居世界第一。机动化的快速发展带来的交通拥堵等问题也日益严峻，以机动车限行、限购为代表的交通需求管理政策开始在诸多大城市尝试与实施。上海于1994年开始对新增客车额度实行拍卖制度，2011年以来北京、广州、深圳等城市先后实施小客车数量调控，其中，北京、海南采用摇号形式配置小客车指标，广州、深圳等城市采用"摇号+竞价"的组合方式。近年来，国内城市通过机动车尾号限行、停车收费等政策加强机动车使用管理。

总的来看，我国城市以限行、限购为代表的机动车调控政策的不可持续问题日益凸显：

一是未根本解决机动车高密度聚集、高强度使用的问题。目前我国城市机动车调控"一刀切"现象较为明显，尚未实现面向不同区域的差别化管理。以北京市为例，机动车主要聚集在人口高密度的中心城区，核心区人均机动车保有量是国际城市同比地区的2倍多，五环路以内机动车出行分担率约是东京同比地区的3倍。

二是需求管理政策的效果持续弱化。以北京为例，虽然总量调控政策降低了小客车的增速，但是部分机动化出行需求被其他交通工具替代，近年来外埠客车、皮卡车、摩托车、老年代步车等持续增加。由于大多数城市新能源车不限行，近年来新能源车的快速增长很大程度上降低了机动车尾号限行政策的实施效果。同时，随着小客车潜在拥车需求不断增加，摇号中签率持续走低，引发社会强烈关注。

三是价格杠杆未充分发挥需求调控作用。我国城市交通需求管理政策体系"重行政手段、轻经济手段"的特征仍较为突出。以停车为例，由于违法停车处罚力度不足，违停成本低等原因，免费停车比例较高，尚未充分发挥价格杠杆对使用需求的调节作用。

四是目前政策措施多以改善交通运行状况、缓解交通拥堵为主要目的，未充分考虑"碳减排"的新要求。测算数据显示，2020年北京市城市交通碳排放为2400万吨，其中私人小客车碳排放占比达57.6%。私人小客车是交通碳排放的绝对主体和减排重点，但长期以来这部分管理体系一直是空白：纳入全国碳配额管理的八大行业中，交通仅包括航空，城市碳配额管理也只涉及轨道、公交等重点企业；在我国核证自愿减排量（CCER）中，目前针对个人碳减排量交易尚无明确政策，亟需体系化解决上述问题。

2）国内外城市小客车调控经验

国内外城市机动车需求管理政策主要涉及总量调控、停车治理、使用管理三种思路和模式。总体来看，各种机动车需求管理政策的主要特点如下：

行政限制类手段短期见效快，但政策可持续性较差、精细化程度不高。行政类措施是国内城市调控机动车保有和使用的主要手段，限购、限行等限制性的行政类措施打压了实际存在的需求，但这些需求仍然存在，因而往往是短期内的效果，同时针对不同人群、不同时间、不同空间的精细化调控程度不够。

经济类手段资源配置效率高，但收费合理性容易受到较大质疑，需要建立社会共识。新加坡以车牌竞价方式调控小客车数量，新加坡、伦敦、斯德哥尔摩等通过拥堵收费调节不同时空的使用需求。经济类手段可显著提高资源配置效率，但收费往往涉及大量群体的利益，收费的合理性及其用途也容易受到较大质疑，且容易导致购车资源和道路通行权向高收入群体倾斜，造成社会的不公平性。为提高公众可接受度，一般需要政府做好公众宣传与参与工作、确保政策程序合法、公平、透明。

停车治理是调控机动车保有和使用需求采用最广泛的措施，需要严格停车执法作为前提。从国际城市交通治理的实践经验来看，停车治理是调控机动化进程和缓解交通拥堵最有效、使用最广泛的措施，特别是差异化停车收费以经济手段调节机动车在不同时空的使用需求，目前已在东京、伦敦、纽约等诸多城市实施。东京都市圈机动车保有量高达1629万辆，交通运行仍平稳有序，主要原因除了其发达的轨道交通系统外，还包括出台了一系列以停车为主的治理措施，包括实施"有位购车"政策、差异化停车收费、严格的停车执法等。东京的停车治理措施并未对汽车产业发展产生负面影响，都市圈机动车保有量仍持续增长，但增加的车辆主要集中在都市圈外围地区。同时，从国内外经验看，严格停车执法是停车治理类政策有效实施的必要前提，需严厉打击违法停车行为，杜绝免费违法停车，养成"停车入位、停车付费、违停受罚"的行为规范。

依托科技手段和碳介质的创新型需求管理工具可兼顾行政管理和经济杠杆的优点，随着技术的进步是未来重要的发展方向。近年来，一些新型需求管理措施、概念涌现，如预约通行管理、可交易电子路票（TCS）、个人碳账户等。此类创新型需求管理工具可兼顾行政管理和经济杠杆的优点，兼顾资源配置效率和公平性。这些创新型需求管理工具不仅可以从需求侧引导居民改变出行结构，还可以通过基于移动互联网的出行监测技术和市场机制的构建，提高交通管理水平。例如通过预约，可针对具体场景和问题，灵活调整需求管理手段的实施范围、时间、精细化程度、调节对象和管控力度，并通过与出行者的双向互动，改变政策缺乏与用户交互的状况；通过个人碳账户，可抵消自身高碳排放、参与碳交易或转化为其他社会福利，不仅可体现公平性，又因为涉及面广、措施灵活多样，可有效带动社会低碳氛围。

3）关于小客车调控的各方观点

一是社会公众的角度。居民对美好生活向往和高品质出行要求不断高涨，社会潜在拥车用车需求仍在持续增加。儿童上下学、老年人看病就医等特定人群和出行场景对小客车的依赖程度较高。数据显示，截至2023年3月8日，北京共有近28万家庭、48万个人申请新能源指标，62万家庭、251万个人申请油车指标，小客车潜在保有需求大。

二是政府相关部门。国家层面，由于汽车消费体量大、潜力足、产业带动作用强，促进汽车消费对稳定我国消费大盘、促进产业链高质量发展具有积极作用。近年来，国家多个文件明令规定释放汽车消费潜力、因地制宜逐步取消汽车限购、推动汽车等消费品由购买管理向使用管理转变、支持购置新能源汽车等。如：《国务院办公厅关于加快发展流通促进商业消费的意见》（国办发〔2019〕42号）提出"释放汽车消费潜力。实施汽车限购的地区要结合实际情况，探索推行逐步放宽或取消限购的具体措施。有条件的地方对购置新能源汽车给予积极支持"；《国务院办公厅关于进一步释放消费潜力促进消费持续恢复的意见》（国办发〔2022〕9号）提出"稳定增加汽车等大宗消费，各地区不得新增汽车限购措施，已实施限购的地区逐步增加汽车增量指标数量、放宽购车人员资格限制，鼓励除个别超大城市外的限购地区实施城区、郊区指标差异化政策，更多通过法律、经济和科技手段调节汽车使用，因地制宜逐步取消汽车限购，推动汽车等消费品由购买管理向使用管理转变"；《国家发展改革委等部门印发〈关于促进汽车消费的若干措施〉的通知》（发改就业〔2023〕1017号）提出"优化汽车限购管理政策。鼓励限购地区尽早下达全年购车指标，实施城区、郊区指标差异化政策，因地制宜增加年度购车指标投放；落实构建高质量充电基础设施体系、支持新能源汽车下乡等政策措施"。

地方城市政府层面，相关部门也开始关注研究小客车保有和使用调控政策的创新，强调要运用好科技、经济、法律、行政等手段，并充分发挥停车管理对交通需求的调节作用。如：《北京市"十四五"时期交通发展建设规划》提出"加快推动小客车由购买管理向使用管理转变，运用科技、经济、法律、行政等手段在管好道路停车的基础上，强化居住区停车管理和单位停车管理综合施策、'以静制动'，调控小客车使用需求，降低小客车使用强度"；《上海市交通发展白皮书》（2022版）提出"坚持车路平衡和区域差别化，继续实施小客车拥有管理，更加突出使用管理；适度满足基本停车需求，有效引导出行停车需求，充分发挥停车管理对交通需求的调节作用；深化研究以经济杠杆和碳减排控制为主要手段的交通需求管理政策"。

三是各方专家意见。有的专家认为，应发挥经济杠杆对于小客车保有和使用需求的调控作用，以道路等公共资源"用者付费"为原则完善需求调控政策，小客车使用者要承担其产生的负外部成本。有的专家认为，停车是影响机动车拥有和使用的关键因素，应充分发挥停车管理对交通需求的调节作用，抓住这个关键有效发力，城市交通问题就能得到极大缓解。有的专家认为，由于我国不同城市、城市内不同区域的发展阶段、土地利用和交通状况有较大的差异，不同地区对小客车的使用需求也不同，因此小客车需求调控应因地制宜，不能一概而论。有的专家指出，与发达国家机动车保有量相比，我国汽车市场尚未饱和。且随着都市圈加速发展、乡村振兴战略的实施，乡镇地区仍存在小客车保有潜力，需以城乡统筹的思维审视和优化小客车调控政策。

综合各方意见，城市机动车保有和使用的调控政策需兼顾公众、政府管理、行业发展等需求，在回应人民群众对美好生活向往的同时，兼顾释放汽车消费潜力拉动经济发展、缓解城市交通拥堵、节能减排的多重目标。

4）关于新能源车的发展

近年来随着"双碳"目标的提出和持续推进，新能源汽车增长势头迅猛。2014年，《国务院办公厅关于加快新能源汽车推广应用的指导意见》（国办发〔2014〕35号）提出"实行差异化的新能源汽车交通管理政策。有关地区为缓解交通拥堵采取机动车限购、限行措施时，应当对新能源汽车给予优惠和便利"。北京等城市对新能源汽车不限行，上海、广州等城市采取新能源汽车不限购的政策，促进了新能源车辆的迅速增长。截至2022年年底，全国新能源汽车保有量达1310万辆，占汽车总量的4.10%。其中，2022年全国新注册登记新能源汽车535万辆，占新注册登记汽车总量的23.05%，与2018年的107万辆相比，呈高速增长态势。

近年来，国家出台多个文件支持新能源汽车发展。如：《国务院办公厅关于加快发展流通促进商业消费的意见》（国办发〔2019〕42号）提出"释放汽车消费潜力。有条件的地方对购置新能源汽车给予积极支持"；《国家发展改革委等部门关于印发〈促进绿色消费实施方案〉的通知》（发改就业〔2022〕107号）提出"大力推广新能源汽车，逐步取消各地新能源车辆购买限制，推动落实免限行、路权等支持政策"；《国家发展改革委 国家能源局关于加快推进充电基础设施建设 更好支持新能源汽车下乡和乡村振兴的实施意见》（发改综合〔2023〕545号）提出"支持农村地区购买使用新能源汽车"。

针对新能源汽车的管理导向，有的观点认为，新能源汽车在道路空间占用、使用特征等方面与普通燃油车无异，甚至出行强度高于燃油车，时空上的集中使用仍会造成交通拥堵，道路资源作为公共资源，应该平等使用，因此不应将新能源汽车与燃油车差别对待。有观点认为，汽车新能源转型是交通行业减少碳排放的重要途径，从推动能源转型、碳减排的角度，应给予新能源汽车在购买、使用等方面的优惠政策。也有观点认为，未来随着新能源车的保有量高速增长，应取消新能源车的路权等"特权"政策，有利于倒逼新能源车企业加快技术革新，与传统燃油车公平竞争。

5）对未来机动化发展趋势的判断

对我国交通工具机动化发展趋势预估：一是交通工具机动化是人民群众对美好生活向往的重要方面。当前，我国机动化进程仍处于增长的下半场，千人汽车拥有量远低于发达国家水平。根据世界银行公布的数据，2022年我国每千人拥车量为226辆，远低于美国（837辆/千人）、日本（639辆/千人）等发达国家水平。随着我国人均GDP的增长，我国汽车产业市场仍有较大的发展空间。二是随着都市圈发展，以集约化公交支撑着城镇化发展的同时，机动化交通工具需求在超大城市外围地区、小城镇的需求明显提高。从增长的区域分布来看，将从东部向中西部扩展和转移，将从一二线城市向三四线城市扩展和转移，将从城市向乡村扩展和转移。东京等国际都市圈经历了机动车从中心向外围疏解的过程，如今呈现出"中心城区低、外围高"的分布态势，东京都市圈的机动车仅有27%分布在东京都，73%分布在外围三县（埼玉县、千叶县和神奈川县）。三是从汽车工业发展来说，近年来，在畅通国内大循环、促进消费的背景下，国家多个文件明令规定释放汽车消费潜力，因地制宜逐步取消超（特）大城市汽车限购等，优化新能源汽车购买使用环境，推动新能源汽车下乡。综上所述，未来机动车保有和使用的调控方向亟待明确。

经研究分析,应充分发挥市场配置资源作用和更好发挥政府的作用。一是必须综合思考。坚持贯彻中央经济的宏观政策和坚持以人民为中心的理念,统筹兼顾、因事因地综合施政。二是必须充分发挥经济手段、技术手段对机动车使用需求的调控作用。坚持公共资源"用者付费"的原则制定差别化政策和措施。三是必须因地制宜。机动车保有及使用问题涉及面广,各方利益矛盾和冲突交叉,情况和场景复杂,要区分城市和农村、区别不同城市规模和城市形态、区别城市人口和活动密集地区与边缘地区等,明确鼓励什么、规范什么、限制什么、禁止什么。

(2)关于电动自行车等的发展

1)电动自行车发展现状及问题

伴随着机动化的快速发展,城市范围电动自行车、农村范围电动摩托车的发展也非常迅猛,因其高效、便捷、经济等特点,群众需求大、普及程度高。过去20年,我国电动自行车保有量从5.8万辆增长至3亿多辆,形成了全球最大的电动自行车生产销售和使用市场。同时,车型产品向多元化的方向发展,产品性能上已演变到电动摩托车、电动轻便摩托车;在外观设计上衍生出电动三轮或四轮助力代步车、老年助力代步车;在使用功能上满足了交通、载人、运货、观光等多种需求。特别是随着互联网新零售模式推动下的即时配送行业的高速发展,电动自行车因在中短距离出行中具有轻便快速、成本低廉、易于骑行等特殊优势,成为快递、外卖行业最主要的交通工具。随着电动自行车等方式的普及,其引发的问题备受关注,部分城市"以禁为主"的粗放型通行管理政策也备受社会质疑。总结各方关注的焦点问题,主要存在以下几方面:

一是涉及电动自行车的交通事故频发。2020年,电动自行车肇事交通事故数占城市道路交通事故总数的10%,骑乘人员伤亡人数占城市道路交通事故伤亡人员总量的22.5%。近五年,我国城市电动自行车交通事故数年均增长17.2%,电动自行车交通事故的增长速度在所有城市交通方式中位居第一。

二是电动自行车"摩托化"现象突出。按照《中华人民共和国道路交通安全法》对于"非机动车"的定义,符合有关国家标准的电动自行车纳入非机动车管理。1999年发布的《电动自行车通用技术条件》GB 17761—1999、2018年发布的《电动自行车安全技术规范》GB 17761—2018(以下简称《技术规范》),均对电动自行车的速度、重量、输出功率等指标加以限制。国家标准的实施对于规范电动自行车生产、销售和使用具有重大意义,但政府部门、行业协会、生产厂家与消费者在认识上仍然存在分歧。比如,在时速限制上,出于安全因素考虑,国家标准要求电动自行车最高设计车速限值为25公里/小时。部分消费者认为,符合标准的电动车由于时速慢、动力差、续航短,很大程度上不能满足其出行需求,尤其是通勤距离较远的消费者和外卖骑手等特定职业的人群。同时,按照目前的国家标准,人力驱动只是电动自行车动力的选项,可选择全电力驱动,这又导致"超标"非常容易。为迎合消费者需求,相关流通环节篡改限速装置等电动自行车改装现象屡禁不止。根据公安部道路交通安全研究中心等单位发布的《城市电动自行车骑行调研分析报告2022》,约40%的外卖行业电动自行车进行了加装改装。电动自行车"摩托化"现象,导致相当一部分电动自行车变成了行驶在非机动车道上的"机动车",造成了一定的安全隐患。

三是电动自行车骑行空间保障不足。目前许多城市的道路设施,还没有为电动自行车出行创造比较好的条件。一方面,电动自行车与汽车、行人"抢街"现象突出。相关调查显示,路段上骑行空间被机动车停车占用、非机动车道不连续是骑行者感受较为强烈的问题。另一方面,由于电动自行车的交通特性与自行车存在较大差异,在体量、重量和实际运行速度方面都超出自行车,自行车与电动自行车混行也导致事故隐患矛盾突出。

四是电动自行车交通违法行为突出。电动自行车违反交通信号通行、超速骑行、违法占道骑行等问题突出。从骑行环境看,非机动车道设置条件不足、交叉口交通组织混乱客观催生了危险骑行行为;从骑行者自身看,主观安全意识、路权意识的缺乏导致出现危险骑行行为。与机动车驾驶员正式申考驾驶证不同,电动自行车驾驶员缺乏系统性的交通知识学习及考核,普遍存在安全意识淡薄的问题。同时,电动自行车行驶违法成本低、监管成本高也是导致违法行为频发的重要原因。

2)关于电动自行车管理的国际经验

国际城市普遍对电动自行车等方式实行分类精细化管理,根据主要驱动力、速度快慢等进行区分,一类相当于自行车类似非机动车管理,另一类相当于摩托车类似机动车管理,需要上牌登记、驾驶培训、购买保险等。

新加坡在2018年颁布的《主动出行法案》(The Active Mobility Act,简称 AMA)中提出了4种主动出行的交通工具:①自行车;②电助力自行车(Power-Assisted Bicycles,简称 PAB),依靠人踩踏板驱动,电机仅提供辅助力的车辆;③电动和非机动个人移动设备(Motorised and Non-motorised Personal Mobility Devices,简称 PMDs),包括电动自行车、电动滑板车、独轮车等仅靠电池供电没有踏板的车辆;④个人移动辅助设备(Personal Mobility Aids,简称 PMAs),包括轮椅、电动轮等帮助行走困难人的设备。驾驶者若驾驶 PAB 上路,必须持有新加坡陆路交通管理局批准的驾驶证,并贴有注册车牌,其电机最大功率不超过 250W,最大重量不超过 20kg,当车速达到 25 公里/小时电机将停止供电。使用 PMDs 的驾驶者都必须参加并通过在线理论测试,取得驾驶证后才可上路。无照驾驶或违反交通规则最高将处以 2000 美元的罚款或 6 个月监禁,屡犯者将会被判处最高 5000 美元的罚款或 12 个月的监禁。

在德国,电动自行车分为两类,一是脚踏式电动自行(Pedal Electric Cyclet,简称 Pedelec),指骑行者通过踩踏脚踏板驱动小型电动机辅助自行车行驶,时速不超过 25 公里/小时,视为传统自行车;二是电动自行车(E-Bikes),指通过转动手柄驱动的自行车,时速可达 45 公里/小时,视为轻便摩托车,车辆需购买保险上牌照,驾驶者需考取驾驶证,且须配备符合要求的头盔,才能上路行驶。

日本法律上严格划分电动自行车为"自行车还是摩托车",道路交通法按照驱动力来区分电动自行车的属性,主要分为机动自行车和人力自行车。所谓"机动"就是依靠电力装置可以直接启动车辆,这种车辆归属于摩托车类别,驾驶者要给车辆上牌,且需考驾照佩戴头盔才能上路行驶。而电助力自行车是由人力驱动,电机仅提供辅助功能,当车速超过 25 公里/小时时,电力系统立即关闭，因此其按照普通自行车管理。另外，根据日本法律，私自改装电助力自行车限速器属于驾驶不符合要求的车辆上路行驶，将受到"三个月以下监禁或5万日元以下罚款"的处罚，且日本的自行车保险制度完善，私自改装的车辆发生事故时产生的费用将完全由个人承担。

3）关于电动自行车等规范管理的各方观点

目前电动自行车管理中争议较大的问题，仍是电动自行车按机动车还是非机动车管理。虽然目前法规和管理上都认定电动车都属于非机动车，但现实情况是，从实际行驶速度角度，电动自行车已赋予骑行者相当的机动能力，成为居民出行和城市末端物流配送机动化能力提升的重要工具。部分观点认为应当将电动自行车认定为机动车进行管理；也有部分观点认为，应进一步厘清电动自行车的技术逻辑和定义，根据电动自行车的动力特点、车辆类型等进行多层次区分，对不同种类的电动自行车进行差别化管理。

虽然仍存在争议，但政府、企业及使用者的共识是：电动自行车管理不可"一限了之"或"放任自流"，亟需规范。政府相关管理部门认为，电动自行车作为一种道路交通工具，需要兼顾平衡安全、秩序、效率，且安全是第一位的。相关调查显示，电动自行车骑行者普遍希望城市电动自行车骑行环境能得到改善。私人骑行者希望进一步提升执法教育的精准性；外卖骑手建议强化骑行环境保障，清晰划分路权、减少其他交通方式对骑行的干扰。同时他们希望有更合理、更科学的行业运行规则，从根本上扭转外卖骑手交通违法、交通事故多发的局面。专家方面，有观点认为，政策环境改善，是电动自行车安全提升的顶层设计。需要探讨相应政策的利益平衡机制，尤其是需要关注电动自行车主要使用群体——中低收入者。电动自行车政策，还要推动社会在交通安全教育、工程、法制方面的进步。也有观点认为，应该以更客观、全面的态度评估电动自行车发展的利弊，重新思考电动自行车的角色定位，围绕电动自行车的管理，应当实现生产销售、停放充电、通行管理等全链条、全流程的规范化。还有观点认为，现行法律法规中涉及电动自行车管理的规定存在一定程度的缺失，从定性争议到管理难题都敦促着电动自行车法律责任制度的建立与完善。

经研究分析，电动自行车已经成为公众出行选择的交通工具。根据统计，电动自行车保有量已超过机动车保有量，自2016年以来销售量平均年增长5.3%，近年来势头不减。超（特）大城市是短距离出行主要方式、长距离出行的辅助方式，某些大中城市调查，居民采用使用电动自行车比例要占35%，甚至更高。城区内外卖行业选用电动自行车为配送服务的交通工具也是合适的选择。国家已经制定了《技术规范》产品标准，其在道路上行驶行为规范由《中华人民共和国道路交通安全法》（以下简称《道路交通安全法》）规定。因此，对于电动自行车的治理，需要坚持"疏导结合"。一是以电动自行车出行秩序为抓手，带动电动自行车全链条监督与治理。坚持贯彻落实《道路交通安全法》以及《技术规范》等相关规范要求，加大交通安全知识的宣传与科普力度，引导公众安全秩序出行，加强电动自行车出行秩序治理，以此带动实现电动自行车生产、销售、使用、行驶与停放、淘汰等全链条监督与治理。二是需要合理保障电动自行车的路权空间和停放设施。应对电动自行车在城市交通与居民出行中的角色与定位进行全面、客观的评估，在此基础上适应新的交通工具需求评估现行城市道路设计规范和建筑设计规范，保障电动自行车在行驶、停放等方面的权益。要对针对不同规模城市的电动自行车发展进行差异化的政策指导，特别是关注电动自行车出行比例较大的大中小城市，因地制宜综合施策。

综合对机动车和电动自行车发展政策和方向的分析，这项行动的工作重点，一是以超（特）大城市为核心带动中小城市实施机动车管理和调控，从而推动私人乘用小汽车由购买管理向拥有管理和使用管理并重转变，更加注重经济政策调控过度使用；二是以电动自行车出行秩序为抓手，带动对电动自行车生产、销售、使用、行驶与停放、淘汰等全链条监督与治理，并合理保障电动自行车的路权空间和停放设施，整体统筹推动城乡交通安全水平的提升。

中央政府有关部门：

一是颁布新一轮汽车（机动车）产业政策，正确引导地方政府制定机动车拥有和使用管理措施。国家综合部门牵头，要从国家整体发展要求出发，颁布新一轮产业政策，正确引导地方政府统筹兼顾，并授权地方城市政府合理制定拥有管理和使用管理具体措施。支持开放和规范企业及其个体拥有的汽车等交通工具共享使用的社会化服务等。

二是完善停车治理相关法规。要重视以停车治理为抓手调控机动车拥有及使用，推动建立停车设施产权登记制度。要依据《中华人民共和国道路交通安全法》完善停车治理相关法规。指导地方城市政府以"停车入位、停车缴费、违停受罚"为原则加强城市停车治理，切实发挥"以静制动"的管理作用。提高道路违法停车的处罚上限，赋予各城市更为灵活的处罚权限。

三是要针对不同规模城市的电动自行车发展进行差异化的政策指导。适应新的交通工具需求评估现行城市道路设计规范和建筑设计规范。国家已出台了电动自行车产品规范，为规范运行秩序提供法治基础，适应新的交通工具需求评估现行城市道路设计规范和建筑设计规范，完善电动自行车通行和停放设施标准。

地方城市政府：

一是因地制宜完善机动车需求调控政策。要研究国家汽车产业政策的方向与城市交通政策的相互关系，根据自身发展情况，因地制宜完善机动车需求调控政策，推动新能源车辆与传统燃油车辆统筹管理，形成政策工具箱，推动形成经济杠杆、碳减排和技术创新手段相结合的机动车综合交通需求管理政策体系。积极宣传合理拥车用车观念，推动私人拥有小汽车由购买管理向拥有和使用管理转变。

二是加强城市停车治理。要健全市场决定价格的停车收费机制，实现停车收费价格与土地资源价值、公共交通可达性等因素的动态联动。要推动停车产业化、智慧化发展。要充分发挥基层政府、街道和社区的作用，创新停车设施共建共管共享模式。建立健全执法联动机制，依法查处违法停车行为，维护良好停车秩序。

三是以电动自行车出行秩序为抓手，以此带动实现电动自行车生产、销售、使用、行驶与停放、淘汰等全链条监督与治理。

5. 行动五：创新思路，全面实施城市公共交通优先发展战略行动

该行动旨在统一认识，鼓励改革与创新，引导居民优先选择乘用集约化公共交通工具出行。

总体思路：

（1）我国城市公共交通优先发展概况和问题

长期以来，城市公共交通优先发展是我国交通政策演变中始终高度重视的关键问题。2005年《国务院办公厅转发建设部等部门关于优先发展城市公共交通意见的通知》（国办发〔2005〕46号）指出"优先发展城市公共交通是提高交通资源利用效率，缓解交通拥堵的重要手段"，这一阶段的"优先发展公共交通"仍更多聚焦在交通方式结构的优化调整。2012年，国家自然科学基金委员会管理学部主任基金2012年第1期应急研究项目《我国城市交通公交优先发展战略研究》，系统论述了城市公共交通优先发展的内涵、目标、体系、策略及实施途径等。同年，《国务院关于城市优先发展公共交通的指导意见》（国发〔2012〕64号）印发，强调要加快转变城市交通发展模式，将城市公共交通优先发展放在城市交通发展的首要位置，城市公共交通优先发展首次上升成为国家的城市发展战略（下文简称：公交优先战略）。

自2012年以来，我国城市公共交通发展成效显著，设施供给能力不断增强、车路装备提质升级、多样化服务持续改进。一是轨道交通的骨干作用显著增强，截至2022年底，全国（不含港澳台）已有55座城市开通运营城市轨道交通，运营线路约308条，配属车辆1.04万列，运营里程达10287.45公里，年客运量突破193亿人次。二是公共汽（电）车设施和线网覆盖水平不断提升，截至2022年年底，全国公共汽（电）车运营线路达7.8万条，运营线路总长度达166.45万公里，公交专用车道里程达1.99万公里，中心城建成区公共汽电车站500米半径覆盖率普遍超过90%，部分城市实现了100%全覆盖。三是车辆装备提质升级，截至2022年年底，全国拥有公共汽（电）车共计70.32万辆，其中纯电动车达45.55万辆，占比64.8%，空调车占比为82.1%，卫星定位系统覆盖率超过90%。四是服务模式不断创新，近年来，为应对市场变化，各城市在面向特定需求的公交服务模式探索创新方面取得显著成效，截至2020年年底，超过50座公交都市创建城市开通定制公交、旅游专线、通勤班车等多样化、个性化、特色化服务。

随着居民可支配收入水平显著提升、出行目的日益多元化、小汽车快速进入家庭、轨道交通网络日臻完善，不同公共交通方式的定位、相互协同关系，以及各自的可持续发展都面临全新挑战。一是公共交通客运量整体呈现下降趋势，甚至存在地面公交、轨道交通双降的现象，部分城市开通的市郊铁路客流规模小，运力浪费问题突出，而与此同时，小汽车出行需求增长尚未达到拐点，交通出行方式结构优化面临巨大困难。二是公共交通基础设施规模巨大，但服务能力不足、服务质量不高等问题依然突出，相比而言，小汽车、电动自行车等出行方式在特定的场景下竞争优势更加明显。三是地方对"公共交通"几乎等同于"政府兜底"的认知误解惯性巨大，政府投资与财政补贴负担重、效率低，地方财政背负的长期压力和潜在风险不容忽视。

以上现实情况主要源于以下几方面问题：

一是城市公共交通系统与职住空间契合度不高，导致居住、就业岗位，以及多元化的城市功能在轨道站点周边的集聚程度低，是轨道交通客流强度较低的重要原因之一。以北京为例，北京五环路以内轨道交通站点周边500米的人口覆盖率为35%、岗位覆盖率为44%，相比而言，东京同比区域轨道交通站点周边500米的人口、岗位覆盖率高达52%、78%。特别是位于城市外围的轨道交通站点，这一现象更为显著。

二是城市公共交通方式众多，但方式之间缺乏融合与协同机制。集约化的大运量城市公共交通在满足大规模集中出行需求时优势显著，但由于存在"换乘"和"最后一公里"等问题，难以全面满足市民对"门到门"的一站式诉求，也是市民是否优先选乘公交的主要影响因素。实践中，亟需重新审视"公共交通出行"的内涵，将定制公交、出租汽车、共享交通、共享单车等个性化、门到门方式，与定线定点的大运量公共交通方式结合起来，构建服务网络。对于轨道交通已连续成网的城市，尤其应当在地面公共汽（电）车规划、运营组织模式方面不断创新，提高城市公共交通整体运行效率。

三是政府责任不够清晰，市场在资源配置中的优势尚未得到充分发挥。我国城市公共交通系统的经营模式多由企业主导，但无论是超（特）大城市还是中小城市，由于缺乏科学的企业经营权制度设计（正确处理政府与企业责权关系）和票价制度的设计（使用者合理负担和企业运行效率、政府社会管理之间关系），公交线网运营都普遍高度依赖政府财政兜底，市场在资源配置中的优势难以充分发挥。

综上所述，尽管城市公共交通优先发展已上升成为国家战略，但从近十年来的贯彻执行情况来看，对于该战略的内涵认识不够深刻，且仍需更加广泛的共识，即：不能局限于轨道交通、地面公共汽（电）车服务方式来定义公共交通，要处理好公共交通与城市的协调发展和相互影响关系，处理好各种公共交通方式之间，以及公共交通与其他交通方式之间的协同融合关系，处理好公共交通优先发展战略落实过程中政府与市场之间的关系。

（2）关于城市公共交通优先发展战略内涵的认识

社会对于城市公共交通优先发展战略的作用认识基本是一致的。公众期盼的《城市公共交通管理条例》没能颁发实施，突出反映了统一法律制度上认识的重要性。首先，对于城市公共交通内涵的认识仍存在分歧，亟待共识：《城市公共交通管理条例》（征求意见稿，2019年版）（下文简称《公交条例（征求意见稿）》）中的定义是："本条例所称城市公共交通，是指在城市人民政府确定的区域内，利用公共汽（电）车（含有轨电车，下同）、城市轨道交通系统和有关设施，按照核定的线路、站点、时间、票价运营，为公众提供基本出行服务的活动"；《贵州省城市公共交通条例》（2021年3月贵州省第十三届人大常委会第二十四次会议通过）中规定：本条例所称城市公共交通是指公共汽车客运和出租汽车客运；《江苏省公共交通治安管理条例》（2022年1月14日江苏省第十三届人大常委会第二十八次会议通过）中的定义是："本条例所称公共交通，是指利用公共汽电车、城市轨道交通、出租汽车（包括巡游出租汽车、网络预约出租汽车）等公共交通工具为公众提供出行服务的交通运输方式"。其次，专营权制度的设计，应当是政府、企业、公众之间的责任、权利和义务关系，目标在财政能承受、路权有保障、服务有标准、公众能满意的基本原则下，建立不同公共交通方式之间协同互动、互为保障的法律制度体系。从公交优先战略实施出发，采用线路专营制度还是区域专营制度，要在立法前深入论证。此外，轨道交通的"重资产"特征，决定了必须建立涵盖全生命周期的经济、社会、生态、安全可持续发展以及财务风险评估机制，作为"规定动作"对建设前期论证提出相应要求。

《公交条例（征求意见稿）》第三条，国家实施城市公共交通优先发展战略中就上述问题做出了框架性回应："城市人民政府应当建立和完善城市公共交通体系，统筹利用各种公共交通方式，为公众提供安全可靠、便捷高效、经济适用、节能环保的城市公共交通服务，引导公众优先选择公共交通方式出行"。文中"城市公共交通优先发展是国家的城市发展战略"这一表述源于国家自然科学基金项目《我国城市交通公交优先发展战略研究》的研究成果，后被国务院文件所采纳。该课题系统、完整地阐述我国城市公交优先发展的定义，强调城市公交优先并非一般意义上城市内部公共交通工具运行的优先，而是大力倡导集节约土地资源、节能减排、改善人居环境等要素于一体的科学的城市发展模式。其对城市公共交通优先发展战略的内涵具体表述为："**在城市行政区域里，通过优先配置资源，构建适应市场机制、政府调控监管的、符合当地经济社会发展阶段、由多种类型企业等经营机构提供均等和高效的公共服务的公共交通体系，引导出行者优先选择，引导城市集约利用土地和节约能源、保护和改善人居环境**"。这里需特别强调的是，城市公共交通优先发展战略的内涵，包括实施区域、资源配置、发展阶段、实施主体等方面的要求，尤其应当注重其中的两点：一是出行者优先选择；二是政府与市场关系。

（3）关于实施城市公共交通优先发展战略提质行动的建议意见

一是进一步明确城市公共交通的概念。城市公共交通不仅包括城市轨道交通、公共汽（电）车以及定制公交等大容量、定线、定站、定班运营的交通服务方式，也包括采用小型公共汽（电）车、出租汽车（包括巡游出租车和网络预约出租汽车）等交通工具提供按需响应的交通服务方式。特别地，需重新审视出租汽车的定位，扭转"公共交通的补充""辅助公交"等模棱两可的表述，正名为"公共交通的应有内容"，同时，鼓励私人小汽车合法参与提供社会服务，支持将网约车、共享单车、共享出行等新业态列入城市公共交通体系。要遵循普惠性非基本公共服务供给原则处理企业和政府关系，将多种公共交通工具服务融合起来，整体思考城市公共交通优先发展战略的落实。

二是城市政府要主持组织制订实施城市公共交通优先发展战略提质行动规划（简称行动规划）。以"发展公共交通是现代化城市发展方向""交通是现代化城市的血脉。血脉畅通，城市才能健康发展"为指导思想。要改变传统理论和方法，以系统思维，坚持将规划、建设、运维、监管等全生命周期纳入考虑，坚持经济可持续、社会可持续、财政可持续、环境可持续、安全可持续全方位发展，制定行动规划。要尊重历史、因地制宜、科学创新，坚持以城市公共交通优先发展为导向，改善城市交通运行，提高土地效能和开展城市更新，持续推进居民出行优先选择乘用集约化公共交通工具。超（特）大城市和中心城市，构建以城市轨道交通为骨干、公共汽（电）车为主体、中小运量和个性化服务公共交通为支撑的城市公共交通体系。大城市和中小城市，坚持公共汽（电）车的主体作用，要依托已批准城市总体规划确定的交通走廊，建设快速公共交通系统，引导城市居民优先选择公共交通出行。鼓励都市圈内毗邻城市（镇）开行公交，积极推动向周边城镇、节点新城（镇）延伸。具体行动规划方案中，应高度重视发展枢纽和场站在整体提升城市居民优先选择公共交通工具的作用。

三是要充分发挥城市公共交通运营企业（简称公交企业）的市场主体作用。首先，坚持有为政府与有效市场相结合，充分发挥市场在资源配置中的决定性作用，更好发挥政府作用，关键是政府要探索建立符合城市发展水平的城市公共交通服务收费标准（价格）机制和特许经营制度，鼓励骨干公交企业提升综合服务能力。其次，企业应更加坚定深化改革的决心，在解决企业财务的可持续和政府财政的可持续问题上要主动作为，改变企业经营理念和运行组织方式，超（特）大城市的公交企业应当主动创新服务项目和服务方式，将协同提高轨道交通企业效益和提高公共汽（电）车企业效益结合起来。最后，现在进入信息化时代，要支持服务于居民出行的平台公司创新服务项目，规范经营行为。公交企业应充分借助信息化技术，创新出行服务组织模式，通过资产互持，设施互通，平台共建，车辆、算力、数据等资源共享、支付一体等一系列变革和重组，建立更加灵活的资源优化配置能力，发展出行即服务（MaaS）新模式。

四是城市政府有关部门要加强调查研究，将宏观调控和微观搞活综合起来思考，将建设由城市政府主导的开放数字信息平台作为重要任务，要将平台公司和公交企业的数据资源纳入政府信息平台依法开放共享。尽早建立特许经营制度的基础示范文本，及时解决公交企业的合理诉求，创造贯彻实施城市公共交通优先战略的社会氛围。

中央政府有关部门：

一是要明确城市公共交通优先发展战略的内涵，统一认识和共识。深入开展城市公共交通优先发展战略的内涵的讨论，统一思想认识。无论是国务院明文，还是公交条例征求意见稿，都强调国家实施城市公共交通优先发展战略以及明确具体要求。建议：不应仅停留在考核大运量公共交通工具运行状态的层面来评价，亟需跳出以公交分担率作为衡量公交发展水平唯一指标的局限，紧密围绕"城市公共交通优先发展"的内涵，建立和完善综合性的评价指标体系，从"门到门"的完整出行链服务水平的视角出发，定期组织实施评价，检验国家战略的落实程度。

二是建立完善新基建背景下的城市交通规划编制方法。包括：扭转"城市交通规划是城市总体规划的配套规划"这一传统认知，立足城市交通作为"基础公共服务"的属性和定位，面向城市交通多模式复合网络一体化构建与运行要求，建立集效率、公平、财政、产业、环境等指标于一体的综合评估体系；重新审视综合交通体系规划编制标准中关于交通信息化的边界、内涵与深度要求，将其融入对外交通、交通枢纽、公共交通、行人与非机动车交通、货运交通、城市道路、停车场等各个板块中，为城市提供土建设施与数字设施规划、建设、养护、运营一体化考虑的规范和指南；提高交能融合在国土空间规划中的地位，明确交能融合的发展方向及其与城市空间的关系，充分保障相关设施用地，丰富国土空间规划内涵；充分考虑新能源快速发展背景下的车辆保有、使用、停放等需求和特征，将交能融合发展作为城市交通规划的重要组成部分，科学确定能源供给设施规模及布局，推动交通和能源相关设施和通道共建共享。

三是完善新基建发展保障体系。包括：研究制定城市交通新基建发展保障指南，指导地方开展机构改革、优化相关体制机制、完善机构职能，明确城市交通新基建规划、投资建设、养护运营等主体责任，逐步建立健全横向到边、纵向到底的城市交通新基建发展制度框架；发挥市场主体作用，拓展多元化投资渠道，形成多元化投融资机制，创新项目融资方式，发挥好政府投资的支持引导作用，用好开发性金融工具，吸引更多民间资本参与重点领域项目建设，有序推进政府和社会资本合作建设城市交通新基建；针对新基建背景下我国城市交通发展面临的变革和不确定性，系统开展前瞻性研究为新一轮规划、政策体系构建指明方向，推动城市交通网络的构建与运行迈向全新发展阶段；针对在数字底座搭建、数字孪生推演、数字化规划设计领域软件被国外垄断等问题，在国家层面加大科技研发与科研转化的支持力度，突破城市交通新基建领域的一批卡脖子关键技术、催生一批颠覆性引领技术，实现相关基础工业软件的自主可控。

地方城市政府：

一是负责制定新基建规划与完善城市交通网络服务功能深度融合规划。按照国家新型城镇化规划总体安排的城市定位、规模以及发展阶段的需要，以存量增效为主，共享服务与个性化服务并重的原则，制定深度融合规划，实施城市交通管控智能化，最大程度发挥网络整体效能。

二是严守数据安全底线，对数据流通全过程进行动态管理。包括：组织开展城市交通数据体系顶层设计；以维护国家数据安全保护个人信息和商业机密为前提，强化数据监管，构建城市交通大数据底座，把安全贯穿数据供给、流通、使用全过程，强化数据安全保障体系建设；划定监管底线和红线，加强数据分类分级管理，积极有效防范和化解各种数据风险，构建政府监管与市场自律、法治与行业自治协同的城市交通治理大数据治理体系；建立数据可信流通体系，建立数据的可用、可信、可流通、可追溯能力；引导培育城市交通大数据交易市场，完善数据交易规则和服务，规范交易行为，建设数据交易信用体。

三是推动数据标准化建设，促进数据交换共享。包括：支持构建城市交通治理领域规范化数据开发利用的场景，推动路、桥、隧、涵、枢纽、轨道交通等各类城市交通基础设施（设施服役性能、设施病害监测、人/车流实时状态等）数据采集的标准化，各类载运工具运行（速度、加速度、安全监测、载重、实时定位等）以及运营订单（轨道交通和公交刷卡、共享单车订单、出租汽车网约车订单以及货品货类等货运订单）数据采集上传的标准化；依托地方政务数据主管部门，面向政府部门以及涉及城市交通数据采集、加工和应用的各类机构，特别是参与城市交通客货运服务的互联网企业，制定出台数据共享责任清单，推动跨部门数据的可信流通与共享。

四是加快推动交通基础设施网与运输服务网、信息网、能源网等融合发展。包括：围绕城市交通网络构建与运行的最终目标，推动传统交通基础设施的数字化改造，对于新建的交通基础设施要明确同步完成数字化建设，由点到线到面有序推动城市交通新型基础设施网络构建；以电力系统中各类能源生产设备全工况感知为基础，结合城市交通新基建网络构建与运行相关主体的需求，开展精准画像，实时监测并精准研判供需特征，构建城市交通"源网荷储一体化"管控体系，促进多能互补协同、挖掘需求侧调控潜力以促进电能供需优化配置；依托城市CIM平台构建城市交通新基建网络构建与运行的数字化底座。

五是推动现代化城市交通新基建网络的构建与运行。构建以物理设施载体＋数字孪生底座为基础，以长久的设施服役性能为保障，以智慧化的设施运营管控为核心业务，具有自感知、自学习、自进化、自诊断、自修复、自适应、自决策等能力的现代化城市交通新基建网络。开展城市交通基础设施自主式管控技术创新，实现人、车、环境及交通基础设施的全息感知与智能网联协作；建立出行预约体系，提升交通资源配置能力。

6. 行动六：超（特）大城市与周边地区，政府间协同建设都市圈交通行动

该行动的目标是培育现代化都市圈，支持新型城镇化战略的实施。

总体思路：

（1）国家城镇化政策的沿革

1979年在党的十一届四中全会上，党中央第一次正式提出了农村城镇化的概念，并且肯定了建设小城镇在推进国家现代化进程、缩减城市和乡村发展差距的重要作用。在2001年国家"十五"计划中首次把"积极稳妥地推进城镇化"作为国家的重点发展战略之一。在2002年党的十六大将城镇化政策正式写入报告中，明确了走"中国特色的城镇化"道路。2006年"十一五"规划首次提出城市群战略："将城市群作为推进城镇化的主体形态"；2016年"十三五"规划在强调以城市群为城镇化主体形态的同时，也谈到通过都市圈建设增强中心城市辐射带动能力；2021年"十四五"规划提出"坚持走中国特色新型城镇化道路，深入推进以人为核心的新型城镇化战略，以城市群、都市圈为依托促进大中小城市和小城镇协调联动"，并提出"提高1小时通勤圈协同发展水平，培育发展一批同城化程度高的现代化都市"的具体要求。

我国城镇化已经进入"下半场"，《国家新型城镇化规划（2014—2020年）》确立城市群为新型城镇化主体形态，都市圈是城市群的核心，明确提出特大城市要推进中心城区功能向1小时交通圈地区扩散，培育形成通勤高效、一体发展的都市圈。2019年2月，《国家发展改革委关于培育发展现代化都市圈的指导意见》（发改规划〔2019〕328号）发布，这是我国第一份以"都市圈"为主题的中央文件。国家"十四五"规划纲要提出以城市群、都市圈为依托促进大中小城市和小城镇协调联动、特色化发展；依托辐射带动能力较强的中心城市，提高1小时通勤圈协同发展水平，培育发展一批同城化程度高的现代化都市圈。2022年3月，国家发展改革委关于印发《2022年新型城镇化和城乡融合发展重点任务》的通知（发改规划〔2022〕371号），提出培育发展现代化都市圈，健全省级统筹、中心城市牵头、周边城市协同的都市圈同城化推进机制。"现代化都市圈"被政策频繁提及。

（2）都市圈是城市群的核心

与城市群相比，都市圈是突破城市行政边界、促进生产要素跨区域优化配置的更小空间尺度，更强调超大特大中心城市建成区的核心地位以及地域上的圈层结构，更重视超大特大中心

城市建成区与周边中小城市建成区和小城镇的通勤和各类交通设施关系，更关注人在都市圈内流动所产生的各种需求。"大城市—都市圈—城市群"的三个空间尺度紧密相连，可以说，都市圈作为衔接中心城市、城市群的中间层级，是我国新型城镇格局中"承上启下"的关键一环，是构建城市群的必经阶段，培育现代化都市圈是实现城市群为主体形态的重要支撑。

到目前为止，都市圈的概念和识别界定标准仍没有形成共识，需要建立符合我国国情的都市圈空间范围识别标准。十九届五中全会关于《中共中央关于制定国民经济和社会发展第十四个五年规划和二〇三五年远景目标的建议》中明确强调："优化行政区划设置，发挥中心城市和城市群带动作用，建设现代化都市圈"。2014年中央制定的《国家新型城镇化规划（2014—2020年）》提出："推进中心城区功能向1小时交通圈地区扩散，培育形成通勤高效、一体发展的都市圈"。都市圈识别界定，直接关系到在"十四五"规划中如何落实培育和建设现代化都市圈的要求。研究显示，国际常用的向心通勤率不适合作为我国都市圈界定标准。建议按《国家新型城镇化规划》里界定的"1小时交通圈"为基础，识别都市圈空间范围以符合我国国情。

（3）现代化都市圈加速培育的背景下，城市交通也面临新的机遇和挑战

一是优化城镇化空间布局和形态，要求充分发挥交通先行引领作用。交通是推进城镇化和城市群、都市圈发展壮大的有力支撑，是优化塑造城镇空间布局形态的重要抓手。从国际都市圈的发展经验看，都市圈向外扩散的过程中，并不是匀质地摊大饼，而是人口和产业将逐渐向着具有区位优势的交通沿线聚集，并形成新的经济聚集区。国际成熟的都市圈均呈现出"八爪鱼式"的沿交通主廊道向外蔓延的模式，即在放射状的交通走廊沿线开发建设，形成了从中心城市出发，沿着轨道交通的人口密度梯度下降的格局。交通干线不仅串起了轴线上城市空间，还带动了沿线地区的经济发展。培育发展现代化都市圈，要求扭转长期以来交通和土地利用结合不紧密的情况，充分发挥交通在都市圈空间结构及功能布局中的引导及支撑作用；推动综合交通枢纽与周边地区融合发展，实现从"城市门户"向"城市客厅"的转变。

二是城市发展空间尺度扩大，催生城市交通组织效率提升的需求。随着都市圈的不断培育，中心城市的辐射能力日益增强，跨行政区的交通需求日益增长。城市交通服务范围已突破行政边界限制向更大范围延伸，原有围绕城市集中建设区或行政边界构建的交通网络难以满足更大空间尺度下的交通需求，交通基础设施和服务在空间维度的层级结构短板日益凸显。以北京市为例，跨区域进京通勤日均约40万人，其中北三县进京通勤人数日均17.5万人，但现状环京地区轨道交通设施供给严重滞后于进京通勤需求，导致通勤时间长，进京通勤出行小汽车比例较高。北三县地区平均通勤时间达到105分钟，全程驾驶小汽车进京通勤的比例达到35.2%。

三是跨城通勤模糊地理空间的边界，要求突破行政壁垒优化都市圈交通资源跨界配置。我国行政边界在功能上是地方政府公共权利行使的绝对空间边界。在传统的城市考核体系及财税体制下，跨行政区的交通设施建设和服务对接协调难度极大；同时，传统管理模式下的城市内外交通分别由不同部门管理负责，其管理权限以城市边界为划分依据，造成区域交通和城市交通二元分割的格局，难以实现资源整合共享和互联互通。都市圈的发育及同城化趋势使区域交通与城市交通的界限越来越模糊，亟需突破行政壁垒，以成本共担、利益共享为原则，建立健全交通一体化协调发展机制，统筹推进交通基础设施协调布局和交通服务一体衔接，为都市圈生产要素畅通流动提供强有力的交通保障。

四是城乡融合发展和乡村振兴深入推进，必须破除城乡交通二元化模式。随着都市圈一体化的推进，城乡之间逐渐发展成为一个高度关联的社会。都市圈作为跨行政区划的城市空间形态，是政府统筹城乡公共服务的重要载体，有利于实现城乡在教育、医疗、社会保障、就业等优质公共服务资源的双向对流。这些新需求和新趋势的出现，要求对现有的城乡交通二元化模式进行深度调整，畅通城乡要素流通渠道，实现中心城市和周边农村的资源匹配和共享，为城乡融合发展和乡村振兴提供有力支撑。

（4）实施该行动的总体目标

要以交通支撑和引导区域协同发展，以城市群内的中心城市为核心引擎，发挥对周边地区的带动引领作用，形成产业链带动共同发展，生活必需公共设施等服务全面共享的一体化格局，支撑城市群范围内大中小城市协同发展，促进乡村振兴。实施该行动要充分发挥我国市域城镇体系格局的优势，都市圈交通建设要重视中心城市核心区带动市域边缘地区，有重点地发展功能完备的新城镇（新城区），依托新城镇以产业链引导和基本公共服务共享培育建设现代化都市圈，加强以多层次、多模式区域交通体系为支撑，引导都市圈和区域协同发展。

中央政府有关部门：

一是建立符合我国国情的都市圈空间范围划定标准，在此基础上明确都市圈交通协同管理机制，指导中心城市主导编制都市圈交通规划。

二是要制定多层级轨道交通、道路交通网络互联互通、协同运输的技术标准体系和服务评价体系，推动跨区域交通设施和运输组织"多网融合"，以及部分干线铁路（普速铁路）富裕运能的"公交化"运营。

三是要加大中央财政对跨行政区划的城际铁路、市域（郊）铁路建设投入，优先解决国家重点支持的都市圈的城际铁路、市域（郊）铁路建设资金需求。

四是建立都市圈、城市群尺度下的交通出行特征的常态化普查机制，为城市群、都市圈交通网络构建运行和跨行政边界的交通协同治理奠定基础。

地方城市政府：

由超（特）大城市政府主动协调周边地区政府，在如下方面集中发力：

一是要创新协商合作机制和规划协调机制。建立适应都市圈交通发展的功能机构或常态化协商机制，负责推动落实都市圈交通一体化发展重大事项；探索编制都市圈交通专项规划或跨界地区的同城化交通规划，强化与城市群规划、城市规划的有机衔接，确保协调配合、同向发力；坚持共同参与、共建共享共赢的原则，加强政府投资平台公司之间的合作，创新都市圈交通投资、建设和维护市场运营的新机制；建立都市圈层面的交通信息统计指标和发布机制，建立统一的交通数据平台。

二是要构建服务都市圈发展的多层次、多模式交通体系。加快构建多层次、多模式交通体系，特别是发挥各级轨道网络技术优势，满足不同空间圈层多层次差异性出行需求，实现都市圈通勤时间能够控制在1小时之内。加快补齐市域（郊）铁路短板，推动干线铁路、城际铁路、市域（郊）铁路、城市轨道交通"四网融合"，推动实现市域（郊）铁路"公交化运营"，建立由多方式组成、快慢线协同的复合廊道组织模式。以出行链为中心加强不同交通方式的衔接，提升超大城市、都市圈、城市群出行效率。

三是要推动枢纽站城一体化发展。处理好轨道交通发展和城镇化地区高质量发展的关系，实现交通引领带动都市圈空间结构及功能布局完善。以城市空间结构的优化、更新为契机，促进城市交通网络结构与空间结构相协调，支撑和引导城市空间结构的优化。发挥中心城市大型客运枢纽的门户功能，促进枢纽与周边要素协同布局，形成面向都市圈、城市群的战略功能支点。充分发挥城市交通枢纽对商业、文化、生活等城市活动的聚合作用，推动枢纽布局与城市功能布局的空间耦合，推动交通与用地的一体化建设、站城融合发展。

四是要统筹城乡交通发展实现出行服务一体化。借助中心城市建设现代化都市圈的契机，以节点城市和节点新城为依托，统筹城乡，改善城乡交通体系，助力乡村振兴战略目标的实现。

7．行动七：加快城市交通绿色低碳转型行动

该行动是贯彻落实生态文明思想和国家绿色发展战略，实现碳达峰碳中和目标，促进城市交通系统可持续发展，引导城市绿色转型的关键举措。

总体思路：

（1）"双碳"目标是我国应对气候变化的国家战略

2020年9月，国家主席习近平在第七十五届联合国大会一般性辩论讲话中指出："应对气候变化的《巴黎协定》代表了全球绿色低碳转型的大方向，是保护地球家园需要采取的最低限度行动，各国必须迈出决定性步伐。中国将提高国家自主贡献力度，采取更加有力的政策和措施，二氧化碳排放力争于2030年前达到峰值，力争于2060年前实现碳中和"。

2020年12月，中央经济工作会议要求做好碳达峰碳中和工作。2021年3月，第十三届全国人大第三次会议的政府工作报告中指出扎实做好碳达峰碳中和各项工作。2021年5月，中央层面成立碳达峰碳中和工作领导小组，领导小组第一次全体会议上强调全面贯彻落实生态文明思想，确保如期实现碳达峰碳中和目标。

2021年10月，习近平主席出席《生物多样性公约》第十五次缔约方大会领导人峰会并发表主旨讲话，提出构建起碳达峰碳中和"1+N"政策体系。"1"是由两个文件构成，即：2021年10月颁发的《中共中央 国务院关于完整准确全面贯彻新发展理念做好碳达峰碳中和工作的意见》和《2030年前碳达峰行动方案》。"N"是重点领域、重点行业实施方案及相关支撑保障方案，具体包括国家发展改革委、国家能源局、财政部、交通运输部、科技部、住房和城乡建设部、工业和信息化部、国家标准委等部门印发的关于做好碳达峰碳中和工作的一系列行动实施方案。

2023年4月，中共中央政治局召开会议分析研究当前经济形势和经济工作，会议指出要巩固和扩大新能源汽车发展优势，加快推进充电桩、储能等设施建设和配套电网改造。2023

年 6 月国务院办公厅印发《国务院办公厅关于进一步构建高质量充电基础设施体系的指导意见》（国办发〔2023〕19 号）。随后，财政部、税务总局、工业和信息化部等三部门发布《关于延续和优化新能源汽车车辆购置税减免政策的公告》（财政部 税务总局 工业和信息化部 公告 2023 年第 10 号）。

（2）我国城市交通碳排放现状及趋势

当前，气候问题已成为全球共识，碳达峰碳中和的目标也为中国的发展转型提供了机遇和挑战，推动城市发展模式、产业经济结构、生产生活模式的全方位变革。我国二氧化碳排放中主体是工业、建筑和交通领域，二氧化碳排放占比分别为 65%、20% 和 10%。在 2013 年以来我国碳排放增速已经趋于平缓的情况下，城市交通碳排放量已经成为增速最快的领域，是交通领域碳减排的重中之重。随着未来我国城镇化进程的深入推进和机动化进程的不断加快，预计城市交通碳排放还将持续增加，碳达峰和碳中和形势不容乐观。

碳达峰碳中和目标有望催生一系列能源技术创新和制度创新，推动城市交通变革发展，引领城市低碳绿色转型。归纳起来，主要包括以下发展趋势：

一是在"双碳"目标的推动下，交通运输工具将经历一场由传统燃油汽车向新能源汽车转变的能源结构转型。世界多个国家和汽车制造企业纷纷加快部署，将推广新能源汽车作为未来发展的核心战略。多个国家、地区及城市陆续公布燃油车禁售时间表，传统燃油车的退出已是一个不可逆转的全球性趋势。

二是推动汽车产业升级和交通出行相关的技术创新。电动化、网联化、智能化、共享化正在成为汽车产业的发展潮流和趋势。新能源汽车发展也从单纯的整车研发生产、零部件制造及营销服务之间的"链式关系"，逐步演变成新能源汽车、清洁能源、智慧电网、交通出行、信息通信等多领域多主体参与的"网状生态"。互联网、大数据、人工智能等多种新科技的应用，不仅将对新能源汽车产业发展带来变革，还会对城市交通体系和城市运行管理产生深远影响。

三是交通治理手段的重大变化。碳交易作为一种缓解气候变化的市场化减排机制，通过控制碳排放总量，并允许碳配额交易，为排放主体提供了灵活的履约方式，可以降低全社会减排成本，帮助国家更高效、更经济地实现既定减排目标。由于碳兼具环境和货币的双重属性，目前已经出现了社会自发的个人碳账本、交通出行碳普惠方面的实践案例。以碳为载体，结合数字化工具，更加公平和高效地分配调节交通资源乃至其他公共资源，将带来交通治理模式的重大升级。

四是推动城市发展模式转型，城市的空间形态、基础设施、出行服务等将发生深刻变革。城市绿色低碳转型发展是一个各类要素协同演化的系统过程，城市、交通、能源、工具、信息、服务、治理等各个方面都相互影响、交叉反馈，在频繁互动中推动城市系统螺旋式转型升级，将有力推动城市迈向现代化的发展愿景。

（3）制定该行动的总体思路

一方面，建立城市交通碳排放核算体系，推动城市交通节能减碳。落实"双碳"目标的前提，是能够对城市交通碳排放进行科学核算。相比综合运输而言，城市交通方式多样、能源结构多元、交通工况复杂、客货运需求随机性强，截至目前，尚未建立能够适应不同类型城市，全面涵盖不同型号载运工具和差异化交通网络运行工况的城市交通全生命周期的碳排核算方法。由于缺乏权威量化评估，无法判断什么样的交通是低碳交通，也无法为如何发展低碳交通指明方向，亟需建立科学化、规范化、标准化的城市交通碳排核算方法，深入研究以碳为介质的新型交通需求管理政策，探索实施个人碳账户，逐步建立市场碳交易机制，推动各类政策措施切实落地实施。

另一方面，以"双碳"目标为指引，推动城市和城市交通协调互动、转型发展。主要涉及城市结构的调整（集约型城市结构、TOD引导发展、15分钟生活圈等），出行结构和运输结构的调整（提升公共交通效率和吸引力、创新交通需求调控、推进货运公转铁等），能源结构调整（促进新能源车发展和完善能源体系）等方面。

（4）实施该行动的总体要求

该项行动的工作重点是明确政府应如何提供"双碳"相关服务，推动减碳进程，与本书中的多项行动联动实施。一是以国家"双碳"目标为引领，以城市交通节能减碳为抓手，推动城市交通与城市协调发展、城市交通与能源融合发展；二是要推动高强度使用小汽车向绿色出行方式转移，要在城市更新过程中注重基础设施和基础服务补短板，提升自行车和步行出行的服务品质；三是营造良好的新能源交通工具发展环境。

中央政府有关部门：

一是要建立科学化、规范化、标准化的城市交通碳排放核算方法，建立以个人出行碳账户为载体、可广泛参与的碳交易机制和规则。

二是要加大城市交通领域可再生能源开发利用、机动车新能源化转型发展的政策保障和技术研发支持。加大对光伏、生物柴油等绿色、可再生能源开发、应用和推广的相关技术研发支持。

三是编制城市绿色出行评价和规划编制指南，引导地方城市根据自身规模、发展阶段、机动化水平等因素科学制定并实施城市交通绿色发展规划。

地方城市政府：

一是要制定城市交通与城市空间、能源体系融合发展战略和实施方案。国家层面进行顶层设计，地方政府负责制定实施方案。立足于满足市民美好生活向往和城市发展模式转型，强调绿色、低碳的交通发展引领城市空间、生产生活方式转型，明确城市交通、能源融合中长期发展目标，科学谋划发展布局，统筹部署重点任务，推动城市交通与城市、能源的协调发展。

二是要推动小汽车出行向绿色低碳出行方式转变。制定绿色出行方式的激励措施，提倡和改善绿色出行条件，在设施用地、投资安排、路权分配和财税扶持等方面，充分体现绿色出行优先。因地制宜制定电助力自行车的发展政策。要降低小汽车出行依赖，坚持车辆拥有和使用双控管理，加强新能源汽车与燃油小客车管理政策统筹，加强交通需求管理政策储备，研究建立以碳交易为中心的城市交通激励机制和需求管理架构。引导采用居家办公、视频会议、云商务、在线政务等工作模式，减少非必要出行需求。

三是要加快完善新能源机动车购买和使用相关政策制定。制定推动汽车零排放转型的相关政策，在逐步实现新增社会小客车为新能源车的同时，引导鼓励现有燃油小客车更新为新能源车，如建立油转电带牌交易市场机制，开展低排放区、零排放区等试点示范等。充分考虑新能源汽车快速发展背景下的车辆保有—使用—停放等需求和特征，妥善处理新能源汽车发展与实施城市公共交通优先发展战略的关系，与城市道路交通公共资源使用效率和效益的关系。

8．行动八：新基建带动，完善城市交通网络服务功能行动

该行动是以新型基础设施推动城市转型发展，是建设现代化城市的重要基础。

总体思路：

（1）新基建提出的过程

新型基础设施（下文简称"新基建"）涵盖信息基础设施、融合基础设施和创新基础设施三大类，是数字时代贯彻新发展理念、实现高质量发展的关键，是建设中国式现代化城市的重要基础。近年来，党中央、国务院高度重视新型基础设施建设，中央经济工作会议和政府工作报告提出明确要求，《中华人民共和国国民经济和社会发展第十四个五年规划和2035年远景目标纲要》中作出了关于推动新基建发展的专项工作部署，建设现代化的交通基础设施已上升成为国家战略。其发展总体上经历了如下几个阶段：

一是概念的提出与共识。"新型基础设施"这一表述在官方文件中出现，最早可追溯至2015年4月国务院发布的《国务院关于积极推进"互联网+"行动的指导意见》（国发〔2015〕40号），该文件提出，到2018年，"固定宽带网络、新一代移动通信网和下一代互联网加快发展，物联网、云计算等新型基础设施更加完备"。此后，新基建相关表述也相继出现在各层级的政府文件中，但并未形成热点。直至2018年12月，中央经济工作会议提出："要发挥投资关键作用，加大制造业技术改造和设备更新，加快5G商用步伐，加强人工智能、工业互联网、物联网等新型基础设施建设"，新基建一词首次出现在中央层面的报告中。随后，新基建出现的频率日渐增加，如2019年3月的政府工作报告中提出"加快新一代信息基础设施建设"；2019年7月中共中央政治局会议提出"加快推进信息网络等新型基础设施建设"。

二是被赋予"经济发展新动能"的艰巨使命。近年，新基建被视为稳定经济增长、推动产业升级和发力数字经济的重要支撑手段：2020年1月，国务院常务会议上提出"出台信息网络等新型基础设施投资支持政策"；2020年2月，中央全面深化改革委员会第十二次会议上提出，"要以整体优化、协同融合为导向，统筹存量和增量、传统和新型基础设施发展，打造集约高效、经济适用、智能绿色、安全可靠的现代化基础设施体系"；2020年3月，中央政治局常委会上提出"加快5G网络、数据中心等新型基础设施建设进度"，引发更大关注。尽管如此，对于新基建内涵，被引用频次较高的是央视解读，将新基建分为5G基建、特高压、城际高速铁路和城际轨道交通、新能源汽车充电桩、大数据中心、人工智能和工业互联网七大领域，但各界对于新基建的理解莫衷一是，争论热烈且观点层出不穷，反映了社会各方的高度关注和对新基建推动经济社会发展转型的强烈期待。

三是巩固定义、定位、范畴与建设模式。2020年4月，国家发展改革委举行例行新闻发布会，会上首次明确新基建范畴，指出"新型基础设施是以新发展理念为引领，以技术创新为驱动，以信息网络为基础，面向高质量发展需要，提供数字转型、智能升级、融合创新等服务

的基础设施体系"，主要包括信息基础设施、融合基础设施和创新基础设施。国家发展改革委还特别指出，伴随着技术革命和产业变革，新型基础设施的内涵、外延也不是一成不变的。数据作为新基建的核心要素被赋予了全新定位，2020年4月，中共中央、国务院印发《关于构建更加完善的要素市场化配置体制机制的意见》，将数据作为一类关键"要素"，提出"促进要素自主有序流动，提高要素配置效率，进一步激发全社会创造力和市场活力，推动经济发展质量变革、效率变革、动力变革"；2022年，中共中央、国务院印发《关于构建数据基础制度更好发挥数据要素作用的意见》，进一步将数据作为"新型生产要素"，并明确提出，数据是数字化、网络化、智能化的基础，已快速融入生产、分配、流通、消费和社会服务管理等各环节，深刻改变着生产方式、生活方式和社会治理方式。其中，关于"数据基础制度建设事关国家发展和安全大局"的论述，更加旗帜鲜明地表明，数据作为要素，一方面需要构建要素市场，发挥市场在资源配置中的优势，但另一方面是要处理好政府和市场的关系，严守"数据安全"红线，进而阐明了新基建发展模式的总基调。

（2）对新基建的认识

一是新基建是基于新发展理念，以技术创新为驱动，以信息网络为基础，面向高质量发展需要，提供数字转型、智能升级、融合创新等服务的基础设施体系。新基建是科技革命与颠覆技术的显性载体，将给城市及交通带来转型新动力、赋予发展新要求、催生新业态，将与传统基础设施共同构建现代化基础设施体系，将是夯实高质量发展的现代化基础设施底座与基础产业。新基建事关国家安全、经济转型、产业转型、产业发展，是为全面建成社会主义现代化强国打基础的关键领域。

二是新基建追求的不再是设施本身，而是新增的新类型设施所能给予既有系统的新能力和新服务。新基建一定是新的技术、发展路径、治理结构，兼顾平衡使用者便利和投资者收益。新基建所包含的不是针对或者局限于单一领域、单一行业，或者数字化的简单展现，而是全面呈现出关联性、共享性、共有性特征，是以"+"带来化学反应和乘数效应的最终结果。

三是新基建的目的并非仅为了增加设施容量，应是个体便利、物质与心理安全的共同提升，是政府当期效益和长远利益的有机平衡。人民城市、美好生活是基于物质环境又超越物质享受的体验，是心理安全和实际安全并存的活动环境，关乎安全与韧性。因此，系统增效与服务增能才是新基建的基本目标与应有内涵。

四是新基建框架下所增加的新设施、融合的新技术，以及由此产生的新资源，为解决问题提供了全新的模式和路径，但是对技术上能够获得的"机遇"要有审慎的判断与取舍，要建立必需的"防火墙"，谨防"墙外"不确定性风险对墙内系统运行可能造成的潜在威胁和冲击。随着社会经济的快速发展和现代科技的飞速迭代，城市交通与其他领域的深度融合已呈现不可逆转之势，城市交通治理的边界也日渐模糊，在未来很长一段时间内，交通需求特征及演化趋势愈加难以研判。在现代信息技术的加持下，新业态也将加速涌现，城市交通发展将面临前所未有的问题和挑战。这些都是在面对和引导新基建发展过程中需要时刻警惕的问题。

五是在这种基础设施渠道中流淌的是数据与信息。如果不能解决数据有效流通的问题，交通新基建的成果就成了无水之渠，智慧交通就无法获得发展和应用活力。交通领域的新基建不能局限于工程思维和行业思维，而是要通过行业技术变革促进服务体系变革，进而推动社会进步与发展。

（3）新基建对城市交通问题带来的机遇与挑战

一是支持海量人口出行的全息感知。5G、物联网、卫星定位网是新型基础设施的重要建设内容，将极大赋能数字连接，支持海量人口出行的全息感知。信息采集自动化、泛在化、全过程发展使得新型数据具有全样本、高精度、全链条、高时效、低成本等特征，为城市交通出行全息感知、源头治理、精准服务及主动引导带来了全新机遇，也为城市交通系统科学规划、实施、效果评估及优化调整创造了条件。

二是优化和挖潜城市交通设施资源。信息技术的广泛应用使得城市交通设施空间资源配置可以更加灵活、高效。例如，自动驾驶的普及使人们对道路空间、停车空间的需求大幅降低，真正将城市空间、道路空间的分配从以车为导向变为以人为导向。现有的停车空间、冗余交通空间等可被重新开发为绿地、公园等有利于人居环境的公共活动空间。信息技术为更加高效地利用既有交通设施带来了新的机遇。例如，全息环境下的共享出行模式，使居民不再必须拥有自己的车辆，甚至无需独自驾车就能够完成出行；自动驾驶和车联网技术将大幅提高路段通行能力；基于大数据、全要素信息感知的新型交通控制系统，可以依托强大算力对出行进行网络化的实时调控，不断优化信号灯配时、改善路权空间分配，从而提升城市路网容量和效率。

三是促进生活方式转变与出行服务模式创新。信息技术催生各种业态不断创新，使城市的生产生活模式发生改变。如快递、外卖、新零售等新业态正在加速发展，并逐步改变人的生活方式。信息技术带来实时性和跨距离互动，特别是以VR/AR/MR为代表的虚拟视觉办公及会议系统，使工作和生活的边界逐渐模糊。无人驾驶出租车、无人驾驶公交车等智能移动空间服务重构出行定义，传统意义上的交通工具将演变成为办公、娱乐、休闲等多活动综合载体。城市交通的关注点从交通工具和基础设施调整为如何响应人的活动需求，未来的出行服务将针对不同出行者的个性化需求和个体偏好，以预约或定制的形式，采用多模式、网络化、协同化组织技术，对出行链进行一体化整合与优化，提供差异化、多样化的全过程服务方案，以高品质、高效率的服务方式满足人们出行的需要，改善出行服务体验。

四是推动城市交通治理模式变革。随着数据采集逐步实现空间全覆盖、传输带宽提升、计算性能突破，城市交通需求的引导和治理模式将产生深刻变革。我国多数城市当前需求管理以行政手段为主，而新技术时代，采用出行需求的全链条感知、双向信息交互及出行服务新模式等可进行出行主动引导，资源约束下预约出行、动态收费也将成为可能。在基于物联网的数据采集和汇聚的支撑下，结合人工智能和5G等新技术的应用，城市级实时计算、融合分析成为可能，最终可实现城市级大规模综合复杂立体交通网络的协同管控。信息技术为持续动态地挖掘城市活动和交通行为的特性及其演化机理提供了重要的观察手段与研究保障。认知、评估、推演和治理交通复杂巨系统的能力将显著提升，城市交通治理将加速迈入"协同联动＋动态优化＋精准调控"时代。

（4）新基建在城市交通中的实施路径

新基建的实施有两个技术路线：一是战略层面，新基建涉及信息技术发展、数字化转型带来的理念、方法转变；二是实施层面，新基建涉及如何结合已有基础设施来改善城市运行中的交通问题、提高网络运行效率，更好地为市民提供高品质的出行服务。

如何主动应对现代信息技术快速更新迭代带来的不确定性，如何妥善处理政府作为与市场作用的关系，如何有效兼顾社会效益和经济效益，如何平衡好技术先进性和应用的负外部性，上述问题是城市交通与新基建融合发展过程中必将面临的问题，对城市交通新基建的科学决策和有序推进具有深远影响。

城市交通问题与新基建融合过程中的技术选择，是国家相关产业结构与技术结构的重要基础，直接影响经济增长绩效和社会发展导向。首先，明确战略发展目标是软环境建设的第一要务，也是履行政府责任，引领发展方向的关键。其次，通过技术验证基地和技术实验环境建设推动智慧交通产业集群的发展，通过政策性行动促进智慧交通产业链的构建，通过重大项目推动新基建技术体系的创新与完善等，是城市交通新建技术生态构建的重要行动。最后，还需进一步营造新基建健康发展的宽松、规范的生态环境，包括技术标准体系的建立，有利于发挥市场在资源配置中决定性作用的政策条件，以及保障创新参与和公平竞争的可信数据流通机制等。

该项行动的工作重点是强调新基建对于带动完善城市交通网络服务功能的重要性，明确城市交通新基建的价值与目标，推进城市交通新基建网络的构建与运行，形成新基建背景下城市交通的现代化治理新思路。

中央政府有关部门：

一是统一概念，明确数据等新型生产要素治理要求。包括：建立完善城市交通新基建相关标准规范体系，明确城市交通新基建的内涵；旗帜鲜明地提出城市交通数据底座应牢牢掌控在国家手里；针对城市交通网络布局优化、设施服役性能检测与养护、网络运行与调控等我国城市交通网络构建与运行中长期面临的共性需求，制定城市交通大模型建设相关规范、标准；加快构建算力、算法、数据、应用资源协同的全国一体化大数据中心体系，布局全国一体化算力网络国家枢纽节点；建立可信的数据流通机制与评估体系，促进新型生产要素的有效流通，保障创新参与和公平竞争。

二是建立完善新基建背景下的城市交通规划编制方法。包括：扭转"城市交通规划是城市总体规划的配套规划"这一传统认知，立足城市交通作为"基础公共服务"的属性和定位，面向城市交通多模式复合网络一体化构建与运行要求，建立集效率、公平、财政、产业、环境等指标于一体的综合评估体系；重新审视综合交通体系规划编制标准中关于交通信息化的边界、内涵与深度要求，将其融入对外交通、交通枢纽、公共交通、行人与非机动车交通、货运交通、城市道路、停车场等各个板块中，为城市提供土建设施与数字设施规划、建设、养护、运营一体化考虑的规范和指南；提高交能融合在国土空间规划中的地位，明确交能融合的发展方向及其与城市空间的关系，充分保障相关设施用地，丰富国土空间规划内涵；充分考虑新能源快速发展背景下的车辆保有、使用、停放等需求和特征，强制将交能融合发展作为城市交通规划的重要组成部分，科学确定能源供给设施规模及布局，推动交通和能源相关设施和通道共建共享。

三是完善新基建发展保障体系。包括：指导地方开展机构改革、优化相关体制机制、完善机构职能，明确城市交通新基建规划、投资建设、养护运营等主体责任，逐步建立健全横向到边、纵向到底的城市交通新基建发展制度框架；发挥市场主体作用，拓展多元化投资渠道，形成多元化投融资机制，创新项目融资方式，发挥好政府投资的支持引导作用，用好开发性金融工具，吸引更多民间资本参与重点领域项目建设，有序推进政府和社会资本合作建设城市交通新基建；针对新基建背景下我国城市交通发展面临的变革和不确定性，系统开展前瞻性研究，为新一轮规划、政策体系构建指明方向，推动城市交通网络的构建与运行迈向全新发展阶段；针对在数字底座搭建、数字孪生推演、数字化规划设计领域软件被国外垄断等问题，在国家层面加大科技研发与科研转化的支持力度，突破城市交通新基建领域的一批"卡脖子"关键技术、催生一批颠覆性引领技术，实现相关基础工业软件的自主可控。

地方城市政府：

一是负责制定新基建规划与完善城市交通网络服务功能深度融合规划。按照国家新型城镇化规划总体安排的城市定位、规模以及发展阶段的需要，以存量增效为主，共享服务与个性化服务并重的原则，制定深度融合规划，实施城市交通管控智能化，最大程度发挥网络整体效能。

二是严守数据安全底线，对数据流通全过程进行动态管理。包括：以维护国家数据安全、保护个人信息和商业机密为前提，构建城市交通大数据底座，把安全贯穿数据供给、流通、使用全过程，强化数据安全保障体系建设；划定监管底线和红线，加强数据分类分级管理，积极有效防范和化解各种数据风险，构建政府监管与市场自律、法治与行业自治协同的城市交通治理大数据治理体系；建立数据可信流通体系，建立数据的可用、可信、可流通、可追溯能力；引导培育城市交通大数据交易市场，完善数据交易规则和服务，规范交易行为，建设数据交易信用体。

三是推动数据标准化建设，促进数据交换共享。包括：支持构建城市交通治理领域规范化数据开发利用的场景，推动路、桥、隧、涵、枢纽、轨道交通等各类城市交通基础设施（设施服役性能、设施病害监测、人/车流实时状态等）数据采集的标准化，各类载运工具运行（速度、加速度、安全监测、载重、实时定位等）以及运营订单（轨道交通和公交刷卡、共享单车订单、出租汽车网约车订单等，以及货品货类等货运订单）数据采集上传的标准化；依托地方政务数据主管部门，面向政府部门以及涉及城市交通数据采集、加工和应用的各类机构，特别是参与城市交通客货运服务的互联网企业，制定出台数据共享责任清单，推动跨部门数据的可信流通与共享。

四是加快推动交通基础设施网与运输服务网、信息网、能源网融合发展。包括：围绕城市交通网络构建与运行的最终目标，推动传统交通基础设施的数字化改造，对于新建的交通基础设施要明确同步完成数字化建设，由点到线到面有序推动城市交通新型基础设施网络构建；以电力系统中各类能源生产设备全工况感知为基础，结合城市交通新基建网络构建与运行相关主体的需求，开展精准画像，实时监测并精准研判供需特征，构建城市交通"源网荷储一体化"管控体系，促进多能互补协同、挖掘需求侧调控潜力以促进电能供需优化配置；依托城市

CIM平台构建城市交通新基建网络构建与运行的数字化底座。

五是推动现代化城市交通新基建网络的构建与运行。构建以物理设施载体＋数字孪生底座为基础、以长久的设施服役性能为保障、以智慧化的设施运营管控为核心业务的具有自感知、自学习、自进化、自诊断、自修复、自适应、自决策等能力的现代化城市交通新基建网络。开展城市交通基础设施自主式管控技术创新，实现人、车、环境及交通基础设施的全息感知与智能网联协作；建立出行预约体系，提升交通资源配置能力。

9．行动九：创新城市交通规划理念，变革编制方法行动

这项行动旨在转变思想观念和改革规划编制内容及其方法，既有理论内涵又有实践需求，具有深远影响。

总体思路：

（1）城市交通规划理念和编制方法的历史沿革

随着社会经济发展和科学技术进步、城市发展阶段与城镇化水平提升，我国城市交通规划编制的重点、内容和方法发生了巨大变化。体制变革、城市生长、需求变化，都推动着城市交通规划理念和编制方法的演变。回顾历史沿革的目的，在于揭示城市交通规划仍在不断更新的重点、内容和方法，具有时代特征。

研究城市交通规划的历史沿革，具有多个视角。本篇章以规划内容为主，同时对规划重点和方法作了简述。总体上，规划内容体现了政府部门提供城市的基础公共服务需求，规划方法体现了从定性向定量过渡的特征。

1）1949—1979年以定性分析为主的道路网规划阶段。20世纪50年代以前的城市交通规划大多是赋以道路网规划的形式，这种状况在我国一直延续到20世纪70年代末期。新中国成立初期，为配合苏联援助的156项工业项目建设，我国进行了大规模基础设施建设，在苏联专家帮助下开展了一批重点城市的城市规划编制工作，规划中参考苏联的定额指标和规划法规，定性布局道路网方案。20世纪50年代和60年代，我国在道路网规划中引入了交通量的概念，但并没有改变以定性分析为主的规划模式。国家组织制定了《城市道路设计准则（试行稿）》为技术标准。

2）1979—1990年是城市交通规划的探索阶段。我国现代意义上的城市交通规划大致开始于1980年前后，居民出行调查和货物流动调查的实施使我国城市交通研究的视野和规划技术方法发生了根本性改变，研究视野从道路设施扩展到交通生成源、生成规律和出行分布，规划方法从定性转向定量与定性相结合，需求分析实现了由依赖经验判断向基于调查数据的模型构建的转变，城市交通规划的理论方法初现端倪。20世纪80年代中后期，我国许多城市开展了城市综合交通规划的编制，初步建立了以交通起讫点调查为基础，以"四阶段分析"为核心的城市交通规划基本理论和技术方法框架。这一时期开展的探索性研究和实践奠定了城市交通规划编制工作的基础。

3）1990—2000年，是城市交通规划的成长与形成阶段。改革开放步伐不断加快、城市规划建设持续推进、家用汽车数量不断增长以及交通供需矛盾日益恶化，都对城市交通规划提出

新要求。这一时期，城市交通规划的研究开始关注交通发展战略、交通政策、交通发展模式等重大问题。1993—1995 年，我国与世界银行合作开展了"中国城市交通发展战略研究"，形成了对我国城市交通规划建设具有深远影响的《北京宣言：中国城市交通发展战略》，宣言的核心内容可归纳为五项原则、四项标准和八项行动，构成了城市交通政策和交通规划制定应遵循的价值观和方法论，国家技术监督局、建设部组织编制并出台国家标准《城市道路交通规划设计规范》GB 50220—1995。这一阶段，无论是规划技术，还是战略与政策研究，都取得了巨大进展，城市交通规划的方法体系基本形成。

4）2000—2012 年是城市交通规划的稳定阶段。城市交通规划理论研究和实践探索都更加广泛。这一时期，城市交通规划的编制开始重视政策导向和实施方面的具体安排。北京、上海等超大城市率先组织开展了城市交通发展战略研究（如《交通发展白皮书》），成为城市政府指导制定和实施交通规划、交通政策及实施计划的纲领性文件。面向城市综合治理的实施性交通规划更加受到各地政府的青睐，停车规划、枢纽规划、公交线网规划、交通设施与管理规划、交通优化设计与交通组织等专业性规划，都逐渐被纳入城市交通规划编制体系。按照编制城市总体规划要求编制城市综合交通体系规划，进入了成熟期。

5）2012 年至今是城市交通规划的转型阶段。为应对资源环境约束、生态环境恶化等突出问题，适应低碳和绿色发展的全球趋势，交通规划目标更加聚焦以人为本、绿色出行、公交优先。随着国土空间规划体系的建立，城市交通规划开始研究适应国土空间规划体系的交通规划变革，更加关注城市交通对城市功能布局、空间组织等的引导作用。同时，我国城市发展已从原来的大规模建设进入城市更新为主的阶段，开始研究存量发展阶段城市交通规划范式的转型，由宏观的交通设施工程到关注服务的综合品质提升，由设施能力主导到关注交通组织与政策主导，由供需平衡单一目标到关注交通、社会、经济等多维目标。在规划理论方法上，信息技术、大数据技术、互联网技术等快速发展给城市交通规划研究与实践注入了新的活力。新技术应用弥补了传统交通调查和规划方法的缺陷，通过大数据可以深入刻画城市交通需求生成、交通空间分布、设施使用效能等交通特征，使得交通需求分析不再局限于"四阶段分析"的基本框架，出行链、服务链等新的分析方法正在越来越多地应用于城市交通规划之中。智慧城市和数字交通背景下的城市交通规划也开始关注数据驱动的决策、新兴技术的应用、可持续性和智慧出行、共享经济、跨部门合作与整合以及公众参与等内容。

需要强调的是，自改革开放以来，"城市综合交通体系规划"或"城市综合交通规划"随着城镇化进程，按照城市总体规划的编制需求，经历了从探索到成熟的过程。其标志是在《中华人民共和国城乡规划法》的第十七条中明确，城市总体规划应当包括综合交通体系的内容，强调基础设施和公共服务设施用地为城市总体规划的强制性内容。城市综合交通体系（Urban Comprehensive Transportation System），是指城市中各种交通及其设施按照一定组织方式为城市客、货运输提供服务的系统。城市综合交通规划（Urban Comprehensive Transportation Planning）是对城市中各种交通方式及其设施进行综合部署和具体安排。以《城市综合交通体系规划编制办法》及《城市综合交通体系规划编制导则》发布为标志，城市综合交通体系规划编制进入成熟期。要认识到城市总体规划编制过程包括城市综合交通体系规划，这是编制城市总体规划时构建城市空间联系和提升土地利用效益的各种交通方式及其设施体系应有内容。或者说，组织实施已批准的城市总体规划，对建立和完善城市的交通体系有指导性。对于城市交通规划研究的场景"城市交通复合网络构建和运行"有重要的关联，主要是客流和货流交通走廊，以及交通枢纽选址等。应当看到城市是历史沉淀和时代要求的结合，城市交通规划的现实需求从关注设施建设，到注重发挥现有设施的运行效率，注重服务于居住在城市里人们的需求，建立居民需求与服务供给之间的协同治理关系，最终落实到以提高城市的基础公共服务水平为目标。进入新时代以来，城市交通规划从重视空间关系为主，到更加关注时间关系。借助现代化信息技术手段，通过"城市交通复合网络构建和运行"，实现综合运行效率的最大化和兼顾多元价值，已成为城市交通治理体系与治理能力现代化的必然要求和必由之路。城市交通规划内容不能停留在编制城市总体规划时规定的要求和认识上。

归纳而言，城市交通规划在研究和实施方面取得了长足的发展，但依旧存在问题，突出反映在城市交通规划与城市发展、城市更新行动的融合缺乏完善的制度保障，规划内容泛化、规划编制概念化、规划实施难落实等现象普遍存在。在新发展阶段制定城市交通规划，必须以新发展理念为指导，紧紧抓住以服务于人为中心，促进城市更加健康、更加安全、更加宜居，组织好城市的高效、安全、低耗、可持续运行；遵循发展规律，促进从服务城市到支撑超（特）大城市以及区域中心城市、服务区域经济社会发展的转变。

（2）研究城市交通规划理论和方法的变革是时代要求

自改革开放以来，对应我国城镇化进程，前几轮城市总体规划编制中城市交通体系规划大多将城市作为一个整体进行规划，以客流货流廊道和枢纽站场用地作为强制性要求，以连接城市功能区为主要内容，形成城市道路系统、城市轨道系统等支撑城市的骨架，在城市发展中起到了基础作用。

中国特色社会主义进入新时代。社会主要矛盾发生了变化，过去是人民日益增长的物质文化需要同落后的社会生产之间的矛盾，新时代我国社会主要矛盾是人民日益增长的美好生活需要和不平衡不充分的发展之间的矛盾。同时，计算机、互联网等信息化技术的广泛应用，我国已经进入数字经济时代。信息技术在城市交通中的应用，带动人们生活理念的变革，影响人们出行方式和物流系统的变化。同时，党中央提出了一系列重大战略部署和重大改革措施，直接影响国家经济社会发展，关系到城市和交通的持续发展。这些战略和措施是城市交通规划理念、方法变革要遵循和落实的大目标。

1）党的二十大报告强调加快构建新发展格局，着力推动高质量发展。就城市发展明确提出"坚持人民城市人民建、人民城市为人民，提高城市规划、建设、治理水平，加快转变超（特）大城市发展方式，实施城市更新行动，加强城市基础设施建设，打造宜居、韧性、智慧城市"，是新发展阶段城市发展的总方针。自党的十八大以来党中央多次强调城市转型发展和城市更新行动：2013年中央城镇化工作会议提出要"严控增量，盘活存量，优化结构，提升效率"；2015年中央城市工作会议提出"推动城市发展由外延扩张式向内涵提升式转变"；2019年12月的中央经济工作会议提出"加强城市更新和存量住房改造提升"；2020年党的十九届五中全会通过的《中共中央关于制定国民经济和社会发展第十四个五年规划和二〇三五年远景目标的建议》提出"实施城市更新行动";2021年国家"十四五"规划提出"加快转变城市发展方式,统筹城市规划建设管理,实施城市更新行动,推动城市空间结构优化和品质提升"。党的二十大报告提出城市发展的方针,指导思想是坚持人民城市人民建、人民城市为人民。实现的途径是提高城市规划、建设、治理水平;工作的重点是加快转变超(特)大城市发展方式,实施城市更新行动,加强城市基础设施建设;工作的目标是打造宜居、韧性、智慧城市。贯彻好中央决策,必须研究新发展阶段进程中,面向2035年我国基本实现社会主义现代化,城市交通规划理论和方法(或者简称为:新阶段城市交通规划理论和方法)的变革。

这里要重复强调的是,城市交通问题是直接关系到生活在城市的所有人,关系到城市可持续运行,对区域发展具有支撑作用,对新业态具有包容作用。城市交通学科——城市交通学是一个综合性、交叉性学科,是城市科学最基础的重要组成部分,不仅涉及交通工程,更多是涉及社会学、经济学,涉及法律制度和公共政策,需要多专业支持和跨学科整合的研究思路。研究城市交通规划理论和方法的变革,要坚持多学科思维、系统论方法。

2)根据党的十九大精神,2019年颁布了《中共中央 国务院关于建立国土空间规划体系并监督实施的若干意见》(中发〔2019〕18号)(以下简称《意见》)。国土空间规划是国家空间发展的指南、可持续发展的空间蓝图,是各类开发保护建设活动的基本依据。建立国土空间规划体系并监督实施,将主体功能区规划、土地利用规划、城乡规划等空间规划融合为统一的国土空间规划,实现"多规合一",强化国土空间规划对各专项规划的指导约束作用。《意见》要求,强化对专项规划的指导约束作用。涉及空间利用的某一领域专项规划,如交通、能源、信息、市政等基础设施,公共服务设施等专项规划,由相关主管部门组织编制。

2020年9月,自然资源部办公厅印发了《市级国土空间总体规划编制指南(试行)》(以下简称《指南》),应加强重大专题研究,包括研究交通运输体系和信息技术对区域空间发展的影响和对策;研究公共服务、基础设施、公共安全、风险防控等支撑保障系统的问题和对策。在主要编制内容中提出:"注重推动城市群、都市圈交通一体化,发挥综合交通对区域网络化布局的引领和支撑作用"。"完善城乡基础设施和公共服务设施网络,改善可达性"。"提高空间连通性交通可达性,明确综合交通系统发展目标"。"坚持公交引导城市发展,提出与城市功能布局相融合的公共交通体系和设施布局"等。在提交的规划图件中,包括市域综合交通规划图、市域基础设施规划图和中心城区道路交通图等。综上所述,《指南》涉及城市交通的内容很丰富,分散在不同部分。现在各地城市按照《指南》正在编制城市国土空间总体规划,可以理解为城市交通问题支撑了市域国土空间规划规定的空间关系。目前,《中华人民共和国土地管理法》《中华人民共和国城乡规划法》都是有效法律,要继续落实好这些法律,同时要加快国土空间规划相关法律法规的建设工作❶。鉴于现行法律要求,城市综合交通体系规划是《中华人民共和国城乡规划法》编制城市总体规划的法定内容,按照《指南》正在编制城市国土空间总体规划,可以理解为市域综合交通规划图、市域基础设施规划图、中心城区道路交通图等是城市综合交通体系规划的成果,强调基础设施和公共服务设施用地安排是城市国土

---

❶ 引自2019年5月27日国新办有关国土空间规划的新闻发布会实录。

空间总体规划的强制性内容。

3）党的十九大报告明确提出"建设交通强国"的目标。2019年中共中央、国务院印发了《交通强国建设纲要》（以下称《建设纲要》），2021年中共中央、国务院印发的《国家综合立体交通网规划纲要》（以下称《规划纲要》），国家"十四五"规划和党的二十大又将"交通强国"作为我国经济社会发展的重大战略进行决策部署。《建设纲要》明确了交通强国建设的总体要求、目标和任务，提出了建设现代化高质量综合立体交通网络、构建便捷顺畅的城市（群）交通网、形成广覆盖的农村交通基础设施网、构筑多层级、一体化的综合交通枢纽体系四大基础设施板块。其中，针对城市交通，主要从科学制定和实施城市综合交通体系规划，以及城市公共交通设施、城市道路网、城市步行和非机动车交通系统、无障碍设施、停车设施、城市交通基础设施智能化水平等设施建设方面提出了相关的要求；同时也提出了要加强城市交通拥堵综合治理，优先发展城市公共交通，鼓励引导绿色公交出行，合理引导个体机动化出行等。《规划纲要》从建设中心城区连接卫星城及新城的大容量快速化轨道交通网络、城市道路网结构优化、有序发展共享交通、加强城市步行和自行车等慢行交通系统建设、合理配置停车设施、深入实施公交优先发展战略等方面提出了对城市交通的相关要求。

在研究城市交通规划理论和方法的变革时，不可回避的问题是城市交通与城际综合交通运输的关系（详见专题四）。主要结论是：我国综合交通运输取得长足发展，基础设施规模、客货运输量等均已位居世界前列。对比世界交通强国，在装备、质量、安全、服务、效率、竞争力方面还存在不小差距。与此同时，伴随着中国城镇化和机动化进程，城市居民出行需求和交通基础设施规模增长十分迅速。然而，城市交通服务品质不高，道路堵、地铁挤、公交慢、停车乱、污染高等问题日益凸显，社会议论广泛，已成为影响城市运行效率和发展活力、影响人居环境和生活质量的突出问题。城市交通与城市间综合运输同为支持人与物的活动，有一定的共同点，但组织方式有明显差别。城市交通更加随机和综合，交通工具运行方式的互补性更强。通勤交通是基本要素，出行密度高、组织运行难度高，强调点线面密切结合、地面与地下结合，且不同类型城市间的差异性大。城市交通是城市复杂有机体的重要子系统，其面临的问题不是某一种交通工具或某一类基础设施产生的问题，也不是规划、建设、管理某一个环节导致的，涉及城市发展模式。尽管交通工程学已经将人、车、路、环境等综合为一体进行研究，但工程学解决问题的逻辑往往基于要素抽象、建立确定性影响关系而给出解决方案，但对密切相关的人的理念、价值观、行为，城市发展政策与制度设计，城市的文化传统等，存在诸多未能准确描述的方面。目前城市交通的理论基础与工作方法仍停留在工程技术领域，难以从根本上解决城市交通拥堵、交通事故频发、机动车尾气污染等"城市病"。

（3）对城市交通规划认识的多重视角

城市交通规划工作正处于转型期，不仅关系到人民群众对美好生活的向往，还涉及国家发展战略的实施。创新城市交通规划的理念和编制方法，必须充分了解多主体、多视角的意见。

1）城市政府主办的研究机构视角

此处概要介绍部分城市政府主导的城市交通规划发展历程和经验，目的是阐明城市交通规划理念的创新和方法变革是社会进步的必然结果。同时介绍一些城市实践工作者的思考，对活跃规划思维、创新规划理论和变革编制方法有启示意义。

①城市交通规划具有阶段性和动态性

20世纪80年代初期，城市交通规划在上海、广州等城市率先开展，主要形式是城市道路网规划和以公共汽（电）车为主要内容的城市公共交通规划。早期城市交通规划更多关注单一方式交通规划及交通流的供需平衡，规划的基本逻辑是通过增加设施供给来满足交通流运行需求，规划的重点是构建分方式单一的物理设施网络并确定建设标准。

自20世纪90年代以来，随着城市发展战略等相关规划的出台，城市交通规划更加注重宏观战略规划，注重城市用地与交通设施的协同规划，注重交通方式间的协同规划，规划内涵从交通设施空间安排扩展到交通需求调控、交通供给结构优化、交通与土地使用关系统筹等。

同时，城市交通规划的体系和结构也在不断调整。早期的规划过程偏重于规划研究，在单一规划中聚合了几乎所有的城市交通规划内容，包括宏观、中观、微观各个层面，以及规划、建设、管理各个方面。为应对城市规划建设重点的变化，城市交通规划逐渐由单一的规划形式分化为有明确指向的多种形式的规划，包括战略规划、综合交通规划、公共交通规划、停车规划等。

②新发展阶段，城市交通规划也面临着新要求

一是区域一体化发展背景下，城市交通规划涉及的范围和层级也在扩大。需统筹考虑城市行政管辖范围内（中心城区、新城、新市镇、新农村等）和城市行政管辖范围以外（毗邻区域、都市圈、城市群区域，乃至全国范围）的交通联系和协同，并增强应对不确定性的规划弹性。

二是新技术发展背景下，要求城市交通调查及规划技术方法升级。各种交通方式从相对独立发展到更加注重一体化融合发展，传统考虑交通方式划分的规划方法要向更加注重多样化出行链转变。同时，随着数字化技术的发展，交通特征数据获取的途径更丰富，传统交通模型也有技术更新的要求和可行性。人口结构调整和社会文明程度提高，要求城市交通规划关注的对象更全面，为各类人群提供公平的出行条件。

三是落实"双碳"目标，构建绿色低碳城市交通供给体系，应当更加关注财务与服务的可持续性，引导绿色低碳生活方式。要从城市交通公共资源合理有效配置，城市交通秩序、公共空间组织等维度，出台针对个体机动化方式的相关规范性政策，否则难以实现交通绿色低碳发展的既定目标。在缺乏发展政策约束边界的情况下，城市各类出行方式在空间资源、环境资源等方面的竞争将成为零和博弈。

四是国土空间规划体系背景下城市交通规划的要求发生变化。原来城市规划的核心理念是"变"，而国土规划的核心理念是"不变"，多规合一后如何处理好"变"与"不变"的辩证关系，应当加以系统性研究。目前交通规划没有形成与国土空间规划"五级三类"协同的规划体系，没有形成指导近期现实城市交通问题的解决措施。

③根本还是统一对城市、城市交通、城市交通规划的认识

现在达成共识的理念是，城市交通是城市运行中的一个复杂子系统，具有基础性先导性作用。如果要把握城市交通的规律，据此制定交通治理策略、缓解交通拥堵难题，既要从城市层

面去审视和观察城市交通,也要把城市交通和城市的其他子系统相互联系。把握城市交通系统特征,就需要:首先,突出四个方面,即需求与政策、供给与建设、规划与用地、管理与治理;其次抓好两个重点,即通过智慧交通,实现用最新的科技成果服务交通出行,鼓励公共交通出行,为公共交通和共享出行提供多样化的交通选择;最后,建立一个机制:建立统一高效协同的城市交通综合治理机制,这是交通人长期的梦想,也是治理交通问题的必由之路。

2）高等教育院校的教学育人视角

教学的目的是培养人才,城市交通规划的教学内容引导着发展方向。学校既是科研的前沿阵地,又是新思想、新方法研究的重要场所。

①教学内容的简要回顾

城市交通规划的基本理论方法源自20世纪60年代建立的"四步骤"交通需求分析模型。早期城市交通规划课程教育以交通工程、道路工程相关学科为基础,以讲授交通需求预测（四阶段模型构建）为主,对城市空间结构、功能布局、用地规划等城市规划学科相关内容涉猎较少。回顾交通规划理论方法产生的时代背景,面向基础设施建设需求而逐渐形成和完善的道路交通量或公交客运量预测分析以及交通设施运行的供需平衡分析是其核心内容。尽管上述理论方法体系一直在不断改进,但其面向中长期交通设施建设的本质内涵并未发生变化。当城市化逐渐由大规模设施建设的增量期转入精细化资源配置的存量期,政府提供交通服务的重点由增加交通设施转向满足人的多元化出行需求时,现有的交通规划理论方法表现出极大不适应性,突出表现为注重设施忽视"人"、注重OD忽视"链"、注重单体忽视"网"等。

②新的时代特征迫切要求交通规划及时转变规划理念

近年来,国内城市交通规划科研与从业人员一直探索交通规划理论与方法的更新改进,包括对交通系统本源认识加深、研究适应国土空间规划体系的交通规划变革、发挥大数据与新技术优势研究新的规划需求和理论方法等。国外针对城市交通规划理论方法的改造升级也在持续探索和付诸实践。如美国针对交通建设资金约束、未来交通发展的不确定性、气候变化等新形势新要求,分别建立了绩效导向的交通规划方法、面向未来不确定性的交通情景规划方法、整合气候变化的交通规划方法、面向完整街道的交通规划方法等。欧洲建立了可持续移动性规划范式,交通规划视角应由传统关注交通流或交通运输转向关注人的出行。

③理论研究的主导方向,是建立城市出行服务体系规划理论与方法

综合国内外城市交通规划理论方法研究及实践成果,目前已普遍认识到需要将20世纪60年代建立的面向基础设施的交通规划方法,升级更新为面向人的出行服务规划方法,并结合大数据和仿真技术建立分析框架。但总体来看,仍然缺乏成熟、完整的技术体系,迫切需要开展深入的理论研究,并通过成效检验加以完善,形成可应用、可推广的城市出行服务规划成套技术。

3）行政业务管理部门视角

城市交通规划以地方城市政府为主开展,中央行政业务部门的指导作用也十分关键,了解各部门意见有利于城市交通规划转型发展。本报告编制过程中征求了中央相关业务部门有关司局的意见,本小节归纳所征求的意见,有利于部门间相互了解,共同支持地方政府组织编制好

城市交通规划。

①各部门从不同视角分析了自21世纪以来城市交通的需求和城市交通的变革历程，对城市交通问题解决方案具有共同的认识，归纳起来主要包括：以服务人民群众为目标，准确把握新发展格局，提供城市交通综合性解决方案，加快城市交通现代化转型；城市交通高质量发展，要坚持科技创新，要涵盖城市交通全方位，要贯穿和统筹城市交通设施的规划、实施、管理和运维全过程，要将各类交通方式系统化融合形成城市交通网络化，才能实现高质量发展；对老年人等弱势群体的城市交通服务是补短板的重要内容；强调全生命周期的财务可持续性。

②对于城市交通规划面临的新形势、新要求，归纳起来主要有以下几方面：

一是紧紧围绕中国式现代化建设目标来分析城市交通规划的新要求。城市交通规划研究的理论和方法自引入得到广泛应用，包括"四阶段"技术方法。1995年《北京宣言：中国城市交通发展战略》提出加强城市交通规划和人才培养（行动八），提出城市交通规划必须是综合规划，城市交通规划的成果由城市发展规划、交通战略规划、近期交通行动计划和重大设施的评估来体现。特别需要指出的是2007年《中华人民共和国城乡规划法》颁发实施，城市综合交通体系规划在城市总体规划编制中成为法定要求。现在城市交通规划转型发展的共识是：要立足于国家战略和目标的实施，要适应信息时代的新技术应用，改进政府决策机制和城市交通规划编制方法。

二是关于城市交通规划的理念和目标。经过改革开放以来的快速发展，我国城市各类交通设施已具备相当规模，城市交通供需矛盾从总量不足转为结构性失调，进入了结构优化和品质提升的发展时期。城市交通规划要适应存量时期的发展需要，聚焦"增量"合理精准和"存量"提质增效，实现"精明增长式"规划。规划的工作目标要由提升空间连接，转向提升城市宜居品质和安全韧性；由侧重宏观性的系统布局，转向注重保障城市的基础公共服务水平。

三是关于城市交通规划编制的技术方法。大数据分析和回溯技术的广泛应用将实现城市交通系统精确感知、精准评估和辅助决策。城市交通规划范式将从相对静态向实时动态转变，从单一认知向全面感知转变，从传统设施规划向智慧设施规划转变。

③关于城市交通规划体系的讨论

建立综合性的城市交通规划体系是共识。这个体系应包括的内容有以下观点：

有部门认为，随着城市发展由大规模增量建设转向存量提质改造和增量结构调整并重，从"有没有"转向"好不好"，城市交通规划面临新的转型要求。提出结合城市体检，面向城市更新，以问题导向推进城市交通规划编制。体现包容、多元，贯彻系统理念完善城市综合交通体系。通过科技创新驱动城市交通全方位变革、全流程贯通，实现城市交通规划、建设、养护闭环管理，强调全生命周期的财务可持续性。提出城市综合交通体系建设要加快形成"快、慢、集散"三大系统。创新城市交通项目投融资机制，创新建立差异化投融资机制和服务收费机制。

有部门认为，规划编制体系有待健全、规划理念与落实方案存在脱节。提出，推进中国式现代化，要进一步加快城市交通现代化。加快建设交通强国，要求进一步提升城市交通发展水平。准确把握新发展格局，要求进一步促进城市交通高质量发展。准确把握新型城镇化和区域协调发展，要求进一步推动城市群都市圈交通一体化发展。准确把握人口结构调整和老龄化战略实施，要进一步建设城市全龄友好服务体系。

有部门认为，关于综合交通体系规划的定位：进入统筹交通与用地、统筹不同交通方式、统筹各类交通设施的发展阶段。关于工作目标：由提升空间连接和交通运输效率，转向保障效率和提升宜居品质并重；由侧重宏观性的系统布局，转向宏观、中观、微观统筹，注重对中微观布局的指引；由蓝图愿景式、设施管控性规划转向指导交通系统可持续发展的行动纲领。关于综合交通体系规划内容：更加注重交通与空间协同，更加强调综合交通体系协调，更加关注区域城乡交通统筹。提出应继续加强部门合作，落实"国土空间唯一性"要求；做好规划实施的定期评估和动态维护。

有部门认为，各城市在编制城市交通规划时主要存在的问题：一是注重发展规模，但结构不优，路网密度较小，微循环能力薄弱，对慢行需求考虑不够；二是注重多式并进，但衔接不足，不同交通方式间缺乏统筹，综合枢纽建设滞后；三是注重自身发展，但融合不够，与城市开发和土地利用未充分协同。提出在新形势下编制城市交通规划要充分考虑三方面因素：一是城镇化进程减缓，不能盲目扩张规模；二是城市财政承受能力减弱，不能增加债务风险；三是群众出行需求多元化，既要保障基础性需求，又要满足个性化需求。编制城市交通规划的思路建议：一是因地制宜、分类施策；二是量力而行、经济适度；三是以人为本、衔接融合。

有部门认为，城市道路交通拥堵、停车难、秩序乱、交通事故多发，仍然是当前道路交通管理面临的主要问题。提出为绿色出行提供基本、连续的空间保障，分类分区精细精准规划，将综合交通规划与专项规划充分结合，形成体系。进行城市道路网规划更新。

④关于组织编制城市交通规划的主体责任的讨论

各地在编制城市交通规划时编制主体不统一，存在自然资源、住房和城乡建设、交通运输等部门牵头等多种情形。需要建立由城市政府主管领导负责的、由各部门协调机制和成果审批制度，增强城市交通规划编制的系统性和权威性。

（4）关于新阶段城市交通规划理论和方法的变革

1）新阶段城市交通规划发展方向

综上所述，面对新要求与挑战，新阶段城市交通规划发展理念需要进行如下调整：

一是新阶段城市交通规划发展方向的总体要求是：从"人民对美好生活向往"的需求出发，从建设中国式现代化强国的要求，提高人们生活水平和城市现代化发展水平，提升城市的基础公共服务水平。

二是应立足城市的基础公共服务属性定位，结合国家"多规合一"建立新的空间规划体系、建设交通强国和行政体制改革实施的契机，变革现有城市交通规划理念与技术方法。

三是问题导向。通常议论的城市交通规划成果有三方面不足，一是过于注重物理设施建设的规划理念与方法；二是过于注重空间维度思考而时间维度思考不足；三是过于注重以交通工具为载体集合的综合交通体系而对服务关注不足。现有的城市交通规划理论基础与工作方法仍局限在工程技术领域，难以从根本上解决城市交通拥堵、交通事故频发、机动车尾气污染等"城市病"。

四是与城市交通学科建设相结合，按照"服务于人的需求，组织城市高效、安全、低耗、可持续运行，培育现代化都市圈，提高城市群竞争力"的总体构思，指导新阶段城市交通规划编制。

由此，新阶段城市交通规划应从单纯追求"效率至上"调整至"生态与绿色及低冲击模式兼顾"的准则，服务于人的需求，实现城市可持续发展，并促进以区域中心城市建设现代化都市圈，带动城市群经济和社会共同发展。具体包括五个方面：

①城市交通规划需在规划期内引领改善城市交通服务；
②城市交通规划编制办法应充分体现环境约束和生态底线思维；
③城市交通规划内容应当体现城市交通是综合性交叉学科；
④城市交通规划成果需要体现与改革建立国土空间规划体系相呼应；
⑤城市交通规划编制要适应未来城市交通发展的方向。

2）关于新阶段城市交通规划体系的研究

新阶段城市交通规划体系，要体现时代要求，与行动一至行动八的内容相呼应。要围绕城市居民需求和政府的基础公共服务供给能力，以战略的眼光、务实的精神，提供城市发展和更新中交通问题的解决方案。新阶段城市交通规划体系内各项规划具有共同性。规划理念要立足城市交通是城市基础公共服务属性的定位，由关注设施建设到注重发挥系统运行效率；由关注空间布局到注重提升时空服务效益；从服务城市到关注服务区域经济社会发展；由大拆大建、不计成本到关注全生命周期财务可持续性。尤其应改变长期以来交通规划忽视能源、资源与环境约束的状况。规划内容要围绕建立和完善城市交通复合网络构建与运行规划，着力提升网络效益。由大规模增量建设转向存量提质改造和增量结构调整并重，要面向存量资源的动态优化配置，面向城市基本运转能力保障，统筹发展和安全，建立城市应急保障交通规划。规划方法要重视大数据、人工智能等新一代信息化技术为交通规划编制方法和技术变革提供的重要机遇，从增强交通服务能力出发，加快构建面向人的活动链、出行链以及面向货的产业链、供应链等"四链"分析技术。

回顾国家自然科学基金项目研究成果，结合城市交通问题本质是提升城市的基础公共服务水平的专题研究，构建新阶段城市交通规划体系的初步框架主要包括五个方面：**一是城市居民出行服务规划**。面向多模式复合网络一体化构建与运行要求，建立城市出行服务体系；**二是完善物流配送规划**。面向城市居民生活物质需求，完善物流配送设施布局、提升配送效率；**三是依托中心城市提升服务区域能力交通规划**。发挥中心城市服务区域的功能，提升城市交通服务水平不局限于行政管理区域，注重研究客流和货流廊道以及枢纽站场用地的利用效率，培育现代化都市圈、促进城市群实力和竞争力，促进提高城镇化质量和水平；**四是超（特）大城市转型发展交通规划**。超（特）大城市在国家经济社会发展中发挥着动力源和增长极的作用，推动落实超（特）大城市加快转变发展方式的总体要求，统筹好中心城区与郊区新城发展，调整和优化城市功能布局，加快其转型发展，在国家发展全局具有举足轻重的作用；**五是城市应急保障交通规划**。增强应急处置城市和地区突发灾害能力，保障城市基本运转能力。需要说明的是，上面五项规划是新阶段城市交通规划体系的基本框架与核心内容，有的城市还会根据自身需求或者特殊事件要求编制其他城市交通专项规划，是完善新阶段城市交通规划体系的重要补充。特别要建议的是，城市综合交通体系规划关系到城市总体发展的交通设施布局和用地，带有全局性和强制性，现在试行的《市级国土空间总体规划编制指南》（后称《指南》）有所缺失，应当在《指南》修订时补充。

总之，新阶段城市交通规划体系应当遵守国土空间规划"三区三线"的强制性规定和标准，遵循经济社会发展规律，是以城市行政建制区域为基本载体、以城市的基础公共服务为主要内容、以人与物的流动为研究对象、统筹城乡的综合性强的新阶段城市交通规划体系。

3）关于新阶段城市交通规划编制方法的研究议题

新阶段城市交通规划体系内容丰富，编制方法也要研究探索。基于上述城市交通规划变革要求，完善新阶段城市交通规划编制办法，要解决好具有基础共性的六个重要议题：

①构建新阶段城市交通规划多元价值目标体系。城市交通规划应从单纯追求"效率至上"调整至"生态与绿色及低冲击模式兼顾"的准则，在关注交通运行效率的同时，兼顾绿色低碳和安全韧性发展，关注财务与服务的可持续性，服务于人的需求，实现城市可持续发展，并促进以区域中心城市带动城市群经济和社会共同发展。城市交通规划要适应存量时期的发展需要，聚焦"增量"合理精准和"存量"提质增效，实现"精明增长式"规划。规划的工作目标要由提升空间连接，转向提升城市宜居品质和安全韧性；由侧重宏观性的系统布局，转向注重保障城市的基础公共服务水平。

②精准分析各类人群的出行需求，建立差异化的城市交通出行服务准则。关注人的需求，基于信息化和数字化，全面感知城市交通服务对象差异化的行为特征和需求变化，借助更加精准可靠的交通数字仿真技术模拟城市和交通需求的演变，实现从源头对城市交通的各种类型需求特征的精准把控，有针对性地制定满足不同类型人群差异化需求的城市交通出行服务准则和标准。

③研究和把握城市与城市交通发展的相互影响客观规律。对不同城市产业结构和建成区人口规模以及空间布局形态等提出反馈方案，统筹安排交通通道关联区域就业岗位和居住分布，与城市发展和城市更新行动融合，促进从服务城市到支撑超（特）大城市以及区域中心城市服务区域经济社会发展。新阶段城市交通规划应当对于规划区、建成区、核心区等分类提出指导意见。坚持城市公共交通优先发展是国家的城市发展战略，要完善公共交通总体效果的评价标准，并为移动互联网技术发展下的定制公交、网约车、合乘车、分时租赁、共享单车等新技术、新业态发展和治理留有空间。

④持续研究与部门协同研究城市交通复合网络构建和运行。组织好城市交通的高效、安全、低耗、可持续运行，城市交通复合网络是城市交通运行的载体，构建和运行是互动互补动态平衡过程。借助现代化信息技术手段，通过"城市交通复合网络构建和运行"，打造差异化供给的城市交通复合网络，实现综合运行效率的最大化和兼顾多元价值，实现城市交通治理体系与治理能力现代化，需统筹考虑城市行政管辖范围内（中心城区、新城、新市镇、新农村等）和城市行政管辖范围以外（毗邻区域、都市圈、城市群区域，乃至全国范围）的交通联系和协同，并增强应对不确定性的规划弹性。

⑤完善城市交通规划管理机制。研究建立由城市政府主管领导负责的、由各部门协调开展的城市交通规划编制和成果审批制度，增强规划编制的系统性和权威性。要建立规划实施绩效的动态监测、评估与调整机制，增强规划对交通系统发展的弹性适应能力。

⑥做好城市交通规划技术储备。充分考虑世界科学技术的变革趋势和国际研究进展，交通规划视角应由传统关注交通流或交通运输转向关注人的出行，研究探索针对交通建设资金约束、未来交通发展的不确定性、气候变化等新形势新要求的交通规划方法和可持续移动性规划范式，开展深入的理论研究，并通过成效检验完善，形成可应用、可推广的城市出行服务规划成套技术。

综上所述，该项行动的工作重点是创新城市交通规划理念，变革编制方法行动，建立新阶段城市交通规划体系。一是强化政府部门间协作，共同支持多方机构探索及多个学科融合，推进建立综合协同的新阶段城市交通规划体系和编制方法；二是支持地方城市政府因地制宜进行城市交通规划编制方式与技术的创新。

中央政府有关部门：

中央政府相关部门应强化协作，共同支持学会、协会、研究会以及高等院校等机构积极探索，推进城市规划、交通工程、交通经济、生态环境、社会人文等多学科交叉融合，共同推动创新建立综合协同的新阶段城市交通规划体系和编制办法。

地方城市政府：

一是应因地制宜进行新阶段城市交通规划的编制与完善，创新编制方法和技术，并积极开展试点工作。进一步研究城市综合交通体系规划与城市空间规划的衔接关系，深入挖掘交通演化客观规律，统筹谋划城市与交通协同发展的整体方案。建立由城市政府主管领导负责的、各部门协调的规划编制机制和成果审批制度。

二是要研究建立交通与经济、社会、环境等多元视角协调融合的评价指标体系。完善数字底座建设，将交通发展评估的维度从单一的工程学向经济、社会、环境等多元视角拓展，建立与之相适配的全方位评估体系。

三是要创新城市交通规划管理机制，建立规划实施绩效的动态监测、评估与调整办法。以数字化的持续观测、评估、体检为闭环，构建规划—实施—反馈—优化的工作流程。

行动九　附录："新阶段城市交通规划理念和体系"定义研究

1. 基本问题

（1）城市交通规划是组合词句，围绕一个目标，表达一项工作。

（2）要回答：①新阶段城市交通规划体系；②城市综合交通体系与新阶段城市交通规划体系。

2. 基础词义

城市交通

在城市（包括市区和郊区）道路（地面、地下、高架、水道、索道等）系统中进行的公众出行和客货输送等。（引自：百度百科）

城市交通的研究目标和内涵：服务人的需求，组织城市可持续地高效、安全、低耗运行。带动培育发展现代化都市圈，增强城市群实力和竞争力。支持新业态发展发挥引领作用。

政府的职责：提升城市的基础公共服务水平。

规划

个人或组织制定的比较全面长远的发展计划，是对未来整体性、长期性、基本性问题的思考和考量，设计未来整套行动的方案。（引自：百度百科）

城市总体规划

对一定时期内城市性质、发展目标、发展规模、土地使用、空间布局以及各项建设的综合部署和实施措施。（引自：《城乡规划学名词2021》）

城市综合交通体系

城市中各种交通及其设施按照一定组织方式为城市客、货运输提供服务的系统。（引自：《城乡规划学名词2021》）

城市综合交通规划

对城市中各种交通方式及其设施进行综合部署和具体安排。（引自：《城乡规划学名词2021》）

城市综合交通体系规划

意同"城市综合交通规划"，对比《城市综合交通体系规划标准》GB/T 51328—2018 的结论。

3. 基本观点

城市交通规划

对城市交通的系统性规划，有如下要求：一是以城市交通研究的目标内涵为主题；二是要体现国家发展阶段的特征；三是城市交通规划研究的对象是"城市交通复合网络构建和运行"。

新阶段

即新发展阶段，就是全面建设社会主义现代化国家，向第二个百年奋斗目标进军的阶段。

建立新阶段城市交通规划体系的时代背景

中国式现代化目标，按照国家治理体系和治理能力现代化总体要求，以城市交通治理能力现代化为抓手，建设现代化城市，推动完善城镇化发展的新形态。

新阶段城市交通规划体系的理论基础

全面贯彻新发展理念，推进数字化转型，统筹各种交通方式衔接协调，促进城市内外交通一体化智慧化融合，加快构建城市新发展格局，推动城市高质量发展，创造高品质生活，建设宜居、韧性、智慧的现代化城市。

新阶段城市交通规划体系基本框架

主要包括五个方面：

一是城市居民出行服务规划。 面向多模式复合网络一体化构建与运行要求，从设施布局规划向网络运营规划转型升级，从传统基建规划向新基建规划转型升级，建立城市出行服务体系。

二是完善物流配送规划。 面向城市居民生活物质需求，完善物流配送设施布局和效率。

三是依托中心城市提升服务区域能力交通规划。 发挥中心城市服务区域的功能，提升城市交通服务水平不局限于行政管理区域，注重研究客流和货流廊道以及枢纽站场用地的利用效率，培育现代化都市圈和促进城市群实力和竞争力，促进提高城镇化质量和水平。

四是超（特）大城市转型发展交通规划。 推动落实超（特）大城市加快转变发展方式的总体要求，统筹好中心城区与郊区新城发展，调整和优化城市功能布局。

五是城市应急保障交通规划。 增强城市和地区突发灾害的应急处置能力，保障城市基本运转能力。

需要说明的是，上面五项规划是新阶段城市交通规划体系的基本框架，有的城市还会根据自身需求或者特殊事件要求编制城市交通专项规划，是完善新阶段城市交通规划体系的重要补充。

城市综合交通体系与新阶段城市交通规划体系关系

（1）城市交通规划是由一个大体系构成，这个体系既包含又区别于《中华人民共和国城乡规划法》规定的城市综合交通体系。新阶段城市交通规划体系有自身规律和阶段性特征。

（2）要认识到城市总体规划编制过程包括城市综合交通体系规划，这是编制城市总体规划时支撑构建城市空间联系和提升土地利用效益的各种交通方式及其设施体系应有内容。或者说，组织实施已批准的城市总体规划，对建立和完善城市的各种交通方式及其设施体系有指导性。对于新阶段城市交通规划研究的场景"城市交通复合网络构建和运行"有重要关联，主要是客流和货流交通走廊，以及交通枢纽选址等（即城市黄线）。

（3）新阶段城市交通规划体系的理念，应立足城市的基础公共服务属性定位，改变将城市综合交通体系规划等同于城市交通规划，将城市交通规划局限于依附编制城市总体规划时的要求。

4．相关规划标准

《城市综合交通体系规划标准》GB/T 51328—2018：1 总则

1.0.1 为保障城市的宜居与可持续发展，规范城市综合交通体系规划的编制与实施，制定本标准。

1.0.2 本标准适用于城市总体规划中城市综合交通体系规划编制和单独的城市综合交通体系规划编制。

《城市综合交通体系规划标准》GB/T 51328—2018：3 基本规定

3.0.1 城市综合交通（简称"城市交通"）应包括出行的两端都在城区内的城市内部交通，

和出行至少有一端在城区外的城市对外交通（包括两端均在城区外，但通过城区组织的城市过境交通）。按照城市综合交通的服务对象可划分为城市客运与货运交通。

3.0.2 城市综合交通体系规划的范围与年限应与城市总体规划一致。

3.0.3 城市综合交通体系应优先发展绿色、集约的交通方式，引导城市空间合理布局和人与物的安全、有序流动，并应充分发挥市场在交通资源配置中的作用，保障城市交通的效率与公平，支撑城市经济社会活动正常运行。

10. 行动十：推进科技进步与人才培养行动

该行动是制定城市交通政策、改善城市交通运行状况、提高城市交通服务品质、提升城市交通可持续发展水平的基础性工作。

总体思路：

城市交通服务水平是城市实力和全球竞争力的重要组成部分，无论成熟型城市、过渡型城市还是新兴城市，都面临来自交通发展的挑战。推动城市和城市交通高质量发展，是科技创新应用的重要领域、人才培养的永恒主题。

钱学森先生在《城市规划》1985年第4期上发表的《关于建立城市学的设想》一文中强调：要解决复杂的城市问题，必须发展城市科学，并倡导建立城市科学的顶层学科——城市学。城市科学将城市作为一个完整的不可分割的系统/对象，以系统论的思想研究城市。城市交通是城市最基础、最关键的要素，城市交通学是用多学科思维、系统论方法研究城市交通问题，是自然科学和社会科学的结合，是城市科学的重要组成部分，是应用理论科学。

从历史进程来看，工业革命在推动人类社会向前迈进的同时，也带来了资源过度消耗、环境污染等负面影响。近百年来，随着交通工具创新发展，机动化的正面效应显现，但溢出的负面效应也逐步对城市产生明显影响。为此，城市交通的关注重点也相应转变，从个性化的机动化出行，到集约化的交通工具应用，再到更加注重交通能耗和排放的服务系统。面对如此复杂的背景与变化，亟需将城市作为一个完整的体系来认识，城市科学的重要性日益凸显。城市交通学作为城市科学的重要组成部分，构建相应的基础理论、技术方法、工程应用三个层次的知识体系，对于城市高质量发展的重要性不言而喻。

近十年来，在国家自然科学基金委员会的支持下，城市交通学的研究持续开展，具体包括我国城市交通公交优先发展战略研究、新常态下城市交通理论创新与发展对策研究、城市交通治理现代化理论研究等。基于一系列研究成果，城市交通学的理论体系（见《城市交通学总论——兼论城市交通学的基础问题》）、法律体系（见《城市交通与法治》）、治理体系（见《城市交通治理现代化理论及应用》）已初步形成。

科学技术发展是现代社会生产及经济发展的主要推动力量。当前我国已进入了以城市群为主体形态的城镇化发展阶段，城市由拓展型发展转变到存量为主的高质量发展，更加注重经济运行的可持续、社会安全和生态安全等领域。城市交通问题已经成为各地政府的重要议题，交通引导城市发展的作用得到高度认可。信息化技术进步，数字经济发展，成为经济社会发展的大趋势。随着移动互联网络的普及、智能网联汽车和共享交通服务的涌现，未来城市及其交通服务形式、运行组织将发生巨大变革。城市交通的研究思想从空间维度向"空间维度＋时间维度"转变，中国城市交通解决方案由学习跟踪转向创新引领。这是城市交通学理论建设的社会基础和时代要求。值得注意的是，与发达国家不同，我国正经历着城镇化、机动化、信息化并进的高阶发展阶段，所面临的城市交通问题具有其独特性。同时，我国的城市交通是在特定的制度、经济、社会、文化环境下发展起来的，我国的行政管理体制决定了城市发展建设方式和实施路径，也决定了城市交通自身的发展模式。城市交通的规划管理、建设运营、服务保障等与国家和城市的行政管理体制、财税制度密切相关。这些制度性的根本问题也使得我国的城市交通具有鲜明的自身特色与自身发展道路。因此，我国解决城市交通问题没有现成可借鉴的国际经验，需要根据时代需求、国情特色，研究不同地区、不同城市、城市不同区位的交通学问题与科学理论，并在科技创新方面有所突破，形成符合我国城市与交通发展阶段和特征的理论创新路径。

随着信息技术（认知、数据、算法、算力）的发展，"互联网＋"技术的应用和人工智能的赋能，城市交通问题在需求侧、供给侧的技术手段发生了明显的变化，未来甚至会产生颠覆性的改变。在需求方面，信息化、"互联网＋"深刻改变了人的思维模式，培养了人们全新的生产与生活组织方式，更加注重交通服务的即时性、开放性和体验性，也为需求调节提供了多样化的技术路径。在供给方面，网约车、定制公交、共享单车等新业态的发展，促进了资源供给与出行需求的高效对接，丰富了人们的出行选择；与用户位置信息结合的交通信息服务，也将进一步促进个体出行决策的合理与优化。在技术手段方面，对人和物活动行为的研究，得以从借助交通工具的间接研究发展为对其流动轨迹的直接研究；大数据技术支撑了重新认识微观个体行为、出行需求特征与演变规律以及重构交通模型，为城市交通研究提供更加精准的量化支持。随着自动驾驶、共享交通、载运工具电气化三大技术进入"制度建设与科技革命、产业发展齐头并进"的发展阶段，技术融合将为交通组织模式变革带来无限可能。自主交通持续复兴，小汽车运行服务效能大幅提升，公交优先实施路径或将迎来更加多元的选择。数字化与信息化时代，正在逐步实现城市交通网络上运行活动的可监测、可诊断、可预测、可学习、可决策，甚至实现可验证、可交互、可调控。新一代信息技术的快速发展有望重塑物理空间、社会空间和信息空间关系，为城市交通治理体系和治理能力现代化深度赋能。城市交通的研究出现了新的创造力，采用多学科思维和系统论方法开展城市交通研究已呈现出新的活力。

城市交通学是应用理论科学，形成了基本理论、基本框架；而城市交通学科是问题导向的学科交叉知识体系，是培养人才、解决社会问题的体系。城市交通学科以城市交通学为核心内容，是促进城市交通相关学科交叉融合，加快知识生产模式变革和人才培育模式创新的基础单元。城市交通学科人才培养的目标，就是要积极应对国家新型城镇化、国家治理现代化、信息技术与移动互联科技等新战略、新技术发展所产生的对高层次、复合型城市交通管理人才的需求。对政、教、产、研、学等各个方面的持续跟踪调研结果显示，社会对城市交通学科人才有迫切需求，并具有一定规模的稳定增长趋势。为此，办好以城市交通学为核心内容的城市交通学科，培养大批城市交通学科复合型人才，是顺应时代发展和社会各方的共同之愿，与时代发展需求同频共振。具体体现在以下方面：

第一，城市交通问题是世界城市的共同难题，不仅针对当下的现实需求，更针对未来社会发展，以数据驱动建设新型智慧城市，实现城市让人们生活更美好的愿景。办好城市交通学科是面对未来发展的需要。

第二，城市交通现代化不能局限在出行方式、交通工具、基础设施的现代化，而应转变为更加关注城市宜居、宜业的高质量发展。在我国基本实现现代化的关键历史时期，更需要从创新融合的视角来思考城市交通发展路径。为此，亟需通过教育与科研的融合来推动城市交通发展思路与技术的创新与变革。

第三，在城镇化提质发展的新时代，城市在经济、社会、生活等物质文明和精神文明方面具有提高发展质量的必然要求。通过研究世界城市2035年或2040年规划愿景可以发现，城市现代化和城市交通现代化相互交融、互为支撑，城市现代化转型发展和城市交通现代化过程是同步的。其中，人才培养的现代化是高质量发展与中国式现代化的核心，并起到决定性的作用。因此，培养城市交通学科复合型人才是城市交通现代化的重中之重。

第四，信息化引发城市交通变革，城市现代化必然选择以信息化为基础。为此，特别需要相关基础理论研究、科学技术创新与研发成果转化的共同发力。在这个过程中，对我国国情的认识、对我国城市交通问题特征的把握、对新兴技术应用方向的掌握、对交通理论创新的能力缺一不可，各个环节都需要有复合型人才的支撑。

这项行动的工作重点是推动城市交通科技创新，支持城市交通学科建设，促进城市交通复合型人才的培养。一方面主动支持开展城市交通的基础理论研究、创新实践；另一方面为人才培养、科研成果转化创造更好的条件与环境。各级政府在制定人才政策和人才培养方案时，既要强调全球视野，更要强调重视国情特点。

中央政府有关部门：

一是成立国家级的城市交通研究院。做好顶层设计，开展从基础理论到关键技术、应用环境与政策的系统性研究工作，以中国经验完善城市交通学，形成城市交通网络构建与运行的理论体系、关键技术体系、管理系统，推动城市交通出行服务模式创新，优化和挖掘城市交通设施资源服务能力，改变城市交通供需适配模式和精准度，提高城市交通综合治理能力，不断创新发展城市交通学的理论体系。

二是设立系列重大科技专项，围绕城市交通大模型、自主知识产权软件开发、超大规模网络运行与构建算法、多模式交通系统运行监管能力、新型交通工具应用与有效监管、未来城市交通模式（数据驱动、人工智能）对算力的要求等关键问题进行攻关。

三是大力支持、推动并完善以城市交通学为核心的城市交通学科建设。鼓励高等院校及相关科研机构积极开展城市交通相关学科交叉研究；成立相应的机构、形成相应的机制、创新评估与考核体系，积极开展城市交通学科人才培养试点。

地方城市政府：

一是进一步推动教育、科研、应用结合，建立产教融合机制。通过建立健全高校—规划院/设计院的人员双聘机制，鼓励教学机构与科研机构合作，增进人才流动，使得课程体系、知识体系、实践体系相互融合，更好促进城市交通复合型人才的培养。

二是进一步鼓励研究成果转化。加大城市交通产学研用转化激励，提高科技成果转化质量，推动理论研究—技术研发—平台建设的链条贯通，把握信息化时代技术革命带来的机遇，形成更好解决城市交通问题、提升城市基础公共服务水平的政策工具与产品服务。围绕数字经济发展，数字化赋能城市交通带来的新课题，结合国际社会的经验和问题，引导支持科技界人士活跃思维开展基础理论研究，主动支持企业家将成果在实践中创新发展，提高社会效益和经济效益，支持青年知识分子勇于创新创业。

三是在制定人才政策和人才培养方案时，既要强调全球视野，更要强调重视国情教育，即对象、方法、属性的贯通：研究对象要与城市交通学的目标内涵一致；研究方法强调战略的眼光、多学科的思维、系统论的方法；研究属性坚持应用理论科学，城市交通学是城市科学的重要组成部分。城市交通人才最重要的基础知识与思维训练，是基于我国政治体制与行政管理制度，在中国特色行政体制改革的大背景下思考交通问题的解决路径。

城市交通问题本质是提升城市的基础公共服务水平

一、关于新发展阶段明确城市交通问题定位的必要性

二、城市交通问题的定位

三、城市交通问题定位为基础公共服务的遵循原则

四、城市交通问题是城市的基础公共服务的内在逻辑

五、城市交通的基础公共服务的供给体系和运行机制

六、结束语

研究单位

北京交通发展研究院
同济大学

研究人员

汪光焘　原建设部部长
郭继孚　北京交通发展研究院　院长
陈小鸿　同济大学　交通运输工程学院　教授，博导
孙明正　北京交通发展研究院　教授级高级工程师
张　华　同济大学　磁浮交通工程技术研究中心　副研究员，博导
王　婷　北京交通发展研究院　战略所副所长

提要

城市交通问题内容广泛，综合性强，有多元融合的特征，需坚持多学科思维系统论方法研究。而遵循什么准则来研究城市交通（即城市交通问题的定位），促进和实现城市和城市交通高质量发展，是本章的主题。

一、我国随着经济体制改革的深入发展，**从政府职能转变要求提出公共服务**，历次五年规划纲要明确了阶段性要求。《"十四五"公共服务规划》中指出，从服务供给的权责分类来看，公共服务包括基本公共服务、普惠性非基本公共服务两大类。随着我国经济社会发展水平的不断提升，基本公共服务、非基本公共服务与生活服务之间的边界也将随之发生变化，公共服务体系的范围、水平和质量都将稳步有序提升。

由于城市交通问题具有多元融合的特征，既有个体的生存、生活需求，又有公众利益与个体利益的关系，由此决定了城市交通公共服务供给针对的是在城市生活居民的整体，而不是特定人或者特定群体。我们研究城市交通问题的定位是一项整体思维，要从城市乃至国家经济社会发展的作用来认识城市交通问题。因此，城市交通问题**难以仅仅从服务供给的权责分类**，从基本公共服务、非基本公共服务和生活服务的分类角度出发，概括其属性并研究其公共服务体系。

二、贯彻党的二十大精神，按照建设人民满意的服务型政府的总体要求，以公共行政的理念和政府改革的要求为切入点思考，**参考公共服务以"内容和形式"的分类方式**，结合城市交通问题自身特点，加强普惠性、基础性民生建设，完善共建、共治、共享的城市交通治理制度，提出城市交通问题的定位："**城市交通问题归属于城市的基础公共服务范畴，本质是提升城市的基础公共服务水平**"。

这个概念遵循三方面原则：①城市交通问题具有城市基础公共服务的属性；②普惠性非基本公共服务是城市交通设施和服务供给的权责定位；③城市交通问题在城市发展中具有基础性。

三、具体讲：**城市交通的基础公共服务**是指由政府主导，鼓励市场主体企业参与，为城市居民的生活、工作及游憩等必不可少的人和物的移动需求提供服务，是城市可持续运行的基本保障。**服务的决策**：交通需求与交通供给的协同管理，其核心是权衡城市可持续运行和居民权益之间的利弊关系。**服务的场景**：提供城市交通设施和运行服务（即城市交通网络的构建和运行）。**服务的方式**：政府以财政资金提供，或者经政府特许经营和监管由企业提供。**服务的运行机制**：城市居民纳税和使用者付费相结合。

四、特别要强调的是，尽管基础公共服务与基本公共服务都是从政府转变职能要求引申出来的，都是由政府主导，但两者之间存在一定差异。**基本公共服务强调全面且均等化**。由政府承担保障供给数量和质量的主要责任，引导市场主体和公益性社会机构补充供给，重点突出政府财政兜底性保障。**基础公共服务是指城市发展的根基**。基础公共服务之所以为公共，不只是因为服务的提供者或责任人是政府，更根本的是因为它们是构成社会化的人的生存与发展的基本要素，是实现公民权利的手段，政府的作用是第二位的。合作治理模式并没有从根本上改变政府的基础公共服务义务。

五、**关于城市交通的基础公共服务体系**。城市交通问题从追求机动化水平提高，过渡到更多追求快捷、舒适和安全；出行结构从突出通勤需求为主，开始转变为尽可能满足休闲娱乐和社会交往的出行新需求；信息技术对城市交通方式新业态的供给，便捷的服务让城市居民从逐步接受到普遍采用。

需要强调的是，坚持生态文明的思想统领着城市的发展和城市更新行动的理念，处理好城市交通的基础公共服务供给，要综合分析全体居民利益与个体需求利益的关系，这是为满足公民更高层次需求、保障社会整体福利水平所必需的，而不是针对特定人员的供给服务，这是区别于基本公共服务的重要方面。

由此来理解，对于政府供给不足，市场自发供给也不足的公共服务，政府通过支持公益性社会机构或市场主体，增加服务供给、提升服务质量，实现大多数公民以可承受价格付费享有，这样的普惠性非基本公共服务的服务供给，是城市交通设施和服务供给的重要方式，是区别于基本公共服务标准体系的基础公共服务供给❶。

六、制定《**面向 2035 年 中国城市交通发展战略**》的总体思路是**建立和完善城市交通的基础公共服务供给体系和运行机制**。应坚持问题导向和目标导向结合，以战略的眼光解决现实问题。应坚持改革促进发展。应坚持城市政府的主导地位。应坚持提高居民获得感，提升城市可持续发展能力和竞争力。城市交通的基础公共服务体系，可归纳为三大类十项具体行动。具体内容详见《面向 2035 年 中国城市交通发展战略》（综合报告）。

---

❶ 基本公共服务体系。中共中央办公厅、国务院办公厅印发的《关于建立健全基本公共服务标准体系的指导意见》（中办发〔2018〕55 号）"明确国家基本公共服务标准。构建以幼有所育、学有所教、劳有所得、病有所医、老有所养、住有所居、弱有所扶等为统领，涵盖公共教育、劳动就业创业、社会保险、医疗卫生、社会服务、住房保障、公共文化体育、优抚安置、残疾人服务九个领域的国家基本公共服务标准体系"。

引言

城市交通问题内容广泛，无论是政府部门的关注还是专家和技术人员的研究，有的从城市规划角度讨论城市拓展时的城市综合交通规划，有的讨论道路等基础设施、建成区城市公共交通、轨道交通等内容，有的针对交通安全和交通拥堵讨论需求管理措施。关于如何认识城市交通问题尚缺少综合评述和系统性研究。

回顾1995年中国城市交通发展战略研讨会形成的纲领性文件《北京宣言：中国城市交通发展战略》，其中提出了"交通的目的是实现人和物的移动，而不是车辆的移动"等五项原则，同时也提出了以政府职能为主要内容的改革措施等八项行动。随着经济体制改革的深入，政府职能转变、事业单位改革，如何从政府和市场的关系，重新认识由政府直接提供或者政府规范由企业提供的设施和服务的性质；如何从个体需求和城市整体可持续运行的关系，认识政府制定需求管理政策的必要性与合法性，首先需要明确回答城市交通问题的本质和内涵，或者城市交通问题的定位。

我们围绕政府职能转变的要求，借助国内学者的研究成果，从公共服务的内容和形式来认识城市交通问题作为城市的基础公共服务这一议题，其中涉及两层含义：一是城市交通问题归属于城市的基础公共服务范畴，本质是提升城市的基础公共服务水平。这是研究新时代城市交通问题的出发点和归宿，也是本章讨论的重点；二是城市如何提升城市交通的基础公共服务水平，需要建立和完善什么样的基础公共服务体系。城市交通事关民生和城市发展方式转变，衡量城市居民对城市交通的满意程度，取决于城市政府对城市居民的需求与城市经济社会发展需要的统筹、对需求管理政策的制定，这些是本书将要阐述的内容。

一、关于新发展阶段明确城市交通问题定位的必要性

（一）关于1995年的《北京宣言：中国城市交通发展战略》

1995年中国城市交通发展战略研讨会发布的纲领性文件《北京宣言：中国城市交通发展战略》（以下简称《北京宣言》），在总结中国城市交通发展历程的基础上，强调指出：城市交通是一个高度综合而复杂的问题，必须从政策、机构、体制、管理、收费与价格、基础设施建设和投资等各个方面同时入手解决，只偏重其中一个方面而忽略其他方面，则不可能真正解决问题，并提出：交通的目的是实现人和物的移动，而不是车辆的移动。《北京宣言》充分反映了与会代表和机构对应当付诸实施的行动纲领达成了高度的共识，并归纳为以下五项原则、四项标准和八项行动。

五项原则应当用于指导与我国当时社会经济发展相适应的城市交通的规划、建设和运行：

原则1：交通的目的是实现人和物的移动，而不是车辆的移动；

原则2：交通收费和价格应当反映全部社会成本；

原则3：交通体制改革应该在社会主义市场经济原则指导下进一步深化，以提高效率；

原则4：政府的职能应该是指导交通的发展；

原则5：应当鼓励私营部门参与提供交通运输服务。

城市交通发展的政策和规划应当符合四项标准：

标准1：经济的可行性；

标准2：财政的可承受性；

标准3：社会的可接受性；

标准4：环境的可持续性。

与上述五项原则和四项标准相适应的八项行动：

行动1：改革城市交通运输行政管理体制；

行动2：提高城市交通管理的地位；

行动3：制定减少机动车空气和噪声污染的对策；

行动4：制定控制交通需求的政策；

行动5：制定发展大运量公共交通的战略；

行动6：改革公共交通管理和经营；

行动7：制定交通产业的财政战略；

行动8：加强城市交通规划和人才培养。

《北京宣言》的发布影响长远。回顾当时，我国刚刚正式提出要实行经济体制从传统的计划经济体制向社会主义市场经济体制转变，经济增长方式从粗放型向集约型转变这两个具有全局意义的根本性转变。同时，在国家相关政策的引导下我国汽车工业也踏上快速发展的道路。面对这样的城市经济社会发展背景，研讨会围绕机动化及其所带来的污染问题，公共交通、自行车交通在城市交通中的地位与作用，引入私营部门参与城市交通的投资与运营，城市交通运

输管理体制，城市交通规划等问题，结合国内国际情况，开展了9个专题研究，形成了12个专项报告。《北京宣言》归纳了研究成果，提出了以政府职能为主要内容的改革措施，明确政府在城市交通中的地位及应发挥的作用。

对比1995年，近30年来我国经济社会各项事业发生了巨大变化：社会主义市场经济体制更加完善，社会文明程度显著提高，生态文明建设实现新的进步，依法行政更加健全，国家治理能力现代化建设不断推进。城镇化水平从1995年的不到30%提高到2022年的65.2%，我国进入了以城市群为主体形态的城镇化发展阶段。交通出行的机动化水平极大提高，城市公共交通优先发展已成为国家的城市发展战略要求。城市空间布局发生了重大变化，城市居民对交通出行品质需求也发生了变化。现代社会城市居民需求的差异性愈加突出，必然要求城市政府在公共服务组织供给上，既要考虑社会总体与需求个体的关系，也要考虑近期与长远的关系，同时还涉及是政府直接供给还是制定规则并实施监督，由社会企业或者私人供给的问题。

（二）新发展阶段的城市交通问题及新特性

本节既是我们论述城市交通问题定位的背景，又是编制本书的基础。

1．热点与难点问题

社会关注的热点和城市政府管理的难点可归纳为以下五个方面。

一是城市交通与城市协调发展的问题。具体表现为城市交通设施和城市功能布局及土地开发脱节，加剧了城市交通拥堵；引导培育现代化都市圈机制有待探索和完善。

二是交通需求管理政策措施精细化水平有待改进。城市居民出行结构有待进一步引导和改进，绿色出行、自行车出行比例有待提高，尤其需要完善超（特）大城市、大城市私人小汽车拥车及用车管理措施等。

三是城市公共交通系统多种交通方式发展不协调。常规公交客流下降，轨道交通客流和效益呈下降趋势，公共交通系统运营补贴高，引发财政可持续问题。新业态交通服务（如网约车、共享单车等）的监管与治理问题突出。

四是城市交通系统的韧性、包容性有待提升。如应急救援、重大事故、恶劣天气的交通系统承载及韧性不足，需要开展交通系统包容性的评估及改善。

五是交通治理与监管方面仍有较大潜力可挖掘。针对多种交通主体的精细化的道路交通组织设计与管控滞后，政府、企业、公众多主体协作治理水平有待提升。

综上所述，从城市交通面对社会的热点问题和对城市交通问题的重新审视，归结起来是城市交通问题与城市的关系缺乏综合性分析与协同发展的定位。如何定位我国城市交通问题，继而改善城市交通并解决发展中遇到的问题，已经提上日程。

2. 城市交通问题的新特征

近十年来，对城市交通问题的研究和实践可以归纳出以下四个方面的特征。

一是对城市交通的定位与作用有了新理解。城市交通的内涵与外延发生了显著变化，城市交通问题不是单独一个环节或某几个环节的问题，而是规划、建设、运营、管理、维护等全过程贯通的系统性问题；不局限于交通系统内部，而是城市与交通的协同发展问题。城市交通还包括具有履行服务跨行政边界的区域发展功能（不局限于城市内部），关注时间距离因素对居住与就业、教育、医疗和社会融合的影响（不局限于移动性），促进应对气候变化的缓解和适应性等方面的问题。

二是城市交通面临信息时代的新情况。当今世界正在经历新一轮科技革命和信息革命，并带来产业变革，极大地提升了生产效率和全社会资源配置效率。数字经济、人工智能等新技术、新业态不断涌现，为城市交通的发展提供了更高平台，带来了更多机遇。基础设施、出行服务、物流组织等都出现了新的模式和业态，例如可感知、可学习、可迭代、可生长的新型基础设施，全链条、一站式、伴随式的客运出行服务，一体化、智能化的物流运输组织等。同时，新业态兼具"技术先进性"和"应用负外部性"双重特征，现行的政府管理架构、职能分工、管理机制、标准规范都将面临严峻挑战，城市交通系统的复杂性以及各类矛盾的严峻性将全面升级。

三是形成了城市交通新理论。在新发展背景、新理念指导下，为更好地运用新技术、支持新业态发展、应对新问题，基于研究成果，形成了城市交通新理论，即城市交通学，其定义与内涵不断完善。城市交通学的内涵是：服务于人的需求，组织城市高效安全低耗可持续运行；支持和包容新业态；培育现代化都市圈，提高城市群的竞争力。以城市交通网络的构建与运行为核心的城市交通学理论体系，对物理—社会复杂系统的数字孪生及推演调控等关键技术研发提出了新要求。三元空间（物理空间－社会空间－信息空间）视角下的城市交通治理理论，包括城市交通多元主体协作关系理论、基于协作的城市交通服务共建理论、面向包容共享的城市交通服务绩效评估与调控方法等基础理论，也亟待开展深入研究。

四是新发展阶段的新形势新要求。一方面城市交通发展面临转型，既有问题的解决也迎来了新的机遇；另一方面应突出城市交通对城市可持续运行和国家重大战略的支撑作用和重要地位。这是将城市交通问题作为重要的民生问题和作为实施国家战略决策、促进城市转型发展结合起来，形成有机整体来思考的要求。要将改善和提高居民基本生活需求作为出发点，并贯彻实施城镇化战略、"双碳"目标，以新基建为抓手建设现代化城市交通基础设施，切实提升城市的基础公共服务水平。

归纳起来，上面列出的热点和难点问题，从现象上看是相对独立的，从深层次分析则是相互关联的两个问题，即：城市交通对城市发展的影响和对城市居民出行需求的满足。城市交通问题在我国城镇化过程中直接影响到土地利用效率和城市发展形态；同时针对居民出行需求的多元化，要在政府主导下提高服务于居民出行的能力和水平，包括引导出行优先选择公共交通工具减少私人机动化、引导保障弱势群体权益，以及支持和规范新业态等。这是认识城市交通问题本质的基础，是研究城市交通问题的新特征，制定《面向2035年 中国城市交通发展战略》应有的战略眼光。

二、城市交通问题的定位

研究城市交通问题的定位，目的是明确当前及今后一段时间，为实现国家现代化建设的目标，遵循什么准则来研究城市交通，如何改善城市交通状况，促进和实现城市和城市交通高质量发展。

（一）城市交通问题由政府主导是有历史渊源的

从农耕文明时期集市广场与道路集体建设开始，逐步发展到现代社会居民纳税，由政府组织设施建设提供。随着进入工业文明时代，人口向城镇聚集居住，尤其是交通工具机动化发展带来了道路设施标准的提高、运行秩序的构建、对交通安全的重视，政府逐渐建立了工作部门，形成从规则到法律制度的完善。城市交通问题一直是由政府主导的。

（二）研究城市交通问题定位的政策基础

自党的十八大以来，党中央十分重视法治政府建设，中共中央、国务院先后印发了《法治政府建设实施纲要（2015—2020年）》和《法治政府建设实施纲要（2021—2025年）》，强调"法治政府建设是全面依法治国的重点任务和主体工程，是推进国家治理体系和治理能力现代化的重要支撑"。强调健全政府机构职能体系，推动更好发挥政府作用，政府职能切实转变和更加优化、权责更加协同。"完善宏观调控、市场监管、社会管理、公共服务、环境保护等职责，厘清政府和市场、政府与社会关系，推动有效市场和有为政府更好结合"。党的二十大报告指出，紧紧抓住人民最关心最直接最现实的利益问题，着力解决好人民群众急难愁盼问题，健全基本公共服务体系，提高公共服务水平。国家"十四五"规划从"增进民生福祉，提升共建共治共享水平"的要求出发，明确提出：加快补齐基本公共服务短板，着力增强非基本公共服务弱项，努力提升公共服务质量和水平。区分基本与非基本，突出政府在基本公共服务供给保障中的主体地位，推动非基本公共服务提供主体多元化、提供方式多样化。

经国务院同意，国家发展改革委等21部门于2021年12月28日印发了《"十四五"公共服务规划》❶（发改社会〔2021〕1946号），其中明确提出，从服务供给的权责分类来看，公共服务包括基本公共服务、普惠性非基本公共服务两大类，还提到生活服务概念。文件内容中虽没有涉及城市交通问题，但该文件中的一些概念与原则，适用于本研究，例如"普惠性非基本

---

❶ 需要说明的是，从服务供给的权责分类来看，公共服务包括基本公共服务、普惠性非基本公共服务两大类。其中，基本公共服务是保障全体人民生存和发展基本需要、与经济社会发展水平相适应的公共服务，由政府承担保障供给数量和质量的主要责任，引导市场主体和公益性社会机构补充供给。非基本公共服务是为满足公民更高层次需求、保障社会整体福利水平所必需但市场自发供给不足的公共服务，政府通过支持公益性社会机构或市场主体，增加服务供给、提升服务质量，推动重点领域非基本公共服务普惠化发展，实现大多数公民以可承受价格付费享有。此外，为满足公民多样化、个性化、高品质服务需求，一些完全由市场供给、居民付费享有的生活服务，可以作为公共服务体系的有益补充，政府主要负责营造公平竞争的市场环境，引导相关行业规范可持续发展，做好生活服务与公共服务衔接配合。随着我国经济社会发展水平的不断提升，基本公共服务、非基本公共服务与生活服务之间的边界也将随之发生变化，公共服务体系的范围、水平和质量都将稳步有序提升，不断满足人民日益增长的美好生活需要。（摘自《"十四五"公共服务规划》）

公共服务"的概念、"为满足公民多样化、个性化、高品质服务需求，一些完全由市场供给、居民付费享有的生活服务，可以作为公共服务体系的有益补充，政府主要负责营造公平竞争的市场环境，引导相关行业规范可持续发展，做好生活服务与公共服务衔接配合"等原则，特别是提出"公共服务体系的范围、水平和质量都将稳步有序提升，不断满足人民日益增长的美好生活需要"的目标要求，亦是研究城市交通问题定位所要遵循的原则和目标要求。同时文件还指出，随着我国经济社会发展水平的不断提升，基本公共服务、非基本公共服务与生活服务之间的边界也将随之发生变化，公共服务体系的范围、水平和质量都将稳步有序提升。

（三）研究城市交通问题定位的社会基础

衣食住行是民生问题，城市交通问题直接关系到城市居民的生活质量和城市运行的整体质量，居民最直接的愿望是提高出行的效率和效益。无论从基本生活需要还是从出行链出行需求研究来看，比如鼓励步行和自行车出行，都需要提供不同的政策和技术措施。当前物流配送、网约车、快递速送、共享单车等新业态的涌现，要求政府在城市更新行动中提供与之相适应的土地空间。由此可见，供给的多元化与需求的差异化并存且相互融合，成为当前城市交通问题的主要特征。研究和提供对城市居民出行需求的服务，不应该以某一类交通工具来讨论。即使同一类交通工具，不同的使用方式，比如私人小汽车，是用作私人出行，还是用于网约车或者共享出行，都需要政府提供不同的政策来进行引导。

城市交通的规划和制度安排，要体现城市居民对提高城市交通服务水平的要求。城市的兴衰是由多因素决定的，存在客观规律可循，人们的愿望是以城市的发展和宜居做出城市规划。在城镇化高速发展时期，我国城市总体规划以依据预期的人口规模确定用地规模，扩大城市建设用地范围为主，在制定城市总体规划方案时划分城市功能区域是基本要求。在此基础上制定相应的城市综合交通规划，运用多种交通方式联络各功能区，以支撑城市整体运行。这是必然的因果关系。现在我国进入高质量发展的新阶段，城市进入了土地以存量为主的转型发展期，居民对城市交通的需求更多是提高时间效益和舒适水平。

（四）公共服务是现代政府的核心职能之一

公共服务是指国家权力体系为满足公共需求的行为，使用公共权力或公共资源的社会生产过程。公共服务一定是公民所需的，是能够使公民的某种直接需求得到满足的，使公民受益的和得到享受的。公共服务概念提出已有近百年，公共服务的语境很宽，分类方式呈现多样性。关于公共服务的概念和内涵，学界已从各种视角展开了讨论。要指出的是，关于公共服务一般性概念阐释，学界从经济学、社会学、政治学等方向上开展理论研究，内容上不仅限于政府职能转变，为本研究提供了良好的基础（见本章附录）。我国随着经济体制改革的深入发展，从政府职能转变要求提出公共服务，历次五年规划纲要明确了阶段性要求，在本章附录的"背景三"中将详细介绍。

城市交通问题综合性强，既要考虑居民出行需求的差异性，又要考虑城市整体运行安全和效率，由此决定了城市交通公共服务供给针对的是在城市生活居民的整体，而不是特定人群或者特定群体。对特殊人群需求的服务供给，比如居民出行需求的差异，残疾人等弱势群体专门服务设施，也融合在城市交通网络构建和运行之中。更重要的是城市交通问题具有多元融合的特征，既有个体的生存、生活需求，又有公众利益与个体利益关系，无法用某种需要或者某种交通工具来讨论服务供给。还要强调的是，我们研究城市交通问题的定位是一项整体思维，要从城市乃至国家经济社会发展的作用来认识城市交通问题，要突出城市交通在城市运行中的基础性特征。因此，城市交通问题难以仅仅从服务供给的权责来分类，区分为基本公共服务、非基本公共服务或生活服务，去概括其属性和研究其公共服务体系。

国家"十四五"规划按照"增进民生福祉，提升共建共治共享水平"的要求，提出要"坚持尽力而为、量力而行，健全基本公共服务体系，加强普惠性、基础性、兜底性民生建设，完善共建共治共享的社会治理制度"，"让发展成果更多更公平惠及全体人民，不断增强人民群众获得感、幸福感、安全感"。在系统学习了自1998年以来中央关于政府职能转变的改革要求，综合分析了关于政府职能转变要求的国家重点课题的研究成果基础上，借助以中国（海南）改革发展研究院编制的《政府转型——中国改革下一步》为代表的21世纪关于政府转变职能研究和对公共服务内涵和分类的研究成果❶，公共服务的种类可以根据其内容和形式分为：基础性公共服务；经济性公共服务；社会性公共服务；公共安全服务。基础性公共服务是指那些通过某种政府行为的介入为公民及其组织从事生产、生活、发展和娱乐等活动都需要的基础性服务，如供水、电、气，交通与通信基础设施，邮电与气象等。我们可以采用公共行政的理念和政府改革的要求，根据其内容和形式的分类方法，来思考城市交通问题的定位。

（五）城市交通问题归属城市的基础公共服务范畴

城市交通问题是每一位居住在城市的居民日常生活的基础性问题。城市交通设施是保障城市日常运行的基础设施。城市交通的各项服务具有多元融合的基本特征。城市居民需求的差异性，决定了服务形式的多元特征。城市交通问题是人的生存与发展的基本要素，要推动非基本公共服务提供主体多元化、提供方式多样化，建立统筹兼顾的共建共治共享城市交通服务体系，才能实现城市与城市交通的协调发展。

---

❶ 公共服务型政府是指政府的性质和定位，而公共服务则是指国家权力体系为满足公共需求的行为、运作和产出。具体的直接的公共服务，是能使公民的某种直接需求得到满足的同时在某种程度上使用了公共权力和公共资源的社会生产过程。公民作为人，有衣食住行、生存、生产、生活、发展和娱乐的需求。这些需求可以称作公民的直接需求。公共服务是使用了公共权力或公共资源的社会生产过程。"公共服务一定是公民所需的，能够使公民的某种直接需求得到满足的，使公民受益的和得到享受的"。"公共服务满足的是公民及其组织的基本的直接需求"。公共服务的种类可以根据其内容和形式分为：基础性公共服务；经济性公共服务；社会性公共服务；公共安全服务。基础性公共服务是指那些通过某种政府行为的介入为公民及其组织从事生产、生活、发展和娱乐等活动都需要的基础性服务，如供水、电、气，交通与通信基础设施，邮电与气象等。经济性公共服务是指通过某种政府行为的介入为公民及其组织即企业从事生产活动所提供的服务，如科技推广、咨询服务及政策性信贷等。社会性公共服务是指通过某种政府行为的介入为公民的生活、发展与娱乐等直接需求提供的服务，如公办教育、公办医疗、公办福利等。公共安全服务是指通过某种政府行为的介入为公民提供的安全服务，如军队、警察和消防等的服务。——引自《政府转型——中国改革下一步》中《关于公共服务与公共服务型政府的几个基本问题》，赵黎青。

由此，贯彻党的二十大精神，按照建设人民满意的服务型政府的总体要求，以公共行政的理念和政府改革的要求为切入点思考，参考公共服务以"内容和形式"的分类方式，结合城市交通问题自身特点，加强普惠性、基础性民生建设，完善共建、共治、共享的城市交通治理制度，提出城市交通问题的定位："**城市交通问题归属于城市的基础公共服务范畴，本质是提升城市的基础公共服务水平**"。具体讲：**城市的基础公共服务**是指由政府主导，鼓励市场主体企业参与，为城市居民的生活、工作及游憩等必不可少的人和物的移动需求提供服务，是城市可持续运行的基本保障。**服务的决策**：交通需求与交通供给的协同管理，其核心是权衡城市可持续运行和居民权益之间的利弊关系。**服务的场景**：提供城市交通设施和运行服务（即城市交通网络的构建和运行）。**服务的方式**：政府以财政资金提供，或者经政府特许经营和监管由企业提供。**服务的运行机制**：城市居民纳税和使用者付费相结合。

综上所述，以国家颁布的相关文件精神为主线，讨论城市交通问题为什么归属于城市的基础公共服务范畴，目的是讨论如何建设好城市交通的基础公共服务的供给体系和高效益的运行机制，完善城市交通服务的格局以及相关要素保障体系，厘清政府—社会—公众的协同关系。提升城市的基础公共服务水平，直接关系到建设人民满意的服务型政府的要求的落实。

三、城市交通问题定位为基础公共服务的遵循原则

基础公共服务与基本公共服务都是从政府转变职能要求引申出来的，都是由政府主导，但基础公共服务与基本公共服务之间存在一定差异。**基本公共服务强调全面且均等化**。由政府承担保障供给数量和质量的主要责任，按照国家经济与社会发展水平列出细目确定指标，引导市场主体和公益性社会机构补充供给，重点突出政府财政兜底性保障。**基础公共服务是指城市发展的根基**。就城市居民群体来说，强调提供更高水平的公共服务，让居民有获得感，让新业态有吸引力；就促进城市发展来说，基础公共服务水平优劣影响更显著，突出有利于城市优先发展的内容。基础公共服务之所以是公共的，不只是因为服务的提供者或责任人是政府，更根本的是因为它们是构成社会化的人的生存与发展的基本要素，是实现公民权利的手段，政府的作用是第二位的。合作治理模式并没有从根本上改变政府的基础公共服务义务。在合作治理过程中"政府—公众"关系转变为"政府—社会—公众"关系，政府的角色由基础公共服务的直接提供者变成了基础公共服务的间接提供者或监督者。第三方（社会）可以提供公共服务，但并没有提供服务的义务，它们只是作为政府履行公共服务义务的工具或载体。这意味着，政府合理利用资本以实现公民基本权利，一方面要警惕资本假借公共服务之名行公权力之实，另一方面要保护第三方合理的利益诉求，不伤害其积极性。

城市交通问题定位为城市的基础公共服务概念，主要遵循以下原则：

一是城市交通问题具有城市基础公共服务的属性。城市交通的公共性支撑城市公共资源的开发与合理利用；面向市民的开放性与无差别使用，体现城市交通服务的普遍性和基础性，尤其表现在道路与城市公共交通方面。政府对城市运行秩序负责，包括规范人和车的交通运转秩

序，制定和发布需求管理政策，从整体上提高城市运行效率。财政资金是城市交通建设和服务的资金支撑。城市政府围绕城市交通的供给与需求关系，从政策层面来研究决定与人民生活环境紧密关联的城市交通问题。城市居民需求的差异性决定了服务形式的多元特征，要建立统筹兼顾的城市交通服务体系，才能实现城市与城市交通协调发展。

二是普惠性非基本公共服务是城市交通设施和服务供给的权责定位。依照《"十四五"公共服务规划》❶，基本公共服务（即为满足社会成员生存基本条件的服务）具有非排他性和非竞争性，无差别性地提供给所有社会成员。非基本公共服务可以由市场供给，但须按照政府确定的规则进行，一般适用于有差别需求、有一定排他性和竞争性的公共产品（准公共产品）。城市交通问题的政府职责从计划经济时期的直接供给，转变到当前及未来可以运用普惠性非基本公共服务方式供给，是适应经济社会发展、人民生活水平提高、经济体制改革和政府职能转变而形成的。

三是城市交通问题在城市发展中具有基础性作用。城市交通是连接和实现城市其他三大功能（居住、工作、游憩）的纽带与功能转换载体，直接影响城市的生产效率和人们的生活品质。城市交通发展与城市发展相互关联，出行源于人的本源活动需求。城市交通设施和服务，应当适合于不同人、不同的出行方式需求，提供多元化公共服务体系，这样才能引领城市的可持续发展，才能引导由满足通勤需求向满足更丰富的需求延伸，从而促进都市圈与城市群的协同发展。

总而言之，城市交通问题归属于城市的基础公共服务范畴，是从城市交通问题是城市建设和运行的基础，从政府职能转变要求公共服务的内容和形式，从公共服务的公共性和普遍性以及它满足人的普遍需求的价值来论述其属性。城市交通发展本身需要综合考虑城市经济社会发展、群众需求、生态保护等更加全面的问题。

四、城市交通问题是城市的基础公共服务的内在逻辑

（一）城市交通问题定位为城市的基础公共服务的要素分析

城市交通的目标是服务于人的需求，研究人和物的移动（包括使用乘载工具或者不使用乘载工具）及调控过程，是城市交通网络构建和运行的动态过程。城市交通问题的基本功能有四个方面：一是保障社会成员基本权利（出行权）得以实现（对公民来说，安全便捷出行是基本权利，与基本权利对应的是政府义务）；二是保障城市正常运行；三是与国家提供的综合交通运输相衔接；四是为地区和城市发展提供必要支撑和保障。

城市交通是在城市生活的居民平等享有的权利。城市交通不是为特定个体服务的，而是保障全体人民生存和发展基本需要并与经济社会发展水平相适应的公共服务，由政府承担保障供

---

❶ "十四五"时期，推动公共服务发展，健全完善公共服务体系，持续推进基本公共服务均等化，着力扩大普惠性非基本公共服务供给，丰富多层次多样化生活服务供给，是落实以人民为中心的发展思想、改善人民生活品质的重大举措，是促进社会公平正义、扎实推动共同富裕的应有之义，是促进形成强大国内市场、构建新发展格局的重要内容，对增强人民群众获得感、幸福感、安全感，促进人的全面发展和社会全面进步，具有十分重要的意义。

给数量和质量的主要责任，引导市场主体和公益性社会机构补充供给。

财政资金是城市的基础公共服务重要支撑要素。财政资金支持城市交通基础设施建设及调控服务居民出行的企业运行和效益，是城市交通网络构建和运行的基础。财政资金关系财政事权和支出责任。城市交通相关财政科目列入一般公共预算，还有政府性基金预算和政府专项债等。财政资金来源是税收，有专项税目，如城市建设维护税等；有地方各项税收，如个人所得税、增值税地方留存部分的统筹，更多的来源是土地出让金收入。由此决定了形成的实物资产是公共资源。

在法律制度方面，城市交通的主体与活动既受私法调整，也受公法调整。从一般意义上讲，公共服务有广义与狭义之分，广义包括政府活动，如立法、制定政策、经济监管等，狭义主要指运用国家权力和公共资源直接满足社会组织和公民直接普遍需求的事项。城市交通中的公共交通、道路交通设施、管理与服务以及必要的技术、财政支撑等，主要由公法调整。私人交通以及一部分由市场提供的个性化交通服务虽然不是公共服务，但由于占用公共资源，公法也在一定范围或程度上进行调整。城市公共交通由政府提供，并不意味着由政府直接供给，如根据行政许可法的特许规定，相关企业也可以成为基础公共服务的供给方，这就是政府与私营部门的合作方式。例如，共享单车是私营模式，但由于无差别提供普遍性出行服务，便具有一定"公共"性质，因此也需要公法一定程度的介入。因公共资源的有限性及稀缺性，以公共资源进行的公共服务行业实行严格的市场准入制度即行政许可，一般表现为特许方式。行政法学界认为特许合同属于行政合同。为了提高服务质量和效率，降低成本，有些特许事项也可以由私人部门进入和提供服务。

（二）城市交通问题定位为城市的基础公共服务的内涵框架

城市交通问题是多元一体的综合性问题，并具有差异性，如：居住在城市的居民由不同的社会阶层组成，拥有和使用交通工具的理念存在差异，城市功能区域的布局带来职住关系的不同，等等。城市政府提供公共服务，必有差异化的政策，政府制定需求管理政策，核心是权衡城市可持续运行和居民权益之间的利弊关系。城市交通问题不能简单以服务于某一城市阶层或者群体来概括，应当是供给和需求的关系融合，要体现城市居民的个性化要求和城市居民整体利益的辩证关系及城市发展的整体要求，强调城市交通问题是城市基础设施的建设和运行问题，是城市运行的基础性问题。公共服务是21世纪公共行政和政府改革的核心理念，城市交通问题以其内容和形式来讲，归属于基础公共服务更为合适。正如前文所述，《"十四五"公共服务规划》内容上没有涉及城市交通问题，但其中的一些原则，特别是提出的目标要求，与本章研究的城市交通问题是城市基础公共服务的定位所要遵循的原则和目标要求是相同的。

综上所述，城市交通问题定位为城市的基础公共服务范畴的内涵框架是：

本质： 城市交通是由行政建制市政府提供或者组织和监督社会组织提供的公共服务。其行政特点是地方事务，由行政建制市政府负责，超大城市和特大城市政府还有推动组织建设现代化都市圈交通的责任。

基础：城市交通问题涉及居住在城市居民的基本需求，是城市可持续运行的基础。其具有基础公共服务的特性（即保障居住在城市全体人民生存和发展的基本需要），在服务供给的权责上采取普惠性非基本公共服务，运行机制上城市居民纳税和使用者付费相结合，既要满足差别需求又要促进社会公平正义，二者融合体现了城市交通问题是基础性公共服务的关键特征。

实践场景：城市交通网络的构建和运行。应将满足居民基本生活和就业通勤需求、联系乡镇的设施和运行服务，纳入基础公共服务来制定政策措施；面向城市和城市交通发展的不同阶段，面向不同的社会阶层需求，权衡城市运行发展与居民权益的利弊关系，制定交通需求管理政策，实施差异化服务。

（三）城市交通学与提升城市的基础公共服务水平的关系

城市交通学是城市交通的理论研究成果。正如前面所述，城市交通学的内涵是：服务于人的需求，组织城市高效安全低耗可持续运行；支持和包容新业态；培育现代化都市圈，提高城市群的竞争力。如何理解城市交通学支撑论证城市交通问题归属于城市的基础公共服务范畴，关键是理解城市交通学的内涵与城市交通问题定位的内在关系。本节从三个方面论述二者是一致的，是理论和实践的互动关系。由此，将更加有利于充分发挥城市政府的主导作用，鼓励、支持市场主体参与，因地制宜、适度超前、量力而行地建设好城市基础公共服务体系，提升城市的基础公共服务水平。

（1）回归本源

正如古希腊哲学家亚里士多德的名言"人们来到城市，是为了生活；人们居住在城市，是为了生活得更好。"生活在城市中的人们享用公共服务的水平，是城市和乡村的基本差别。城市首先是解决居住、工作、游憩与交通四大活动的正常运行。

要将城市与其周围影响地区作为一个整体来研究。我国行政制度影响城市化地区的发展形态，形成城镇体系。超（特）大城市是带领城市群发展的核心竞争力所在，其发展形态往往形成以核心区和边界地区新城带动的都市圈。都市圈的形成，是由满足通勤交通需求起步，过渡到建设支撑产业链供应链需求的交通网络。培育和建设现代化都市圈，城市交通具有突出的作用。

城市运行和可持续发展是城市交通问题的前提。对于城市交通问题而言，安全是基础、高效是愿望、节约集约发展是环境资源要求。

（2）服务对象与需求

城市交通的服务对象是城市居民所有人，包括自然人和法人。无论是规划建设的市政交通基础设施，还是特许经营的企业提供的服务，都不针对特定的人，但在某些方面要照顾城市的弱势群体。

城市交通的需求来源于每一个人的生活需求及参与城市经济和社会活动的需求，需求的表现方式是人与物的移动。移动的承载体源于政府组织建设的道路街道为主要内容的市政设施，之后随着人口集聚增长而发展，城市交通网络内涵愈加丰富，不仅包括地面道路系统，还包括交通秩序管理系统和信息化服务系统，特大城市还包括轨道交通网络。城市交通网络的构建和运行间形成互动和发展。

服务于人的需求与城市可持续运行是同一主题的两个侧重点，需求管理的核心是权衡城市可持续运行和居民权益之间的利弊关系。支持和规范市场主体参与交通服务，应当接纳遵守规则、服务于居民出行的所有企业，包括新业态企业。

（3）城市的基础公共服务体系运行的基本逻辑

居民纳税等形成的公共性财政收入和支出，特许经营企业规范运作和服务收费，是支撑基础公共服务体系运行的基本逻辑。要处理好政府和市场关系。充分发挥市场机制作用，实施特许经营合同管理。

城市交通的市政交通基础设施，例如道路系统、轨道系统等，是乘载工具公共使用的载体，称为公共资源。必须充分发挥市场机制的作用，由政府组织建设和维护，保障正常安全运行。本质上是由生活在城市的居民以纳税等方式交纳费用，由政府统筹兼顾安排建设时序和规模建设。政府组织制定城市交通规划是配置公共资源的最基础工作。实施城市公共交通优先发展战略是公共资源集约和节约配置的具体措施。

实施特许经营合同管理，从交通工具类型上，可以是自行车包括电动自行车，可以是机动化车辆包括乘用车辆、货运车辆等，也可以是专门车辆（轨道交通）。从产权性质上，可以是私人拥有的，也可以由企业或社会提供的。企业可以是仅提供车辆的电汽车公司，也可以是拥有专门轨道和专门车辆的轨道公司。乘用工具由政府特许的企业提供，运营主体为地面电汽车公交公司、轨道交通公司、出租公司（包括网约车平台公司、共享单车平台公司）等由政府特许并监管的城市交通运行企业，以服务收费支持运营费用。企业行为规范由政府制定并实施监督，包括服务收费标准。乘用人要遵守企业制定的规章，并向企业支付服务费用。在具体实施中，不同类型交通工具的运行企业要分别制定特许经营合同，规范职权关系。

五、城市交通的基础公共服务的供给体系和运行机制

我们提出城市交通问题本质内涵是城市的基础公共服务范畴，深入论述的目的是制定城市交通政策的基本准则，明确政策制定的方向。我国正在推进中国式现代化建设，城市现代化是重要标志。城市交通治理能力的现代化，提升城市的基础公共服务水平，提高人民群众的满意度，是城市现代化的重要内容。改善城市交通状况，促进和实现城市和城市交通高质量发展，必须坚持正确处理有效市场和有为政府关系，依照效率和公平的原则，以战略眼光解决现实问题，建设好城市交通供给体系和运行机制相融合的基础公共服务体系。

（一）基础公共服务的供给体系与基本公共服务体系的异同点分析

正如前文指出的，基础公共服务与基本公共服务都是从政府转变职能要求引申出来的，虽然都是由政府主导，但基础公共服务与基本公共服务概念上是有区别的，必然带来服务内容和

形式上的不同。这里具体分析基础公共服务体系与基本公共服务体系之间存在的差异，有利于新发展阶段政府为城市居民提供更好的城市交通基础公共服务。

1. 基本公共服务体系

中共中央办公厅、国务院办公厅印发的《关于建立健全基本公共服务标准体系的指导意见》（中办发〔2018〕55号）中明确"中央与地方提供基本公共服务的质量水平和支出责任，以标准化促进基本公共服务均等化、普惠化、便捷化"。"明确国家基本公共服务标准。构建以幼有所育、学有所教、劳有所得、病有所医、老有所养、住有所居、弱有所扶等为统领，涵盖公共教育、劳动就业创业、社会保险、医疗卫生、社会服务、住房保障、公共文化体育、优抚安置、残疾人服务九个领域的国家基本公共服务标准体系"。主要目标是：到2035年，基本公共服务均等化基本实现，现代化水平不断提升。

2. 基础公共服务体系

强调提供更高水平的公共服务，让居民有获得感，让新业态有吸引力，突出有利于城市优先发展的内容。国际社会的有关调查结果显示，愈是成熟的城市，居民在各项服务中对交通的关注度愈高。这个规律也符合我国国情。针对我国社会的主要矛盾已经转化为人民日益增长的美好生活需要和不平衡不充分的发展之间的矛盾，城市交通问题从人们追求机动化水平提高，过渡到更多追求快捷、舒适和安全；出行结构从突出通勤需求为主，开始转化为尽可能满足休闲娱乐和社会交往的出行新需求；信息技术对城市交通方式新业态的供给，便捷的服务让城市居民从逐步接受到普遍采用。

需要强调的是，坚持生态文明的思想统领着城市的发展和更新行动的理念，处理好城市交通的基础公共服务的供给，要综合分析全体居民利益与个体需求利益的关系，这是为满足公民更高层次需求、保障社会整体福利水平所必需，而不是针对特定人员的供给服务，这是区别于基本公共服务的重要方面。由此来理解，对于政府供给不足、市场自发供给也不足的公共服务，政府通过支持公益性社会机构或市场主体，增加服务供给、提升服务质量，实现大多数公民以可承受价格付费享有，这样的普惠性非基本公共服务的服务供给，是城市交通设施和服务供给的重要方式，是区别于基本公共服务标准体系的基础公共服务供给。

（二）建立和完善城市交通的基础公共服务供给体系和运行机制

编制本书的总体思路是建立和完善城市交通的基础公共服务供给体系和运行机制；具体要求是应当研究当前时代特征，着眼于城市交通与城市协同发展，从综合性、整体性的角度出发，提出城市交通的基础公共服务体系。

1. 应坚持问题导向和目标导向相结合，以战略的眼光解决现实问题

建立和完善城市交通的基础公共服务供给体系和运行机制，形成城市的基础公共服务体系

的基本框架，总体要求是实施城市交通发展和城市发展协调互动，坚持需求导向，守住安全底线，探索融合发展，加快数字化转型，让居民有获得感、幸福感、安全感，政府服务有成就感，形成"政府—社会—公众"之间协同合作的城市交通治理机制。

2．应坚持改革促进发展

我国的中国式现代化建设是进一步推进改革的动力。人口、土地、资本、技术、数据等要素的市场化改革效益持续释放，对完善中国特色的社会治理，改善城市和区域基础设施和公共服务提出更高要求。我国城市交通发展至今，进入以"区域化、数字化、转型化"为特征的时代，且作为新技术、新服务、新模式广泛应用的领域，在城市高质量建设和发展中承担着重要角色，在新型城镇化战略中发挥着举足轻重的作用。基础公共服务的供给体系和运行机制与城市交通的发展目标相一致（即服务于人的需要、组织城市高效安全低耗可持续运行；支持和包容新业态；培育现代化都市圈，提高城市群的竞争力），并且有利于城市公共交通优先发展战略的实施。

3．应坚持城市政府的主导地位

在强调多元市场主体参与提供交通服务的同时，应强化城市政府在提高城市交通基础公共服务水平中的主导地位。城市交通问题关系到城市居民需求和城市可持续运行，关系到城市与交通协调发展。新时代对城市交通发展提出了新要求：应更加注重公平性、包容性，更加突出信息化和智慧化，更加突出绿色低碳发展，以及更加强调韧性和可持续性。面临新一轮科技革命和信息革命，城市交通网络的复杂性将全面升级。城市交通的基础公共服务体系必然是多环节的全过程贯通，是涉及多学科的复杂公共治理问题。

4．应坚持提高居民获得感，提升城市可持续发展能力和竞争力

提升城市交通的基础公共服务水平，要坚持先导思维、注重过程思维、筑牢底线思维三个维度；要体现以下三项发展原则：一是生活在城市的居民有同等享有权利的原则；二是"政府—社会—公众"协同治理原则；三是经济、社会、环境、安全的可持续原则。要遵循发展总体要求，提升基本生活需求服务水平及支撑和服务国家战略实施能力和水平。

城市交通的基础公共服务体系，可归纳为三大类十项具体行动。三大类是：①提升基本生活需求的服务水平；②支撑和服务国家战略的实施；③增强基础公共服务水平的能力建设。十项具体行动是，行动一："15分钟生活圈"服务与环境品质提升行动；行动二：通勤出行效率提升行动；行动三：生活物资为主的配送服务能力提升行动；行动四：建立和完善协同治理机制，调控机动车和电动自行车保有及使用行动；行动五：创新思路，全面实施城市公共交通优先发展战略行动；行动六：超（特）大城市与周边地区，政府间协同建设都市圈交通行动；行动七：加快城市交通绿色低碳转型行动；行动八：新基建带动，完善城市交通网络服务功能行动；行动九：创新城市交通规划理念，变革编制方法行动；行动十：推进科技进步与人才培养行动。具体内容详见《面向2035年 中国城市交通发展战略》综合报告。

六、结束语

对于城市交通问题如何定位，以往缺少系统论证和指导意见。本章以公共服务理论与政策性文件为依据，结合城市交通问题自身特点，依照公共服务的内容和形式，提出城市交通问题归属于城市基础公共服务范畴，本质是提升城市的基础公共服务水平。其涉及衣食住行是人民群众最关心、最直接、最现实的民生问题，从城市交通问题是城市建设和运行的基础，从政府职能转变要求，从公共服务的内容和形式及其公共性和普遍性，依照效率和公平兼顾的原则，体现供给和需求关系融合，以及满足人的普遍需求的价值来论述城市交通问题的属性。

城市交通问题强调提升城市的基础公共服务水平的基本逻辑（或途径），即政府主导（直接或间接提供及监督的职能），以财政的支持保障，包括公共性财政收入和支出，监督特许经营的企业规范运作和服务收费等，组织建设、维护城市交通网络，保障安全、高效、公平的城市交通运行环境。强调政府制定需求管理政策，要从城市居民整体生活品质和共同促进城市发展愿望出发，研究新发展阶段城市交通问题的改善，城市基础公共服务的水平优劣至关重要。必须要注意的是，基础公共服务之所以为公共的，不只是因为这些服务的提供者或责任人是政府，更根本的是因为它们是构成社会化的人的生存与发展的基本要素。

附录：研究城市交通问题定位的背景

背景一：政府职能转变的实施情况

研究城市交通问题的定位实质上是讨论地方城市政府公共服务职能和实施形式。有必要回顾城市政府职能转变进程状况，厘清城市政府的基础公共服务职责没变，只是随着社会主义市场经济体制改革深入，处理好政府和市场关系，在公共服务的内容和形式上适应时代要求，提高服务水平。

在经济体制改革之前，城市交通设施建设和服务的供给由政府直接负责，城市道路建设和管理、城市公共交通设施和运行等归属市政公用事业，主要由城市政府所属的事业单位实施。改革开放以来，随着社会主义市场经济体制改革的深入，为满足促进经济和社会发展的需要，必然要求带动行政体制改革和行政职能转变。自1998年国务院机构改革和职能转变，明确由政府设立行政部门实施直接管理转向宏观调控、社会管理、公共服务以来，城市政府对城市交通设施建设和服务供给直接负责的状况发生了重大变化，公共服务的内容和形式上，不再完全依赖财政资金支持和不再完全由政府举办的直属事业单位实施。应该指出，地方城市政府按照财政年度收入（预算内财政资金收入和专项收入的财政资金）安排公共财政支出的预算中，包括支撑城市交通建设和服务资金的情况总体上来说没有变。财政资金支出中除了组织制定好城市交通规划的经费外，一部分直接投资于设施建设和运行服务，多数是采取由政府存量资产重组和财政资金注资组建的平台公司的形式，由平台公司运用市场机制负责设施的建设、运行和维护。这样做是放大了政府财政资金的服务能力。由市场主体企业供给的设施建设和运行服务行为，政府部门承担规范和监督的责任。这样做是在政府监督和规范下，动员市场主体和社会资金参与，以收费方式服务城市居民，改善城市运行效率。要强调的是，城市交通问题离开了城市政府及有关部门，城市则难以高效、安全、低耗、可持续运行（这就是公共服务性质上具有基础性），地方城市政府对城市交通问题的职责和责任没有变，变化的只是提供服务的内容和形式。正如《"十四五"公共服务规划》中提出：随着我国经济社会发展水平的不断提升，公共服务体系的范围、水平和质量都将稳步有序提升。

党的十八届三中全会明确提出国家治理体系和治理能力现代化要求，党的二十大又明确提出到2035年基本实现社会主义现代化，我国进入了新发展阶段，城市现代化是应有内容。城市由拓展性发展阶段转向以存量为主的高质量发展阶段。城市政府的职能进一步转变，从管理向治理过渡。以往城市交通问题作为城市总体规划的一部分，城市综合交通规划的内容主要涉及城市功能区的空间关系，提高土地利用效益和效率。当今发展背景下，信息化技术的发展和应用，可以更多地考虑时空关系中的时间关系，通过移动互联网技术研究人和物的实时移动，政府从以行政管理为主向政府、企业、公众的共同治理方向转变。城市交通问题是城市基础公共服务的性质不会变，服务的内容和形式上将会更加丰富。

背景二：涉及城市交通问题的国家政策演进

随着现在和今后一段时间改革的继续深入，城市政府要履行好基础公共服务责任，必须在国家经济体制改革发展已经取得各项成果的基础上展开。下面将列举自改革开放以来直接影响城市交通设施供给和运行服务的国家改革措施。

一是经济体制。1992年，党的十四大报告明确提出中国经济体制的改革目标是建立社会主义市场经济体制。1993年，党的十四届三中全会通过的《中共中央关于建立社会主义市场经济体制若干问题的决定》，构划了社会主义市场经济体制基本框架。2002年，党的十六大宣布社会主义市场经济体制初步建立。2003年，党的十六届三中全会通过了《中共中央关于完善社会主义市场经济体制若干问题的决定》，标志着完善经济体制的新时期。2007年，党的十七大进一步提出，加快形成统一开放竞争有序的现代市场体系，发展各类生产要素市场，完善反映市场供求关系、资源稀缺程度、环境损害成本的生产要素和资源价格形成机制。2012年，党的十八大明确了新时代经济体制改革的核心内容——处理好政府和市场的关系。由"计划和市场的关系"到"政府和市场的关系"的转变，开启了全面深化社会主义市场经济体制改革的新时代，2013年，党的十八届三中全会通过《中共中央关于全面深化改革若干重大问题的决定》，进一步明确了政府与市场作用职能定位，即"使市场在资源配置中起决定性作用和更好发挥政府作用。"2017年，党的十九大提出"中国特色社会主义进入新时代，我国社会主要矛盾已经转化为人民日益增长的美好生活需要和不平衡不充分的发展之间的矛盾"，强调充分发挥市场在资源配置中的决定性作用，更好发挥政府作用，推动有效市场和有为政府更好结合。2019年党的十九届四中全会通过了《中共中央关于坚持和完善中国特色社会主义制度、推进国家治理体系和治理能力现代化若干重大问题的决定》，把社会主义市场经济体制上升为社会主义基本经济制度。2020年，颁布了《中共中央 国务院关于构建更加完善的要素市场化配置体制机制的意见》，强调是坚持和完善社会主义基本经济制度、加快完善社会主义市场经济体制的重要内容。

二是财政制度。1985年国家建立城市建设维护税。1988年第七届全国人民代表大会第一次会议审议通过《中华人民共和国宪法修正案》，明确规定土地的使用权可以依照法律的规定转让。2009年国务院允许地方政府发行债券，由中央代理发行，财政部代为办理偿还手续，列入省级预算管理。2013年党的十八届三中全会《中共中央关于全面深化改革若干重大问题的决定》明确区域性公共服务作为地方事权。2015年修改后的《中华人民共和国预算法》允许地方政府在批准额度下自行发债，包括一般性债权和专项债券。2016年《国务院关于推进中央与地方财政事权和支出责任划分改革的指导意见》（国发〔2016〕49号）重申市政交通为地方的财政事权。

三是设区市的立法权。2013年11月，党的十八届三中全会提出逐步增加有地方立法权的较大的市的数量。2014年10月，党的十八届四中全会提出要完善立法体制，依法赋予设区的市地方立法权。2015年3月，十二届全国人大三次会议通过《全国人民代表大会关于修改〈中华人民共和国立法法〉的决定》（以下简称《立法法》）。修改后的《立法法》依法赋予设区的市地方立法权，明确地方立法权限和范围，享有地方立法权的主体在原有31个省（自治区、直辖市）和49个较大的市的基础上，又增加了274个，包括240个设区的市、30个自治州和4个未设区的地级市。2018年3月11日，第十三届全国人大一次会议审议通过了《中华人民共和国宪法修正案》（以下简称《宪法修正案》）。设区的市制定地方性法规的规定正式入宪。《立法法》的修改和《宪法修正案》的通过，为设区的市根据自身发展阶段和具体情况制定地方性法规提供了宪法和法律保障，有利于设区的市更为有效地加强社会治理、促进经济社会发展。

四是政府的公共服务职能。公共服务是随着经济体制改革深入和政府职能转变而提出的要求。1998年的国务院机构改革方案中提出要把政府职能切实转变到宏观调控、社会管理和公共服务方面来。2017年党的十九大强调转变政府职能，增强政府公信力和执行力，建设人民满意的服务型政府。2020年《中共中央 国务院关于新时代加快完善社会主义市场经济体制的意见》中提出完善政府经济调节、市场监管、社会管理、公共服务、生态环境保护等职能。国家根据经济社会发展阶段和状况，将公共服务规划更加集中到基本公共服务的保障上，提出一系列指标目标要求。《"十四五"公共服务规划》中以供给权责分类的原则，提出了基本公共服务、普惠性非基本公共服务、生活服务的概念及其具体内容和目标。

五是发展目标。党的十九大报告中指出，中国特色社会主义进入新时代，我国社会主要矛盾已经转化为人民日益增长的美好生活需要和不平衡不充分的发展之间的矛盾。《中华人民共和国国民经济和社会发展第十四个五年规划和2035年远景目标纲要》中指出：展望2035年，我国将基本实现社会主义现代化。党的二十大报告中提出：实施城市更新行动，加强城市基础设施建设，打造宜居、韧性、智慧城市。

总而言之，进入新时代，社会主要矛盾是人民日益增长的美好生活需要和不平衡不充分的发展之间的矛盾，经济体制改革是强调推动有效市场和有为政府更好结合。我国法律制度规定，城市交通问题从事权和财权划分是地方事务。研究城市居民需求与城市政府服务供给的协同发展，必须遵循国家政策和改革措施。

背景三：我国公共服务的提出和历次五年规划纲要综述

我们研究了自1995年以来党中央关于政府职能转变的要求，梳理了国家历次五年规划对公共服务的重点和要求。结合城市交通设施建设维护运行机制和交通服务运营机制的研究和思考，本着城市交通问题在城市居民的基本需求和城市的运转中具有基础地位，提出了"城市交通问题归属于城市的基础公共服务范畴，本质是提升城市的基础公共服务水平"。

1. 国务院机构改革方案中首次提出公共服务的要求

1998年，在第九届全国人民代表大会上关于国务院机构改革方案的说明中提出："行政体制改革是深化经济体制改革、促进经济和社会发展的迫切需要，是党和国家领导制度改革的重要内容，也是密切党和政府同人民群众联系的客观要求"。改革的原则首先强调"按照发展社会主义市场经济的要求，转变政府职能，实现政企分开，要把政府职能切实转变到宏观调控、社会管理和公共服务方面上来，把生产经营的权力真正交给企业"。之后，各级党委和政府随机构改革的进行，对公共服务内容和实施进行了探索和总结。

2002年第九届全国人民代表大会第五次全体会议上通过的《政府工作报告》，在提出"进一步转变政府职能，加快政风建设"时强调："必须进一步解放思想，彻底摆脱传统计划经济的羁绊，切实把政府职能转到经济调节、市场监管、社会管理和公共服务上来。"

2003年党的十六届三中全会通过的《中共中央关于完善社会主义市场经济体制若干问题的决定》中提出："合理划分中央和地方经济社会事务的管理责权。按照党中央集中统一领导、充分发挥地方主动性积极性的原则，明确中央和地方政府对经济调节、市场监管、社会管理、公共服务方面的管理责权。"

之后的20年，中共中央作出的重大改革决定和国务院向全国人民代表大会所作的政府工作报告中，均重视公共服务的政府职能，对公共服务从不同的角度提出了要求，重视和强调政府、社会、纳税人的协同关系，注重研究发挥市场机制作用和政府监管作用，不断探索公共服务体系现代化的路径。

2. 国家政策和政府工作中的公共服务综述

中共中央的决策和政府工作报告的相关要求，是制定国民经济社会五年规划纲要和公共服务规划的依据。

《中华人民共和国国民经济和社会发展第十个五年计划纲要》中提出增加对公共服务的投入，为实现人人享有基本公共服务创造条件。并指出政府配置资源的重点要逐步转向为全社会提供充足优质的公共产品和服务，主要是促进教育发展，加强基础研究和重大应用研究，健全社会保障体系，完善公共基础设施，发展公共事业，保护国土资源，加强生态建设和环境保护，维护社会治安，确保国家安全等。

《中华人民共和国国民经济和社会发展第十一个五年规划纲要》明确提出政府的四大职能是经济调节、市场监管、社会管理和公共服务，要通过健全体制机制和推进政府职能转变等措施推进公共服务均等化，加大国家对欠发达地区的支持力度，实现区域、城乡的协调发展。

《中华人民共和国国民经济和社会发展第十二个五年规划纲要》（以下简称《"十二五"规划纲要》）则聚焦于"基本公共服务"，提出"十二五"规划时期的基本公共服务范围和重点包括公共教育、就业服务、社会保障、医疗卫生、人口计生、住房保障、公共文化、基础设施、环境保护九项。此外，国家发布了《国家基本公共服务体系"十二五"规划》，指出基本公共服务范围广义上还包括与人民生活环境紧密关联的交通、通信、公用设施、环境保护等领域的公共服务，以及保障安全需要的公共安全、消费安全和国防安全等领域的公共服务。《"十二五"规划纲要》中提出的基础设施、环境保护两个领域的基本公共服务重点任务分别纳入综合交通运输、能源、邮政、环境保护等相关"十二五"专项规划中。

《中华人民共和国国民经济和社会发展第十三个五年规划纲要》中提出要围绕标准化、均等化、法制化，加快健全国家基本公共服务制度，完善基本公共服务体系，建立国家基本公共服务清单。同时，提出要统筹推进户籍制度改革和基本公共服务均等化，保障农业转移人口享有国家规定的基本公共服务。在此基础上，国家出台了《"十三五"推进基本公共服务均等化规划》，提出基本公共服务是由政府主导、保障全体公民生存和发展基本需要、与经济社会发展水平相适应的公共服务，并提出了《"十三五"国家基本公共服务清单》，具体包括八个领域的81项。

《中华人民共和国国民经济和社会发展第十四个五年规划和2035年远景目标纲要》（以下简称《"十四五"规划纲要》）中将公共服务与数字社会建设相关联，提出聚焦教育、医疗、养老、抚幼、就业、文体、助残等重点领域，推动数字化服务普惠应用，持续提升群众获得感。国家还出台了《国家基本公共服务标准（2021年版）》。同时，《"十四五"规划纲要》提出统筹推进户籍制度改革和城镇基本公共服务常住人口全覆盖，按照常住人口规模和服务半径统筹基本公共服务设施布局和共建共享，促进基本公共服务资源向基层延伸、向农村覆盖、向边远地区和生活困难群众倾斜。此外，还提出要区分基本与非基本公共服务，突出政府在基本公共服务供给保障中的主体地位，推动非基本公共服务提供主体多元化，提供方式多样化。以《"十四五"规划纲要》为依据，国家出台了《"十四五"公共服务规划》，从服务供给的权责角度将公共服务分为基本公共服务和非基本公共服务两大类。其中，基本公共服务是保障全体人民生存和发展基本需要、与经济社会发展水平相适应的公共服务，由政府承担保障供给数量和质量的主要责任，引导市场主体和公益性社会机构补充供给。非基本公共服务是为满足公民更高层次需求、保障社会整体福利水平所必需但市场自发供给不足的公共服务，政府通过支持公益性社会机构或市场主体，增加服务供给、提升服务质量，推动重点领域非基本公共服务普惠化发展，实现大多数公民以可承受价格付费享用。

基于以上对国家政策脉络的梳理，可归纳重点如下：

（1）国家从转变政府职能的总体要求出发提出公共服务。按照国家经济与社会发展的阶段，由全面要求到重点突出政府财政兜底性保障的基本公共服务，并列出细目确定指标。进入"十四五"规划阶段，在继续强调基本公共服务均等化的基础上，提出了"普惠性非基本公共服务""生活服务"概念。

（2）《"十四五"公共服务规划》中定义基本公共服务是保障全体人民生存和发展基本需要、与经济社会发展水平相适应的公共服务，由政府承担保障供给数量和质量的主要责任，引导市场主体和公益性社会机构补充供给。城市中人和物的移动，不论是否乘用交通工具，都是城市交通问题范畴，是城市全体居民生存和发展的基本需要，虽然按供给的权责分类不属于基本公共服务，但它具有基本公共服务特征。城市交通问题在城市居民的基本需求和城市的运转中具有基础地位。

（3）从国家政策层面讲，公共服务需把握以下关键内容：

①公共服务关乎民生，连接民心。

②基本公共服务、非基本公共服务、普惠性非基本公共服务、生活服务的概念及其之间的边界。

③公共服务体系的范围、水平和质量稳步有序提升，不断满足人民日益增长的美好生活需要。

④建设人民满意的服务型政府。

⑤国家"十四五"规划从"增进民生福祉，提升共建共治共享水平"的总体要求出发，明确提出：坚持尽力而为、量力而行，健全基本公共服务体系，加强普惠性、基础性、兜底性民生建设，完善共建、共治、共享的社会治理制度。加快补齐基本公共服务短板，着力增强非基本公共服务弱项，努力提升公共服务质量和水平。区分基本与非基本，突出政府在基本公共服务供给保障中的主体地位，推动非基本公共服务提供主体多元化、提供方式多样化。

⑥党的二十大报告提出，紧紧抓住人民最关心的最直接、最现实的利益问题，着力解决好人民群众急难愁盼问题，健全基本公共服务体系，提高公共服务水平。

参考文献

[1] 中国改革发展研究院. 政府转型：中国改革下一步[M]. 北京：中国经济出版社，2005.

[2] 姜晓萍，陈朝兵. 公共服务的理论认知与中国语境[J]. 政治学研究，2018（6）：15.

[3] 韩小威，尹栾玉. 基本公共服务概念辨析[J]. 江汉论坛，2010（9）：3.

致谢

在本专题的研究过程中，其中：北京市城市规划设计研究院高级工程师魏贺、北京工业大学时玥提供了《公共服务国内文献综述》《溯源公共服务型政府》；中国人民大学公共管理学院教授叶裕民提供了《不同学科、不同视角对公共服务的界定》；中国人民大学信息学院教授周晓英提供了《公共服务内涵和认识》；北京工业大学城建学部副教授熊文提供了《公共服务界定》；北京市法制办原主任周继东提供了《城市交通属于基础公共服务范畴》；中国人民大学法学院教授冯玉军提供了《城市交通与公共服务》；中国财政研究院副院长马洪范提供了《公共服务的概念及城市交通》。

以上资料为本专题研究的开展提供了基础，在此感谢各位专家学者。

专题一

影响我国城市交通发展的基础问题研究

一、我国的经济转型历程与政策机制变化

二、我国人口流动格局变化

三、我国财税制度与城市交通

四、我国特色行政体制与城市交通

五、我国法律制度与城市交通

六、总结与展望

研究单位

中国城市规划设计研究院

研究人员

王　颖　　中国城市规划设计研究院院士工作室　高级城市规划师
陈　明　　中国城市规划设计研究院　副总规划师，区域规划研究所所长，研究员
张丹妮　　中国城市规划设计研究院院士工作室　高级城市规划师
骆芊伊　　中国城市规划设计研究院院士工作室　城市规划师

我国的发展阶段和趋势特征与社会主义市场经济体制改革的进程息息相关，不同阶段经济社会、城市发展、法律法规、行政管理、财政管理等各方面的变革都对城市交通发展产生深刻影响。在新时代发展的新阶段，我国的发展显示出一系列阶段性新特征，准确把握这些新特征，对未来城市交通领域发展做出新判断、提出新思路、制定新战略、落实新举措起到关键支撑作用。

一、我国的经济转型历程与政策机制变化

总体来看，我国现代化建设的历程，是不断完善社会主义市场经济体制的过程，人口、土地和资本要素的持续释放，给经济社会发展带来持续动力。

（一）国家中心任务回归经济建设和城乡发展（1978—1992 年）

1978—1992 年是国家中心任务回归到经济建设和城乡发展的阶段，经济体制从计划经济为主、市场调节为辅，到有计划的商品经济。1984 年，经济体制改革的重点转向城市，中小城市的快速发展成为城镇化的重要"拉力"，一系列对外开放政策的实施推动了东南沿海城市大发展，逐步探索和形成了梯度推进的全方位对外开放格局。

1. 转型过程

从计划经济为主、市场调节为辅，到有计划的商品经济。党的十一届三中全会做出对外开放和把全党工作重点转移到社会主义现代化建设上来的重大决策，国务院第三次全国城市工作会议提出"逐步把全国城市建设成为适应四个现代化需要的社会主义的现代化城市"的奋斗目标，并明确了新时期的城市发展方针。在这一时期，农村联产承包责任制的改革探索率先取得突破，在较短时间内解决了人民群众的温饱问题，乡镇企业成为经济发展的重要力量。1984年经济体制改革的重点转向城市，以扩大企业自主权、实行经济责任制为重点的城市经济体制改革和所有制结构调整逐步推进，中小城市的快速发展成为城镇化的重要拉力，并带动了城市第三产业的活跃和发展，不仅有效扩大了非农领域就业的规模，推动了城乡经济的互动，而且对城市内部空间结构的调整产生了重大影响。同时，一系列对外开放政策的实施推动了东南沿海城市大发展，以 5 个经济特区、14 个沿海开放城市为引擎逐步探索和形成了以沿江、沿边和内陆省会城市为重点，梯度推进的全方位对外开放格局。

2. 主要改革

这一阶段的主要改革措施包括农村改革推进人口非农化转移，设立经济特区（1978 年）、沿海城市开放政策（1984 年）、市管县体制改革（1983 年）、土地有偿使用（1990 年）；1982 年《中华人民共和国地方各级人民代表大会和地方各级人民政府组织法》明确了"较大的市"拥有立法权，等等。

3. 城市总体发展方针

1978年，国务院第三次全国城市工作会议提出"控制大城市规模、合理发展中等城市、积极发展小城市"的城市发展方针。"五五"时期（1976—1980年）、"六五"时期（1981—1985年）执行了"控制大城市规模，多搞小城镇"的城市发展方针；"七五"时期（1986—1990年）执行了"严格控制大城市规模、合理发展中等城市和小城市"的城市发展方针。

4. 对城镇化和格局的影响

一是东南沿海地区的城镇密集地区的整体性发展；二是中国特色的市域城镇体系的形成；三是内地中小城市的发展。

5. 城市交通发展

该阶段非机动化低水平发展，公交系统服务水平较低。道路发展缓慢，欠债严重，供需关系严重失衡，交通出行方式以自行车为主导，出行秩序混乱、交通堵塞成为严重问题。20世纪80年代城市居民步行和自行车出行占全日出行的比例如图1所示。

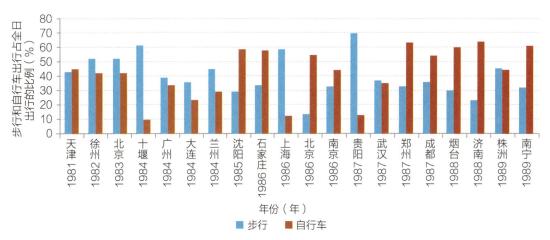

图1　20世纪80年代城市居民步行和自行车出行占全日出行的比例

（二）经济高速增长的快速城镇化时期（1992—2002年）

1. 转型过程

社会主义市场经济体制初步形成。 1992年邓小平同志的南方谈话进一步推动了思想解放，党的十四大明确提出建立社会主义市场经济体制的奋斗目标，经济体制实现从早期的"计划经济"、改革开放初期"有计划的商品经济"到"社会主义市场经济体制"的重大转变。不断推进的市场化改革提高了微观经济的活力，对外开放开拓了国际市场和利用国外资源的渠道，使资本、劳动和空间的整合持续地进行，最终在我国沿海形成人口、产业和城镇的高密度聚集区，在重化工业和轻工制造业等各行业都形成了巨大的产能和很强的国际竞争能力，带动中国成为国际贸易大国。在这一时期，分税制改革塑造了中央政府与地方政府的独特关系，经济建设成为地方政府工作的中心，土地有偿使用制度改革逐步深化，成为城镇化发展的强大推动力。同时，住房制度改革引发了房地产业的繁荣，汽车产业政策调整推动了机动化的逐步发展，市场在资源配置方面的作用日益突出，城市与城市、城市与区域之间的联系逐渐增强，亿万进城务工人员跨区域进城就业推动了城镇化的发展，中国城镇化进入快速发展时期。为促进区域协调发展而实施了西部大开发战略，城市发展方针也更加积极务实。

2．主要改革

本阶段的重大改革事件包括邓小平南方谈话（1992 年），党的十四届三中全会（1993 年），浦东和内地省会、沿边沿江的整体开放（1993 年）、分税制改革（1994 年）、全面住房制度改革（1998 年）、土地有偿使用制度改革逐步深化（1998 年）等。

3．城市总体发展方针

"八五"时期（1991—1995 年）实际执行了"开发区建设拉动大城市发展"的城市发展方针；"九五"时期（1996—2000 年）实际执行了"严格控制大城市规模，突出发展小城镇"的城市发展方针。

4．对城镇化和格局的影响

一是开发区引导下的城市扩张；二是行政区经济影响下激烈的区域和城市竞争；三是开发区、外围郊区城镇的建设发展。

5．城市交通发展

总体处于机动化初期和公共交通体制改革阶段，私人小汽车迅速进入家庭；转换公交企业经营机制，公交投资主体多元化。道路建设加快，但新老城区不平衡，老城区拥堵严重。城市公交设施水平普遍达到规范要求，公交运力大规模增加，但运行效益没有相应提高。公交运能增长情况和公交运行效益分别如图 2 和图 3 所示。

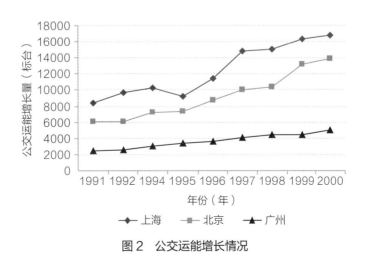

图 2　公交运能增长情况

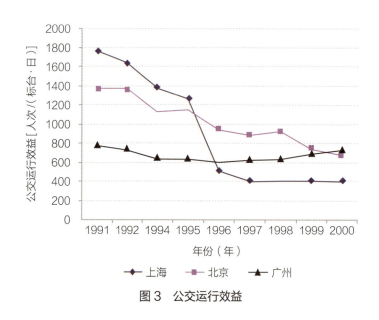

图3 公交运行效益

（三）经济全球化背景下的城市快速扩张期（2002—2012年）

1. 转型过程

社会主义市场经济体制的进一步完善。 中国正式加入世界贸易组织（WTO）后，经济全球化快速发展，从根本上改变了城市发展的动力机制。2003年党的十六届三中全会提出了"坚持以人为本，树立全面、协调、可持续的科学发展观"，坚持"五个统筹"，促进经济和社会全面发展。自"十五"计划开始，城镇化逐渐上升为国家战略，城镇化的发展动力进一步显著激发，并得到积极稳妥的推进，"十一五"规划提出把城市群作为推进城镇化的主体形态。同时，国家更加重视区域和城乡统筹发展，相继提出东北老工业基地振兴战略、中部崛起战略，2005年又提出建设社会主义新农村的重大历史任务。

2. 主要改革

这一阶段重大改革事件主要包括：中国加入世界贸易组织（2001年）、提出科学发展观（2003年）、完善区域战略（东部、中部、西部和东北四个板块）、社会主义新农村建设（2005年）；公用事业改革、特许经营、引入竞争机制，"政府引导、社会参与、市场化运作"，县改区加速、"十五"计划提出城镇化战略、"十一五"规划提出城市群是城镇化的主体形态；2000年《中华人民共和国立法法》（以下简称《立法法》）明确了"较大的市"的三种类型，共49个城市可以制定地方性法规。

3. 城市总体发展方针

在国民经济和社会发展"十五"计划中首次把"积极稳妥地推进城镇化"作为国家的重点发展战略之一，执行"大中小城市和小城镇协调发展"的多样化城市发展方针；"十一五"时期（2006—2010年）执行了"大中小城市和小城镇协调发展"的健康城市发展方针。

4．对城镇化和城市格局的影响

一是多元资金、房地产为动力支撑城市大规模的建设；二是城市普遍性的迅猛扩张；三是土地财政支撑城市基础设施完善。

5．城市交通发展

在这一阶段，私人机动化进入高速发展期，大城市交通问题日益严重；公交运力持续提升，轨道交通快速发展；2004年启动新一轮的公交改革，强调公益性质，优先发展公共交通上升为国家战略；道路建设趋于饱和，交通效率与公交运能提高成为核心问题；城市交通与空间发展脱节，职住分离诱发巨大通勤需求。

（四）生态文明下的经济社会发展转型（2012年以来）

1．转型过程

市场在资源配置中发挥主导性作用，更好地发挥了政府作用。 党的十八大首次提出了中国特色社会主义事业"五位一体"的总体布局，明确提出新型城镇化与新型工业化、农业现代化和信息化"四化"同步发展战略，2013年中央城镇化工作会议进一步明确了城镇化的指导思想和重点任务，2014年正式出台《国家新型城镇化规划（2014—2020年）》。我国城乡建设发展迎来新的历史时期，以人为核心，有序推进农业转移人口市民化、优化城镇化布局和形态、提高城市可持续发展能力、推动城乡发展一体化、改革完善城镇化发展体制机制，成为新时期城镇化和城市发展的重要方针。面对新的发展形势，国家在实施西部开发、东北振兴、中部崛起、东部提升"四大经济板块"的基础上，进一步明确了"一带一路"、京津冀协同发展、长江经济带"三大实施重点"的空间战略部署。

2．主要改革

本阶段重大改革举措包括生态文明建设，综合安全观，国土空间规划改革，实现共同富裕，"双碳"目标，明确地方事权，约束地方负债；区域发展战略的进一步完善；"双循环"新发展格局的提出；依法治国战略实施；2015年《立法法》修订，"设区的市"普遍获得立法权。

3．城市总体发展方针

"十二五"时期（2011—2015年）执行"城市群与大中小城市和小城镇协调发展"的符合国情的积极稳妥城市化方针；"十三五"时期（2016—2020年）执行"以城市群为主体形态"的城市化战略；"十四五"时期（2021—2025年）"发展壮大城市群和都市圈，分类引导大中小城市发展方向和建设重点"。

4. 对城镇化和城市格局的影响

一是人口向都市圈和大城市的进一步聚集，需要都市圈城市体系进行支撑；二是众多城市进入城市更新阶段和收缩阶段，需要在地方财政的可持续背景下提供可支付的公共服务；三是老龄化和人口减少背景下，对基础设施、医疗、教育、社会保障等公共产品供给带来新挑战；四是城市化地区的区域治理与地方行政管理辖区的关系协调，市场、民众共同参与的治理，保障弱势群体的利益等。

5. 城市交通发展

这一阶段是城市交通发展模式转型阶段，《国务院关于城市优先发展公共交通的指导意见》（国发〔2012〕64号）进一步巩固和提升了城市公交优先的地位，要求从"需求追随型"向"需求引导型"转变；必须全方位改变城市交通发展理念，建立交通基础设施建设、运行、管理一体的交通体系；建立政策、投资、价格一体，供需协调的交通政策体系；完善法律、条规、标准体系。

二、我国人口流动格局变化

改革开放初期，中国城镇化率还不到20%，2020年中国城镇化率达到63.89%，城镇人口由1978年的1.7亿人增长到2020年的9亿人（约5.3倍），城镇建设用地由1981年的0.67万平方公里增长到2019年的约13.37万平方公里（约20倍）。随着改革开放进程不断加快，区域不均衡发展差距拉大，劳动力就业结构经历了深刻的变动，人口也处于不断变迁的状态，导致全国人口分布差异性和流动人口规模显著扩大。

（一）人口城镇化概况：总量低速惯性增长，城镇化增速放缓

对比近20年来，我国城镇人口和城镇化率的年均增速分别由4.4%和1.6%（2000—2010年）下降至2.9%和1.4%（2010—2020年），城镇人口增长放缓。

根据第七次全国人口普查数据显示，2020年我国人户分离人口达到49276万人，占全国人口的34.9%，其中，流动人口达到37582万人，占全国人口的26.6%。与2010年相比，全国人户分离人口增加23138万人，增长88.5%，流动人口增加15439万人，增长69.7%。

（二）人口流动格局：持续向发达地区集聚，区际差异显著

1. 人口向城市群、都市圈集聚态势显著

从人口流向上看，人口持续向沿海、沿江地区及内地城区集聚。东部地区人口持续增加，

2020年人口占比相对2010年上升了2.1个百分点。主要城市群人口集聚度加大，粤港澳大湾区、长江三角洲城市群和成渝城市群人口增长迅速，分别增长了35.0%、12.0%和7.3%。上海、北京、广东、浙江4省（市）10年间人口密度增量均在100人/平方公里以上。

2010—2020年各类城市人口规模变化和我国21个超（特）大城市人口数量及比重变化分别如图4和图5所示。其中，21个超（特）大城市人口总量2.9亿，占全国比重的20.8%。2010—2020年，21个超（特）大城市市辖区人口增长2989万，占市辖区人口总增量1.28亿的23.38%。全国10个人口增速最快的城市均为超（特）大城市（深圳、成都、广州、郑州、西安、杭州、重庆、长沙、武汉、佛山）。中西部地区中心城市、强省会加快崛起，成为人口流入的重点。

图4 2010—2020年各类城市人口规模变化（单位：万人，以第七次全国人口普查为分类基准）

图5 我国21个超（特）大城市人口数量及比重变化

2. 省内流动人口增速快于跨省流动

从流动距离来看，2020年我国省内流动人口和省际流动人口分别为2.51亿和1.25亿，比

2010年分别增加了1.15亿和0.39亿。从增幅来看，我国省内流动人口增幅高达85.7%，远高于跨省流动人口增幅（45.4%）。其主要原因是2008年后，土地、劳动力等综合成本上升，沿海产业加速向中西部转移，中西部就近就业人数继续增加，在此过程中大量人口离开沿海回到内地，选择所在省份的省会、区域中心城市等家乡附近的城市生活就业。

3. 乡—城流动增幅下降

2020年全国流动人口为3.76亿。其中，从乡村流向城镇的人口为2.49亿，占流动人口的66.3%。与2000年（52.2%）、2010年（63.2%）相比，乡—城流动增长幅度大幅下降，由9个百分点下降到3.1个百分点。

（三）人口年龄结构："纺锤形"结构模式，老龄化程度加深

目前，我国处于轻度老龄化社会并即将进入中度老龄化社会。第七次全国人口普查数据显示，2020年全国60岁以上人口共2.64亿，占全国总人口的18.70%，2010—2020年年均增长率为4.04%，其中65岁以上人口共1.91亿，占全国总人口的13.50%，年均增长率为4.84%。与2000—2010年相比，2010—2020年60岁以上与65岁以上人口年均增长率分别上升了0.93个百分点和1.80个百分点。与全国人口年均增长率0.53%相比，老龄人口发展相对于总人口发展来说处于超速状态，人口老龄化问题突出。据国家卫生健康委预测，到2035年，我国60岁及以上的老年人将达到4亿人，占全国人口总数的近30%，届时我国将进入重度老龄化社会。

城市年龄结构分化。从各省份人口老龄化程度来看，2020年全国除西藏外均已进入老龄化发展阶段，其中辽宁、重庆、四川等12个省（市）进入中度老龄化阶段。从城市尺度来看，东北地区受少子化及人口流出影响，导致人口老龄化问题异常严峻。

（四）"两峰叠加"关键期应是未来城镇化关注的重点

根据相关预测，中国将在"十四五"期间出现城镇化由高速推进向逐步放缓的"拐点"，"十四五"期间直至2035年，城镇化推进速度将不断放缓；2035年后进入一个相对稳定发展阶段（图6）。

1. 人口流动格局预测

流动人口规模持续增长，人口大规模流动现象将长期存在。中西部省份出现人口回流，主要流入省会城市及经济发展较快的城市，由"跨省流动"向"省内流动"为主转变。劳动力需求的结构性变化带来人口"两头集中"（进入城市和返乡进县城）。"城—乡"人口流动仍占主导，但比重呈下降趋势，"城—城"人口流动比重逐步上升；"城—乡"流动人口留居意愿显著小于"城—城"流动人口。地区经济增长的分化将导致人口流动趋势的进一步分化。

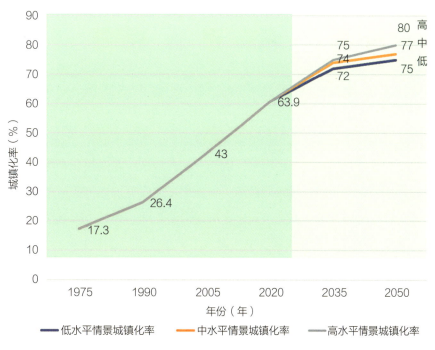

图 6　对我国城镇化趋势的判断

2. 2035 年前后是关键时期

据预测，2035 年前后，我国城镇人口峰值与碳排放峰值将"两峰叠加"，城镇化将进入稳定时期，城镇人口达到 10.5 亿 ~ 11 亿，碳排放达到峰值，同时人均 GDP 超过 2 万美元。到 2035 年，中国的城镇化率将达到 75% ~ 80%，未来还有 1.5 亿 ~ 2 亿的新增城镇人口。届时全国范围内将形成 500 万人以上的大城市达到 28 ~ 30 座，新增人口近 4000 万人，占全国新增城镇人口 1/4，超（特）大城市的健康、可持续发展是中国城镇化的关键。

（五）面向 2035 年的中国城镇化的新动力与新红利

1. 新人口力量

居住与生活是未来城镇化的牵引力。2022—2035 年，中国城镇化需求的主导力量是人民对美好生活的向往。随着人民生活水平不断提高，人民渴望得到更好的教育、更可靠的社会保障、更高水平的医疗卫生服务、更舒适的居住条件、更优美的环境、更丰富的精神文化生活，还要求公共产品和服务贴合人的合理现实需求，有更多的选择甚至是定制化选择，以体现个人特色和特点。

服务要素供给的目的在于不断满足人民群众对美好生活的需要，给人们创造能公平享有的公共服务资源。从第七次全国人口普查数据表现出来的"纺锤型"年龄结构可以看出，老龄化是我国现阶段及未来人口年龄结构的重要特征，城市交通面临适老化方面服务设施配置的压力。

2. 新空间力量

过去40多年，尤其是常住人口城镇化率到达60%之前，在国家、区域、城乡等多个空间尺度上，相对于分散力，聚集力的主导作用不断增强，驱动了空间经济活动从分散聚集走向集中聚集，也驱动了中国经济的持续高速增长。2022—2035年，虽然聚集仍是中国经济发展的主导力量，但分散力的作用已开始增强，聚集和分散两种力量在不同尺度上和不同区域内的不同作用，将决定空间城镇化呈现"聚中有散"的新变化，包括：在高端要素继续向空间中心区域聚集的同时，低端要素开始向空间外围扩散。在大尺度空间范围内，要素产业从外围向中心聚集的同时，在小尺度空间范围内要素产业由中心向周边扩散。在经济欠发达区域，空间交互活动总体趋向聚集；在经济发达的区域，空间交互活动总体趋向扩散。事实上，在城乡之间，以及东部与中部区域之间，在中心城区与周边城市（城区）构成的城市群与都市圈内，人口、产业的"聚中有散"已经出现，未来将日益明显。

3. 新技术力量

科技产业化带来的智能化交互力量。中国城镇化处在第四次新技术革命的进程中，决定了中国正在发生的城镇化与前三次技术革命进程中发生的城镇化有很大不同。信息技术不仅会深刻改变全球产业体系，而且会深刻改变人类交互的交通与通信工具及基础设施，从而在较大程度上影响城镇化的交互内容、人口规模与空间形态。未来数字化和智能化所形成的交互动力，将催生、支撑和开拓中国城镇化新经济。

三、我国财税制度与城市交通

交通设施是城市交通的重要载体，其建造和运维需要长期大量的政府资金投入，因此我国财税制度与城市交通有着密切联系。

（一）我国中央与地方财税制度演变历程

我国一直重视建立适合国情的现代财税制度。特别是改革开放以来，财税制度的现代化建设进程加快。1994年以后的财税体制改革，更是形成了一套与社会主义市场经济体制基本适应的公共财政框架。但是，随着财政与国家治理相对接，财政的治理作用愈加凸显，财政不再仅仅是经济领域的收支活动，而是转向更为宏观的国家治理层面。从当前来看，虽然政府履行财政职能的方式仍旧是收支两种形式，但它更加强调在不同领域中满足社会及居民的公共服务需要。总的来说，财政一方面以收、支的形式在政府活动中发挥作用，另一方面支撑着各个领域的稳定与发展。财政作为国家治理的基础与重要支柱，是社会主义市场经济体制的重要组成部分。

财政包括"以政领财"和"以财辅政"两种作用体系。财税制度是处理国家与社会、政府与市场、中央与地方关系的制度安排。财税制度有广义和狭义之分。狭义的财税制度指由中央政府制定，处理中央与地方政府、地方各级政府之间划分财政收支管理权责与权限的根本制度。广义财税制度不仅包括中央和地方政府之间以及地方各级政府之间的制度规定，而且还包括国家和居民、企事业单位之间分配资金的根本制度。本专题讨论的财税制度主要用来分析财税制度对城市交通设施资金运转的影响，因此，以使用狭义范畴的财政制度为主。

1．中央与地方财税制度演变

在宏观视野下，我国中央与地方财税制度的演变大致可以划分为三个阶段：统收统支阶段（1949—1978年）；包干制阶段（1979—1993年）；分税制阶段（1994年至今）。

新中国成立初期，我国面临着巩固政权和稳定经济两方面问题，都需要大量财政资金。随着社会主义改造的完成和社会主义计划经济体制的建立，财政事权和财权大部分集中于中央，统收统支财政体制应运而生。规定地方财政收入集中于中央政府，各地方政府预算支出要预先向中央报告，需编制年度概算后由中央批准拨付，实行高度集中的预算管理体制。1953年开始实行收入分类分成的财政体制，地方积极性被抑制。1959年我国开始实行总额分成的财政体制，将更多的财政收入和财政支出的权限下放至地方政府，地方财政管理权限开始逐渐扩大，积极性提高。1961年，为应对自然灾害，中央在财政体制上将下放到地方的权力重新收回，以适应经济的调整。1966—1978年，我国采取了多种过渡形式的财政管理办法，这一时期中央与地方政府之间的分配关系并不稳定。整体上，这一时期的中央主导财权与事权、统收统支的财政管理体制是高度集中的计划经济模式决定的，符合新中国成立初期的国情和经济发展特征。

改革开放后，为了缓解中央财政赤字压力，调动地方政府增收节支积极性，财政体制由过去"吃大锅饭"改为"分灶吃饭"，即实施财政包干制。各项财政支出不再由中央归口下达，中央逐渐向地方放权，地方政府的财权与事权进一步扩大。1980年国务院发布《关于实行"划分收支、分级包干"的财政管理体制的暂行规定》，划分了中央和地方的收支范围，对地方政府财政收支包干的基数、上缴比例等加以规定。1983年利改税改革，财政收入受到极大影响，为此重新划分了政府间的收支范围，并且做出一个制度上的安排，凡是地方固定收入能满足地方支出需求的，多出部分上缴中央，地方固定收入小于地方支出的，从中央和地方共享收入并确定一个分成比例留给地方。这一制度不鼓励地方节约支出，中央与地方的反复谈判也导致制度不稳定。1987年之后我国对各省市采取了不同形式的包干方法，包括收入递增包干、总额分成、总额分成加增长分成、上解额递增包干、定额上解、定额补助六种财政包干办法，这样的制度安排，反映了中央政府既想占有税收增长收益又不想抑制地方积极性的努力。基本过程是从以计划经济为主导到建立有计划的商品经济，再到逐步确立社会主义市场经济体制。经济体制转轨为分级包干财政体制的形成提供了良好的土壤，财政体制改革与经济体制改革形成了良性的映射。

随着分级包干财政体制中财权与事权的层层下放到地方，中央面临着财权与事权不匹配的情况。主要面临两个严重的问题：一是"分灶吃饭"制度不利于社会主义市场经济体制的建设；二是在地方与地方和地方与中央的博弈下，财政收入占GDP比重和中央财政收入占全国财政收入的比重下降，中央的权威受到严重的挑战。在这种背景之下，结合社会主义市场经济体制，我国开始实行分税制改革，其特点是财权逐步向中央集权，事权逐步下放至地方。

在收入划分方面，分税制改革将关税、进口环节增值税和消费税、国内消费税等维护国家权益、实施宏观调控所必需的税种划为中央税；将国内增值税、企业所得税等同经济发展直接相关的主要税种划为中央与地方共享税，其中企业所得税按企业隶属关系划分；将营业税、契税等适合地方征管的税种划为地方税，并充实地方税税种，增加地方税收入。

在财政事权和支出责任划分方面，中央与地方财政事权和支出责任划分基本沿袭了改革前的格局，除国防、外交、重大基本建设外，主要按照隶属关系确定支出范围。随着公共财政体制的确立和不断完善，基本养老保险、义务教育、医疗卫生等领域中央和地方财政事权和支出责任划分改革方案相继出台，采取"一事一议"的方式，划定支出责任，并主要根据各地区财政状况实行不同补助比例，东部地区多自行承担，中西部地区中央补助较多。

2．改革开放以来城市基础设施投融资情况

从改革开放以来城市基础设施投融资情况来看，中央投入比例逐年降低，从1980年的超过40%，降低至2013年后的不足1%（近年来有所回升）；1994年分税制改革以后，城市基础设施被认为是地方事权，主要依靠地方财政和负债投入，贷款比例、地方财政投入比例迅速扩大。总体可分为以下几个阶段：1980—1990年，中央投资比例较大，融资渠道较为单一；1991—2000年，中央投资比例显著降低（基本在10%以下），大量依靠贷款和外资进行建设；2001年至今，普遍将城市基础设施建设作为地方事权，中央资金大幅减少了投入（不足5%），地方财政和地方政府背债投入为主；同时，由于城市基础设施建设的特殊性，外资利用比例逐渐降低。

专栏1

改革开放以来我国城市建设资金来源变化

改革开放以后，国家逐渐增加对基础设施的投入，到20世纪90年代初，城市基础设施累计投资约700亿元，基础设施投入占基本建设投入的比重缓慢提升，由1981年的2.2%提高至1990年的2.5%。改革开放以后中央投入比例逐年降低，从1980年的超过40%，降低至2013年的不足1%（近年来又有增长）。1985年以来，随着改革开放的深入，外资开始大量进入，成为我国基础设施建设的重要资金来源之一。1994年，国家开始逐步实施分税制，中央与地方事权开始逐步得到划分。城市基础设施被认为是地方事权，主要依靠地方财政和负债投

入。1994—2013 年，中央财政资金的投入从 5% 下滑至不足 1%；国内贷款比例从不足 10% 增加到的 28%；地方财政从过去的基本不投入迅速增加到 24%。一方面，实行分税制减少了地方财政资金来源；另一方面，将城市基础设施作为地方事权加大了地方投资压力。从近年来城市基础设施投资结构来看，自筹资金、国内贷款、地方政府拨款和其他资金是主要的资金来源，占总投资的 90% 以上。1980—2021 年，我国城市建设维护资金主要来源及比例如图 7 所示。

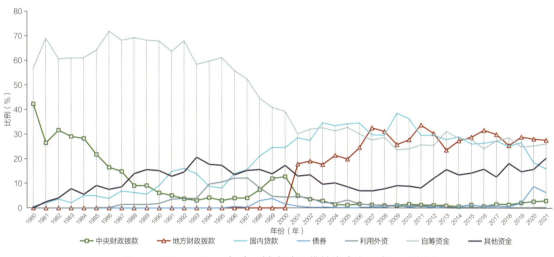

图 7　1980—2021 年我国城市建设维护资金主要来源及比例

（二）城市交通在事权划分中属于地方事权

城市交通财政事权与支出责任在中央政府和地方政府，在各级政府不同部门之间合理划分是城市交通设施资金运行的重要保障。

2016 年国务院发布《国务院关于推进中央与地方财政事权和支出责任划分改革的指导意见》（国发〔2016〕49 号）中指出，财政事权是一级政府应承担的运用财政资金提供基本公共服务的任务和职责，支出责任是政府履行财政事权的支出义务和保障，并将中央对交通运输领域的事权与支出责任划分问题做出了详尽规定。目前我国交通领域事权与支出的责任划分，主要是从交通运输领域的六个方面进行了明确，对于停车、自行车和行人管理等事权未有相应明文规定。

2017 年国务院办公厅印发《交通运输领域中央与地方财政事权和支出责任划分改革方案》（以下简称《方案》）后，各地纷纷响应，通过出台文件的方式明确了交通运输领域事权与支出责任，从而形成了从中央到地方层层下放及统一管理的制度安排。

中央一级的事权与支出责任。 中央主要负责宏观层面的管理和监督，涉及公路、水路、铁路、民航、邮政。此外，中央也承担一些跨省域项目建设管理事权。

中央与地方共同财政事权与支出责任。 在事权划分上，共担事权多由中央负责规划和监督，地方承担具体事项的执行。但也有例外，如部分国家级干线项目建设、运营等，其事权和支出责任由中央（含中央企业）与地方共同担任。

地方财政事权与支出责任。《方案》中规定了全国各地统一的事权与支出责任，同时各地根据自身具体情况，再将地方事权与支出责任在省域各级政府之间明确。《方案》中，由于各地情况不同，中央对省级的财政事权与支出责任进行了方向性的规定，即各省负责本辖区内交通运输领域的规划、建设及运营等内容，支出责任由地方各级政府分担。总体来看，省一级主要承担了省域内的规划管理职责，同时也负责部分国家级和跨市域项目的建设、运营等，事权对应的支出责任也由省级承担；省与市县的共同事权与支出责任，主要是国家级和全国性的项目建设、运营等，该事权对应中央与地方共担中地方负责部分的支出责任也由省级承担；地方的省级道路、干线铁路、运输机场、综合运输枢纽，以及地方辖区内道路运输站场和一般性综合运输枢纽等由省级承担规划事权，市县承担具体建设、运营等事项。此外，部分农村交通项目的规划、建设及运营等均为地方一级负责。在各省印发的《方案》中，对省级、省级与市区（县）共担具体的事项进行详细明确的同时，也给予市区（县）一定的调整空间。在市级出台的改革方案中，市级主要承担辖区内的具体规划、监督、管理职责。对于国家级、省级的主要道路、铁路、邮政建设、运营管理等则由市区（县）共同承担。区（县）级主要负责本区域内客运站场、农村项目等建设、运营管理等，其中农村公路建设中的支出责任同时规定可由市级等进行补贴。

专栏 2

各地市级交通领域财政事权与支出责任规定

太原市： 道路运输站场市一级、县二级建设、运营、维护；农村公路由区（县）承担（支出责任分别占 20%、50%、30%）建设、运营及维护等事权；铁路由市区（县）一同建设、运营等；民航通用机场山区（县）建设、运营及维护等；市与区（县）各自管理、建设等辖区内事务（水路、邮政、综合交通）

大同市： 省高速公路、省道由市建设管理（其他共同承担，运输站场各自辖区）；农村公路由区（县）承担（支出责任分别占 20%、30%、50%）建设事权；水路、综合交通中综合运输枢纽与集疏运体系由区（县）建设、运营及维护等；铁路由市区（县）一同建设、运营及维护等；民航通用机场山区（县）建设、运营及维护等；市与区（县）各自管理、建设及运营等辖区内事务（邮政、其他综合交通）

晋中市： 省高速公路、省道由市建设、运营管理等（其他共同承担，运输站场各自辖区）；农村公路由区（县）承担建设等事权；铁路由市县一同建设、运营及维护等；民航通用机场由区（县）建设、运营及维护等；市与区（县）各自管理、建设等辖区内事务（水路、邮政、综合交通）

忻州市： 省高速公路、省道由市建设、运营管理等（其他共同承担，运输站场各自辖区）；

农村公路由区（县）承担建设等事权；水路由区（县）建设管理等；铁路由市区（县）一同建设等；民航通用机场由区（县）建设、运营及维护等；综合交通中综合运输枢纽与集疏运体系由区（县）建设、运营管理等，市与县各自管理、建设等辖区内事务（邮政、其他综合交通）

晋城市：公路中普通国道、省道、农村公路、道路运输管理山区（县）级建设、运营及维护等［其他山区（县）共同］；水路山区（县）建设管理；铁路、民航、邮政市区（县）共同建设等；区（县）级承担除省级、市级承担以外的具体事项的执行（邮政运输各自管辖内各自管理）；综合交通各自辖区内管理

长治市：公路中农村公路、运输站场山区（县）级建设、运营及维护等［其他山区（县）共同］；水路由区（县）建设管理等；铁路、民航、邮政、综合交通市区（县）共同建设管理等（邮政运输、综合执法各自管辖内各自管理）

（三）依托土地有偿使用制度改革，推动城市交通基础设施快速发展

土地有偿使用制度改革成功启用了经济杠杆，成为大规模住房和基础设施建设资金来源的重要保障，使得我国城市建设取得跨越式发展。土地出让金用于城市建设维护比例总体上不断上涨。未来国家更严格控制土地供给，过于依赖"土地财政"的基础设施建设模式不可持续。

专栏3

土地出让金用于城市建设维护的情况

我国历年城市土地出让金用于城市建设维护资金的情况如图8所示。土地出让金用于城市建设维护比例总体上不断上涨，由最低的9.35%增长到21.32%。2001—2013年，土地出让总收入达19.4万亿元，其中用于城市基础设施建设维护的有3.5万亿元，占18%。

未来国家更严格控制土地供给，过于依赖"土地财政"的基础设施建设模式不可持续。据统计，2021年全年，土地出让收入占地方财政收入（一般公共预算收入＋政府性基金收入）的比例高达41.47%，占地方财政支出（一般公共预算支出＋政府性基金支出）的比例也有26.42%。当前大部分省份的地方财政仍高度依赖土地出让收入，土地出让收入减少后这些区域的地方财政将面临很大的赤字压力，影响地方财政的可持续性发展。

（四）深化金融和投资体制改革，保障城市交通资金来源

因城市交通项目建设周期长、融资金额大，地方政府仅依靠预算内资金难以及时和充分地满足项目建设需求。为更好推进城市交通建设，地方政府通常会以非预算融资渠道作为资金筹措的补充渠道，缓解政府财政压力。

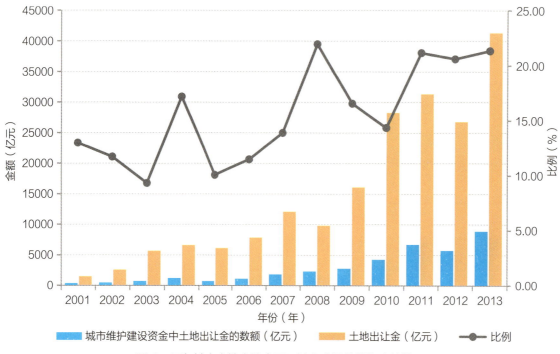

图8　历年城市土地出让金用于城市建设维护资金的情况

纵观我国地方政府筹集城市交通项目资金的发展历程，可以发现地方政府融资平台和政府与社会资本合作是城市交通项目建设的主要非预算融资渠道。其中，地方政府融资平台在2015年之前为地方城市交通的建设发展提供了较大助力。但随着2015年新《中华人民共和国预算法》的正式实施，中央政府愈发严格防范地方债务风险，明文规定了地方政府融资平台不得再承担政府融资职能。地方政府在融资渠道上不断拓展，应用BT（Build-Transfer）、BOT（Bulid-Operate-Transfer）、PPP（Public-Private-Partnership）及集合信托等多种融资方式，在缓解政府直接压力的同时，也提高了项目资金的使用效率，确定了城市交通基础设施投融资改革的主要目标和方向。

同时，通过积极稳妥拓宽融资渠道，充分利用市场机制，积极引导社会资金投入城市建设中。一方面不断放宽或取消对社会资本投入城市建设，特别是基础设施领域建设的限制，例如国家明确提出要在公共交通等行业实行特许经营制度，支持社会资本积极参与市政工程和基础设施的投资、建设和运营；另一方面积极探索创新城市建设融资的金融产品，利用债券市场融资。

专栏4

轨道交通财税问题的国际经验借鉴

轨道交通的建设涉及资金量巨大，仅依靠地方城市自身力量发展轨道交通，往往会遇到资金、技术与管理机制的掣肘。国内外实际情况表明，无论是发展中国家还是发达国家，为填补地方政府在认识与技术上的不足，国家层级政府往往会出台相应的宽松政策、设立专项基金、改善保障机制或提供能力建设，引导地方城市公交发展，统筹区域发展的均衡性。多个国家政府对地方轨道交通的建设都提出了具体的政策与资金扶持（表1）。例如，哥伦比亚、英国、法国等国家依据相关立法，分别创建了国家城市交通项目（NUTP）、地方重要交通项目投资计划（ILMTS）与大运量公共交通系统建设基金（TCSP），对公共交通（含轨道交通）建设与运营给予中央资金政策支持（WRI，2017），以及相应的管理机构改革政策支持，国家层级政府引导并带动了城市公共交通发展，促进一个国家经济、社会和环境目标的实现。

各国的轨道交通建设投融资模式总体上可分为四种投融资模式：①模式一：政府完全投资，辅以商业贷款融资；②模式二：政府投资建设，政府补贴企业运营；③模式三：政府投资建设，企业市场化运营；④模式四：完全市场化投融资，政府补贴；⑤模式五：私有化模式（ITDP，2020）。

模式一：政府完全投资，辅以商业贷款融资

伦敦、巴黎的轨道交通的投资建设和运营由政府部门分支机构负责。然而其并非完全财政支出，资金来源并不单一，主要是以债券和政策性贷款融资为主，辅以商业贷款、短期融资票据等其他融资手段，社会资本以购买债券投资的方式参与到项目建设中。这种模式下运营收入和政府财政补贴的数额基本相当，但补贴的具体形式略有不同，如伦敦采用直接拨款的形式，而巴黎则以公交收入补贴地铁的方式为主（ITDP，2020）。

伦敦轨道交通建设的资金来源主要有政府投资、银行贷款、债券发行、地方公共团体、营业收入以及轨道交通建设附加费等。伦敦还出台了保证外商最低投资回报率的相关政策，吸引国际财团投资本地轨道交通建设，包括资金直接投入或以设备形式投入。欧洲投资银行曾向伦敦地铁企业提供10亿英镑的贷款，伦敦政府也曾把发行彩票所得的部分资金补贴给轨道交通建设。伦敦所有轨道交通线路均由政府来统一规划，但却由私人机构进行经营。一般情况下，所有公共服务均要进行竞争性招标，并签订3年的经营合同。

巴黎有城市轨道交通16条，营业里程达211公里，其中法国中央政府、巴黎大区地方政府分别提供40%的建设资金，剩余20%由RATP（巴黎公交总公司）和SNCF（法国国营铁路公司）两大公司自筹。巴黎大区的轨道交通主要由RATP负责运营，法国政府以购买公共服务的方式对RATP进行补贴。RATP和STP（一家提供法国轨道交通设备的公司）对客运总量与相关的服务标准等经过协商后，最终达成协议，即成为法国政府对其进行财政补贴的依据。RATP会以收支平衡为依据，向STP提交一种票价预案，然后STP在RATP所提票价报价的基础上，结合社会福利等方面的考虑对票价进行调整，最终制定市场执行的票价。政府会以财政补贴的方式来弥补二者之间出现的差额，即政府补贴模式。运营如出现营利，营利2%须交给政府，2%以外的营利则按60%和40%的比例由政府和运营公司进行分配；反之，当运营出现亏损时，则按照此标准进行补贴。此外，法国政府长期采取轨道交通低票价政策，并于1982年颁布《圈内交通法》予以保证，体现了轨道交通的公益性及其服务社会的公共职能。

表1

国家层面轨道交通资助项目情况

国家	项目名称	负责机构	政府角色	建设/运营	适用范围	项目力度
哥伦比亚	国家城市交通项目（NUTP）	交通部	• 为大城市（人口大于60万）建立大运量公交系统（IMTS） • 为中型城市（人口25万～60万）建立常规公交系统（PTSS） • 提供技术支持和培训项目	仅建设	• 公共交通系统建设（含基础设施、公交车辆、票务系统、控制系统等） • 以BRT、常规公交系统整合为主	• 国家投资占投资成本的40%～70% • 大运量公交系统（IMTS）：2000年向8个城市共投资10亿英镑 • 常规公交系统（PTSS）：12个城市共11亿美元
英国	地方重要交通项目投资计划（ILMTS）	交通部	• 对地方高投资的交通项目（大于500万英镑，除伦敦外）提供资金支持 • 保证地方融资方式的自主性和灵活性	仅建设	• 部分用于公共交通（轨道交通、常规公交）的建设和升级 • 部分用于道路基础设施建设、改造、维护	• 2010年，ILMTS 2010—2015向29个地方交通项目（其中8个为公共交通项目）投资共15亿英镑 • 40%的资金用于已开工的项目，60%用于新项目
法国	大运量公共交通系统建设基金（TCSP）	生态、可持续发展与能源部	• 为地方（除大巴黎地区外）建设项目提供资金补助 • 引导地方政府货物中央政策	仅建设	城市大运量公共交通系统（如地铁、有轨电车及BRT）的建设与升级改造项目（含征收土地、设计施工、车辆购置等）	• 项目每2～3年开放一次申请 • 2014年，TCSP向99个项目支出共4.5亿欧元，占项目总投资的9%
德国	地方交通融资法案（GVFG）	交通、建筑及都市事务部	为地方政府交通基础设施建设提供支金	仅建设	地方交通基础设施建设与升级改造项目，包括地铁、轻轨等公交系统，也包括道路交通	• 联邦对GVFG项目的投资每年超过16亿欧元（18亿美元） • 联邦投资占总投资额比重超过50%，甚至达到80%

资料来源：WRI, 2017; Owen, Carrigan&Hidalgo, 2012; Diaz & Bongardt, 2013; Hidalgo&Díaz, 2014; Anadkat, 2016.

模式二：政府投资建设，政府补贴下企业运营

北京、纽约在这种模式下，城市轨道交通融资、建设、运营主体相互独立。政府融资平台公司采用多种资本市场融资工具相结合的方式最大限度拓宽资金来源。运营企业不必承担建设过程中产生的项目负债，但受票价制度等条件限制，仍不能通过市场化运营实现收入完全覆盖成本。因此，政府对运营方拨付额外的财政拨款补贴（ITDP，2020）。

模式三：政府投资建设，企业市场化运营

东京（私铁公司除外）、广州的轨道交通建设投资与运营分开，投资资金仍然由政府负责筹集，但来源上各个城市并不相同。新加坡完全依靠财政支出，广州则主要依靠土地出让收入和贷款，而东京政府则有着多元化的融资途径（Calimente，2012）。在市场化的票价机制下，轨道交通运营企业在运营过程中自负盈亏，不再从政府获取运营补贴（ITDP，2020）。

日本的轨道交通由JR铁路和新交通系统组成，由于日本轨道交通采取多元化经营，特别是与土地开发利用相结合，日本轨道交通是世界上少见的可以盈利的企业之一，日本城市轨道交通的投资主体，从资本所有者的角度可分为社会资本、社会资本与国家或地方公共团体的资本组合，以及国家或地方公共团体；从法律角度可以分为私法人、特殊法人和地方公共团体（白楠，2021）。日本对铁道及城市轨道交通的发展十分重视，制定了许多政策对有关投资者提供各种补助和税制优惠，促使全社会向铁道及城市轨道交通建设投资。

投资来源包括：①各级政府补助：政府往往不直接参与轨道交通建设投资，而是通过各种政策对轨道交通投资者进行补助。②地方公共团体投资：对于公营地铁公司修建的地铁新线，其为地方公共团体总建设费一定比例（1990年前为10%，1990年后为20%）的投资，作为地铁公司的资本；对于公私合营铁路公司，地方公共团体的出资比例随地方公共团体和民间的财政状况及其对铁道的需求程度、必要程度而定。③债券：通过发行地方债券、交通债券、铁道建设债券等进行筹资。地方债券是公营企业进行地铁建设时发行的地方性企业债券；交通债券是交通营团为筹集建设资金发行的债券；铁道建设债券是日本铁道建设公团为筹集建设资金发行的债券。④贷款：建设轨道交通可以申请无息或低息贷款。地铁建设可以申请铁道建设基金无息贷款，这是国家用于铁道建设的特定资金来源，可对建设费的40%实施无息贷款。此外，地方公共团体也实施同样的援助，偿还期为15年。低息贷款向日本开发银行申请，对于立交工程、复线、换乘站改造等融资率达50%，利息为7.9%（特殊情况为5%）（白楠，2021）。⑤使用者负担金：城市轨道交通的用户需要承担一部分建设费用。从1986年起，建立特定的城市轨道交通建设资金积累制度，在票价中增加一笔附加费，相应的运营收入增加量，不用纳税，将作为大规模改造工程建设费的一部分。⑥税制优惠：日本为了大力发展铁道建设，不同时期相继出台了多种轨道交通建设的税制优惠政策。例如固定资产税中的铁道用地免征税费；地铁、道口建设及道口安全装置实行免税；工程费特别折旧制度及特别铁道工程折旧准备金制度；"特定城市铁路建设公积金制度"以及铁道建设基金制度，并针对大城市轨道交通建设制定了《特定都市铁道建设促进特别措施法》，促进新线建设和扩建等（白楠，2021）。

模式四：完全市场化投融资，政府补贴

香港在这种模式下，轨道交通项目的投资、建设、运营全过程都由企业负责，并以像投资于普通商业项目一样进行商业化运作。政府以特殊的模式进行企业补贴，即授予地铁公司土地开发权。这种补贴模式充分利用了地铁和土地两者内在的利益循环机制，实现了两者价值在市场化条件下互相促进提升的效果（ITDP，2020）。

模式五：私有化模式

东京私铁公司、曼谷是这种模式的代表，私有化模式指轨道交通的投资、建设、运营完全由私营部门负责。政府不承担任何责任和风险，无须向私营投资者提供任何形式的补贴或支持。从理论上讲，这种模式存在很大难度，私营投资者很难通过项目运营实现投资效益（ITDP，2020）。近年来，曼谷成为全球最堵的城市之一。与其他超大型城市一样，未来大部分市民出行都依靠大运量的轨道交通。最成功的例子为日本的私营铁路。日本的私营铁路是全球最有活力和盈利能力的私营铁路。以东京急行铁路为例，2015年净利润为3.77亿美元，其中地产营业收入约占三分之一，铁路运营收入约占三分之一，零售占20%。从营业收入比例可以看出，东急和香港地铁的"轨道+物业"模式相似，也是TOD概念最早的践行案例。

各国的轨道交通虽然投融资模式多种多样，但多数轨道交通项目的建设资金仍以政府投入为主，政府在项目投融资及运营管理中均占主导地位。在欧洲，轨道基础设施建设作为COVID-19下经济恢复计划的一部分，即便实行财政紧缩的国家如德国，也在轨道交通基础设施方面计划了相当大规模的支出（De weck，2020）。北美情况类似，加拿大特鲁多内阁已承诺在交通基础设施投入近2000亿加元，帮助资助包括温哥华大道地下地铁等项目（Waneklibman，2020）。2021年3月，美国拜登政府公布了其计划内的2万亿~4万亿美元基础设施计划的第一部分投资计划（Tankersley，2021），所涉及资金约占美国年度经济产出的10%~20%，甚至在美国国内引发了较大争议。

四、我国特色行政体制与城市交通

（一）改革开放以来我国行政体制改革历程

1982年的行政体制改革主要是基于政治背景。1978年党的十一届三中全会实现了全党工作重点的战略性转移，从"以阶级斗争为纲"转移到"社会主义现代化建设"，当时对政府职能定位是经济建设。本次改革重点是为党和国家工作重点的转移提供组织人事基础。

1988年的行政体制改革鲜明地提出"转变政府职能是机构改革的关键"这一重大命题。本次改革重点是精简经济管理部门，转变经济管理部门的管理方式。

1993年的行政体制改革主要是基于经济背景，是建立社会主义市场经济体制的紧迫需要。改革重点是加强宏观调控和监督部门，强化社会管理部门，做到宏观管好、微观放开。这取决于1993年党和国家对政府职能的基本定位。1993年党和国家对政府基本职能定位是，政府主要是统筹规划，掌握政策，信息引导，组织协调，提供服务和监督检查。

1998年的行政体制改革主要是基于经济背景。本次行政体制改革的重点是尽量一次性撤销工业专业经济部门。1998年的政府职能的定位是宏观调控、社会管理、公共服务。

2003年的行政体制改革开始关注市场监管与社会管理。改革重点是加强市场监管部门，组建了国务院国有资产监督管理委员会，省、市、县普遍建立了国有资产监督管理机构，国务院组建了中国银行业监督管理委员会，组建了商务部；重组了国家食品药品监督管理局，国家安全生产监督管理局由经贸委归口管理改为国务院直属机构。党和国家给政府职能的基本定位是完善政府的经济调节、市场监管、社会管理和公共服务职能。总体而言，2003年这一轮行政体制改革把市场监管职能放到了更加优先的位置。

以科学发展观指导建设服务型政府，是2008年的行政体制改革的鲜明特色。改革重点是改善民生，加强与整合社会管理与公共服务部门。2008年国务院机构改革的8项重点任务中有5项涉及社会管理与公共服务职能。政府职能定位是通过改革实现政府职能向创造良好发展环境、提供优质公共服务、维护社会公平正义的根本转变。

2013年的行政体制改革把政府职能转变放到更加优先的位置。改革重点主要有两个：一是稳步推进大部门体制；二是深化"放管服"改革。党和国家给政府的职能定位是建设职能科学、结构优化、廉洁高效、人民满意的服务型政府。

2018年的行政体制改革是在习近平新时代中国特色社会主义思想的指导之下进行的行政体制改革。改革的重点是以"五位一体"为轴心构建政府治理体系，是推进国家治理体系和治理能力现代化的一次集中行动。

回顾过去70多年，中国特色社会主义行政体制是立足我国基本政治架构、适应经济社会发展需要而形成的中国式行政。它之所以行之有效，就在于能够充分反映党的意志和人民意愿，能够调节政府和市场、政府和社会、中央和地方的关系，使经济社会既充满活力又有序发展。

（二）我国特色行政体制与城市交通

中国特色的行政体制在世界范围内独具特色，与城市交通相关的特色内容主要体现在以下几个方面：第一，在地方政府制度层面，混合型地方政府体制是宪法基础上调整央地关系、实现地方政治与行政目标的最重要的政治架构与制度框架，是中国特色社会主义政治体制的重要组成部分，体现着自上而下的领导与地方实际治理相结合的政治原则，既强调了中央的集中统一领导，也发挥了地方的主观能动性；第二，在地方政府管理层面，城乡统筹管理是极具中国特色的行政体制，城市与乡村的财政资源、人事组织管理、政策法规等均由地方政府统筹组织协调，这就决定了中国城乡统筹管理的制度基础和行政逻辑，决定了中国城市交通治理的基本特征、内涵、模式和路径；第三，在区域一体化与地方政府关系层面，由于城市交通具有整体性特征，仍会遇到交通职能管理分散或者管理部门协调性不足的问题，因此中国特色的多部门协同治理机制十分重要、也十分有特色，这种联动机制既有中央政府组织，也有省级政府出面组织，是决定城市交通治理的非常重要的行政管理机制与政策整合机制。

1. 混合型地方政府体制：纵向整合与横向互动

我国的地方政府体制经历了几千年的发展。中国早期的地方政府诞生是郡县制的形成。从郡县制标志着中国地方政府制度的形成开始算起，到新中国成立以后人民委员会的成立，直至《中华人民共和国宪法》（以下简称《宪法》）经过1978年和1982年的两次修改，以及1979年又通过了新的《中华人民共和国地方各级人民代表大会和地方各级人民政府组织法》，地方政府的组织结构形成了今天的格局。

当前我国地方政府体制是基于1982年《宪法》而形成的。这部法律明确规定了地方人民政府的基本性质、政治制度、组织关系。从法定制度框架分析，中国地方人民政府制度是典型的混合型地方政治制度。一方面，地方各级人民政府受中央政府领导；另一方面地方各级人民政府是地方人大即地方最高权力机关的执行机关，受地方人大的监督，向地方人大负责。《宪法》规定，地方各级人民政府每届任期五年，地方各级人民政府对本级人民代表大会负责并报告工作。县级以上的地方各级人民代表大会设立常务委员会。县级以上的地方各级人民政府在本级人民代表大会闭会期间，对本级人民代表大会常务委员会负责并报告工作。地方各级人民政府对上一级国家行政机关负责并报告工作。地方各级人民政府都是国务院统一领导下的国家行政机关，都服从于国务院。因此，在地方人民政府制度之下，我国地方政府具有明显的双重隶属关系，一方面从属于中央政府，必须在它所设定的权限内活动。中央政府可以设置或解散地方政府机构，也可以增减地方政府的职能权限，还可以依法直接决定地方政府首长的任免去留；另一方面，地方政府往往还隶属于同级权力机关，地方政府机构的主要成员一般由地方同级权力机关直接或间接选举产生，地方政府要对地方立法机关负责，受其监督。因此，地方政府一般都具有执行性职能和领导性职能。所谓执行性职能是指地方政府执行国家法律，执行中央政府的政策指令，推行中央政府的决策。

在社会主义市场经济体制下，地方政府履行的职能包括经济调节、市场监管、社会管理和公共服务。其中，公共安全和公共服务是政府职能的核心。政府责任的落实依赖于政府层级间的机构设置、职责分工与协调方式，不同层级间政府职能的明确分工、央地关系间的有效协调对政府的职能履行十分重要。因此，我国当前的行政管理体制的重要特色，是从中央到地方各级政府在职能、职责和机构设置上的高度统一，即所谓"职责同构"。在这个行政管理体制中，既存在着中央对地方的业务指导——要求地方政府行政部门向中央政府行政部门进行业务汇报、接受中央业务指导、执行中央的业务规划，又存在着地方政府对当地行政部门人事领导与业务领导关系，要求地方行政部门对地方政府的最高决策机构负责。这意味着地方政府各部门受到了中央和地方的双重约束，既强调中央的集中统一领导，又可灵活调整以适应地方特色，激发地方行政部门的能动性，保证政策的弹性与活力。

因此，我国的地方行政部门也存在横向问责和纵向问责的双重要求，在改革开放后，中央政府向地方政府放权，导致大部分地方行政部门的资金、政策、人事等方面更加受到本地地方政府的制约，即横向问责。

专栏 5

有关建设部对城市政府规划建设管理职能转变的历程

（1）统建统管阶段（1949—1981年）

新中国成立初期，国家设立了政务院财经委计划局基本建设处，之后多次改革、整合，先后命名为国家建设委员会、城市建设部、建筑工程部、国家基本建设委员会等，配合当时计划经济制度，实行统建统管，由建设主管部门直接管理和负责各地城市建设的业务工作。

（2）增加指导监督职能，以建设项目管理为主的阶段（1982—1993年）

与统建统管时期相比，逐步增加指导、监督等职能。其中：1982—1987年成立城乡建设环境保护部，主管城市建设、村镇建设和环境保护工作，指导全国城市、县镇、乡村的规划和建设；负责拟定城乡建设环境保护工作的方针、政策和法规。1988年成立建设部，指导和管理全国城市的市政设施、公用事业、园林绿化、环境卫生工作；制定城市建设、市政公用事业的方针政策和行政法规，并检查监督其执行情况。

（3）逐步向专业部门分权、向地方放权的阶段（1994—2008年）

行业主管部门的职能逐步从建设项目管理到宏观管理。按照我国建立社会主义市场经济体制改革的要求，建设部逐步将属于地方政府的职能下放给地方，包括市政公用工程项目的审批，城乡规划、建设、管理的具体业务等；弱化计划管理的职能，减少审批事务，落实企业经营自主权。其中，1998年建设部职能调整较大：将组织制订有关的计划统计、财务会计的改革措施和规章制度职能，地下水资源管理和防洪职能，燃气用具的生产管理和产品许可管理等职能，分别交给了国家统计局、财政部、水利部、国家经济贸易委员会和国家质量技术监督局等；将建筑机械行业规划和行业管理职能，交给国家经济贸易委员会。同时，将部管各行业资质审核的具体工作，交给有关行业协会承担，城市计划用水、节约用水的具体管理工作，交给各城市人民政府承担。

（4）全面放权，以指导为主的阶段（2008年以来）

2008年住房和城乡建设部成立以来，按照国务院"三定"规定，将城市管理的具体职责交给城市人民政府，并由城市人民政府确定相应的管理体制；住房和城乡建设部的职责调整为指导城市基础设施建设和管理等有关工作。

2. 城乡统筹管理体制：二元结构与一元领导

党的十六大以来，城乡统筹发展的指导方针得到进一步明确。这改变了中国城乡二元分割管理体制的历史走向，推动了行政、市场与社会的进一步联动，并对交通的发展产生了极大的影响。为了实现科学统筹城乡规划，加强城乡地区的有效融合是其中的重点内容，而合理的交通规划能很好地实现这一目标。为了实现城乡之间的通畅运输，交通规划应着重关注地区差异性、实现公交网络的有机衔接能力，划分清晰的道路交通网络等方面，这些都对未来的交通规划政策起着指导性的作用。

我国由于工业化发展处于后发阶段，因此采取城乡二元分割完成资本原始积累。但城乡二元分割体制本身对经济社会长期发展的后遗症十分明显。在城乡二元经济结构理论中，随着经济的发展，农村资源会追求更高的效益向城市地区转移集中，当农村地区和城市地区资源要素利用的边际生产率逐渐相等时，城乡之间的二元结构消失。因此，城乡之间要素的自由流动和资源的城乡重新配置是城乡关系转换的关键环节。目前，我国城乡二元结构一直延续的原因主要有以下几点：一是我国的户籍管理制度，农村居民进城之后不能享有与城市居民相同的权利和待遇；二是农村地区的土地权益很难得到保障；三是资源配置的不平等，城市地区的公共服务设施享有更多的国家投资而在农村则相当有限。在全面分析我国新中国成立以来的经验下，政府认识到只有通过城乡统筹管理，才是解决城乡二元结构的有效途径。

实际上，我国政府解决城乡二元结构有着制度基础和集中领导的优势，即城乡统筹的一元化领导。简单讲，即地方政府不仅管理城市地区、也管理乡村地区，城乡地区同为一个地方政府集中统一领导。这一点与美国、英国等国家不同，城乡统筹管理是中国地方政府行政管理最具特色的制度，能够有效解决地方政府辖区内的城乡统筹问题。所谓城乡统筹发展，就是指在城乡地位平等、优势互补、和谐发展的基础上，经济社会平稳发展的景象。这需要把城市农村作为一个有机整体，纳入整体规划中做统筹管理。促进城乡二元经济结构向现代社会经济结构转变，实现城乡一体化发展。城乡统筹的关键就是要素在城市和农村地区的自由流动，要素自由流动的实质就是要素按照市场的配置机制进行地区间或产业间的流动，而人类经济活动的最终目的就是实现要素的高效流动，提升整个社会的生活水平。而在发展中国家，由于生产效率相对高于农业部门，工业部门成为要素转移的最终目的地，因而集聚更多工业部门的城市地区发展加快，这成为整个社会的发展趋势。因此应以消除城乡二元化障碍为目标，充分利用工业化和城镇化的发展规律，利用城乡之间地域、经济、资源的互利共荣性，将城乡作为一个整体统筹规划，促进城乡协调发展。具体来说，城乡统筹应该包括以下内涵：一是经济发展的统筹，按照中国特色社会主义市场经济的要求，加速推进各类资源在城乡间的高速流动，促进城乡经济快速发展；二是发展上的统筹，以消除城乡二元结构为目标，加强制度供给，建立公平发展的现代制度供给体系，在科技、就业、文化、教育、医疗卫生等方面保证城市居民和农村居民的待遇一致；三是生态上的统筹，在城乡发展过程中，保障农村地区的土地权益，实现资源配置上的城乡均衡，优化基础设施配置，合理布局公共服务设施，保障农村地区的生态健康，统筹城乡区域发展生态架构。

在城乡统筹发展的大背景下，地方政府的调节、监管和管理能力都有了大幅度的提升。在破解城乡二元结构方面，地方政府的职能应有如下转变：一是调节经济，为了地方经济更好地发展，政府需要起到宏观调控的作用，将区域规划、产业布局、政策统筹综合考虑，整合资源，合理配置，实现城乡资源流动中的良性循环；二是发挥监管作用，由于城乡之间的信息不对称和农村传统的小农经济思维，地方政府要客观制定法律法规，保障城乡企业间的公平竞争，保障资源要素的有效流动，带动农村地区的经济转型；三是有效管理，在城乡统筹的均衡发展中，如何有效刺激经济、释放社会组织活力，主要在于建立有效的机制体制，加大专业化、规范化、体系化的政策、制度供给，解决城乡发展中异质化问题；四是公共服务配置，长期以来，公共资源向城市集中配置，农村的公共服务设施缺口相对较为严重，农村与城市人口享受着区别待遇，这造成了城乡差距进一步扩大并加深了城乡矛盾，因此地方政府需要发挥资源配置的作用，合理配置公共资源，考虑公平，促进公共服务均等化。

3. 区域治理的多部门协同：条块分割与条块协同

在我国具体的行政事务运行中，中央政府的主要任务为相关政策的制定，是政策的制定者，地方政府则是中央意志在基层的体现，是政策的执行者，承担了广泛的社会、公共管理事务。中央各条线组织，在纵向上将相关工作分配给地方机构部门，即形成了"条"与"块"的复杂协调网络。我国政府权力配置的主要特点是职责协同，而政府组织中又有着"条块体制"的特征，"条"是指中央政府到地方政府中有相同业务内容或相同职能的部门，"块"是指在地方政府横向上的权力具有独立性和完整性，在地方具有足够的灵活性。在复杂的中央政府主管部门和地方政府的政府组织下，即使是地方同一级别的部门，其直属机构也可能不同。这说明了中国的自上而下的行政管理体制决定了地方政府各部门在具体职能管理方面存在着"条块分割"问题，也说明了中国的"条"与"块"有其内在的制度逻辑合理性。

在政府的条块关系下，中国特色的行政体制的一个最重要的内容就是职能部门间存在着广泛而复杂的分工与合作，即跨部门合作。职能部门主要有如下特点：一是职责分工明确，应对庞大复杂的行政事务，为了保证行政部门的运行效率，明确的权责关系十分重要，具有权责界限的独立行政主体是政府部门合作关系的前提条件；二是各部门有相应的资源，作为明确职责分工的各个部门，都有各自的资源，例如权力、技术、人事、资金等。政府部门间的互动、合作，多会涉及资源互换的问题，合作部门之间对于彼此资源的依赖，便是促进双方之间合作的重要驱动，是多部门协同合作的客观条件；三是部门之间存在横向上的业务联系，基于职责明确分工的各部门在处理公共事务时，常常带来彼此间的业务联系。但这种不能由单个部门处理的事务就成为政府行政效率的障碍，对行政效率的追求促进了各部门间的合作，这构成了多部门协调的事实基础。

在条块体制的政府组织特征下，为了实现公共事务的有效治理和公共价值的增加，政府部门需要通过某种有效的组织形式来实现跨部门集体行动或联合治理。这是部门间合作的逻辑起点。在现在的社会经济条件下，政府主要面临两个方面的挑战：一是政府体制改革的不断推进；二是公共服务需求的不断提高。政府部门必须通过合作面对这两种挑战，政府自身和外界环境共同影响了政府部门间的关系。换句话说，推动政府部门间合作的力量有两种：一是为了实现更高的行政效率，满足不断增长的公共需求；二是为了政府部门本身自我效能的提升。

（三）因地制宜推进城市交通行政管理体制改革

作为政府行政管理体制改革排头兵之一的城市交通部门，如何实现管理理念和方式的转变，提高行政效率和服务水平，解决快速城市化过程中日益显现的新问题，以适应社会经济发展和满足公众需求，是当前城市交通管理体制改革的重要课题。

随着城市发展由生存型向发展型的转变，中国城市所面临的交通问题已经由从传统单纯的基础设施和运营服务不足，演变为包括排放在内的多元的，具有现代化城市特点的交通问题。加之城乡一体化、区域一体化的发展，城市交通涉及范围逐渐超越行政区，使得交通问题成为区域性问题，例如京津冀城市群、长三角城市群、珠三角城市群等。面对这些新挑战，单一的措施或方法纵使短期有用，也很难长期奏效。因此，综合应用规划、公交优先、交通需求管理等手段，才有可能较好地解决当今中国普遍存在的城市交通难题。采取综合手段往往涉及庞大的横向和纵向政府部门，这对现有的城市交通管理体系提出了新的挑战，具体体现在以下三个方面：

城市功能范围的扩展： 从城市中心区到城市边缘动态的新型城镇化过程中，随着城市功能范围的扩展，新建区的城市交通基础设施和服务因滞后产生紧缺。同时，城市交通管理的内容与范畴也随之扩大。因此，提前谋划城市边缘新开发区域的交通规划和管理，向城市新建区域合理引导资金，提供数量合适、质量更高的交通基础设施和服务，有助于城市实现均衡式发展。

问题复杂程度的加剧： 从一元到多元。随着城市化进程的加快，城市人口、机动车数量骤然增加，老建成区的交通基础设施和服务自然无法满足快速增长的交通需求，这就使得中国城市面临的交通问题已由从基础设施和运营服务不足的一元化问题，演变为城市交通拥堵、能源短缺、交通排放迅速增长、环境污染等多元化问题。

解决问题方式的整合： 从单一到综合。传统的道路交通基础设施建设和公交优先等供给端政策手段已经不能够完全、有效地解决城市交通问题。经验证明，这些着眼于交通供给的策略，只会将交通流从其他道路上吸引过来，诱导更多的出行需求，形成更加严重的拥堵。实现可持续交通需要综合的"一揽子"政策，既需要从供给端着眼（如增加交通设施供给），也需要从交通出行需求着眼，影响普通居民（和外来居民）的出行选择，将居民从能源消耗型城市交通模式转移到环境友好型城市交通模式。而实施这些政策需要一个综合的机构，统筹人力、资金、技术和数据等资源，并组织推进综合治理的措施实施。

不同类型城市面临的特定化问题和解决策略。 上海市于2002年提出了"一体化"的城市交通发展理念，着眼点在于适应长三角区域经济社会一体化需要，改变城市交通与区域交通"两张皮"的传统结构模式，建立区域—城市高效、整合的一体化交通体系。北京市于2004年进一步扩展了"一体化"体系结构的内涵，把区域统筹、城乡统筹及多元交通方式融合的理念用于一体化交通体系的构建，并提出"新北京交通体系"的基本架构，在交通规划、建设、运营、管理和服务全面整合的基础上，实现中心城交通与市域交通、城市交通与城际交通，以及各类交通运输方式的一体化协调运行。

专栏 6

中国一般城市交通职责划分

不同的城市，其交通管理体制也不尽相同，这里主要分析尚未进行"大交委"体制改革城市的现状。中国城市的城市交通委员会（简称"交通委"）职责是：承担公路、水路建设市场监管责任，负责全市客运管理及出租汽车行业管理工作，以及指导交通运输枢纽管理工作。换言之，交通委主要负责城市之外的道路建设和管理，而城市内部仅负责城市客运交通的运营，在一定程度上暴露出职责范围较窄的问题。除交通委之外，管理城市交通的职责还分散在市政府、发展和改革委员会（简称"发改委"）、自然资源与规划局（简称"自规局"）、住房和城乡建设委员会（简称"建委"）、公安局交警支队（简称"交警"）、地下铁道工程办公室（简称"地铁办"）和环保局等部门（表 2）。

一般城市城市交通职责划分　　　　　　　　　　　表 2

		道路和城市建设	轨道交通	公交系统①	公共停车设施	社会车辆
决策	目标和战略②			市委市政府、人大		
决策	规划和政策	规划局、自然资源局	发改委、规划局、自然资源局	规划局、自然资源局（公交场站、出租车停靠点、公交专用道规划）	规划局（公共停车场规划）	交警（交通需求管理行政措施、例如机动车限购、限行）
决策	规划和政策			交通委（公交运营线路规划）	交警（路边停车规划）	交警（道路交通规则）
决策	投融资	发改委	发改委	发改委、建委		
决策	收费定价	发改委（道路收费）	发改委	发改委	物价局、交警、建委、交通委	
执行	建设监管	建委（城市道路、桥梁、隧道、人行道）	轨道交通建设监管（地铁办）	建委（公共交通基础设施建设监管）	公共停车场建设监管（建委）	
执行	建设监管	园林局、城管（道路绿化、照明）		交警（公交专用道和自行车道的施划）		
执行	信息化	交警		交通委		
执行	运营监管	建委、城管	地铁办	交通委	区政府	交警（机动车牌照管理等）
执行	执法	交警		交警（公交专用道监管）	交警、建委、城管	交警

说明：橙色高亮显示的是不完全归纳的一般城市交委职责。
① 除了轨道交通外的城市公共交通模式。
② 城市宏观交通发展目标、战略规划和决策，例如交通发展白皮书、重大交通基础设施投融资。

五、我国法律制度与城市交通

（一）坚持法治化建设道路，为城市交通提供制度保障

我国城乡发展和规划建设工作一直坚持法治化建设道路，与社会经济发展相适应的一套法律法规体系逐步完善。不仅为市场经济体制的建立和发展创造了健全公平的法治环境，也保障了城乡规划工作社会功能的有效发挥，为快速城镇化的发展提供了重要的制度保障，同时也是我国城乡发展和规划建设事业的重要成果，为新时期国家依法治国战略的实施奠定了至关重要的法治基础。

近年来随着新兴科技的发展，新兴业态的出现，不仅给城市交通的发展带来新的机遇，也带来了新的挑战。面对新的交通问题，需要及时建立相应的规制，才能促进其有序高效融入既有的城市建设，并有助于交通系统持续的更新迭代。因此考虑到城市交通的研究总是围绕工具、设施、服务三个方面的局限性，着力研究创建新型"政府—第三方—公众"协同机制，亟需从城市交通依法治理的角度研究这些问题。同时作为交通治理能力现代化的重要内容，明晰城市交通法治建设的重要性是"坚持依法治国、依法执政、依法行政共同推进，坚持法治国家、法治政府、法治社会一体建设"的必然要求，也是落实《交通强国建设纲要》对城市交通提出的新目标和新要求。

（二）设区市具有城市交通立法权，具备积极主动作为的基础条件

相对于综合交通运输，城市交通的主要特征就是其规划设计与城市行政区划有着非常密切的联系，因此其具有较强的地方特色。城市交通涉及的土地、税收、财政等重大问题属于中央事权，需要通过国家立法予以明确和规范，而城市交通的发展模式、路径选择、具体管理和治理措施等，一般属于地方事权，由市政府来统筹推进城市交通的有序发展。城市还可以根据自身实际情况，依据法律授权许可的规定，制定城市交通相应的地方性法规和政府规章予以明确和规范。

按照我国《立法法》授权，目前我国的直辖市、"设区的市"具有地方立法权，可以根据城市发展的具体需求制定相应的地方性交通法规。一般而言，城市交通法律制度主要关注地面道路交通、快速路、公共交通、停车、物（货）流、交通秩序管理等多个系统及其相互协调。城市交通法律制度应与城市发展的目标相一致，为城市发展提供重要的制度保障，具体而言，城市交通规划制度通常影响着城市土地规划、城市发展规划等内容，往往也对城市布局和形态产生实际影响；城市交通设施建设制度须与城市财政管理制度、城市行政管理等制度相衔接，确保得到必要的资金、土地等；交通工具管理制度，如限购限行、停车收费等制度与城市居民切身利益密切相关，要与城市管理其他制度，如弹性时间工作制度、住宅设计制度相衔接；城市交通运营以及安全管理制度必须和城市街道管理、社区管理、公共安全等制度相配套协调。

（三）实现"政府—第三方—公众"协同治理方向发展

交通治理涉及每个人的切身利益，要与规则意识、市民及社会组织参与治理的意愿及能力相适应，与技术、行政、经济、教育等其他手段相结合。在新的发展时期，特别是新技术、新业态、新理念不断涌现的背景下，如何把科技创新与应用需求紧密耦合，切实把握矛盾的本质和关键，是交通治理创新、促进高品质发展的基本要求。交通治理创新的基础是科学认知交通发展的规律，关键是准确研判应用场景的需求，核心是正确选择技术演进的方向，目标是有效支撑城市的可持续发展。

六、总结与展望

我国现代化建设的历程，是不断完善社会主义市场经济的结果，也是进一步推进改革的动力。其中人口、土地和资本要素的持续释放，给经济社会发展带来持续动力。

逐层递进和深化的开放战略，使全国都融入国家发展的大格局中。从东南沿海特区，到沿边、沿江和内地省会的逐次开放；从东部率先实现现代化，到西部大开发、东北老工业基地振兴、中部崛起四大区域战略的更加完善；从中央关注京津冀的协调发展，到长江经济带、粤港澳大湾区、长江三角洲、成渝双城经济圈、海南自由贸易区等更加全面综合的区域战略。

城市发展方针顺应国家现代化的发展进程，城市地位和作用发生巨大变化。从1978年"控制大城市规模、合理发展中等城市、积极发展小城市"进行逐步调整，国家"十五"计划中首次将"积极稳妥地推进城镇化"作为国家的重点发展战略之一，并执行"大中小城市和小城镇协调发展"的多样化城市发展方针；自2005年的国家"十一五"规划以来，除了延续大中小城市和小城镇协调发展的方针外，开始将城市群作为城镇化的主体形态，对都市圈的一体化建设给予更多关注。

经济社会发展的体制机制、政策法规不断健全完善。"市带县"管理体制的全面推行，形成了具有中国特色的城镇体系；政府职能由设立行政部门实施直接管理，向宏观调控、社会管理、公共服务转变；地方政府的立法权限不断完善和扩大，分税制改革完善了中央和地方事权，提高了中央政府的调控能力，推动了地方政府自主发展的积极性；国家生态文明建设和"双碳"目标的总体要求，"倒逼"地方转型和绿色发展。

以往城市交通问题作为城市总体规划的一部分，城市综合交通规划的内容主要涉及城市功能区的空间关系，提高土地利用效益和效率。在当前发展背景下，城镇化进程中人的生活质量提升、城市空间高效组织和社会结构变化带来的交通需求新特征，城市交通需要回应国家治理现代化要求，应对城市政府的职能由管理向治理的转型。城市交通应与城市发展的目标相一致，为城市发展提供支撑，具体而言，城市交通规划通常影响着城市土地规划、城市发展规划等内容，往往也对城市布局和形态产生实际影响；城市交通设施建设须与城市财政管理制度、城市行政管理等制度相衔接，确保得到必要的资金、土地等；交通工具管理，如限购限行、停车收费等制度与城市居民切身利益密切相关，要与城市管理其他制度，如弹性时间工作制度、住宅设计制度相衔接；城市交通运营以及安全管理必须和城市街道管理、社区管理、公共安全等制度相配套相协调。

参考文献

[1] 汪光焘，陈小鸿，杨东援，等. 城市交通学总论——兼论城市交通学的基础问题［M］. 上海：同济大学出版社，2022.

[2] 李浩，王婷琳. 新中国城镇化发展的历史分期问题研究［J］. 城市规划学刊，2012（6）：4-13.

[3] 方创琳. 中国城市发展方针的演变调整与城市规模新格局［J］. 地理研究，2014，33（4）：674-686.

[4] 毛蒋兴，蒋玉欣. "七普"视角下我国人口结构转变与国土空间规划应对［J］. 规划师，2022，38（5）：5-13.

[5] 人口与劳动绿皮书 中国人口与劳动问题报告 No.16——"十二五"回顾与"十三五"展望［J］. 经济研究，2015，50（12）：196.

[6] 倪鹏飞，徐海东. 面向2035年的中国城镇化［J］. 改革，2022（8）：98-110.

[7] 郑小玲. 中国财政管理体制的历史变迁与改革模式研究（1949—2009）［D］. 福州：福建师范大学，2012.

[8] 王守清，伍迪，梁伟. 城市轨道交通融资模式要素：从理论到实践［J］. 城市发展研究，2015，22（5）：85-90.

[9] 宋世明. 中国行政体制改革70年回顾与反思［J］. 行政管理改革，2019（9）：30-45.

[10] 全永燊，潘昭宇. 建国60周年城市交通规划发展回顾与展望［J］. 城市交通，2009，7（5）：1-7.

专题二

发展绿色交通
营造高品质宜居城市

一、绿色交通发展背景与要求

二、城市绿色交通发展历程回顾

三、城市绿色交通发展目标与要求

四、绿色交通与节能减排

五、绿色交通与人的高品质出行

六、绿色交通与城市协同发展

七、绿色交通与城市更新和品质提升

八、推动城市绿色交通发展的行动建议

研究单位

中国城市规划设计研究院

研究人员

孔令斌	中国城市规划设计研究院	副总工程师，教授级高级工程师
王继峰	中国城市规划设计研究院	教授级高级工程师
郝　媛	中国城市规划设计研究院	教授级高级工程师
赵珺玲	中国城市规划设计研究院	助理工程师
刘　冉	中国城市规划设计研究院	助理工程师

一、绿色交通发展背景与要求

（一）推动实现碳达峰、碳中和目标

贯彻生态文明思想，实现碳达峰、碳中和是中国对世界做出的庄严承诺。2020年9月，习近平主席宣布中国将力争2030年前实现碳达峰、2060年前实现碳中和。2022年10月，党的二十大报告指出：推动绿色发展，促进人与自然和谐共生；加快推动产业结构、能源结构、交通运输结构等调整优化。《国务院关于印发2030年前碳达峰行动方案的通知》（国发〔2021〕23号）制定了交通运输绿色低碳行动方案，包括推动运输工具装备低碳转型、构建绿色高效交通运输体系以及加快绿色交通基础设施建设，提出了明确的交通领域碳达峰目标。

"双碳"目标是我国基于推动构建人类命运共同体的责任担当和实现可持续发展的内在要求而作出的重大战略决策，彰显了中国积极应对气候变化、走绿色低碳发展道路、推动全人类共同发展的坚定决心。"双碳"目标有利于促进经济结构、能源结构、产业结构转型升级，有利于推进生态文明建设和生态环境保护、持续改善生态环境质量，对于加快形成以国内大循环为主体、国内国际双循环相互促进的新发展格局，推动高质量发展，建设美丽中国，具有重要促进作用。

（二）引导城市绿色、现代化转型发展

为应对全球气候变化和城市生态环境危机，迫切需要扭转以化石燃料为基础的高能耗、高排放发展模式，转向建设宜居、生态、韧性的现代化城市。城市的绿色转型围绕着节能减碳，涉及能源、产业、城市规划、交通系统、生态空间、城市治理等多个领域，需要通过系统性的观念、综合性的思维、协同性的计划，使绿色发展理念真正落到实处。

我国城市发展正处于从规模扩张迈向质量提升的关键时期，城市建设和交通发展面临着前所未有的机遇和挑战。2018年我国城镇化率达到60%，正式进入城镇化2.0阶段，对绿色低碳发展提出更高要求。大型城市、都市圈、城市群等不同层次都面临着转型发展的迫切需要，亟待从战略层面明确绿色低碳发展顶层设计，探索城市和交通的绿色低碳发展之路。

（三）促进城市交通系统自身可持续发展

2021年10月，在北京举行的第二届联合国全球可持续交通大会以"可持续的交通，可持续的发展"为主题，深入探讨了可持续交通如何助力经济复苏、创造生计和减缓气候变化等话题，而对于如何更好促进可持续交通的发展，业界普遍认为应该聚焦于绿色环保和科技创新。

目前可持续交通在各地的推进仍然缓慢且不均衡，存在不少挑战。为了推动可持续交通发展，许多城市、企业和社区正在利用技术和创新的力量改善其交通系统，包括交通设施设备上的创新和交通服务（如MaaS）上的创新，一场交通领域的变革已经开始，城市交通系统的绿色、创新发展恰逢其时。

二、城市绿色交通发展历程回顾

1. 城镇化发展阶段及其主要特征

新中国成立七十多年以来,城镇化的历史进程可以划分为三个阶段:计划经济时代的城镇化停滞期、市场经济时代的城镇化快速发展期、现代化经济体系时代的城镇化高质量发展期(图1)。

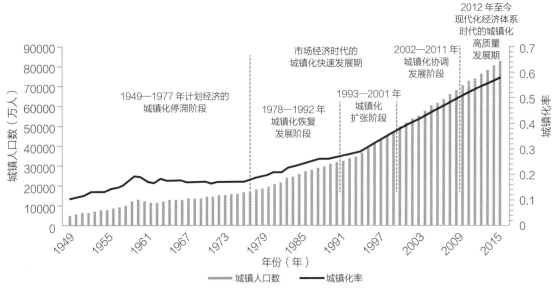

图1 中国城镇化进程的阶段划分

(1)1949—1977年:计划经济时代的城镇化停滞期

我国的城镇化率由1949年的10.64%缓慢地增加至1977年的17.55%,在28年的时间内仅提高了6.91个百分点。这种缓慢的增长趋势主要是由于政府通过计划经济手段(如实行进入许可证制度)控制城镇化发展的强制性制度变迁模式。

(2)1978—2011年:市场经济时代的城镇化快速发展期

1978—1992年:城镇化恢复发展阶段。从1978年开始,中国城镇化受到市场经济体制引入、发展道路选择争论和以经济特区引领对外开放三大方面的影响,呈现逐步恢复发展的进程。随着农村劳动力向城镇流入,围绕着"小城镇论"与"大城市论"的城镇化发展道路的讨论日渐突出。1978年第三次全国城市工作会议中提出的"控制大城市规模,多搞小城镇"与1980年《全国城市规划工作会议纪要》所提出的"控制大城市规模,合理发展中等城市,积极发展小城市"的城市发展方针均明显体现了对"小城镇论"思想的支持。因此,在该阶段以"小城镇论"为主导的城镇化发展模式在缓慢推进的过程中主要表现出就近城镇化的态势。

1993—2001年:城镇化扩张阶段。1993年以来,中国城镇化进程受到扩大对外开放、土地制度改革以及人口流动制度变迁三大方面的影响,表现出快速扩张的趋势。主要表现为城市规模的快速扩张、工业区建设与快速工业化。1993—2001年中国的城镇化转为以大城市为发展方向，表现出快速扩张的态势。

2002—2011 年：城镇化协调发展阶段。自 21 世纪以来，城乡差距、区域差距以及不同群体之间的收入差距逐渐扩大。在"十五"时期，党的十六大报告指出，坚持大中小城市和小城镇协调发展的城镇化道路，2007 年党的十七大再次提出以大带小"促进大中小城市和小城镇协调发展"。

（3）2012 年至今：现代化经济体系时代的城镇化高质量发展期

以 2013 年中央城镇化工作会议提出"着力提高城镇化发展质量"和 2014 年《国家新型城镇化规划（2014—2020 年）》所提出的"全面提高城镇化的发展质量"为转折点，中国城镇化正式进入高质量发展阶段。《国家新型城镇化规划（2014—2020 年）》提出以城市群为主体构建大中小城市和小城镇协调发展的城镇格局，明确了我国未来城镇化的路径和方向。

2022 年发布的《"十四五"新型城镇化实施方案》提出了"十四五"时期推进新型城镇化的方向、路径和目标，提出要以推动城镇化高质量发展为主题，以转变城市发展方式为主线，完善以城市群为主体形态、大中小城市和小城镇协调发展的城镇化格局，建设宜居、韧性、创新、智慧、绿色、人文城市。

2. 城镇化、机动化进程与绿色交通

绿色交通的发展与机动化的发展密切相关。新中国成立初期机动化水平比较低，尤其是小汽车拥有水平低，我国城市交通出行结构中个体出行机动化方式比例非常低，绿色交通（步行、自行车、公交车）占绝对主体，其中自行车占比较高。

以 1978 年为界，我国的机动化大致可分为两个发展阶段。1978 年以前，机动车数量增长较慢，全国民用汽车拥有量平均每年以 11.51% 的速度增长，客车增长速度（9.82%）落后于货车增长速度（12.55%）。1978 年改革开放以后，1978—1992 年间机动车增长仍较为缓慢，私人小汽车的拥有水平低；1993—2001 年间，机动车增长速度明显加快，增长最快的主要是摩托车；2002—2011 年间，机动车呈现快速增长趋势，私人小汽车增速最快，其他机动车（摩托车）增速趋缓。2011 年之后，私人小汽车保有量超过其他机动车（摩托车），继续保持快速增长态势。据公安部统计，2022 年年底全国机动车保有量达 4.17 亿辆，其中汽车 3.19 亿辆，中国已经成为汽车产销最多的国家。机动化发展带来机动性普遍改善，也带来了城市交通状况恶化、交通能源消费快速增长和环境负荷加重等问题。主要国家千人机动车保有水平变化和我国机动车拥有总量及内部结构变化分别如图 2 和图 3 所示。

摩托车在我国城市机动化发展初期占有较大比例，虽然为人们出行带来方便，但属交通安全性能较低的车种，且废气、噪声污染严重，因此逐渐被各大城市放弃。1985 年起，北京开始禁摩，此后各大城市相继效仿，大多集中在 2000 年以后，2002 年杭州禁摩，2004 年广州禁摩，到 2015 年 8 月，中国已有 185 个城市加入禁摩阵营。

城镇化和机动化进程叠加演进，深刻改变了中国城市的交通方式结构。1993 年以后，我国大城市表现出快速扩张的态势，此时我国城市的机动化仍处于起步阶段，自行车等非机动车依然是城市居民出行的主导方式。特大城市机动化出行占居民出行的比重不超过 40%，大城

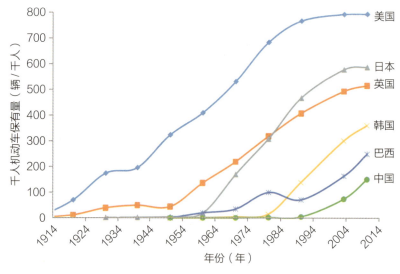

图2 主要国家千人机动车保有水平变化

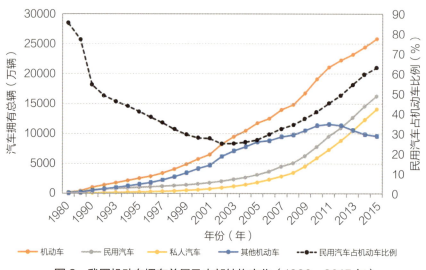

图3 我国机动车拥有总量及内部结构变化（1980—2015年）

市和中等城市则不超过10%。

20世纪末和21世纪初是私人小汽车快速发展的时期。从上海、广州、南京等特大城市的居民出行调查可知，20世纪90年代后期，这些城市居民出行机动化趋向已初见端倪。上海市1995年与1998年两次居民出行调查结果表明，自行车出行比例显著下降，由34%下降到不足30%，小汽车、二轮机动车（摩托车+助力车）等个人机动出行方式上升了50%左右。据广州市1992年和1998年两次居民出行调查的结果分析，自行车出行比例由34%下降到22%，同时摩托车和小汽车出行比例分别从1.4%和6.4%上升到2.4%和10.5%，公交由21.7%下降到17.7%。南京市1999年与1997年的居民出行调查对比，不到3年间，自行车出行比例下降了13.8个百分点，公共交通出行比例上升了12.8个百分点，小汽车、摩托车和出租车等出行比例也全面上升。沿海城市大连、青岛和厦门的情况也类似。在北京出行结构中，从1986年到2000年、2005年，自行车出行比例分别为62.7%、38.5%、30.3%，小汽车

5%、23.2%、29.8%,公交 28.2%、26.5%、29.8%,表明城市交通出行的机动化趋势越来越明显(图4)。

在机动车快速发展的同时,城市轨道交通也开启了快速建设的步伐(图5),随着运营里程不断增长,轨道客流也呈增长态势。同时,小汽车出行比例仍然保持增长态势,并没有因为实施公交优先战略和轨道投入运营而降低吸引力。

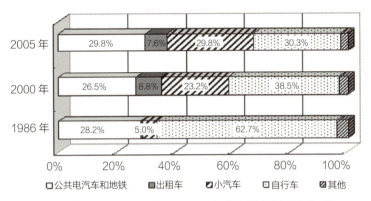

图4　1986年、2000年、2005年北京城市交通结构对比

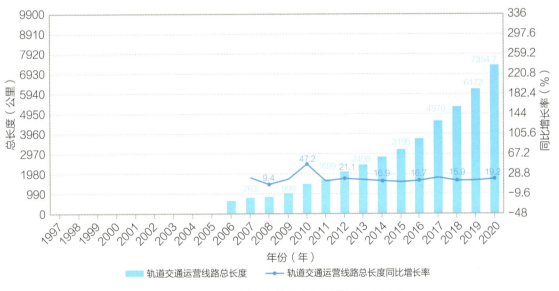

图5　1997—2020年轨道交通运营线路总长度

北京、上海、广州、深圳、重庆(主城区)2012年到2017年出行结构情况表明,小汽车出行分担率整体呈缓慢上升趋势,而公交出行分担率整体呈缓慢下降趋势(表1),并且低于小汽车,表明公交出行在近年来的城市发展中相对小汽车处于竞争劣势。在公共交通系统内部,轨道出行分担率呈明显上升趋势(表2),而常规公交出行分担率呈明显下降趋势。上述特征表明,出行方式变化主要是常规公交向轨道交通转移,未能有效吸引其他出行方式向公共交通转移,特别是不能吸引小汽车出行的转移。

造成上述现象的原因是多方面的,但最直接的原因是公交优先与小汽车需求管理政策之间协同不足,未能从城市交通系统层面处理好不同的交通方式在发展过程中的优先次序,其根源

部分城市近年来小汽车和公交分担率变化情况　　　　　表1

年份	北京		上海		广州		深圳		重庆（主城区）	
	小汽车	公交	小汽车	公交	小汽车	公交	小汽车	公交	小汽车	公交
2012年	37.9%	51.1%	34.3%	52.5%	40.7%	46.5%	39.9%	46.9%	—	—
2013年	37.2%	52.3%	34.3%	52.6%	41.0%	46.4%	42.2%	44.6%	—	—
2014年	36.0%	54.9%	33.0%	55.2%	41.4%	46.0%	41.0%	46.6%	29.4%	60.7%
2015年	37.3%	58.2%	33.2%	55.2%	39.4%	45.8%	41.5%	45.9%	31.4%	60.8%
2016年	38.1%	58.2%	33.8%	55.2%	41.8%	47.0%	41.2%	41.9%	33.5%	59.3%
2017年	40.6%	52.9%	33.7%	55.4%	42.4%	—	—	46.9%	34.3%	58.3%
2018年	—	—	—	—	—	—	—	—	35.0%	58.4%
年均增长	0.5%	0.4%	−0.1%	0.6%	0.3%	0%	0.3%	−1.3%	1.4%	−0.6%

部分城市近年来轨道分担率变化　　　　　表2

年份	北京		广州		深圳		重庆（主城区）	
	轨道	常规公交	轨道	常规公交	轨道	常规公交	轨道	常规公交
2012年	19.5%	31.6%	15.0%	31.5%	9.0%	37.9%	—	—
2013年	23.4%	28.9%	16.0%	30.4%	9.5%	35.1%	—	—
2014年	22.2%	32.7%	16.8%	29.2%	11.3%	35.3%	10.8%	49.9%
2015年	29.2%	29.0%	17.1%	28.7%	13.6%	32.1%	12.4%	48.4%
2016年	31.9%	26.3%	19.2%	27.8%	13.6%	28.0%	13.3%	46.0%
2017年	26.1%	26.8%	20.7%	25.7%	—	—	14.6%	43.7%
2018年	—	—	—	—	—	—	16.3%	42.1%
年均增长	1.3%	−1.0%	1.2%	−1.2%	1.2%	−2.4%	1.4%	−2.0%

是对城市交通绿色发展的内涵和目标认识不足。

3. 城市空间形态与绿色交通

交通系统能够塑造城市的空间形态，但不同形态的城市，绿色交通发展模式存在一定差别。城市形态与绿色交通相互影响的逻辑是：不同形态的城市受到地形的制约影响很大，其次也有人为的因素。地形的制约影响了城市连绵区的发展规模、城市功能中心的布局、城市道路网的结构和设施水平，从而影响居民出行尺度和采用的交通方式。

根据2010年前后我国部分城市交通出行分担率情况的调查分析，不同形态城市的绿色出行构成有明显差异（图6、图7）。带状城市的公交分担率相对较高，大多处于20%以上水平，甚至达到40%以上（西宁）；自行车及电动车比例相对较低，尤其是中西部山地带状城市，有些低于2%。总体上，这些城市的绿色交通主要体现为公交+步行方式。组团状城市公交分担率普遍较高，大部分位于20%以上，步行比例、自行车+电动车比例都比带状城市高。团状城市的公交分担率相对偏低，大部分位于15%以下；自行车+电动车比例很高，从15%到50%不等；步行方式基本占到30%左右。

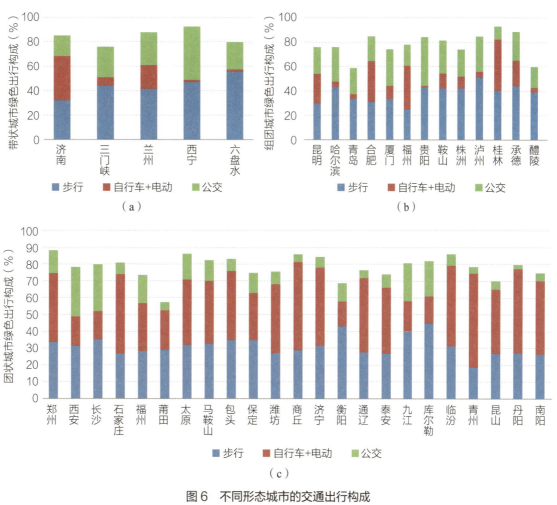

图6 不同形态城市的交通出行构成
（a）带状城市；（b）组团城市；（c）团状城市

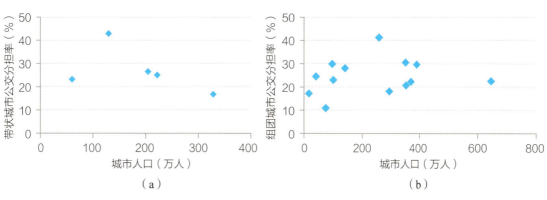

图7 不同形态城市的公交分担率
（a）带状城市；（b）组团城市

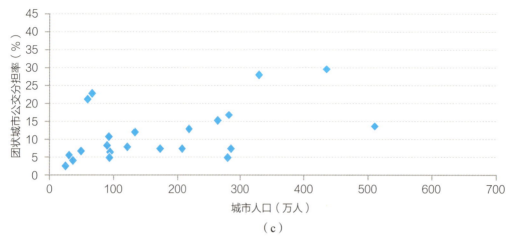

图7 不同形态城市的公交分担率（续）
（c）团状城市

三、城市绿色交通发展目标与要求

（一）绿色交通定义与发展原则

1．城市绿色交通的定义

"绿色交通"作为城市交通的一种发展理念由来已久。1994年，克里斯·布拉德肖（Chris Bradshaw）提出绿色交通体系（Green Transport Hierarchy）的概念，通过评价交通出行的优先等级，用以指导个人出行及政府决策。这个概念一经引入国内，立即引起学术界和政府部门高度关注，并成为指导城市交通发展的重要理念之一。

随着绿色交通理论和实践探索不断深入，其内涵从交通方式绿色等级扩展到交通与环境、交通与资源、交通与城市、交通与社会等多个维度。对于绿色交通定义的具体表述也出现多种说法，具有代表性的包括：

（1）UNEP（联合国环境规划署）对绿色交通的定义：一种能够支持环境可持续发展的交通模式，该模式同时也促进其他方面的可持续发展，即经济（例如能够支持良性竞争的经济体系、平衡区域发展水平以及创造更多的就业岗位）及社会的可持续发展（例如在维护人类和生态系统平衡的前提下构建个人、公司和社会实现自我价值的平台，同时消除贫困，促进公平）。

（2）OECD（经济合作与发展组织）对绿色交通的定义：以安全、经济实用和可被社会接受的方式满足人员和货物流动的需求，并达到公认的卫生和环境质量目标。

（3）《绿色交通示范城市考核标准》中对绿色交通的定义：与社会经济发展相适应，与城市发展相协调，有利于提高交通效率，有利于生态和环境保护，适应人居环境发展趋势的多元化城市交通系统。

（4）百度百科上的定义：绿色出行是采用对环境影响最小的出行方式，即节约能源、提高能效、减少污染、有益于健康、兼顾效率的出行方式，包括多乘坐公共汽车、地铁等公共交通工具，合作乘车，环保驾车，或者步行、骑自行车等。只要是能降低出行中的能耗和污染，就叫作绿色出行。

上述定义虽然表述不同，但是都包含以下共同且重要的关键认识：一是突出环境友好和能源节约；二是不局限于交通方式自身，而是具有以人为本、与城市协调发展、高效优质等外延。基于上述认识，结合我国的城市和城市交通的特征与趋势，本专题研究认为：绿色交通是体现以人为本、可持续和高质量发展内涵，以追求安全、高效、公平、低能耗、低排放为核心目标，有利于实现交通与土地利用协调、交通出行结构优化、交通服务升级及技术和体制创新的发展模式。

2. 绿色交通发展的基本原则

长期以来，我国对交通系统发展与资源和环境的关系缺乏战略高度认识，在交通设施的建设中仅强调发展的可能性和情况发生变化时的适应性。而可持续发展的交通则要求从观念上、技术上、政策上协调居民出行需求、道路设施供应、城市环境质量与城市经济发展之间的相互关系，最终形成这样一种交通体系：满足城市居民出行需求的同时对环境影响副作用最小；随着居民出行需求的提高，交通系统的弹性最大；交通要为居民提供人性化的环境空间。

为促进城市交通的绿色发展，进而推动城市的高质量发展，应遵循以下四个基本原则：

一是经济、社会、环境可持续原则。城市交通发展应考虑经济社会发展阶段特征，在资源、环境约束下，实现交通与产业、经济、社会的统筹发展。

二是以人民为中心原则。城市交通作为城市公共服务，应明确交通服务是为了满足人们出行所用和生活所需，而不是过分关注交通工具或者交通设施本身。

三是统筹城市系统发展原则。根据系统学理论，城市交通系统应与城市系统融合发展，将绿色发展理念渗透在城市功能的时空组织中，支撑城市高效、有序运行，促进城市转型，不能就交通论交通。

四是创新驱动原则。在数字化、信息化浪潮冲击下，城市交通要适应内外部因素的变化，鼓励创新和变革，将绿色交通理念、技术和方法不断更新迭代，更好地服务人的需求。

3. 绿色交通要注重四个协调性

城市绿色交通是为了减轻交通拥挤、降低环境污染、促进社会公平、提升城市建设和运行质量而发展的低污染、有利于城市环境的多元化城市交通系统。

绿色交通是可持续、可协调的交通，它包括交通与资源环境、社会、城市和未来发展的四个协调关系，在协调过程中体现绿色发展的理念和价值。

一是交通与资源环境的协调。城市交通用较少的资源消耗（包括能源、土地等）和较低的环境代价，维持合理的城市交通需求。

二是交通与社会的协调。城市交通要以人为本，为城市社会不同群体提供安全、多元、包容和公平的交通服务。

三是交通与城市的协调。城市交通要与城市土地利用相协调，合理组织城市生产、生活等各项功能高效、有序运行，引领城市转型发展和存量有机更新。

四是交通与未来发展的协调。城市交通要适应未来的发展，在信息化进程中不断变革、探索和创新交通的理论、方法和实践活动。

（二）城市交通碳排核算方法

低碳是城市交通绿色发展的重要目标，也是助力实现碳达峰、碳中和目标的重要方面。要准确评估城市交通低碳发展的水平和成效，必须建立客观、准确、可操作的碳排核算方法，为城市交通碳减排提供量化数据支持，也有助于交通领域低碳规划方案的制定，将城市交通的低碳发展落到实处。

1. 城市交通碳排核算方法综述

由于城市交通碳排放源较多且差异较大，难以完全精确地进行计算，目前的研究中主要有三种方法进行测算，分别为《IPCC 2006年国家温室气体清单指南》（2019修订版）中的"自上而下"法、"自下而上"法以及全生命周期法。

"自上而下"法：指用地区范围内的交通运输行业能源消耗数据乘以燃料碳排放系数来计算交通碳排放量（图8）。"自上而下"法可通过国家统计数据、能源统计年鉴等方式获取数据。

"自下而上"法：指依据各种交通方式的活动水平（如行驶里程）乘以单位活动水平的碳排放因子来计算交通碳排放量（图9）。由于"自下而上"法所需各类数据分散在不同部门、企业，数据获取有一定难度，但基于完善的跨部门协调机制则可实现各类数据收集，且可精准反映不同交通方式在城市二氧化碳排放中的贡献度，便于交通运输管理部门开展针对性的碳减排措施。

全生命周期法：通过研究城市交通中各种交通工具生产、运营、回收等整个生命周期内产生的碳排放总量。由于不同交通方式有各自的特点，不同交通方式的生命周期划分有一定差异，如步行在整个过程中不依赖任何运输工作，该方式的碳排放量为零；自行车虽然在使用过程中不会产生碳排放，但是在自行车的生产和报废回收过程中将会产生碳排放，因此自行车的生命周期仅包括车辆周期；小汽车在生产过程和使用过程中均会产生碳排放，因此其生命周期包括车辆周期和燃料周期。

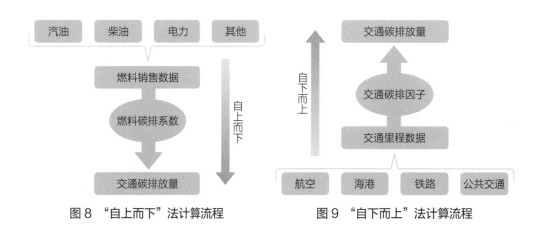

图8 "自上而下"法计算流程　　图9 "自下而上"法计算流程

2. 不同核算方法的优缺点比较

三种核算方法各有优劣，"自上而下"法简单易行，但结果较为粗放；"自下而上"法可根据不同方式进行计算，指导性更强，但数据收集和处理难度大；全生命周期法考虑因素较多，涉及不同专业领域，计算过于复杂。三种方法优劣比较如表3所示。

三种方法的优劣比较　　　　　表3

测算方法	特点	优势	不足
"自上而下"法	通过能源消耗对交通碳排放量进行计算	数据较准确，易于获得，计算简单	不能体现货运、客运及各种交通方式的碳排放量，不同交通方式排放因子不统一，计算方法存在一定的偏差
"自下而上"法	从能源消费端分类进行数据统计	能够对客货运及不同交通方式的碳排放量分别计算	需要统计和收集数据较多，部分数据的处理存在一定的困难和误差
全生命周期法	从各种交通工具产生到消亡的整个生命过程进行计算	充分考虑基础设施建设、运输工具生产及运营维护的能耗，更全面地体现每种方式的能源消耗	计算过程较为复杂，涉及生产、建设、燃料化学变化等多个领域

综上所述，由于城市交通方式多样、能源结构多元、交通工况复杂、客货运需求随机性强，截至目前，尚未建立能够适应不同类型城市，全面涵盖不同型号载运工具和差异化交通网络运行工况的城市交通全生命周期碳排核算方法。因此，亟需建立科学化、规范化、标准化的城市交通碳排放核算方法。

（三）城市交通绿色发展基本要求

1. 推动节能减排低碳化发展

碳达峰、碳中和目标引领下的城市发展方式变革迫在眉睫，城市交通行业绿色低碳发展将起到重要的引领作用。我国需要加强对交通系统碳中和的深刻认识，以"双碳"目标为动力，全面驱动我国城市交通系统能源供给、载运工具及交通方式的全面绿色低碳，从而倒逼城市生产体系、组织体系的变革，实现城市的低碳转型发展。

碳达峰、碳中和从概念到引发能源变革，从引发产业变革到社会经济变革，从社会经济变革到生态环境的变革，本质是从资源依赖走向技术依赖的发展转型。交通系统将实现电动化取代燃油化、清洁的电力化取代灰色的电力化，同时也将促进人类生活方式、交通出行方式的本质变革。欧盟、英国、日本在交通净零排放方面都已有明确的日程表，基于交通系统净零排放的日程表也将推动净零交通系统的整体科技变革。

2. 服务人的高品质出行需求

"公共交通＋自行车＋步行"构成的绿色交通系统在改善空气质量、缓解交通拥堵、建设可持续发展型城市方面正发挥着愈来愈积极的作用，因而成为全球公认的未来城市交通发展主流模式。欧盟通过"空气质量行动计划"来监督、引导建立"公共交通＋自行车＋步行"的城市绿色交通系统；法国《大气保护与节能法》制定了大都市区域城市交通规划编制的六条要求，位列第一和第二的分别是"降低小汽车交通出行量"和"发展公共交通等低污染的节能型交通方式特别是步行和自行车"；欧盟国家在继续坚持优先发展公共交通、不断改善公共交通系统服务品质的同时，更多地致力于建设由"公共交通＋自行车＋步行"构成的绿色交通系统；巴黎、伦敦等城市在街道狭窄的老城区，也尽可能加宽步道，设置自行车专用道，引导市民选择步行与自行车出行。此外，欧美城市还将公交换乘、多种交通运输方式的无缝衔接及一体化发展纳入规划、体制机制设计与运输组织管理中，提高城市综合交通系统的运行效率，满足人的多种出行活动需要。

3. 引导城市低碳化转型发展

改革开放以来，我国城镇化快速推进的同时，环境透支、资源过度消耗、社会矛盾激化等诸多问题也相伴而生。随着我国步入城镇化发展的中后期，城市发展进入高质量发展阶段，由大规模增量建设转为存量提质改造和增量结构调整并重，绿色交通是实现土地节约集约利用、城市功能完善、城市品质提升的必然选择。

在能源、土地资源紧缺与城市空气质量、生态环境不断恶化的多重压力下，高效土地利用与生态宜居的城市布局成为国际推崇的可持续城市发展模式，强化交通与城市空间布局、环境保护、土地高效利用的整合，继而实现"交通引导城市发展"已成为国际趋势。欧盟及许多欧美国家政府通过规划、土地利用和污染治理等方面的法规和指南，来鼓励和促使地方政府采取行动。欧盟发布《可持续城市移动性规划编制与实施指南》，指导欧盟国家制定与可持续城市发展目标相一致的区域综合交通规划，确保人和物的交通可达性，提高安全、降低空气污染、降低碳排放和能源消耗、提高城市环境和城市设计的质量和吸引力，使城市综合交通规划特别是大容量公交走廊规划在都市圈与城市总体规划中逐步发挥引导作用。

4. 推动城市更新和精细治理

在经济高速发展和城镇化快速推进过程中，我国城市发展注重追求速度和规模，城市规划建设管理"碎片化"问题突出，城市的整体性、系统性、宜居性、包容性和生长性不足，人居环境质量不高，一些大城市"城市病"问题突出。从2020年城市体检情况来看，城市发展主要存在中心区普遍人口过密、功能布局不够均衡、社区基础设施和公共服务设施配套相对不足、城市风貌塑造和历史文化保护不够到位、精细化管理水平有待提高、应对风险的韧性有待增强等问题。

实施城市更新行动，抓重点、补短板、强弱项，着力解决"城市病"等突出问题，补齐基础设施和公共服务设施短板,重视历史文化保护,强化城市风貌管控,处理好更新与社会治理关系,引入新产业新业态,加强科技应用,促进城市发展更加智慧化,推动城市结构调整优化,完善城市功能,提升城市品质,提高城市治理水平。

随着城市交通进入精细化治理阶段,交通需求管理成为促进城市交通绿色发展的重要手段,信息技术在城市交通领域的应用更加深入与广泛。交通需求管理应作为区域或城市交通规划必须涵盖的内容,当城市拥堵和污染时,应把优先权给予高效、低污染的绿色出行方式。在一些特定区域和时间,小汽车拥有和使用需要被限制。通过经济手段和创新技术,调节控制小汽车的保有与使用以达到缓解城市交通拥堵、降低交通污染排放、提高全体居民福祉的目的。

四、绿色交通与节能减排

城市交通碳排放来源如图10所示。从城市交通用能和碳排放产生的机理来看,主要由两大部分组成,一是使用非可再生能源生产(即非绿电)的电能所产生的碳排放;二是消耗汽柴油等传统化石能源产生的碳排放。以北京为例,目前城市交通碳排放超过千万吨,其中8%是用电产生,主要来源于轨道交通和新能源汽车;92%是化石能源消耗产生,主要来源于燃油机动车。

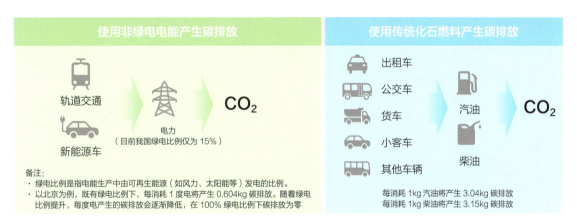

图10 城市交通碳排放来源示意图

我国是世界上最大的汽车生产和消费国,同时也是汽车保有量最大的国家之一。据统计,城市交通二氧化碳排放量约8亿吨,约占全国总碳排放量的8%(图11),尤其是以化石燃料为动力的机动车,是我国石油消费的主力军。2022年全国机动车保有量达4.17亿辆,其中汽车达3.19亿辆,新能源汽车1310万辆,新能源汽车占汽车总量的4.1%。机动车保有量持续快速增长,碳排放控制难度极大。

城市交通的碳中和本质上是一个交通能源变革和转型的过程,从伦敦、东京等国际大城市实现交通碳中和的主流策略来看,主要是两种途径:一是推动交通尽可能地使用电能而且是绿色的电能,包括发展轨道交通以及推动燃油机动车向电动化转型;二是尽可能地发展零碳排放的步行和自行车交通。

汽车保有量

超100万辆的城市：76个
超200万辆的城市：34个
超300万辆的城市：18个

北京 603万辆　成都 545万辆　重庆 504万辆

约占全国总碳排放量的 **8%**

图11　交通领域碳排放构成

（一）运输结构与能源转型推动节能减排

1. 推动"公转铁、公转水"运输结构转型

加快大宗货物和中长途货物运输"公转铁""公转水"，大力发展铁水、公铁、公水等多式联运。

目前，我国大城市货物运输普遍以汽柴油货车运输为主。以北京为例，全市货物80%左右靠公路运输，每年产生数百万吨碳排放。而根据测算，每实现100万吨的货物从公路转移到铁路，一年可降低2.2万吨碳排放。优化货运结构，构建"电气化铁路＋新能源汽车"的绿色运输模式很重要，其中找到铁路适运货类是关键。

从北京实践来看，随着产业结构优化调整，传统铁路适运货类（如煤炭、矿石）需求大幅下降，而城市生产建设所需要的矿建材料成为需求量最大（每年1亿吨）的货类，也是最适合、最有潜力转移到铁路的货类。近两年来北京结合运输结构调整战略部署，以矿建材料为重点，已初步构建了"电气化铁路＋新能源汽车"的绿色运输模式，在碳减排方面初显成效。从全国来看，矿建材料年需求达200亿吨，如果能够在更大范围形成"电气化铁路＋新能源汽车"的绿色运输模式，将进一步释放运输结构优化对碳减排的潜力。

2. 由化石燃料依赖向全面电动化转型

碳中和目标下，如何摆脱对汽柴油等化石能源的依赖，由目前电动化率不到10%提升至50%甚至更高比例，将是车辆能源结构变革的巨大挑战。

要实现新能源汽车的规模化应用，仍需要在续航里程、综合成本、能源设施三方面取得突破。续航里程方面，目前除私人小客车外，其他领域车辆续航里程仍存在50~200公里差距，急需通过提高车辆技术性能解决续航里程不足问题；综合成本方面，既有补贴情况下纯电动汽车单车综合成本仍较传统燃油车高出15%~30%，而燃料电池汽车则高出2~5倍，需要平衡全生命周期综合成本缩小油电成本差；能源设施方面，例如北京，面对2025年力争达到200万辆的新能源汽车发展目标，电能和充电设施供给规模预计是目前的3倍以上，急需大幅提升能源基础设施保障。

（二）交通科技创新促进节能减排

1. 交通出行服务模式创新

在"双碳"目标引领下，交通科技创新将呈现零碳化、数字化和智能化特点，从推动节能减排角度，可以采取以下三类措施：

一是规模化应用已成熟技术，对技术体系已相对完善且逐渐进入产业升级和量产阶段的技术，如特大城市新能源汽车发展普遍走过了试点阶段，应鼓励共享模式和规模化应用推广，从交通设施规划、建设和管理等方面予以支持保障。

二是不断规范探索试验期技术，对仍处在技术探索期和试点示范阶段的技术，如近年来以北京为代表的特大城市在 MaaS、自动驾驶等方面的探索尝试，已初显成效，下一阶段需要在更大范围内进行应用并向体系化方向发展，制定相应的规则和管理政策。

三是鼓励探索不可预知类技术，对难以预料的技术创新可能带来的传统交通行业颠覆性变革，例如交通与能源融合发展衍生的交通创新业态等，要保证研发投入，预留新业态先行先试的容许空间。

2. 交通信息化技术创新

未来的交通场景应是以信息化技术推动实现人、车、路协同发展，建立不堵车的交通系统，实现系统运行效率最优。近年来国内外迅速发展的车路协同和智能网联技术就是一例。除了应用到自动驾驶领域，智能网联技术也可在城市公共交通领域进行推广，实现集约化公交系统的效率提升。

车路协同主动式公交优先可以极大地改善乘客出行，体验节省用户的时间。以长沙为例，基于主动式公交信号优先技术，在梅溪湖片区至高新区之间为沿线 1 万余名有前往高新区园区上下班通勤需求的市民量身订制了两条智慧通勤公交专线，2021 年 5 月 17 日正式进入试运营。试运行半个月，有 3000 余人体验，试乘数据显示，较私家车按照地图推荐线路的通勤时间平均节省 27.5%，较相似线路、同时段普通公交车通勤时间平均节省 30.7%。约 24.7% 的乘客（700 多人次）由开车通勤转变为乘坐智慧通勤公交线路。在成本方面，2 公里地铁建设的费用即可完成长沙全市的车路协同主动式公交优先改造，社会经济效益十分显著。

（三）健全政策机制推动节能减排

1. 规划确立节能减排愿景共识

为实现城市交通低碳发展，推进节能减排全面实施，各城市政府应推动社会各界达成行动共识并积极出台相关规划，明确城市交通领域节能减排目标和措施。以下列举了国外典型城市的做法。

2019 年纽约发布《同一个纽约——规划一个强大而公正的城市》作为纽约绿色新政。该规划描绘了新的发展蓝图——至 2050 年有效应对气候变化，不再依赖化石能源和小汽车。

《伦敦市长交通战略》提出至2041年实现80%以上出行为步行、骑行、公共交通等低碳交通方式。

2019年发布的《东京净零排放战略》中，明确应加快应对气候变化的相关行动，提出2030年温室气体排放降幅达到50%，零排放车辆在新车销售中占比达50%，增设150座加氢站等中期规划目标和2050年实现净零排放的规划愿景。

2016年洛杉矶颁布的《移动性规划2035》中提出，至2035年，人均车公里数降低20%，人均碳排放降低16%，公务车、垃圾集运车、道路清扫车100%使用可替代燃料或实现零排放，交通相关能源使用降低95%，新增1000处公共充电站，降低港口污染气体排放等目标。

2. 政府主导推动交通电动化转型

在全球电动汽车推广的城市中，中国香港开辟出一条独特的道路：通过"存量燃油车"的电动化、高油价以及重点支持居民小区停车位"集中"改造等政策组合拳，推动香港私家车向电动化转型。

香港通过对私人居民小区停车位的大规模"集中改造"，为私人充电桩的安装预留接口。一直以来，为控制私家车保有量的增长，香港对停车位数量增长进行严格限制，其停车位与私家车数量之比从2006年的1.51∶1持续下降到2020年的1.1∶1。与内地城市一样，香港高密度的住宅小区众多，建私人充电桩尤为困难，需要协调小区物业、业主委员会、电网公司等众多主体，协调周期长、个人业主资金投入量大。

为解决私人住宅小区充电桩安装难的问题，香港特别行政区政府在2020年10月斥资20亿港元出台"电动汽车屋苑充电易资助计划"（EV-Charging at Home Subsidy Scheme）（图12），利用三年时间，支持私人住宅楼宇的业主或物业公司对停车场进行"集中改造"，计划为6万个停车位提供充电接口（但不提供充电桩）。按照该计划，每个车位的改造将获得最高3万港币，或单一小区最高1500万港币的补贴（二者取最低）。只有住宅小区的业主立案法团（即业主委员会）、公契经理人（即物业公司）或全体业主，才有资格申请"电动汽车屋苑充电易资助计划"的补助，个人则无法申请。香港对私人小区停车位集中改造的资金支持与标准化操作规范，值得同样面临居民小区充电桩建设难的内地城市借鉴。香港零排放汽车推广政策如图13所示。

与纯电动私家车主要依靠停车充电改造的推广策略不同，零排放公交车推广主要依靠补贴。2020年，香港特别行政区政府向"新能源运输基金"拨款8亿港币，以鼓励公交、出租、渡轮、货运等运营企业试点新能源汽车。每辆新能源汽车可获得的补贴为新能源汽车与传统燃料车辆价格差，或新能源车辆购置价格的50%；单车补贴上限为300万港币，单一企业上限为1200万港币。

3. 市场化碳交易机制推动减碳行为

深入研究以碳为介质的新型交通需求管理政策，探索实施个人碳账户，逐步建立市场碳交易机制，推动各类政策措施切实落地实施。

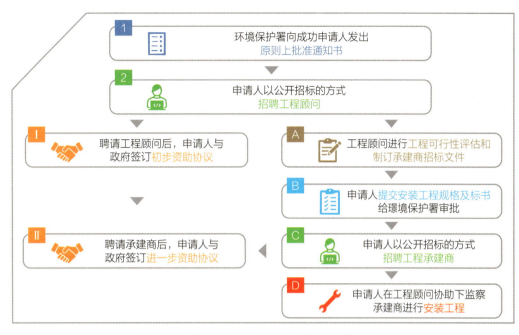

图 12　香港"电动汽车屋苑充电易资助计划"申请流程
资料来源：世界资源研究所：交通净零|WRI 最新发布《香港道路交通减排路径》①：
盘点"私家车减排"的"香港经验"

图 13　香港零排放汽车推广政策
资料来源：世界资源研究所：交通净零|WRI 最新发布《香港道路交通减排路径》①：
盘点"私家车减排"的"香港经验"

市民也要积极参与节能减碳行动，通过碳激励个人生活和消费方式的转变所激发的能量是巨大的，将节能减排绿色生活融入生活中的点点滴滴，需要社会长期的宣传与时间的积累。北京高德地图推出的碳激励措施，通过公交、地铁、骑行、步行方式出行，可获得相应的碳能量，用于兑换交通优惠券、购物代金券等。广州通过羊城通 App 乘坐公交地铁，获得羊城通碳币，兑换不同金额类型的出行金礼券；兑换成功后，使用羊城通 App 扫码乘车时，选择优先抵扣车票即可免费乘车。苏州、无锡八维通地铁 App 内接入碳减排账户，每次扫码乘车可获得对应的二氧化碳减排量，乘客凭碳账户积分可免费借阅电子图书。

五、绿色交通与人的高品质出行

（一）回归本源，改善人的移动性

1. 回归交通为人服务的本源

1995 年，原建设部、世界银行、亚洲开发银行和中国城市规划设计研究院组成的联合工作组共同起草了《北京宣言：中国城市交通发展战略》，其中将"交通的目的是实现人和物的移动，而不是车的移动"作为城市交通的首要原则，并提出根据各种交通方式运送人和货的效率来分配道路空间的优先使用权。自那时起，公共交通、自行车和行人的通行空间问题开始得到广泛的关注和持续的改善。

城市交通的目标是"服务于人的需求，组织城市高效可持续运行"。其中，服务于人的需求指的是人和物的移动需求。交通作为城市的四大基本功能之一，伴随着城市的产生而出现，人口集中于城市，必然产生就业和生活需求。就业需求的本质是产业发展和就业岗位，以及相应的物流。生活需求指衣食住行的基本需求和教育、医疗、休憩等社会服务需求。服务这两种需求，交通是最基本的保障。在不同的历史发展阶段，城市交通面临的问题和解决的对策有所不同，因而城市交通的关注点也在不断变迁，但服务于人的需求一直是城市交通的根本。

服务于人的需求，改善人的移动性是城市交通不变的本源。不同的发展阶段下，由于环境、文化、科技水平的变化，人们的生活方式也在发生着变化，对城市交通的诉求也产生了相应的变化。这些演化与城市交通都是紧密相关的。随着现代社会人们生活方式的多元化、技术手段的创新发展、交通工具的现代化，尤其是当今对环境绿色发展的高要求，城市交通已不仅仅是基础设施和交通工具的提供，而要从更广义的服务于人的需求角度研究城市交通问题，更重要的是体现城市整体的综合服务功能与运行效益。

2. 提升人的可持续移动性

绿色交通让人和城市具有可持续的移动性。绿色的移动性可以从交通工具、交通模式和城市发展模式等不同维度进行解释。在交通工具方面，Chris Bradshaw 于 1994 年提出绿色交通体系，将绿色交通工具进行优先级排序，依次为步行、自行车、公共交通、共乘车，最后才是单人驾驶的小汽车。通过交通工具对资源环境影响而确定优先次序，体现了个体层面关于绿色交通的关注；在交通模式方面，城市交通方式结构是重要表征指标，我国大中城市普遍提出绿色交通发展目标是公共交通、步行和自行车等绿色交通方式占出行总量的比例不低于 75%，有些城市提出不低于80%的目标，这与欧美城市以小汽车主导的交通结构是显然不同的。通过衡量城市的主导交通方式，可以看出该城市的交通是否绿色化。进一步推广到城市层面，城市交通结构与城市形态、密度、社区和街区布局密切相关，交通模式往往与城市开发方式相互伴生，因此，发展绿色交通，不仅要在交通工具、交通模式方面更加绿色，更重要的是要求城市发展模式更加绿色。

绿色出行的评价标准必须考虑人的需求能否通过高品质的绿色交通方式得以满足。可持续移动性的目标是基于人、服务于人。评价移动性改善效果的指标不是交通工具，也不是交通运行指标，而是能否把人的需求置于出行服务的核心位置。出行服务要针对不同出行者的个性化需求和个体偏好，以预约或定制的形式，采用多模式、网络化、协同化组织技术，对出行链进行一体化整合与优化，提供差异化、多样化的全过程服务方案，以高品质、高效率的服务方式满足人们出行的需要，提升出行服务体验。

3．保障人人享有交通服务

城市应保障人人享有可持续的交通服务。第三届联合国住房与城市可持续发展大会发布的《新城市议程》提出"我们的共同愿景是人人共享城市"，提出交通领域应更加注重"人"这一要素。公平的交通意味着向所有人提供安全、便捷、可负担的交通服务，老人、儿童、残疾人、低收入群体不会因为年龄、身体能力、经济能力的显著劣势而被排斥。城市应通过法律制度、技术创新、社会保障等各种途径改善弱势群体的交通服务水平，使其获得机会参与相关活动，从而推动经济社会发展，造福居住在城市中的各个群体。

城市交通服务应具有包容性和平衡性。人的出行行为是动态且多样化的，交通系统要适应社会方方面面的需求，提供给人们更多的出行选择，而不是迫使人们去使用一种或者几种固定的出行方式；城市交通不但满足通勤、通学等时间相对固定的日常出行需求，还要进一步地满足人们生活水平提高以后衍生的其他更具随机特征的出行需求，例如休闲、娱乐、探亲访友等；要以服务人的活动需求为导向，以保障交通公平性和社会包容性为前提，引导和规范交通服务业态发展和相关技术开发应用，提升城市可移动性。

（二）推动小汽车向绿色交通转移

1．坚持公交优先发展战略不动摇

我国城市的基本特征和社会经济的发展阶段决定了实施公交优先发展是一项重要的国家发展战略。中国正处于现代化、工业化、信息化、城镇化的快速发展时期，社会经济发展的同时，土地、能源、水资源短缺的问题日益突出，公众对改善人居环境、促进社会公平、提高生活质量的愿望十分迫切。优先发展公共交通，是在中国特色城镇化道路过程中妥善处理城市交通供需矛盾的必要手段，是集约节约用地的有效措施，是实现保障国家能源战略、实施环境保护的必然要求，同时也是构建和谐公平社会、改善民生的重要保障。因此，公交优先发展不仅关系到交通行业本身的发展，而且与整个国家和城市的可持续发展息息相关。

2. 建设高品质的城市公交系统

为改善人民群众出行条件、满足多样化出行需求，应大力优化公交系统布局结构和功能配置，推进公交网络与城市空间深度融合，加强公交设施和道路资源利用精细化设计，促进各种交通方式协同发展，提高信息化水平，创新公交服务模式和发展路径，增强城市公交可持续发展能力。

一是完善骨干公交网络，适应大规模通勤出行需要。为提升城市通勤交通效率和服务水平，加快构建覆盖主要通勤客流走廊的骨干公交系统，统筹考虑快速公交、轨道交通和公交骨干快线的设施布局和服务方式，形成安全、快速、舒适、便捷的高质量公交服务能力，降低市民对小汽车使用的依赖。

二是优化常规公交线网，提高服务可达性。在锚定骨干公交网络基础上，对常规公交线网进行重构和调整。通过数据驱动，结合需求预测，合理确定常规公交干线和支线网络，根据客流集散规律优化公交枢纽布局和线路组织方式，提升居民日常生活乘坐公共交通的便利性和可达性。

三是创新公交服务业态，提供多样化、可选择的公交服务，鼓励发展定制公交、智慧公交。借鉴雄安新区的公交发展理念，基于信息化技术，通过定制化公交和响应式公交，将共享和合乘理念融入公交系统，采用"中小巴"车型，适当加密站点、灵活动态调整线路，提供贴合乘客需求、可靠易用的公共交通服务。

3. 促进步行和自行车交通复兴

在我国城市交通结构由"自行车王国"转向"个体机动化"的过程中，步行和自行车交通出行环境遭到了十分严重的冲击。为了满足不断增长的私家车出行需求，地方政府纷纷出台了以"缓堵、保畅"为首要目标的措施和行动，路侧的非机动车道在很多城市被取消或挤占，用于机动车道拓宽；城市建成区的停车问题也愈演愈烈，违法占用步行和自行车交通空间的现象比比皆是。这些"以车为本"的做法助长了私家车的过度使用，让城市交通不再"以人为本"。

我国正处于快速城镇化和机动化阶段，必须兼顾经济、社会和环境三个方面的要求，构建有利于节能减排、集约节约用地的可持续交通发展模式，发展以步行、自行车、公共交通系统为主导的绿色交通体系，是城市交通可持续发展的必然选择。

4. 交通需求管理和供给侧改善

促进城市交通绿色发展必须采取"公交引导城市发展、加大绿色出行供给、强化交通需求管理"原则，实施"避免、转移、改善、提高"策略，并根据中国城市规模与发展阶段特点，实施分类指导。

"避免"是指：对出行的基本需求实行有效调节，尽量减少出行的产生，消除或减少非必要的出行需求，减少刚性出行量。

"转移"是指：一是形成覆盖更广泛、衔接更顺畅、运行更可靠、服务更优质的城市公共交通系统，满足民众多样化的出行需求，促使民众在出行方式选择阶段，从优先选择小汽车出行转移到优先选择公交、自行车/步行等绿色的出行方式上来；二是按照每位交通工具的使用者都应为其所产生的环境污染及经济消费支付相应费用的原则，通过外部成本内部化，促使小汽车出行向绿色出行转移；三是使用行政、技术手段，影响交通参与者对交通方式、时间、地点、路线的选择，最大限度削减高峰流量，实现出行需求时间、空间的转移，促使供需平衡。

"改善"是指：一是改善公共交通服务能力、装备水平、智能化管理水平和服务质量，使"行车慢、候时长、乘车挤、信息差"等问题明显缓解，提升公共交通吸引力，让居民愿意乘公交、更多乘公交；二是改善自行车/步行等慢行交通的出行环境，保障自行车/步行的基本路权，推进慢行出行系统的发展；三是改善出租汽车信息化服务水平，改变以巡游为主的营运方式，提高出租车里程利用率，促进节能减排；四是改善城市公众出行信息服务，逐步整合公共交通、民航、铁路、公路等交通运输方式的信息资源，基本实现向社会提供全方位、跨方式、跨地区的一站式信息查询服务；五是控制交通工具的燃料限值和尾气排放标准，采用清洁能源车辆，从源头上减少机动车尾气排放水平。

"提高"是指：一是提高全社会公众对绿色出行的认识，加强促进绿色出行的社会公众参与力度，营造绿色出行的文化氛围；二是提高交通行业从业人员业务能力、责任心和文明建设水平，为绿色出行提供强有力的保障。

根据中国不同城市的规模、经济社会发展水平、城市交通系统运行现状、空气质量现状、地理及气候特点等，对地方政府促进绿色出行行动实施分类指导。分类指导的主要内容包括：因地制宜构建与城市发展目标相协调的绿色交通模式；对于特大型城市或有条件的大城市，重点发展大容量公共交通；鼓励城市根据自身特点发展个性化的公共交通服务（定制公交、商务公交等）；根据城市特点明确步行及自行车出行在城市绿色交通系统中的功能定位，持续改善慢行交通出行环境，增强非机动车出行与公共交通出行间的换乘便捷性；根据城市特点实施相应的小汽车购买与使用政策等。

（三）推动共享、一体化服务新模式（MaaS）

1. MaaS 创新城市交通服务模式

当前城市出行服务仍以相对独立的交通方式划分为主，这就造成了交通服务的割裂和各自为政的管理。随着技术进步，以提高用户移动性为目标的服务理念将倒逼交通服务提供商做出改变，由单一服务转向服务整合，"出行即服务"（MaaS）将成为可能，并引领未来城市出行的发展方向。

"出行即服务"源于英文 MaaS（Mobility as a Service 的缩写）的意译，即使用一个数码界面来掌握及管理与交通相关的服务，以满足每一位消费者的交通出行需求。与传统交通供给相比，MaaS 系统将交通信息从单向管控式传输转变为双向传输，为用户提供个性化、定制化、门到门全链条服务，将城市交通的关注点从交通工具和基础设施调整为如何响应人的活动需求。系统根据整体需求和个体出行偏好，为用户主动匹配并推荐最佳出行方式或组合，在不提升甚至降低出行成本的前提下，为乘客提供更加友好的出行服务体验，实现以人为本的出行服务体系。

2. 以绿色交通为主导构建 MaaS 系统

MaaS 系统将多元交通工具（模式）全部整合在统一的服务平台基础上，基于数据的共享服务原理，运用大数据技术进行资源配置优化、决策，建立无缝衔接的、以出行者为核心的交通系统，并使用移动支付的新方法，来提供符合出行者需求的，更为灵活、高效、经济的出行服务。MaaS 通过将离散交通子系统向一体化综合交通系统的转化，打造一个比自己拥有车辆更方便、更可靠、更经济的交通服务环境，让出行者从拥有车辆改为拥有交通服务，实现由私人交通向共享交通的转变。

MaaS 系统具有共享、一体化、人本和绿色四个特点：

一是共享。强调 MaaS 更应注重交通服务的提供而不是对车辆的拥有；对乘客而言，既是交通服务的受益者，同时也是交通数据的提供者与分享者，并基于数据的挖掘分析使整个出行服务得以优化。

二是一体化。基于时间或费用等敏感因子，高度整合多种交通出行方式，实现最优出行方案的动态推荐，并完成支付体系的一体化。

三是人本。提倡以人为本，强调为人服务而不是为了小汽车，它主要的目标是为民众提供更高效率、更高品质、更具安全的出行服务、无缝衔接等出行体验。

四是绿色。MaaS 将更多地鼓励民众使用公共交通方式出行，提升绿色出行的比例，减少私人机动化的出行，节能减排。

MaaS 系统充分利用共享交通和各模式之间的合作，对于绿色交通方式的发展具有促进和依赖关系：

在公交方面，MaaS 系统中公交运营相比传统模式更为灵活，不再像传统意义上一样沿着固定地理位置移动，而是既注重出行者的"集中性流动"，又兼顾公交"点到点"的个性化出行服务。这可能是目前城市公交发展困境的解决之道。

在非机动车方面，MaaS 体系下的自行车多为公共自行车，是自助性质的服务，租用和付款都是通过智能移动软件上完成，具有灵活性强、绿色无污染等诸多优点，能有效解决"最后一公里"问题。

在小汽车方面，MaaS 系统中一个核心理念就是提高汽车的使用效率。研究表明，一辆共享汽车可以代替 20 辆私家车，购车的高昂成本会平摊到每次出行中，对于每个使用者来说大大减少了出行费用。汽车共享的实行还能有效减少无效出行，具有环保、节约的社会效应。

但是，MaaS 系统仍面临发展无序、环境秩序矛盾、规范管理滞后等问题，想要促进其持续健康发展，需要建立共享交通环境秩序管理制度、制定共享交通发展的分类监管制度、打造开放协调的市场环境以及建立城市交通公共治理体系。

六、绿色交通与城市协同发展

（一）绿色交通重塑城市空间结构

1. 绿色交通支撑城市空间有序发展

对于超（特）大城市以及一些大城市，打破单中心格局、加强次级中心和新城建设已经成为共识。加强枢纽功能培育、建设大运量公交系统有助于支撑城市次中心和新城的开发建设。

在城市群层面，面向区域的功能中心具有区域服务特性，城际铁路和铁路枢纽的支撑有助于加强其对区域的辐射带动，从京津冀地区的区域性功能中心和铁路枢纽分布现状来看，北京的中关村、CBD和天津的北部新区、未来科技城、中新生态城等面向区域的功能中心与各大铁路枢纽全部不耦合。从《京津冀城际铁路网规划》中城际铁路及站点的布局来看，枢纽与区域性功能中心、新城的契合关系已经体现得十分明显。

在都市圈层面，超（特）大城市对都市圈发展关注度越来越高，然而我国都市圈层面轨道交通体系还不完善，区域性铁路对外围新城的支撑不够，导致新城与中心城区的联系采用个体机动化出行仍占有较高比例，对公交的需求与提供的服务之间存在较大矛盾。

在城市层面，任何一个有活力的城市功能中心，绝对不是只为小汽车提供便捷服务，强大的公交系统支撑和舒适的慢行环境是保持和提升城市活力的重要手段。

2. 绿色交通引导城市空间形态塑造

城市空间形态发展可分为蔓延式扩张和紧凑式发展。这两种发展模式下的城市空间，其交通支撑有着明显的差别。蔓延式扩张的城市空间发展使城市郊区和外围地区人口密度相对较低，难以支撑城市中心与郊区或外围地区之间的公共交通的形成。以美国为典型代表的城市蔓延发展，在很大程度上是由私人拥有的汽车运输为主要交通方式来支撑的。而紧凑式发展的城市空间，城市发展的核心是在现有基础上对土地利用模式进行优化调整，城市空间适度扩张的同时强化城市紧凑发展，有利于通过积极发展公共交通、完善步行和自行车交通系统，实现城市居住环境的宜居性。

罗伯特·瑟夫洛在《公交都市》一书中总结了四种城市空间结构与公交发展的关系，与L·M.汤姆逊所提出的交通出行模式相呼应，总结了城市空间结构模型（表4）。

在没有市中心或城市中心较小的城市中，与之相适应的是以小汽车为主导的交通模式，在这类城市中，由于缺少足够密度的支撑，公交的发展只能作为一种辅助交通模式适应城市的发展，不能对城市空间结构的改变起到主要作用。

对于有明确市中心和多中心结构、各个功能混合程度高的城市，则以小汽车和公交混合的交通模式为主，在这样的城市中，小汽车和公共交通谁处于主导地位往往由交通政策所决定，目前世界上的趋势是在这样的城市中大力发展公共交通，一方面，这有利于控制市中心的规模，防止城市过度蔓延，也保证了城市中心区的地位；另一方面，城市的紧凑发展也有利于公共交通的发展，这是一种城市空间结构与交通系统相互适应的模式。

城市空间结构与城市交通模式关联　　　　　　　　　　表4

城市空间结构	L·M. 汤姆逊（1977年）			罗伯特·瑟夫洛（1998年）		
	类型	典型城市	交通出行模式	交通出行模式	类型	典型城市
没有市中心，各功能分散，城市蔓延	充分发展小汽车的模式	洛杉矶、底特律	小汽车交通主导			
城市蔓延，市中心较小，功能分散				小汽车主导、公共交通也占重要比例	公共交通适应城市发展	阿德莱德、墨西哥城
市中心较小，各功能较混合，多中心结构	限制市中心的模式	墨尔本、芝加哥、旧金山和波士顿等	小汽车主导、辅以公共交通	混合、小汽车与公共交通分别主导不同区块	混合型的城市（多中心的城市、强大市中心的城市）	慕尼黑、渥太华、库里蒂巴、苏黎世、墨尔本
强大的市中心，各功能混合，放射状结构	保持强大市中心的模式	巴黎、东京、纽约、多伦多、汉堡、雅典和悉尼等	大规模公共交通主导、辅以小汽车交通			
强大的市中心，各功能混合，放射状结构	限制小汽车的交通模式	伦敦、新加坡、中国香港、斯德哥尔摩等	大规模公共交通主导、辅以小汽车交通		适应公共交通的城市	斯德哥尔摩、东京、新加坡
强大的市中心，各功能混合	低成本的模式	波哥大、拉各斯、伊斯坦布尔、卡拉奇和德黑兰等	公共交通为主、辅以小汽车交通			

有一些城市原来具有强大的城市中心，随着城市的扩张，城市中心失去地位而逐渐没落。比如瑞士的苏黎世，为了避免中心衰落，通过公共交通政策调整带动城市中心区的复兴，使城市中心恢复其原有的人口密度与社会活力，这可以看作是城市空间与公交相互适应的一种模式。

最后一种模式是目前很多发展中国家所普遍存在的，城市本来具有强大的市中心，由于发展需要向外扩张，这就创造了城市空间和交通系统同步规划协同发展的机会，这种城市形态适合于以大规模公共交通为主导，尤其是以地铁、轻轨、快速公交或长距离公交等大容量交通方式为主，以公交发展引导城市发展，防止不可控制的无序蔓延模式。在这种模式中，以公共交通作为城市发展的导向，城市空间要匹配交通模式。

（二）控制城市居民的出行距离

1. 大城市存在"45分钟通勤"规律

研究者通过对北京地铁刷卡数据的研究发现存在"45分钟定律"，即45分钟的地铁内通勤时间（进站点到出站点的时间）可以认为是北京市居民可忍受通勤时间的最大值；若地铁内通勤时间小于 45 分钟，居民倾向于延长通勤时间进而获取更好的就业机会或者居住环境；若地铁内通勤时间大于 45 分钟，即超过了可忍受通勤的阈值，居民搬迁职住地时会以缩短通勤时间作为目标之一。

我国若干大城市正面临超长通勤问题。中国城市规划设计研究院发布的《2022 年度中国主要城市通勤监测报告》中给出几个指标，"45 分钟以内通勤比重""60 分钟以上通勤（极端通勤）比重""5 公里以内通勤（幸福通勤）比重"。2021 年中国主要城市 5 公里以内幸福通勤人口比重总体平均水平 51%，44 个城市中超过 1400 万人承受极端通勤，60 分钟以上通勤比重占 13%，70% 的城市极端通勤人口比重增加。北京极端通勤比重占 30%，是全国极端通勤人口最多的城市。

2. 众多因素影响居民出行距离

影响出行距离的因素主要有：个人年龄、出行决策、出行目的、收入等出行个体因素，交通方式特性，城市空间形态因素（包括城市外部形态和城市内部功能结构），城市规模，职住分布，城市级差地租等因素。

影响城市长距离通勤的最显著因素是城市人口和空间规模。目前长距离通勤主要是存在于超（特）大城市。这些城市空间尺度大、房价高、级差地租更加明显，各种收入阶层的人群共存，在职住空间选择上更容易出现职住失衡，从而产生长距离通勤。

以北京为例，北京的长距离通勤发生点和吸引点在空间上具有一定的规律，发生点多位于近郊新城，如昌平新城；吸引点多位于具有区域性服务功能的功能中心或产业新城，如 CBD、中关村、国贸、金融街、亦庄等。

根据《2021 北京市通勤特征年度报告》，五环路以外回龙观、天通苑北部以及通州、大兴、北三县燕郊等地区，45 分钟以内通勤比例较低，是极端通勤较为严重的区域。从区域分布来看，45 分钟以内通勤占比呈南高北低，北部中关村片区、望京、上地等工作岗位 45 分钟以内通勤相对较低，是吸引极端通勤较多的区域；长安街沿线及金融街、CBD、丽泽、亦庄等地 45 分钟以内通勤占比相对较高。

3. 完善城市功能优化交通配置解决长距离通勤

对于因职住功能失衡引起长距离通勤的新城、产业新城，主要措施是完善新城功能，促进职住平衡。

对于具有区域吸引力的功能中心，解决长距离通勤的主要措施是提供更绿色、高效的交通方式，缩短通勤时间。在北京市城市轨道线网规划中，"轨道快线"这一层次的主要功能之一就是串联区域性功能中心、交通枢纽和外围新城，通过缩短出行时间、减少换乘，改善长距离通勤出行体验。

在城市更新和新城建设中，实施 TOD 导向下的城市开发，是减少长距离通勤的有效方法。《北京市"十四五"时期交通发展建设规划》提到，将以轨道交通站点为核心组织城市生活,丰富轨道站点周边业态,在站点周边构建以人为本,步行、自行车优先的交通系统,实现"轨道+慢行"的低碳生活方式。《一个纽约2050:建立一个强大且公平的城市》提出,未来四分之三的新增就业岗位和二分之一的新增人口在公共交通步行距离范围内集聚,轨道站点0.5英里(约805米)覆盖人口增加。

(三)土地使用与交通一体化布局

1. 土地利用与交通的互动与反馈

城市土地利用与城市交通之间的相互关系是一种循环的影响与反馈关系,主要表现在不同的城市土地利用状况都有不同特点的交通模式与之对应,城市土地利用与交通规划也是相互影响相互制约的。

相关研究认为土地开发密度、土地利用强度和土地利用混合程度等城市土地利用特征对交通出行行为要素即出行方式、出行距离、出行分布等存在着显著影响。通常认为土地利用强度与非机动出行比例呈正相关,高强度、紧凑型土地利用开发区域由于多功能用地在空间上相对集中,使交通出行距离缩短;而低密度、分散的土地利用产生的大规模通勤流呈现钟摆式、长距离交通流特征。

2. TOD是促进土地集约开发的重要手段

TOD即公交导向型开发,最先起源于20世纪90年代初的美国,是美国郊区化进入新阶段的产物,建立在新城市主义思潮的基础上,以区域公交发展为导向,贯彻精明增长(Smart Growth)理念,其规划核心思想中的高密度、多样性原则,体现一种以公共交通为中枢、综合发展的步行化城区模式。TOD一般被认为是遏制城市空间蔓延增长的有效手段。

TOD理论的代表人物——建筑师和规划师彼得·卡尔索普认为,TOD强调"在区域层次整合交通体系"及"社区层次营建宜人的步行环境"。TOD区别于传统规划思路的准则是,区域的增长结构和公共交通发展方向一致,采用更紧凑的城市结构;以混合使用、适合步行的规划原则取代单一用途的区划控制原则;城市设计面向公共领域,以人的尺度为导向,而不是倾向私人地域和小汽车空间。

3. 差异化的土地开发与差异化的交通规划

土地的功能定位决定了土地的使用性质、规模和布局,从而也需要与之相匹配的交通系统,这在当前已经公布的一系列规范、标准中已经有所体现,例如产业园区、居住功能区、商务功能片区,道路网密度、道路红线宽度、人行过街设施等指标都是不同的,通过一些硬性的指标来规范土地的功能和空间布局。

七、绿色交通与城市更新和品质提升

城市更新是城市发展到一定阶段的必然产物。随着我国步入城镇化的中后期，大规模增量建设转为存量提质改造和增量结构调整并重，城市更新成为实现城市高质量发展的新路径。城市交通是连接城市社会活动、经济活动的动脉和纽带，不仅是城市更新的重要内容，还是推动土地节约集约利用、城市发展转型、城市功能完善、城市品质提升和历史文化传承的必然选择。

（一）TOD 模式驱动城市存量更新

公交导向型开发（TOD）作为城市更新中一种重要的发展模式，是在可步行抵达公共交通枢纽的范围内，最大限度地进行包含住宅、商务、社交和娱乐等功能在内的综合开发，旨在创造一个高密度、高强度城市环境与公共交通互惠共生的关系，增强公共交通枢纽的功能而减少私家车辆的使用，从而促进可持续发展的城市更新。

1. TOD 模式提升老城区空间品质

城市更新项目通常非常复杂，既要满足陈旧的基础设施和物业更新需要，还要协调和处理地产开发商、各个领域城市参与方和市民的诉求，同时部分老城区还存在着一些具有历史特色的建筑需要进行保留和保护。此外，为了保证人们的生活尽可能少受打扰，现有交通设施的运营依然需要保障。

在老城区，TOD 开发总是会对城市基础设施进行大范围的改造，并伴随着新交通枢纽的建设或者老交通枢纽的更新。这对于城市是非常有益的，因为它可以重新连接由于铁路轨道造成联系断裂的交通枢纽两侧社区空间。同时，由于交通导向型开发对于站场周边道路的重新规划，能够提升更大范围的城市路网的规划。此外，交通导向型开发所引起的周边社区重塑，也是城市新公共空间创造的催化剂。而这些公共空间，例如在 TOD 开发中新建的公共广场和步行空间能够极大地为在该片区工作和生活的人们提供便利。

TOD 模式鼓励公交枢纽区域的公共设施建设和高质量的步行环境，创造适合步行的慢行网络以及体验上佳的街道空间，在各个目的地之间提供直接、便捷的联系通道。以东京为例，城市更新将杂乱的平面街道空间创造衍生为立体的一体化街区，从空间上表现在地下路网的贯穿通达，地面开放近人尺度的步行街区，空中实现跨街区的引流架构，通过街区空间的打开将人与街区的价值结合，通过鼓励步行构建人与建筑空间的情感与黏性。

2. TOD 模式提升城市活力和魅力

依托于 TOD 而新建和更新的商业综合体能够为内部带来新的居住和生活人群，同时为重新焕发活力的城市社区创造欣欣向荣的蓬勃发展气象。同时，TOD 商业综合体的发展也为周边区域的物业价值带来了提升。具有历史意义的老站房，也可以视情况被保留下来，与 TOD 带来的城市更新开发可为整个片区带来新的活力。建筑遗址可为新一代市民了解城市历史而保留下来，否则将被遗弃和可能被拆除。

从 TOD 发展的角度来说，应当充分考虑交通枢纽与周边环境的结合与协调，重视与既有建筑、设施之间的衔接，在保证交通疏导的同时充分利用周边城市空间，为交通、娱乐、商业、观光等活动引流并提供基础条件。

3. 强化历史文化资源保护与利用

历史文化遗存，是城市宝贵的公共资源与活力源泉，对于高度现代化的城市来说尤为珍贵，因为历史文化能带来人流，也能留住人流。加强历史景观与轨道站点的联系，既可以巩固交通枢纽在城市空间中的激活作用，还能密切联系历史文脉和城市发展，多角度表达对历史文化遗存的尊重。具体做法主要包括：

一方面，再现历史景观，即对因城市快速建设被忽略的历史遗迹周边土地与空间资源进行再整合与再开发，或对历史场景记忆进行复刻，使其成为展现城市人文历史的窗口。

另一方面，历史景观再利用，即根据容积率奖励机制在现存历史建筑周边地块进行开发建设，并对历史建筑进行功能与城市形象等方面的再利用。

4. 完善 TOD 配套政策和措施

城市发展必须有明确合理的城市交通发展政策和配套措施。其中，政府是城市更新的主要推手，前瞻性的规划和政策引导是实现 TOD 模式与城市空间环境紧密结合、交通与土地使用一体化的保证和前提。政府通过投资优惠、容积率奖励、联合开发等政策鼓励在已建设的交通枢纽区域内进行再开发，通过法律或者法规保障规划与土地开发优惠政策的执行性、权威性和严肃性。

同时，加强政府、市场、专业机构的协作，构建多主体参与的城市更新体系，方能保证 TOD 模式引导下的城市更新的健康发展。当前国内城市更新受到广泛重视，但操作往往在"微更新"层面就浅尝辄止，若要城市节点区域尤其是城市轨道站点周边区域进行城市空间的突破完善和更新换代，则需要进一步探索政府部门、市场、专业机构以及业主之间合理的多方协作机制。

（二）构建便利易达的社区生活圈

社区生活圈是居民日常出行最集中的区域，也是帮助交通领域实现"双碳"目标的重要一环。社区生活圈的构建包含了三个要素的协调，一是居民的需求，与生活在其中的每个人息息相关；二是公共服务供给；三是日常生活尺度和可达性要求。因此，社区生活圈天然具有发展绿色交通的必然需求。

1. 完善 15 分钟生活圈设施配置要求

社区生活圈是城市生活的基本单元。以 15 分钟步行范围为空间尺度，配置居民基本生活所需的各项功能和设施，引导健康活力和绿色低碳的生活方式，构建"宜居、宜业、宜游、宜养、宜学"的社区生命共同体。从时间维度出发，考量去医院、去菜场、去学校的时间距离，将人的"需求"能级按照消费频次重新排序，以最佳时间动线，为居民测算出最优质的交互距离。

首先，"15 分钟生活圈"是对住宅配套的要求，体现了宜居城市建设要求。居民在出门 15 分钟步行路程的社区生活圈内，具备生活所需的基本的服务功能和日常生活的公共活动空间，以满足日常生活的需要，主要包括便利市场、运动场、文化活动中心、社区服务中心和医疗服务机构。

其次，"15 分钟生活圈"是生活质量的体现。选择了居住地基本上就确定了生活圈，其生活质量好坏取决于学校、医院、公共交通、商业、娱乐等配套是否完善方便。随着收入水平的提升，居民更加注重生活品质，喜欢更加便捷的生活。

此外，"15 分钟生活圈"还要平衡和满足儿童、青年、中年、老年等不同群体的生活需求，根据不同的活动特征对服务设施进行差异化配置。例如，5~10 分钟层次应重点满足老人、儿童的基本服务需求。

2. 高品质出行环境激励绿色生活方式

公众是否具有低碳出行意愿，以及低碳出行意愿能否转化为实际的低碳出行行为，与社区生活圈低碳出行环境的优劣息息相关。

通过对北京、上海、深圳、海口四个城市 24 个不同类型社区的出行环境评价发现，与低碳出行行为相关性最高的指标依次为生活服务设施可达性、轨道公交站点覆盖率、街道底商线密度、慢行通道密度和安全岛达标率。生活服务设施可达性及轨道公交站点覆盖率高意味着居民出行便捷度高，而街道底商线密度高意味着社区街道活力高，能丰富居民们的出行体验，减少慢行时的枯燥感。

不同类型社区的低碳出行环境特点差异明显。胡同里弄虽然舒适度略低，但便捷度、活力度高，整体低碳出行环境最好；新型社区名列第二，在安全、便捷、舒适维度都有较好表现；单位大院位居第三，安全度、活力度处于中高水平，但满意度相对较低；巨型社区最差，便捷度与活力度均垫底。

要提升居民低碳出行意愿，最重要的是提供一个自然、方便、快捷和舒适的出行环境，要综合利用城市规划工具、管理措施和激励工具，加强对公众进行引导。

3. 精细化打造高品质街区和街道空间

街道作为城市最主要的公共空间，是绝大部分公共设施布局的场所。街道空间中交通空间比例往往超过 90%，与其他各类设施相互交织，是城市治理的主要空间载体。在城市由"量"

向"质"转型发展的过程中，城市交通问题是关键制约因素，也是社区治理面对的首要问题之一。街道治理策略要充分体现以人民为中心、人民城市为人民的思想，妥善解决城市交通问题，构建街道治理体系提高城市治理能力和水平。

在街道空间提升方面，要以交通设计为基础建立面向城市治理的街道更新设计体系和技术方法，向上衔接、落实各类规划，协调统筹，向下指引工程设计，提高方案可实施性，同步统筹各专业、行业的公共设施空间落位。实践过程中，将街道更新设计与城市治理紧密联系，从治理维度反馈各类街道要素的精细化、人性化设计，从而有目的、有指向性地提升城市治理能力和水平。

采用完整街道理念开展街道空间品质提升。"完整街道"是指城市道路与两侧建筑物、构筑物之间（含建筑界面）共同构成U形空间，是具有复合功能的城市公共空间，包括交通功能设施、环境功能设施和沿街建筑界面三大空间对象。将车行道、绿化道、自行车道、人行道、退界空间、建筑界面等街道元素进行一体化设计，落实街道"行人优先"的理念，实现从"车本位"向"人本位"的积极转变，强调行人、自行车、公共交通的和谐性和重要性。

（三）推进城市更新绿色交通治理

1. 强化绿色交通治理的系统性

为提升城市绿色交通治理的系统性，治理框架应突破专业限制，以交通空间为基础，统筹各专业的专项规划，并加强对周边区域用地、空间及城市功能统筹。

一是规划统筹。通过梳理各项上位规划及专项规划要求，明确街道（道路）主导功能及未来治理导向。

二是系统优化。以交通空间优化为出发点，落实上位规划的可实施路径。交通治理牵一发而动全身，从交通设施布局、交通组织、交通管理等方面入手，实现面向区域的交通全系统优化。

三是要素协调。对街道沿线各要素进行协调，优化交通、建筑、景观、市政、公共服务等各个要素的空间布局及衔接方式。

四是精细化设计。对重要节点和设施（如医院、学校、无障碍设施等）进行精细化设计，体现以人为本的城市治理理念。

2. 强化绿色交通的政策引导性

明确城市治理对公共资源分配的价值导向是治理工作的重点。要将街道空间资源优先分配给绿色交通及公共空间，提升街道品质。

在更新过程中，秉持"将过去被机动车占用的空间还给沿街行人及公共活动"的思路，优化调整街道空间。通过压缩机动车道宽度能够释放大量公共空间，为规划理念落地提供基础，但同时也改变了既有交通组织格局，需要在设计过程中谨慎论证，科学分析其影响。这不仅是面向城市治理的街道更新设计重点，也对传统街道设计方法和数据支撑提出了更高要求，需要从交通系统、区域协调角度进行整体考虑。

3. 强化全要素综合治理的整体性

城市更新中的绿色交通治理是多要素协同的结果，要遵循"面—线—点"的治理逻辑，坚持街道空间一体化思路，突破道路红线、绿线、建筑前区对街道空间的分隔，统筹多专业、多要素，进行综合治理。

"面"的层面：突破"就路论路"的狭义交通治理方法，从一维线性道路扩展到二维区域，从道路扩展到包含城市轨道交通、公共汽电车、步行和自行车交通的综合交通网络，重新界定道路功能，明确相应组织策略。

"线"的层面：紧密结合街道两侧用地性质，调研所有交通参与者的使用需求，识别道路分段特征及相应规划原则、设计策略，统筹线性空间街道全要素的空间需求；统筹协调道路沿线旅游景点、中小学、停车场、公园绿地及地铁出入口等居民出行要素，加强衔接。

"点"的层面：针对节点进行具体方案论证，开展详细交通方案设计。

4. 提升绿色交通治理的智慧化

基础设施智慧化是城市治理智慧性和长期性的体现。一是城市居民出行、车辆停放等交通管理方面由刚性禁止的方式向柔性引导、诱导的方式转型；二是对路灯、公共电车、通信、公安、交通标志等公用设备的杆件、箱体、管线进行分类综合，预留智慧城市的各项设施接口，尽量避免"城市拉链"等反复开挖现象。

在信息化分析和处理技术的支撑下，要着重强化绿色交通治理中的数据治理能力建设，将交通仿真模型作为提高街区尺度下交通设计方案水平的重要手段。通过对出租车、网约车、行人和自行车等出行数据进行识别，分析车辆和行人的路径选择行为，为后续设施布局优化及交通组织方案制定提供支撑。

八、推动城市绿色交通发展的行动建议

（一）建议一：加强城市交通与城市的协同发展

1. 提高大城市通勤交通效率

优化城市空间布局，以TOD引导城市开发，完善15分钟生活圈建设，在城市更新中完善用地功能，同时完善多方式交通服务，提高交通系统服务效率，采取综合措施提高45分钟通勤人口比重。

2. 打造高效的多方式通勤走廊

针对城市主要发展轴线和主要交通走廊，提升交通系统能力，提供多方式交通服务，重点改善交通运行速度、容量、频度，保证主要通勤走廊的运转效率。

3. 完善居住区的生活配套设施

识别居住区人群特征（包括职业、年龄、收入等），根据居住区规模、类型、人的需求完善居住区生活配套设施，优化15分钟生活圈内步行、自行车的出行环境，完善与公交系统的接驳。

（二）建议二：构建绿色交通主导的一体化服务新模式

1. 推动小汽车向绿色交通方式转移

当前公交发展存在一些问题，例如常规公交客流下降、吸引力不足，中运量（快速公交、有轨电车）运量不够，轨道交通成本高、客流与预期存在较大差距，公交客流向小汽车流失等。

从不同圈层、不同目的个体的出行特征出发，寻找能切实匹配居民公交出行的对策措施，建立公交优先发展新模式，加强轨道交通、常规公交和慢行交通融合服务水平，形成可以媲美小汽车的出行体验，吸引驾车者向绿色交通方式转移。

2. 应用推广"出行即服务"MaaS系统

MaaS系统已经在国外和国内一些城市取得了较好的应用效果，总结和分析MaaS系统对不同出行特征的群体的适应性，明确其效用最大的应用模式，并梳理典型案例进行推广。

3. 提高共享出行服务的规范性和可持续性

弥补共享出行在监管方面的漏洞，研究共享出行与传统出行的冲突情况，提出共享出行监管模式和运作模式，保障共享出行的可持续发展。

（三）建议三：保障城市更新中绿色交通的优先地位

1. 在城市更新中推广TOD模式

城市已由扩张式发展进入到存量发展阶段，在城市更新中要促进职住平衡，完善社区生活圈，加强多方式交通系统服务和多系统接驳，强化交通走廊和枢纽对城市功能、客流的引导组织作用。

2. 完善15分钟社区生活圈交通要素配置

研究社区人员的年龄、收入、职业特征，针对差异化的出行需求和方式偏好改善交通出行服务，重点保障步行、自行车交通出行环境，完善慢行方式与公交系统接驳，制定不同功能、不同条件的道路上各种交通方式的优先次序。

3. 精细化打造高品质的街区空间

强调人的活动，转变机动车为主的思路，针对不同类型街道，宜快则快，宜慢则慢，通过保障人的活动空间，提高街道和街区活力，建设全龄友好街道空间。

（四）建议四：推动城市交通治理低碳智慧化转型

1. 推动城市客货运输方式节能减排

加快货物运输"公转铁""公转水"，大力发展铁水、公铁、公水等多式联运。提高城市客运中绿色交通出行比例，大力发展城市集约化客运交通系统，提升轨道交通和常规公交客流效益。

2. 引导机动车电动化、共享化、智慧化发展

提高城市公交、出租、物流、环卫清扫等车辆使用新能源汽车的比例。淘汰低排放标准汽车，加强机动车排放召回管理。出台措施引导私家车电动化转型，发展共享出行服务，推广应用车路协同、自动驾驶新技术。

3. 制定绿色出行方式的激励措施

通过调研了解不同人群采用绿色出行方式的偏好。结合交通需求管理措施、市场化碳交易机制，综合运用行政命令、经济手段、信用激励、出行奖励等多种方式，引导绿色出行的发展。

参考文献

[1] 刘秉镰，朱俊丰. 新中国 70 年城镇化发展：历程、问题与展望 [J]. 经济与管理研究，2019，40（11）：3-14.

[2] 刘欣，杨荫凯，吕昕. 中国城市机动化的基本特征及其宏观发展对策研究 [J]. 地理科学进展，2000（1）：57-63.

[3] 张华，蔡茜，陈小鸿. 中国机动化发展特征——分化与转型 [C] // 中国城市规划学会城市交通规划学术委员会. 2017 年中国城市交通规划年会论文集. 北京：中国建筑工业出版社，2017：13.

[4] 杨涛. 我国城市机动化问题的认识与对策 [J]. 现代城市研究，2004（1）：24-30.

[5] 刘爽，毛保华，贾顺平，等. 北京城市交通结构发展进程研究 [J]. 综合运输，2009（4）：49-52.

[6] 吴翱翔，毛建民. 国内大城市公交分担率变化比较及经验借鉴 [C] // 中国城市规划学

会城市交通规划学术委员会. 品质交通与协同共治——2019年中国城市交通规划年会论文集. 北京：中国建筑工业出版社，2019：10.

[7] 汪光焘. 论城市交通学［J］. 城市交通，2015，13（5）：1-10.

[8] 郭继孚，孙明正，刘雪杰，等. 城市公共交通优先发展战略思考与建议［J］. 城市交通，2013，11（2）：7-12.

[9] 叶洋. 基于绿色交通理念的城市中心区空间优化研究［D］. 哈尔滨：哈尔滨工业大学，2017.

[10] Huang Jie, Levinson David, Wang Jiaoe, et al. Tracking job and housing dynamics with smartcard data[J]. Proceedings of the National Academy of Sciences of the United States of America, 2018, 115(50): 12710-12715.

[11] 北京交通发展研究院. 2021北京市通勤特征年度报告［R］. 2022.

[12] 郭继孚，刘莹，余柳. 控源头 优结构 提效率——关于城市交通实现双碳目标的策略与建议［N］. 中国交通报，2022-03-02.

[13] 金昱. 国际大城市交通碳排放特征及减碳策略比较研究［J］. 国际城市规划，2022，37（2）：25-33.

[14] 世界资源研究所. 迈向零排放：香港道路交通减排路径［R］. 2022.

专题三

新基建背景下城市交通发展的新挑战

一、城市交通基础设施是城市高质量发展的重要基础

二、构建现代化的交通基础设施已上升成为国家战略

三、新基建背景下的城市交通未来发展趋势

四、围绕城市交通内涵树立城市交通新基建发展目标

五、城市交通新基建网络的构建与运行

六、新基建背景下的现代化城市交通治理

七、结束语

研究单位

深圳市城市交通规划设计研究中心股份有限公司

研究人员

张晓春	深圳市智慧城市科技发展集团有限公司	董事长
	深圳市城市交通规划设计研究中心股份有限公司	首席科学家,科学技术委员会主任,教授级高级工程师
安　健	深圳市城市交通规划设计研究中心股份有限公司	交通规划专业总工程师,教授级高级工程师
黄　泽	深圳市城市交通规划设计研究中心股份有限公司	城市交通研究院 主任工程师,院长助理,工程师
李正行	深圳市城市交通规划设计研究中心股份有限公司	城市交通研究院　主办工程师
黎旭成	深圳市城市交通规划设计研究中心股份有限公司	城市交通研究院 副总工程师,高级工程师
高　亮	深圳市城市交通规划设计研究中心股份有限公司	城市交通研究院　主办工程师,工程师

一、城市交通基础设施是城市高质量发展的重要基础

2022年，习近平总书记在中央财经委员会第十一次会议上强调，基础设施是经济社会发展的重要支撑，要统筹发展和安全，优化基础设施布局、结构、功能和发展模式，构建现代化基础设施体系，为全面建设社会主义现代化国家打下坚实基础。

作为我国基础设施体系的重要组成部分，城市交通基础设施在城市建设发展和安全高效运转中发挥着不可替代的核心作用。改革开放四十年来，我国城市交通基础设施固定资产投资规模保持快速增长，支撑了我国城市化进程和国民经济的快速发展（图1、图2）。目前，我国已初步建成近700座城市综合交通大动脉网络，全国城市道路里程达55.2万公里，近20年增长2倍，城市桥梁8.6万座，综合枢纽超过450座；全国（不含港澳台）已有55座城市开通

图1 我国历年城市交通基础设施固定资产投资和城镇化率

图2 我国历年城市交通基础设施固定资产投资和国内生产总值

运营城市轨道交通，运营线路约 308 条，配属车辆 1.04 万列，运营里程超过 1 万公里。庞大的城市交通基础设施网络，承载了超 4 亿辆机动车的运行，保障了全国约 9 亿城镇居民每日近 20 亿人次的城市出行需求、上亿吨物资运输以及近 2 亿件快递的送达，同时构筑了主动应对交通事故、自然灾害、公共卫生事件等各类突发事件的强大城市生命线。城市交通基础设施网络在城市建设发展和安全高效运转中发挥着不可替代的核心作用。

二、构建现代化的交通基础设施已上升成为国家战略

近年来，现代化信息领域发展突飞猛进，数字技术日益融入经济社会发展的各领域，数字经济正加速成为推动全球资源要素重组、经济产业格局重塑、竞合格局重构的关键力量。这一全新形势下，新型基础设施（下文简称"新基建"）的概念应运而生，作为我国经济长期的"助推器"，新基建内涵、外延不断丰富。新基建从概念、政策到相关行动部署总体上呈现出相互叠加的几条脉络（表 1）：

国家关于"新基建"的相关表述　　　　　　　　　　　　　　　表 1

发展脉络	颁布时间	政策文件	政策表述 / 里程碑意义
概念的提出与共识	2015 年 4 月	国务院印发《关于积极推进"互联网+"行动的指导意见》	出现"新型基础设施"相关表述
	2018 年 12 月	2018 年中央经济工作会议	"新基建"一词首次出现在中央层面的报告中
	2019 年 3 月	《2019 年国务院政府工作报告》	"加强新一代信息基础设施建设"
	2019 年 7 月	中共中央政治局会议	"加快推进信息网络等新型基础设施建设"
	2020 年 4 月	国家发展改革委召开例行新闻发布会	首次明确"新基建"的内涵
作为现代化基础设施的重要构成，上升成为国家战略	2020 年 1 月	国务院常务会议	"出台信息网络等新型基础设施投资支持政策"
	2020 年 3 月	中央政治局常委会	"加快 5G 网络、数据中心等新型基础设施建设进度"
	2020 年 5 月	《2020 年国务院政府工作报告》	"加强新型基础设施建设，发展新一代信息网络，拓展 5G 应用，建设充电桩，推广新能源汽车，激发新消费需求、助力产业升级"
	2022 年 4 月	习近平总书记在中央财经委员会第十一次会议上的讲话	"基础设施是经济社会发展的重要支撑，要统筹发展和安全，优化基础设施布局、结构、功能和发展模式，构建现代化基础设施体系，为全面建设社会主义现代化国家打下坚实基础"

续表

发展脉络	颁布时间	政策文件	政策表述／里程碑意义
强调数据驱动，推动传统基建与新基建统筹发展	2020年2月	中央全面深化改革委员会第十二次会议	"要以整体优化、协同融合为导向，统筹存量和增量、传统和新型基础设施发展，打造集约高效、经济适用、智能绿色、安全可靠的现代化基础设施体系"
	2021年3月	《中华人民共和国国民经济和社会发展第十四个五年规划和2035年远景目标纲要》	"建设现代化基础设施体系……统筹推进传统基础设施和新型基础设施建设，打造系统完备、高效实用、智能绿色、安全可靠的现代化基础设施体系"
	2022年1月	国务院印发《"十四五"数字经济发展规划》	"稳步构建智能高效的融合基础设施，提升基础设施网络化、智能化、服务化、协同化水平。加快推进能源、交通运输、水利、物流、环保等领域基础设施数字化改造"
	2020年4月	中共中央 国务院印发《关于构建更加完善的要素市场化配置体制机制的意见》	"加快培育数据要素市场"
	2022年12月	中共中央 国务院印发《关于构建数据基础制度更好发挥数据要素作用的意见》	"数据作为新型生产要素，是数字化、网络化、智能化的基础，已快速融入生产、分配、流通、消费和社会服务管理等各环节，深刻改变着生产方式、生活方式和社会治理方式"
在交通运输领域的具体任务与行动部署	2019年7月	交通运输部印发《数字交通发展规划纲要》	促进先进信息技术与交通运输深度融合，以"数据链"为主线，构建数字化的采集体系、网络化的传输体系和智能化的应用体系，加快交通运输信息化向数字化、网络化、智能化发展
	2020年8月	交通运输部印发《关于推动交通运输领域新型基础设施建设指导意见》	提出三方面十四项任务：一是打造融合高效的智慧交通基础设施；二是助力信息基础设施建设，包括5G、北斗系统和遥感卫星、网络安全、数据中心、人工智能（如自动驾驶）等；三是完善行业创新基础设施，如实验室、基础设施长期性能监测网等
	2021年8月	交通运输部印发《交通运输领域新型基础设施建设行动方案（2021—2025年）》	提出七大建设行动：智慧公路建设行动、智慧航道建设行动、智慧港口建设行动、智慧枢纽建设行动、交通信息基础设施建设行动、交通创新基础设施建设行动和标准规范完善行动等
	2021年9月	工业和信息化部等八部门联合印发《物联网新型基础设施建设三年行动计划（2021—2023年）》	在智能交通等重点领域，加快部署感知终端、网络和平台 推动交通等传统基础设施的改造升级，将感知终端纳入公共基础设施统一规划建设，打造固移融合、宽窄结合的物联接入能力，搭建综合管理和数据共享平台
	2022年7月	住房和城乡建设部联合国家发展改革委印发《"十四五"全国城市基础设施建设规划》	加快新型城市基础设施建设，推进城市智慧化转型发展，同时配套开展城市基础设施智能化建设行动确保新基建任务落实，其中包括智慧道路交通基础设施系统、智慧多功能灯杆系统建设、车城协同综合场景示范应用、基于无人驾驶汽车的无人物流等八项子行动

一是概念的提出与共识。"新型基础设施"这一表述在官方文件中出现,最早可追溯至 2015 年 4 月国务院发布的《国务院关于积极推进"互联网+"行动的指导意见》(国发〔2015〕40 号),该文件提出"到 2018 年……固定宽带网络、新一代移动通信网和下一代互联网加快发展,物联网、云计算等新型基础设施更加完备"。2018 年 12 月,中央经济工作会议首次提出新型基础设施建设的概念——"加快 5G 商用步伐,加强人工智能、工业互联网、物联网等新型基础设施建设"。2019 年 3 月,央视中文国际频道新闻给出"新基建"的进一步解释,新基建包括 5G 基建、特高压、城际高速铁路和城市轨道交通、新能源汽车充电桩、大数据中心、人工智能、工业互联网七大领域,涉及通信、电力、交通、数字等多个社会民生重点行业。2020 年 4 月,国家发展改革委举行例行新闻发布会,首次明确了新基建的定义和范围,指出"**新型基础设施是以新发展理念为引领,以技术创新为驱动,以信息网络为基础,面向高质量发展需要,提供数字转型、智能升级、融合创新等服务的基础设施体系**",包括信息基础设施、融合基础设施、创新基础设施三方面内容:信息基础设施主要指基于新一代信息技术演化生成的基础设施,比如,以 5G、物联网、工业互联网、卫星互联网为代表的通信网络基础设施,以人工智能、云计算、区块链等为代表的新技术基础设施,以数据中心、智能计算中心为代表的算力基础设施等;融合基础设施,主要指深度应用互联网、大数据、人工智能等技术,支撑传统基础设施转型升级,进而形成的融合基础设施,比如,智能交通基础设施、智慧能源基础设施等;创新基础设施,主要指支撑科学研究、技术开发、产品研制的具有公益属性的基础设施,比如,重大科技基础设施、科教基础设施、产业技术创新基础设施等。

二是作为现代化基础设施的重要组成部分,上升成为国家战略。2020 年以来,我国城市基础设施增速较以往有所放缓,经济发展面临新的挑战,新基建被视为稳定经济增长、推动产业升级、增强发展动能的又一全新领域。2020 年 1 月国务院常务会议上提出"出台信息网络等新型基础设施投资支持政策";2020 年 3 月中央政治局常委会上提出"加快 5G 网络、数据中心等新型基础设施建设进度"。这一阶段,社会对新基建关注更加广泛,对以新基建推动经济社会发展转型寄予厚望,广东、福建、湖北、江西、江苏、四川、云南、河南等多个省份,以及北京、上海、深圳、成都、长沙等城市相继启动编制"十四五"期间的新型基础设施建设规划或行动计划,对"十四五"期间的新基建发展进行全面部署。2022 年,习近平总书记在中央财经委员会第十一次会议上的讲话再次强调,构建现代化基础设施体系,是全面建设社会主义现代化国家的坚实基础。

三是强调数据驱动,推动传统基建与新基建统筹发展。随着数字经济和信息化技术的发展,政府、社会、市民对新基建的理解和认识也逐渐呈现多元化趋势。总体来看,新基建是一个相对概念,所谓的新旧,都是以所处时代为基准相对于过往的历史而言,伴随技术革命和产业变革,新基建的内涵和外延也在不断丰富和完善。除了已形成共识的七个领域外,推动传统基建与新基建的统筹发展,在 2020 年中央全面深化改革委员会第十二次会议精神、2021 年《中华人民共和国国民经济和社会发展第十四个五年规划和 2035 年远景目标纲要》和 2022 年《"十四五"数字经济发展规划》中被反复强调。作为"统筹"的关键抓手,数字化被赋予了艰巨历史使命。2020年4月，中共中央 国务院印发了《关于构建更加完善的要素市场化配置体制机制的意见》，将数据作为一类关键"要素"，提出"促进要素自主有序流动，提高要素配置效率，进一步激发全社会创造力和市场活力，推动经济发展质量变革、效率变革、动力变革"。2022年，中共中央 国务院印发《关于构建数据基础制度更好发挥数据要素作用的意见》，进一步强调数据作为"新型生产要素"的重要性，并明确指出，数据是数字化、网络化、智能化的基础，已快速融入生产、分配、流通、消费和社会服务管理等各环节，深刻改变着生产方式、生活方式和社会治理方式。其中，关于"数据基础制度建设事关国家发展和安全大局"的论述，更加旗帜鲜明地表明，关于数据这一新型生产要素，既要通过构建要素市场发挥市场在资源配置中的决定性作用，但更为重要的是处理好政府和市场的关系，严守数据安全红线。

四是在交通运输领域的具体任务与行动部署。 随着新基建内涵的日渐清晰和不断丰富，推动交通运输这一传统基础设施领域的转型升级和高质量发展上升成为国家战略。2019年9月，中共中央 国务院印发《交通强国建设纲要》，提出了"到本世纪中叶，基础设施规模质量、技术装备、科技创新能力、智能化与绿色化水平位居世界前列"的宏伟目标。2021年2月，中共中央 国务院印发《国家综合立体交通网规划纲要》，再次强调"推进交通基础设施数字化、网联化""推进交通基础设施网与运输服务网、信息网、能源网融合发展"。2022年10月，党的二十大报告提出"加快建设交通强国，优化基础设施布局、结构、功能和系统集成，构建现代化基础设施体系"。这一过程中，交通运输部、工业和信息化部、住房和城乡建设部等部委积极出台配套政策，多头并进、多措并举落实国家战略，新基建与交通运输领域的融合路径日渐清晰。

在整个交通运输领域中，城市交通网络与城市发展融合最为紧密，城市交通基础设施与新基建的融合发展，既是"人享其行""货畅其流"的基本要求，同时也承载着更加多元的价值：一方面，对于城市本身而言，城市交通网络在提升城市竞争力、增强创新策源力、优化产业结构、促进经济平稳健康发展，以及保障国土空间、能源、环境、财政等资源的可持续方面发挥着关键作用；另一方面，在以城市群为主体形态的城镇化背景下，超（特）大城市在所处区域中不同程度地扮演着区域核心引擎作用，城市群、都市圈交通基础设施网络肩负的使命更加艰巨，已成为国家全方位融入全球经济、产业、科技生态的核心空间载体，高效配置全球创新资源的战略支点，以及代表国家参与全球竞合与全球治理的强劲引擎。

综上所述，紧密围绕人民满意、保障有力、世界前列的高质量发展愿景，推动城市交通基础设施从传统设施建设向城市交通新型基础设施建设（下文简称"城市交通新基建"）转型升级，已成为构建现代化城市交通网络、助力我国从交通大国加速迈向交通强国的关键举措。进一步厘清城市交通新基建的目标、内涵以及路径，凝聚发展共识，是中国式现代化重大战略部署下推动城市交通基础设施高质量发展的重要前提。

三、新基建背景下的城市交通未来发展趋势

纵观国家、行业以及地方关于新基建的各方理解和政策导向不难发现，新基建有广义和狭义之分，相比由信息基础设施、融合基础设施、创新基础设施三大类七个领域共同构成的广义新基建而言，各领域中的狭义新基建，本质上就是传统基建的数字化与融合化转型发展。因此，城市交通新基建建设，就是在数据驱动的技术体系加持下，从规划、建设、养护、运营全生命周期闭环的角度，促进新老基础设施和新老交通业态的深度融合。这一过程也将为城市交通高质量发展带来前所未有的机遇。

一是支持城市交通海量要素的全息感知与精准施策。以 5G、6G、智能超表面等为代表的新一代通信技术，物联网，卫星高精度定位等作为广义新基建的重要技术领域，将加速万物互联时代的到来。感知终端的覆盖密度、维度、异构数据融合能力将极大提升，信息采集自动化、泛在化、全过程发展使得数据采集呈现全样本、高精度、全链条、高时效、低成本等特征。城市交通基础设施群、地面地上地下各类载运工具、人口岗位与海量复杂出行、各类交通事件等全息感知体系将日臻完善，为更加精准的城市交通网络规划、建设、养护、运营奠定坚实基础，为跨部门凝聚共识、协同治理创造前所未有的条件，也为"城市病""交通病"的源头治理带来全新机遇。

二是深度挖掘存量空间、设施、运力效能。现代信息技术的广泛应用使得城市交通设施空间资源配置可以更加灵活、高效。我国以及欧美等国均有研究表明，自动驾驶与共享出行进一步普及的情况下，出行效率将显著提升，机动化出行对道路空间、停车空间的需求大幅降低：①得益于车联网技术的车－车、车－路协同，基于大数据、全要素信息感知的新型交通控制系统，可以依托强大算力对个体出行进行网络化实时调控，通过动态优化信号配时和路权配置提升城市级路网的通行能力，平均车速可较现状提升约 20%，出行的行程时间有望节省 10%~17%。②有研究表明，未来平均每辆共享出行汽车可替代 2~3.8 辆传统私人小汽车，车辆日均行驶/运营里程可能较现状增长 14%~60%，个性化的私人机动化出行不再以购置私家车为前提，私家车平均每天超过 20 小时趴在停车位（基本车位）上的现状将得到改善。③对于出行车位（商业办公等）而言，停车需求有望减少 40%~50%。这意味着：一方面，停车场（库）的布局选址无需贴近居住、商业办公等功能用地，可在更大空间范围内（比如 3~5 公里）实现停车供需平衡；另一方面，存量停车场、冗余道路空间等可被重新开发为绿地、公园等有利于人居环境的公共活动场所，有利于推动城市空间配置从"车本导向"到"人本导向"的回归。

三是促进生产生活方式变化与交通服务模式变革。随着现代信息技术和移动互联网的快速普及，与城市交通紧密相关的各种新业态不断涌现，正以前所未有的速度渗透到生产生活的各个环节，进而对交通供需模式产生深刻影响：①近二十年来电商行业迅猛增长，带动了快递、外卖等新业态的快速发展，全国快递业务量已从 2010 年 23.39 亿件增长至 2022 年 1105.81 亿件，网上下单已替代了部分日常出行。随着低空空域的进一步开放和规范化利用，"人找物"向"物找人"的转变将进一步加剧，城市人均日出行次数增长相继迈入拐点，对机动化出行总

量产生显著影响；②网络带宽大幅提升从根本上解决了视频数据传输延迟、中断等问题，高清晰度、高稳定性、高安全性的网上办公会议系统、网上教育系统、虚拟现实技术等多场景应用，打破了"时空阻隔"，使得跨时空实时互动可以随时随地进行。中国互联网络信息中心发布的第51次《中国互联网络发展状况统计报告》显示，截至2022年12月，中国线上办公用户（在线会议等）规模达5.40亿，在线教育用户（包括学前教育、基础教育、高等教育、职业教育、继续教育等）突破5.2亿，在线医疗用户（在线问诊、在线挂号、在线药店等）规模达4.8亿，原本因就业、社交、学习、就医、购物等衍生的出行需求未来将进一步下降；③无人驾驶载运工具等智能移动空间服务重构出行定义，传统意义上的交通工具将演变成为办公、娱乐、休闲等活动的综合载体，交通出行在途时间的高效利用会在出行距离、出行时间等方面衍生出新的特征。综上所述，在新基建的影响下，未来的交通出行供给将以预约或定制的方式，面向不同出行者的个性化需求提供针对性的服务，同时通过数字化建设进一步打通不同交通方式，以门到门的完整出行链为基本单元实现跨方式的协同与网络化运营。

四是推动城市交通治理模式变革。未来，我国城市交通将加速从增量迈入以存量为主发展阶段，城市交通治理过程中，如何让规划变成从一本蓝图到落地实施的闭环，如何在日常工作中能够弹性、动态地适应瞬息万变的决策需求，如何将规划代价与规划效果前置，预判决策收益、规避决策风险，如何在重大行政决策上凝聚全社会价值共识，如何通过"信息化→智能感知→人机共治→机器决策→自进化智能体"的技术升级，将从业人员从繁重的重复性劳动和涉及多专业跨领域的复杂决策中解放出来，实现运营和决策的降本增效等问题，在当前以及未来很长一段时间内都将是政府决策、企业运营要突破的方向。随着物联网、算力、通信、AI技术的快速迭代，城市交通治理模式将产生深刻变革：①海量视频结构化、跨媒体重识别技术、大规模知识图谱技术日趋成熟，成本大幅下降，人–车–路–环境全要素的全息感知、规律提取以及融合分析成为可能，城市交通运行特征掌握的碎片化、离散化问题将迎刃而解；②随着算力的快速发展，千万人口、百万车辆的城市级交通运行状态的实时计算和秒级推演成本将大幅下降，各种交通方式独立服务、按计划运行的传统模式将被突破，通过城市级大规模复杂综合立体交通网络的动态管控优化，以及跨交通方式联动调度、协同运营、按需响应等全新模式满足各类出行者的差异化诉求成为可能。认知、评估、推演和治理交通复杂巨系统的能力将显著提升，城市交通治理将加速迈入"协同联动+动态优化+精准调控"时代。

四、围绕城市交通内涵树立城市交通新基建发展目标

虽然智慧道路、智慧枢纽、智慧公共交通、智慧多功能灯杆、智慧停车、智能网联与新能源设施等已成为眼下业内公认的城市交通新基建场景，但是从行业管理规范化和新业态长期永续健康发展的角度来看，仍有两个关键问题不容回避：一是城市交通新基建的核心价值与发展目标到底是什么，这决定了在"数字经济"运动式、爆发式增长的当下，能否让城市交通新基建的发展不忘初心、回归本源。二是城市交通新基建的内涵到底是什么，这决定了如何系统

性、全局性、既有条不紊同时又不失前瞻性地推动新基建的可持续发展。

城市交通是连接和实现城市其他三大功能（居住、工作、游憩）的纽带与功能转换载体，目标是"服务于人的需求，组织城市高效、安全、低耗、可持续运行，带动发展现代化都市圈，增强城市群实力和竞争力，支持引领新业态发展作用"。作为城市交通网络运行的主要物理载体，城市交通传统基建的数字化升级以及与新基建的统筹融合发展，亦不能脱离上述核心目标。现代化城市交通新基建网络的规划、构建与运行，不仅要因地制宜选取相关技术标准、适度超前管控总体规模、科学合理安排空间布局，更需围绕以下几方面的价值审慎论证必要性和投入产出效益，制定发展目标并在具体方案措施中有效传导相关价值，在规划实施、建设以及运营等各阶段系统评估、持续检讨、修编优化，构建科学发展闭环。

（一）服务于人的需求

交通出行是城市生活衍生的派生性需求，由此，采用交通设施的规模密度或工作日高峰时段的通勤效率来衡量一座城市交通发展水平的时代已一去不返。从近年来国内外城市编制的交通发展战略来看，无不围绕人的需求、人的获得感以及人的全面发展视角来制定交通发展目标：2016年，联合国第三次住房和城市可持续发展大会（人居三）审议通过的《新城市议程》强调，城市不仅是"各种中心"，城市首先是一个作为个体的组成的社会，包容性、人人共享（for all）是必须遵循的核心价值；2017年发布的《伦敦市长交通战略》提出"到2040年，45分钟公交可达就业岗位数超过100万个的片区，将从2015年伦敦中心拓展至近整个内伦敦"；2015年发布的《纽约2040城市规划》提出"居民乘坐交通工具平均45分钟通勤时间内覆盖就业岗位数量从140万个增至180万个"。我国城市交通领域也逐步开始注重从人的获得感和人的全面发展的角度出发，对重大基建的必要性和意义进行评估。以深圳为例，深圳地铁14号线于2022年10月开通，开通后深圳全市轨道总里程达到483公里，相比里程增长而言更为重要的是，从坪山区（隶属深圳市，位于深圳市东北部，与惠州市接壤）的中心出发，乘坐公共交通1小时可触达的深圳市建成区面积从约110平方公里拓展至超过230平方公里，坪山居民分享深圳市中心区就业机会和各类优质公共服务资源的可能性和选择性得到了极大提升，机会均等化水平显著改善。

全球城市的探索与实践表明，从人的全面发展角度来看，在合理时间内获得更多就业选择，更加公平地享有各类优质公共服务资源，极大拓展生产生活的空间范围，真正做到城市的人人共享，已成为城市交通网络构建与运行的首要目标。作为城市交通新基建的重要组成部分，数据不应仅停留在传统指标（规模、密度等）的统计，而应在"服务于人的需求"这一价值方向上，对规划建设实施后的效果有充分的预判和科学的评估，确保城市交通规划建设工作真正做到"以人民为中心"。

（二）组织城市高效运行

发达的城市交通设施网络是城市高效运行的重要基础，尽管如此，在城市空间紧约束形势日趋严峻的情况下，通过设施网络规模的扩张支持城市高效运行的发展模式难以为继。近年来，我国城市建成区面积增速放缓，与"十二五"期间的建设用地规模增速相比，"十三五"期间的增速显著下降，最大降幅超过 9%，其中，超大城市建成区面积平均增速由 21 世纪初的 10% 降至近年来不足 1%（图 3）。

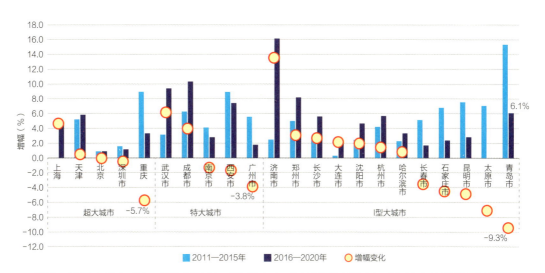

图 3　我国大城市"十二五"（2011—2015 年），"十三五"（2016—2020 年）建设用地增幅

我国城市道路网建设取得了显著成效，但在机动化快速发展、城市生产生活空间拓展到都市圈范围的客观趋势下，城市交通网络高效运行面临诸多挑战：一是承载能力迫近极限。住房和城乡建设部发布的《城市建设统计年鉴》数据显示，近 25 年来，我国城市道路里程年均增长 5.6%，远不及私人汽车拥有量 20.3% 的增速，城市道路交通拥堵进一步加剧，在一定程度上进一步刺激了空间的复合化、立体化开发，更加发达的设施网络又在一定程度上诱增了新的机动化出行。二是极端通勤问题突出。相关报告显示，44 座重点城市中有超 1400 万人承受极端通勤，60 分钟以上通勤比重达 13%。特别在超（特）大城市，随着区域协同融合发展进一步走深走实，跨城通勤、多点执业、双城生活等将更加普遍，极端通勤问题亟待破解。三是社会经济代价巨大。有研究显示，我国城市道路交通拥堵带来的经济损失约占城市人口可支配收入的 20%，相当于每年各城市国内生产总值损失 5%~8%，达千亿元人民币规模。

因此，在有限的空间内满足日益多元的出行需求、组织城市高效运行，是统筹传统交通基建和新基建发展中必须面对的核心问题。建立客货运需求在时空分布上的预约和引导能力、城市级网络的动态自适应管控能力、跨交通方式的协同运营能力，既达到均衡城市综合交通网络压力的目的，同时又便于利用好需求谷期和平峰时段的富余设施能力和运力开展多元化运营，充分挖掘存量设施潜能，应成为传统基建数字化升级的重要方向。

（三）引领生态战略落地

2020年9月，第七十五届联合国大会上，中国向世界郑重承诺力争在2030年前实现碳达峰，在2060年前实现碳中和。当前，落实"双碳"战略正加快成为各领域高质量发展无法回避的底层逻辑。统计数据显示，交通运输领域碳排放占我国碳排放总量约10.4%，近九年交通运输领域碳排放年均增速保持在5%以上，其中道路交通占交通全行业碳排放总量80%以上。此外，我国城市交通基础设施资源消耗量大、循环利用水平低、生态环境冲击严重等问题依然突出，仅道路工程建养每年消耗沥青混合料用量就达几亿吨到十几亿吨，消耗砂石等材料达数十亿吨，年产道路固废料达百亿吨，而综合循环再生利用率仅约30%。

能否实现全生命周期的资源减量化与碳减排，已成为衡量城市交通网络现代化水平的重要标准之一。因此，机场、港口、铁路等交通枢纽生产作业流程的低碳化，城市交通出行方式结构的低碳化，重大基础设施建设、管养作业流程的低碳化等，都应作为城市交通新基建建设发展的重要方向，支持对固定和移动排放源的全周期碳排的科学计量，应成为城市交通传统基建数字化升级的应有考虑。

（四）筑牢网络韧性防线

在全球范围内，交通基础设施运营中断的情况时有发生，造成的直接、间接经济损失巨大，通常是由于服役性能衰减、养护管理不善以及因气候变化而日益频繁的自然灾害等所致，以数字化为抓手开展重大基建的预防性养护，延长城市交通基建的寿命，已成为全球性议题。以美国为例，相关报告显示，全美超过60万座桥梁中，42%的桥梁已服役50年以上，按照目前的养护速度需50多年时间才能修复所有缺陷桥梁，且每年养护预算需从144亿美元增加到227亿美元。同为交通基建大国，美国面临的挑战值得我国借鉴反思。中国城市交通基建规模已位居全球前列，统计数据显示，截至2021年，我国城市道路里程达53.2万公里，约为2000年（16万公里）的3.3倍；城市轨道交通里程达8571公里，约为2000年（117公里）的73倍；城市立交桥总数突破6100座，约为2000年（约2000座）的3倍。因此，不难推断，改革开放四十年来相继建成的各类城市交通基础设施，将在未来10～30年大规模步入服役性能衰退期，加之各类自然灾害和极端气候日益频繁，城市交通基础设施服役性能和网络韧性面临双重挑战。

综上所述，在城市交通网络韧性这一维度上，亟需通过布设数字化采集前端，对设施属性、地质灾害、气象灾害、人、交通、施工、事故状况进行实时监测，从结构损伤风险、外部灾害与施工风险、高运行强度风险等角度出发，建立基于设施类型、地质条件、气象环境、动态荷载等多因素耦合的设施群风险辨识和脆弱性监测体系，以更节约的人力、更经济的技术方法、更高频次的设施服役性能与病害监检测，为城市交通基础设施的寿命倍增赋能，应作为城市交通传统基建的数字化转型的关键目标之一。

（五）与新业态双向奔赴

当前，世界经济复苏乏力，全球通货膨胀持续、金融市场动荡、债务压力上升，各国经济都面临着严峻挑战。我国经济长期向好的基本面没有改变，但将经历一个波浪式发展、曲折式前进的过程。在这一过程中，亟需解放思想，加快形成新质生产力，增强经济社会发展新动能。2016 年麦肯锡发布的报告《关于未来出行方式（移动性）的全面展望》预测，未来将呈现以共享移动性、电气化、自动驾驶为核心，新型公交、可再生能源、新型基础设施、物联网为辅助的七大关键技术趋势，这一趋势正在我国城市得到了一定程度的印证，作为现代信息技术的重要载体之一，理应肩负"经济发展新动能"神圣使命，为维持长期向好的基本面、保持发展韧性、挖掘产业经济发展巨大潜力做出贡献。

一是推动综合能源补给站的科学布局。近年来，我国新能源汽车发展势头迅猛，截至 2022 年年底，我国新能汽车保有量达 1310 万辆，占机动车保有量的 3.14%。未来随着动力电池、驱动电机、电控等核心技术持续突破和成本不断降低，新能源汽车保有量仍有较大增长空间。有研究显示，2025 年电池组能量密度预计将超过 280 瓦时/千克，电动普通型小轿车续航里程普遍突破 1000 公里，推动车辆能源结构优化的内生动能正从"政策驱动"加速向"市场驱动"转变。中国科学院有研究预测，2030 年，我国新能源汽车渗透率达到约 50%，保有量有望达到约 1.2 亿辆，届时全国电动汽车充电需求将较 2020 年显著增长，科学布局由电能、氢能、天然气、先进生物液体燃料等构成的综合能源补给体系，已成为新时期城市交通新基建规划迫切需要回答的问题。

二是推动传统城市交通基建的复合化建设改造。作为光伏和微电网建设可依托的空间载体，城市交通基础设施的能源化开发与电力调峰潜力巨大。近年来，光伏等清洁能源在交通领域的渗透率日渐提升，在公交枢纽、地铁、机场、铁路等传统交通基础设施领域，各运营企业都在积极探索、试点"光伏+交通"场景。例如：地铁方面，深圳地铁 6 号线 12 座高架车站的屋顶设置了分布式光伏发电系统，能满足高架车站全日三分之一的用电量；机场方面，上海虹桥机场在 2 号航站楼的西货运站屋顶铺设了装机容量为 28 兆瓦的太阳能电池组件，每年可为电网节约标煤约 987 吨；铁路方面，济南至青岛高速铁路采用站房雨棚光伏发电项目和线下光伏发电项目，预计将实现 4500 万千瓦时的年均发电量，相当于 2.2 万户家庭的全年生活用电。虽然各城市在交能融合方面开展了积极的探索与实践，但是由于缺乏系统性部署，建设的标准化、效益的规模化等仍有较大提升空间。充分利用各类交通枢纽场站、道路（高速公路）、公交中途站或人行过街天桥等传统城市交通基建的可用空间，融合路域内外的充换电、储能设施以及新能源汽车，打造"发输储用"一体化的复合型交通基础设施网络，应成为城市交通新基建的发展方向之一。

三是为智能网联从测试迈向更加安全、成熟、广泛的应用保驾护航。近年来，各国加速推动自动驾驶开放道路测试（表 2），北京、上海、广州、深圳、重庆、苏州、武汉、长沙等多地政府积极国家号召，结合自身智能网联汽车产业定位等实际情况，制定智能网联汽车产业发展战略规划，明确产业发展目标，为智能网联汽车产业的快速发展奠定基础。经历了技术研发、封闭测试阶段，我国智能网联汽车现已从小范围测试验证转入技术快速发展、生态加速构建的

全球城市自动驾驶发展趋势　　　　表2

国家	应用现状	未来发展规划
中国	2022年上半年，全国开放各级测试公路超过7000公里，L2级及以上自动驾驶车辆渗透率达12%	到2025年新增车辆中L2级和L3级将达到50%，到2030年超过70%
新加坡	2020年，测试区域已占城市总里程1/10，超1000公里	—
日本	日本《道路交通法》修正案2020年4月起允许L3级自动驾驶汽车上高速公路，L2级及以上自动驾驶车辆渗透率达20%	—
美国	2022年已完成区域开放测试，加州、凤凰城等地进入实地商业部署，L2级及以上自动驾驶车辆渗透率达30%	预计2030年美国自动驾驶电动车将占行驶总里程的25%
德国	德国联邦委员会《自动驾驶法》规定，德国全境允许L4级完全无人驾驶汽车于2022年正式出现在德国所有公共道路上	预计到2030年，德国L3级及以上自动驾驶车辆将达到20%左右，市场份额达280亿美元
英国	英国交通运输部颁布的《高速公路法规》规定，2021年起允许L3自动驾驶汽车在英国所有高速公路上以最高60公里的时速自动驾驶	到2025年将在道路上广泛推广自动驾驶汽车，同时政府将制定新的法律并准备1亿英镑发展资金

新阶段，随着智能网联汽车发展向深水区迈进，产业发展呈现复杂性、不确定性。对于城市交通新基建发展而言，一是严守安全底线，推动传统设施升级改造，积极适应智能网联发展；二是融合多元数据，围绕政策法规、服务能力、应用示范、产业生态，对智能网联汽车发展情况进行跟踪评估，引导各方面均衡协同发展；三是结合各部门业务职能，通过数字化平台建设，为道路测试、产品标准体系、产品准入管理、登记管理、产品质量管理、道路运输经营管理、网络安全及数据安全管理、道路交通安全管理、保险等相关政策制定与组织实施全面赋能。

四是全力支撑低空经济快速发展。 自2010年以来，国家相继出台多项政策支持低空经济发展，地方也积极争取试点（图4）。截至2022年年底，中国民用航空局已批复20个民用无人驾驶航空试验基地（试验区）。近年来，中国民用航空局密集出台物流无人机系统技术要求、航线划设、试运行审定等标准规范，已初步形成了支撑企业在一定可接受安全水平下开展物流配送试运行的监管框架，以物流配送为代表的工业级无人机物流成为景气度最高的细分领域，低空经济大幕正式拉开。目前已有广东、安徽、江苏、山西、江西、山东、四川、陕西、湖南、深圳、北京、重庆等16个省市将重点布局低空经济、通用航空等相关内容写入政府工作报告。2024年1月1日，《无人驾驶航空器飞行管理暂行条例》正式施行，为低空产业健康发展实现法治护航。据罗兰·贝格（Roland Berger）预测，到2050年，全球低空经济市场规模将超过60万亿人民币，全球范围内将有近10万架eVTOL飞行器用作空中出租车、机场班车和城际航班服务。为更好支撑低空大规模、高频次、高复杂性飞行的服务保障体系，需全面部署建设设施网、通信网、服务网，推进管理规则制度创新，包括：建立分类、分级的无人机起降点等基础设施体系，为低空应用提供多层级的起备降、充换电等服务，为低空大规模飞行提供可靠稳定的服务保障能力；结合低空飞行器技术要求和设施条件，针对特定高度空域分别构建通信设施网络，支撑低空用户大规模、高频次通信需求；以城市低空数字空域地图、低空

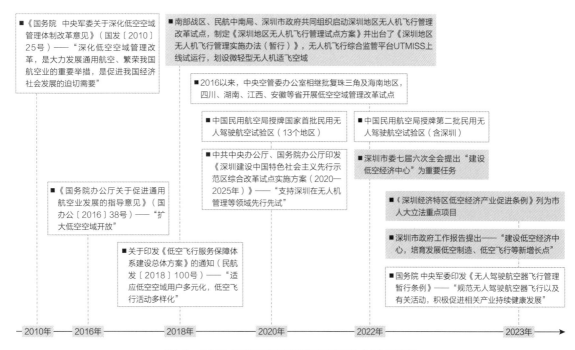

图 4　2010 年以来低空经济发展和地方试点情况

空域能力中台、低空空域服务系统、企业运营管理系统等构成的数字化底座为基础，建立智能化飞行监管服务能力等。

（六）提升行业管理效能

由于利益相关者众多、利益诉求复杂多变，城市交通呈现愈加复杂的巨系统特征，行业管理面临诸多挑战：一是现代化信息技术驱动下，城市交通供需变化周期大幅缩短，导致决策响应链条和周期大幅缩短，依靠传统的行业管理方式（如十年战略、五年规划、三年行动方案、年度实施计划等）难以及时应对瞬息万变的决策需求，决策滞后往往损失巨大、代价沉重；二是行业管理编制难以在短期内突破，在信息化工具尚不足以为行业管理者全面掌握行业运转最新全景并开展科学决策全面赋能的情况下，行业管理的工作负荷和难度远超以往，"小马拉大车"成为各行业管理面临的共性痛点；三是城市交通各细分领域发展相关职能分散、条块利益博弈的客观现实不容回避，缺乏代表各方立场的、全面系统的损益评估，难以在政府—市场—社会多方博弈，以及政府内部各部门之间的博弈中快速凝聚共识，这已成为隐藏在"冰山以下"制约城市交通治理能力现代化建设的瓶颈之一。

随着信息技术进步，城市交通客货运服务的新业态仍将保持高速发展，交通治理在及时响应能力和跨专业统筹能力方面仍将面临严峻挑战。随着全国人口增长渐入拐点，人口红利日益消退，综合人效提升将是我国新时期经济社会发展的底层逻辑和核心驱动力，亟需思考如何加快推动城市交通基础设施的数字化转型，构建智能、高效、自主化的现代化城市交通治理体系，以数字化转型为人效的提升全面赋能，从容应对瞬息万变的决策需求，支撑城市交通网络的高效运转。

五、城市交通新基建网络的构建与运行

以城市交通新基建传导城市交通的本源价值，关键在于如何认识其内涵，并紧密围绕这一内涵推动现代化城市交通网络的构建与运行，区别于传统城市交通基础设施网络，城市交通新基建网络应具备如下特征。

（一）"设施—服务—信息—能源"四网融合

相比综合运输，城市交通基础设施在本源需求、设施布局特征、运营组织方式、信息流特征、能源补给模式等方面具有明显的多要素、随机性、网络化特征：一是城市交通基础设施网络与城市功能和用地、人口岗位、产业经济，以及医疗、教育、文化等各类公共服务深度融合，是城市生产生活的网络化空间载体。二是相比综合运输的计划式、组织化地提供服务，城市交通服务供需则呈现显著的时间—空间"双随机"、供给—需求"双随机"特征。三是设施布局方面，综合运输通常是单一方式独享、线性布局，而城市交通设施则是网络化布局，无论在设施节点（枢纽、能源补给）、设施通道还是整个网络上，跨交通方式出行、共享基础设施、网络化运营组织均极为普遍（表3）。

城市交通基础设施网络与综合运输基础设施网络比较　　表3

		综合运输	城市交通
本源需求	城市关系	停止于枢纽，通过集疏运体系与城市产生线性关联关系	功能与用地、人口岗位、产业经济、公共服务等各类之间深度融合，网络化的因果关联关系
	客流特征	海、陆、空、铁、全年客运量百亿人次，计划式、组织化的服务供给和需求	仅公交、地铁年客运量超过千亿人次，时间、空间双随机，供给、服务双随机
设施特征		单一方式独享、线性布局	跨交通方式共享、网络化布局
运营方式		单一交通方式独立、线性组织运营	公交、轨道、私家车、慢行等多种交通跨方式、网络化运行
信息流特征		封闭、线性、要素单一的信息流	涵盖城市、基础设施、运输服务、载运工具、人等多重要素，跨交通方式的网络化信息流
能源补给		有限供应商构建的线性、计划性、有限能源种类供给模式	多供应商通过网络化布局，提供油电气氢综合能源补给，应对能源补给的随机性要求

上述三方面特征意味着，从设施数字化转型的角度看，信息流势必需要全面涵盖城市、基础设施、运输服务、载运工具、人等多重要素，从城市交通传统基建迈向新基建，不能就单一交通方式或者单一设施而论，势必要在"多网融合"场景下系统规划、构建和运行。

（二）"物理—数字—社会"三元空间融合

城市交通新基建网络的构建与运行，除了路、桥、隧道、涵洞、轨道、枢纽等以土建为主要形态的传统基础设施以外，更为重要的是依托成本可控的万物互联、算力支撑和可靠通信，构建面向现代化城市交通治理的"物理—数字—社会"三元空间。

一是数据泛在将为三元空间之间的映射互动创造支点。随着全球基础设施的不断扩容与物联网（IoT）的广泛连接，每年产生的数据量呈指数级增长。有研究显示，预计到2035年全球每年产生的数据量将达到2000ZB以上，是2020年的约50倍。城市智能传感网当中，各类摄像头采集的连续视频流数据量巨大，如将电子警察、卡口、轨道交通站内监控等各类视频前端计算在内，超特大城市中心区视频监控终端密度普遍达到每平方公里几百路甚至上千路，海量视频数据价值挖潜空间巨大，再加上其他各类传感器，每平方公里可连接设备达到千万级，城市感知将实现无死角全覆盖。

二是高带宽低时延通信将为三元空间的双向同步提供保障。无线通信带宽、时延、覆盖范围等性能也将大幅改进。预计2030年年底，6G将覆盖城市、农村和海洋等各个领域，1TB/秒的峰值传输速率，0.1毫秒的端到端时延，以及超过10^7个/平方公里的连接密度意味着：①城市交通设施网络与其数字孪生之间的关系从"由实生虚"迈向"共生演进"成为可能；②即使L5级自动驾驶车辆在局部路网的渗透率达到100%，6G基站都能够轻松应对几百、上千台终端超过百兆/秒的数据并发。

三是智能计算平台将为三元空间治理闭环构建注入动能。国家发展改革委对未来国家级超算中心、国家算力枢纽节点建设做了全面部署，为基于智能计算平台的城市交通治理带来前所未有的机遇。以百万路视频的解决方案为例，"云—边—端"架构下，数据传输带宽需求、云端数据存储需求以及相应的传输、存储成本相较"云—端"架构节省97%以上，一度被认为"昂贵"的大数据计算平台将在城市交通领域得到应用推广。构建感（全息感知）、知（知识图谱构建与知识提取）、算（"云—边—端"技术）、判（态势研判）、治（城市交通多场景治理）技术体系，将为在城市交通"物理—数字—社会"三元空间之间构建"决策—实施—反馈"的协同治理闭环创造条件。

（三）为传统基建"规—建—养—运"全过程赋能

发展新基建并非意味着摒弃传统基建，传统基建的高起点规划、高标准建设、高水平管养、高质量运营依然是城市交通新基建网络构建与运行的重要组成部分：一是针对城市交通综合立体复杂网络协同规划方法旧、数据少、工具缺、决策难等问题，建立数字化的规划设计能力；二是针对海量设施协同管养面临的诊断难、成本高、效率低、寿命短等问题，建立智能化的运维管养能力；三是针对城市交通运行过程中的碳排多、量化难、溯源难、管控难等问题，建立全生命周期的碳排评估能力；四是针对复杂城市环境下突发、偶发事件预判难、影响广、危害大、损失重等问题，建立韧性化的运营管控能力；五是针对城市交通"设施—服务—信息—能源"跨网融合过程中面临的行政管理职能分散、设施衔接松散、业务功能分离等问题，建立一体化的跨网运营能力。最终建成现代化的城市交通基础设施治理体系，实现经济、社会、生态、安全效益相统一（图5）。

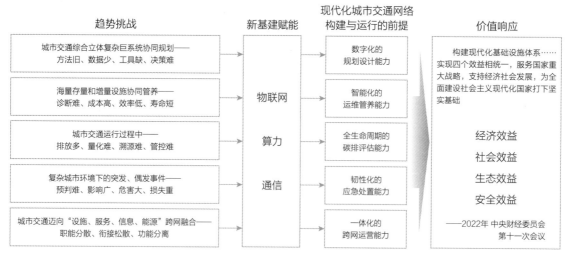

图5 城市交通新基建网络为传统基础设施"规—建—养—运"赋能

（四）迈向"认知—评估—推演—调控"高阶闭环

认知、评估、推演、调控是城市交通治理的基本技术逻辑。在新基建加持下，该技术逻辑将从基于有限认知、算力的低阶闭环向"全息认知—全视角评估—全场景推演—全要素调控"高阶闭环转型升级（表4）。

规律认知的转变。对象上，将从对群体整体特征的模糊认知迈向对个体行为特征的精细化认知，并从人、车、路、城市功能向能源、生态、产业拓展。视角上，将从对系统的碎片化认知迈向跨行业视角、全维度的系统认知。空间范围上，将从对各片区或廊道的局部认知迈向城市级乃至都市圈级的全局认知。时间维度上，将从抽样、随机、片段化的规律认知迈向基于连续时间序列的完整认知。

系统评估的转变。对象上，将从对某一种交通方式、某一类交通设施的独立评估迈向跨方式、跨设施的系统性与协同性评估。视角上，将从自上而下的系统整体效益评估迈向针对所有利益相关者损益的精细化评估，且从关注网络承载力、效率、延误等指标向公平性、人的全面发展、成本效益、能源环境代价等多元价值维度拓展。时间维度上，将从以月度、季度、年度等为周期的滞后评估迈向支撑网络管控、运营服务和政策调控的实时评估。

仿真推演的转变。对象上，将从基于群体的集计模型和宏观出行规律迈向基于完整链条的个体级人、车活动规律。推演规模上，将从小规模、有限场景迈向城市/都市圈规模下的多场景。响应时效上，将从基于滞后数据的离线仿真迈向基于毫秒级虚实同步的实时在线推演。推演模式上，将从宏—中—微观相互分离的、基于大量假设的简化模型迈向宏中微观一体化、更加贴近现实情况的复杂模型。

城市交通数字化水平发展阶段划分　　　　　　　　表4

维度		发展阶段		
		Level 1（L1级）	Level 2（L2级）	Level 3（L3级）
认知	对象	人（出行）、车、路	人（活动）、车、路、城市功能	人（活动）、车、路、城市功能、能源、生态、产业
	视角	行业视角、碎片化	跨行业视角、有限维度	跨行业视角、全维度
	空间	街道、片区、廊道、城市，平面空间	+都市圈全域，平面空间	+都市圈全域，立体空间
	时间	抽样、随机、片段化	部分细分领域（如公交运行）实现有限连续	全时、连续
评估	对象	独立系统评估	以独立系统为核心、适度拓展外延	跨系统、协同性评估
	视角	网络承载力（拥堵）、效率（车速）、延误等传统交通效益	+财政、生态、产业等多价值维度	+差异化政策下，所有利益相关者的个体级损益
	时间	周期长、滞后	加密评估频次	实时评估
推演	对象	基于群体的集计模型和宏观出行规律	细分群体的中观规律	基于完整链条的个体级人、车活动规律
	规模	小规模、有限场景	城市级推演，有限场景	城市/都市圈级推演，多重组合场景
	响应	离线仿真，仿真运行周期长	+实时在线推演，秒出结果	+实时在线推演，秒出结果
	模式	宏中微观相互独立，基于大量假设的简化模型	宏中微观相互独立，基于有限假设的简化模型	宏中微观一体化，贴近现实的复杂模型
调控	领域	路网管控、公交调度等传统业务的实时调控	面向精细化政策（路径动态管理、路权动态分配、收费动态调整等）的实时动态调控	网联化、电气化、共享化背景下，面向新业态（如MaaS）的动态调控和供需动态撮合
	粒度	路段级、群体级的无差别化调控	+网络级、群体级的无差别化调控	+车道级、个体级的个性化调控
	模式	以数为据+经验驱动	数据驱动+人机协作	数据驱动+自主式调控

运行调控的转变。调控领域上，将从公交调度等传统业务的实时调控迈向面向新业态的动态调控和供需动态撮合；调控颗粒度上将从路段级、群体级的无差别化调控迈向车道级、个体级的精细化个性化调控；调控模式上，将从"以数为据+数据驱动"迈向"数据驱动+自主式调控"。

（五）城市交通新基建网络的未来形态

随着上述趋势的迭代演进，未来运载体的驾驶、基础设施的管理和控制将逐渐向较少人员干预或无人干预，人在交通系统中的角色由驾驶员及决策者等转变为被服务对象，城市交通新基建网络将从承载人、车运行的物理载体，逐步向具有自感知、自学习、自进化、自诊断、自修复、自适应、自决策等能力的现代化城市交通新基建网络智能体转变。该智能体以服务于人的需求、组织城市高效运行、引领生态战略落地、筑牢网络韧性防线、与新业态双向奔赴、提升行业管理效能为目标，以物理设施载体+数字孪生底座为基础，以长久的设施服役性能为保障，以智慧化的设施运营管控为核心业务，以设施网、服务网、信息网、能源网"四网融合"为形态，同时与智能移动终端（人）、智能载运工具（车）、智慧城市实现数据的全面共享，共同构成可自我演进、自我生长的城市智能生命体。

六、新基建背景下的现代化城市交通治理

在长期不断的探索和实践中，我国已建立了与城市规划基本对应、适应城市发展需求和市民出行特征的城市综合交通规划编制技术体系，在城市交通基础设施规模、空间布局、用地标准、配建标准、技术标准、客运走廊识别与交通模式选择等方面形成了面向不同城市的差异化指引，对我国城市交通基础设施网络的建设完善起到了关键引领作用。近年来，国土空间规划体系下的综合交通规划转型成为行业焦点，在资源环境承载力和空间紧约束背景下审视城市交通发展，推动全域、全要素、全层级一体化，推动跨部门目标共识与资源整合，强化城市交通与人、城市价值耦合等问题得到广泛关注。

尽管如此，传统城市综合交通体系规划在本质上仍未跳出"定标准、定规模、定布局"的增量思维，在城市交通基建日臻完善的当下，这一体系难以适应存量时代的城市交通高质量发展要求，亟需加快从国土空间规划框架下的交通设施布局规划，向城市交通核心目标导向下的运营规划转变，将现代化城市交通治理体系建设的重心放在城市交通新基建网络的构建与运行上来。

（一）统一概念、明确数据等新型生产要素治理要求

一是从国家层面明确城市交通新基建的内涵，建立完善有利于促进城市交通新基建发展的标准规范体系。

二是严守数据安全底线，对数据流通全过程进行动态管理。包括：①以维护国家数据安全、保护个人信息和商业机密为前提，构建城市交通大数据底座，把安全贯穿数据供给、流通、使用全过程，强化数据安全保障体系建设。②划定监管底线和红线，加强数据分类分级管理，积极有效防范和化解各种数据风险，构建政府监管与市场自律、法治与行业自治协同的城市交通治理大数据治理体系。③建立数据可信流通机制与评估体系，建立数据的可用、可信、可流通、可追溯能力，促进新型生产要素的有效流通，保障创新参与和公平竞争。④引导培育城市交通大数据交易市场，完善数据交易规则和服务，规范交易行为，建设数据交易信用体系。城市交通数据底座应牢牢掌控在国家手里。

三是推动数据标准化建设，促进数据交换共享。包括：①支持构建城市交通治理领域规范化数据开发利用的场景，推动公路、桥梁、隧道、涵洞、枢纽、轨道交通等各类城市交通基础设施（设施服役性能、设施病害监测、人/车流实时状态等）数据采集的标准化，各类载运工具运行（速度、加速度、安全监测、载重、实时定位等）以及运营订单（轨道和公交刷卡、共享单车订单、出租汽车/网约车订单和货品货类等货运订单等）数据采集上传的标准化。②依托地方政务数据主管部门，面向政府部门以及涉及城市交通数据采集、加工和应用的各类机构，特别是参与城市交通客货运服务的互联网企业，制定出台数据共享责任清单，推动跨部门数据的可信流通与共享。③针对城市交通网络布局优化，设施服役性能监测、检测与养护，网络运营与调控等我国城市交通网络构建与运行中长期面临的共性需求，制定城市交通大模型建设相关规范、标准。

四是加快构建算力、算法、数据、应用资源协同的全国一体化大数据中心体系，布局全国一体化算力网络国家枢纽节点。

（二）推动城市交通规划编制方法与技术创新

一是从"配套规划"到"自成体系"。扭转"城市交通规划是城市总体规划的配套规划"这一传统认知，立足城市交通作为基础公共服务的属性和定位，在物理设施布局考虑方面，从空间维度转向时间维度转变，从"人民对美好生活向往"的需求出发，强化政策措施对提高生活水平的基础性公共服务的引导作用，面向城市交通多模式复合网络一体化构建与运行要求，全面考虑效率、公平、财政、产业、环境等多维度来创新综合评估体系，建立城市出行服务体系规划方法。

二是从"以数为据"到"数据驱动"。城市（群）综合立体交通网络复杂巨系统的规划建设和运营，跨区域、跨方式的协同任务重、协同难度大，传统基于"采样调查—经验分析—单体设计—静态评估"的方法难以适应新时期要求。亟需构建涵盖"人、车、设施、事件、环境"等动态、静态全要素的数字化规划工具，支撑复杂因素影响下的城市交通演化特征研判，能够从公平性、负外部性、社会经济效益、资源配置效率、能源环境代价、社会稳定性风险等角度出发，对规划政策方案进行全方位评估评选。在规划、政策实施过程中，基于数据底座引擎，对关键指标实现持续观测评估，让规划从"一张蓝图"转变为"全息感知—孪生推演—协同规划—综合评估—修正方案"的技术体系完整闭环，推动规划编制实施业务流程再造。

三是从"土建规划"到"融合规划"。相比以土建设施为主的传统基建，新基建背景下的未来城市交通基础设施将迈向由传统设施、"云—边—端"协同计算大数据平台、交通管控运营服务业务平台等共同构成的全新形态。这一形态的转变意味着，在解决交通问题的"组合拳"当中，土建设施规模布局对于交通发展水平影响的比重将持续下降，数字化技术的融入和跨交通方式整合将在"人民满意、保障有力、世界前列"城市交通系统建设中"唱主角"。亟需重新审视综合交通体系规划编制标准中关于交通信息化建设发展的边界、内涵与深度要求，将其融入对外交通、交通枢纽、公共交通、行人与非机动车交通、货运交通、城市道路、停车场等各个板块中，贯穿规划、建设、养护、运营全生命周期，统筹考虑土建设施与数字化设施融合的规范指南。

（三）推动城市交通新基建网络的构建与运行

城市交通新基建网络构建与运行的目标在于构建自主式交通体系，该体系由如下三部分构成，既自成体系，同时相互支撑。

一是自感知、自学习、自进化的数字孪生底座。重点推动如下工作：①建立涵盖国土空间规划底座、交通基础设施高精度模型等的基础数据平台，通过接入"规划—设计—建设—养护"全周期档案等静态数据，以及各类动态数据，实现空间形态、设施性态、"人—车—路—事件—能源"实时动态等的虚实共生，建立基于全要素、全时、全维度感知的数字孪生空间表达能力与虚实互操作能力。②建立城市交通网络复杂系统的知识图谱，基于复杂知识提取，挖掘城市功能、人、车、路、事件、能源等各类要素之间的潜在关联关系和因果关系，实现都市圈级、城市级、片区级、廊道级等多分辨率的长期演化推演和实时在线仿真。③建立城市交通网络的多维度评价指标体系，从安全效益、运行效益、设施群韧性、生态效益以及成本效益等角度出发，针对规划、政策、养护、运营、管控方案实施自动评价与参数反馈，最终实现城市交通基础设施智能体（物理设施网络与载运工具＋综合能源补给网络＋万物互联传感网络＋数字化管控调度服务平台）的自学习和自进化。

二是自诊断、自修复的设施群服役性能保持。针对我国城市海量交通基础设施养护运维成本高，面对突发事件反应慢、韧性弱等难题，以构建更安全、更耐久、更韧性的城市交通基础设施运维体系为目标，重点推动如下工作：①构建布局高可靠、分布式、低维护智能监测体系，实现设施群服役性能的全息监测；②在数字孪生底座上加载基础设施服役性能诊断、性态分析与演化评估、风险预测预警等关键推演能力，实现服役性能无人化、智能化自诊断和风险自主预警；③在数字孪生平台内嵌设施群智能协同运维与应急处置，支持大规模设施群低成本及时养护调度、预防性养护调度、自愈合与自修复主动加固调度和突发事件下的应急抢修与救援部署等自动化。以自诊断、自修复能力的全面建设，促进设施寿命倍增，提升应急处置效率，减少突发事件下的直接、间接经济财产损失。

三是自适应、自决策的智慧化运营管控。重点推动如下工作：①在智能网联环境下，以实时接入的全网载运工具全息信息为基础，基于秒级的全网在线推演，实现交通网络运行从局部干线通道、网络协同管控向城市级网络协同管控转变，从路网运行管控向路网运行和车辆停放一体化协同管控转变、从基于信号交叉口的车辆管控向面向驾驶员的出行规划与路径管控转变；②基于历史和实时采集的乘客信息与各交通方式的运营信息，组织运力的智能化共享配置与网络化调度，精准撮合出行服务供需，实现不同交通方式动态无缝衔接与协同运营，提供全链条伴随式出行服务体验；③通过数字化的动态调节技术，保障路权使用（公交专用道、HOV/HOT、低排区等）、停车价格调节、公交交通票制票价等各类交通政策得以分区域、分时段、分人群的差异化实施和实时优化。

（四）推动城市交通基础设施与能源跨网融合

随着光伏、风电等清洁能源的大规模接入，电力系统将呈现显著的"双侧随机性"和"双峰""双高"的特征，叠加"源网荷储一体化"与电气化趋势，交能融合愈加成为城市交通新基建网络构建与运行的重要组成部分。以电力系统中各类能源生产设备全工况感知为基础，对多元用户开展精准画像，掌握不同用户用能特征，实时监测并精准研判供需趋势，通过"源网荷储一体化"促进多能互补协同、挖掘需求侧调控潜力以促进电能供需优化配置尤为重要。亟需重新审视以燃油车为主导的上一代城市交通管理行政职能划分、法律法规与标准规范、规划政策的价值导向与技术方法，加快构建以落实"双碳"目标，适应新能源快速发展趋势的，聚焦交能深度融合的新一代城市交通规划与政策体系框架。包括：

一是提高交能融合在国土空间规划中的地位，明确交通融合的发展方向及其与城市空间的关系，充分保障相关设施用地，丰富国土空间规划内涵。

二是充分考虑新能源快速发展背景下的车辆保有、使用、停放等需求和特征，将交能融合发展规划纳入城市综合交通体系规划中，科学确定能源供给设施规模及空间布局，推动交通和能源相关设施和通道共建共享。

三是建立涵盖规划设计、工程建设、安全环保、运营运维等全环节的技术标准体系，为交能融合大规模推广应用保驾护航。

四是建立健全涵盖新能源汽车及能源补给设施"规—建—养—运"全生命周期制度框架，促进发展和改革主管部门、规划和自然资源主管部门、交通运输主管部门、住房和城乡建设主管部门、工业和信息化主管部门等跨部门协同，完善备案审批流程，在用地、资金、电网接入、上网电价等方面给予支持和引导。

（五）建立完善城市交通新基建发展保障体系

一是推动地方机构改革、优化相关体制机制、完善机构职能，明确城市交通新基建规划、投资建设、养护运营等主体责任，建立健全横向到边、纵向到底的城市交通新基建发展制度框架。

二是发挥市场主体作用，拓展多元化投资渠道，形成多元化投融资机制，创新项目融资方式，发挥好政府投资的支持引导作用，用好开发性金融工具，吸引更多民间资本参与重点领域项目建设，有序推进政府和社会资本合作建设城市交通新基建。

三是针对新基建背景下我国城市交通发展面临的变革和不确定性，开展前瞻性研究，为新一轮规划、政策体系构建指明方向，推动城市交通网络的构建与运行迈向全新发展阶段。

四是针对在数字底座搭建、数字孪生推演、数字化规划设计领域软件被国外垄断等问题，在国家层面加大科技研发与科研转化的支持力度，突破城市交通新基建领域的一批"卡脖子"关键技术、催生一批颠覆性引领技术，实现城市交通新基建领域相关基础工业软件的国产化和完全自主可控。

七、结束语

作为新老基础设施、新老交通业态深度融合的全新基础设施形态，城市交通新基建内涵将随着社会和技术进步而不断演进和丰富。但无论是传统基建还是新基建，核心是要在交通设施的投资、建设中传导城市交通的本源价值，紧密围绕服务于人的需求、组织城市高效运行、引领生态战略落地、筑牢网络韧性防线、与新业态双向奔赴、提升行业管理效能等目标推动城市交通的高质量发展。

现代信息技术的成熟普及，将更加全面地支撑"设施—服务—信息—能源"四网融合、"物理—数字—社会"三元空间融合以及"全息认知—全维评估—全景推演—以虚控实"闭环的建立，为贯穿"规—建—养—运"全周期的现代化城市交通网络构建与运行深度赋能。

新基建背景下，城市交通发展面临全新挑战和机遇，亟需扭转以传统规划为主要手段、以设施规模扩张为核心生产力、以燃油车主导为前提的思维定式，树立面向2035年的城市交通发展核心价值，创新新老基建融合、新老业态融合的城市交通规划方法，创新城市交通网络构建与运行优化技术方法，创新交能融合趋势下的协同规划与协同运营技术方法等，为构建现代化的城市交通治理体系注入源源不断的动能。

参考文献

[1] 汪光焘. 城市交通学导论[M]. 上海：同济大学出版社，2018.

[2] 中华人民共和国住房和城乡建设部. 中国城市建设统计年鉴（2021）[M]. 北京：中国统计出版社，2022.

[3] 麦肯锡. 2030年未来出行全面展望[R]. 2016.

[4] 汪光焘，单肖年，张华，等. 数字化转型下的城市交通治理[J]. 城市交通，2022，20（1）：1-9，27.

[5] 林群. 深圳城市交通规划设计技术体系及工作指引[M]. 上海：同济大学出版社，2006.

[6] 中华人民共和国住房和城乡建设部. 城市综合交通体系规划标准：GB/T 51328—2018[S]. 北京：中国建筑工业出版社，2018.

[7] 汪光焘，王继峰，赵珺玲. 新时期城市交通需求演变与展望[J]. 城市交通，2020，18（4），10.

[8] 汪光焘，陈小鸿，杨东援，等. 城市交通学总论——兼论城市交通学的基础问题[M]. 上海：同济大学出版社，2022.

[9] 汪光焘. 论城市交通学[J]. 城市交通，2015，13（5）：1-10.

[10] 住房和城乡建设部城市交通基础设施监测与治理实验室. 2023年度中国主要城市通勤监测报告[R]. 2023.

[11] 汪光焘，叶青，李芬，等. 培育现代化都市圈的若干思考[J]. 城市规划学刊，2019（5）：14-23.

[12] 汪光焘，等. 未来城市交通预判——2035年愿景[M]. 北京：中国建筑工业出版社，2020.

专题四

建设交通强国对城市交通发展要求

一、对交通问题和《交通强国建设纲要》的基本认识

二、创新建设现代化城市与《交通强国建设纲要》实施融合

三、高质量城市交通支撑交通强国建设

研究单位

北京交通发展研究院

研究人员

郭继孚	北京交通发展研究院	院长
孙明正	北京交通发展研究院	副总工程师
王 婷	北京交通发展研究院	副所长
刘奕彤	北京交通发展研究院	工程师
王 晴	北京交通发展研究院	工程师
贾思琦	北京交通发展研究院	工程师
黄克同	北京交通发展研究院	工程师

一、对交通问题和《交通强国建设纲要》的基本认识

（一）综合交通运输与城市交通的本质与核心特征辨识

中华人民共和国成立70多年来，我国综合交通运输取得长足发展，基础设施规模、客货运输量等均已位居世界前列。对比世界交通强国，综合交通运输业在装备、质量、安全、服务、效率、竞争力方面还存在不小差距（图1）。与此同时，伴随着中国城镇化和机动化进程，城市居民出行需求和交通基础设施规模增长十分迅速。然而，城市交通服务品质不高，道路堵、地铁挤、公交慢、停车乱、污染高等问题日益凸显，社会议论广泛，已成为影响城市运行效率和发展活力、影响人居环境和生活质量的突出问题。

图1 城市交通与综合交通运输之间的差异

无论是综合运输体系还是城市交通，都涉及载体（基础设施网络）、运载工具、运行组织三个方面。不同目的就需要有不同的载体、运载工具、运行组织方案，有着不同财政体制和法律制度等的支撑。城市交通与综合交通运输的区别如表1所示。综合交通运输体系一般包括铁路、航空、汽车公路、内陆水运和海运、管道运输以及邮政电信业务等，事关国家全局，是组织全国或区域经济社会运行，及支撑城市发展运行的外部要素。其主体来讲是中央事权，由国家规划和立法，并实施建设和运行监督。城市交通是城市行政区域范围的综合交通体系，包括城市道路、快速路系统、公共交通系统（公共电汽车、轨道交通、出租车、市内轮渡等）、停车系统、交通管理系统、物（货）流系统，以及自行车、行人出行的组织，形成了互补性强的复合交通网络。其主要是地方事权，依据城市发展和建成区域有机更新要求，由地方组织实施。

城市交通与综合交通运输的区别　　　　　表1

项目	城市交通	综合交通运输
法规	《中华人民共和国道路交通安全法》	
	《中华人民共和国城乡规划法》	《中华人民共和国公路法》《中华人民共和国公路管理条例》《收费公路管理条例》
	《城市道路管理条例》	《中华人民共和国铁路法》《铁路安全管理条例》《铁路运输安全保护条例》
	《城市公共汽电车客运管理办法》	《中华人民共和国海上交通安全法》《国内水路运输管理条例》
		《中华人民共和国民用航空法》《中国民用航空货物国际运输条例》
建设资金	城市建设维护税、城市政府财政、地方政府融资平台筹资	贷款建设收费偿还、汽油税（原养路费）
票价政策	公共交通票价政策——政府财政（补贴）和企业财务结合	公路运输票价政策——企业成本核算为主

城市交通与城市间综合运输同为支持人与物的活动，有一定的共同点，但组织方式有明显差别。城市交通作为开放的复杂巨系统，更加随机和综合，交通工具运行方式的互补性更强。通勤交通是基本要素，出行密度高，组织运行难度高，强调点线面密切结合，地面与地下结合，且不同类型城市间的差异性大。城市交通是城市复杂有机体的重要子系统，其面临的问题不是某一种交通工具或某一类基础设施产生的问题，也不是规划、建设、管理某一个环节导致的，涉及城市发展模式。尽管交通工程学已经将人、车、路、环境等综合为一体进行研究，但工程学解决问题的逻辑往往基于要素抽象、建立确定性影响关系而给出解决方案，但对密切相关的人的理念、价值观、行为，城市发展政策与制度设计，城市的文化传统等，存在诸多未能准确描述的方面。如目前城市交通的理论基础与工作方法仍停留在工程技术领域，难以从根本上解决城市交通拥堵、交通事故频发、机动车尾气污染等"城市病"。城市交通学科是一个综合性交叉型学科，是城市科学最基础的重要组成部分，不仅涉及交通工程，更多是涉及社会学、经济学，涉及法律制度和公共政策，需要多专业支持和跨学科整合研究思路。因此，推进城市交通高质量发展，需要综合思考《交通强国建设纲要》与新型城镇化、创新建设现代化城市等各项改革要求和措施。

（二）《交通强国建设纲要》对城市交通的要求

1. 对《交通强国建设纲要》的基本认识

《交通强国建设纲要》提出人民满意、保障有力、世界前列的建设目标，到2035年基本建成交通强国，到21世纪中叶全面建成交通强国；提出推动发展要求、发展方式、发展动力的"三个转变"，打造设施、技术、管理、服务"四个一流"，构建安全、便捷、高效、绿色、经济的现代化综合交通体系；要求坚持绿色发展、开放共赢、改革创新，提升治理能力。科技创新是建设交通强国的关键要素，以科技为引领，实施设备制造、服务品质、安全保障等各项重点任务，信息化发展将在提升服务品质、保障安全水平方面发挥重要作用；《交通强国建设纲要》将人才队伍建设放在突出的位置。建设交通强国需要高素质人才队伍保障，加强交叉学科建设能力、提高复合人才教育培养是交通强国建设的要求和现实需要。

对交通强国的认识，可从自身强、国家强两个方面理解。从自身强角度看，交通运输应当在基础设施、运输服务、装备技术等硬实力方面位居世界前列，各种运输方式的比较优势和组合效率得到充分发挥，交通运输业率先实现现代化。从国家强角度看，交通运输应当对经济社会发展具有很强的适应性和引领性，能够有效支撑国家重大战略的实施，具有足够支撑实现社会主义现代化强国目标的设施供给能力、运输保障能力、科技创新能力、现代治理能力、可持续发展能力以及国际竞争力和影响力，交通运输的先导性、基础性、战略性、服务性作用得到充分发挥。

2.《交通强国建设纲要》的"四个板块"建设

《交通强国建设纲要》提出建设现代化高质量综合立体交通网络、构建便捷顺畅的城市（群）交通网、形成广覆盖的农村交通基础设施网、构筑多层级一体化的综合交通枢纽体系（图2）。这四个网络体系可称为"四个板块"，既是载体、又是场景，各有特色，融合互动，体现了交通基础设施建设具有很强的先导作用。《交通强国建设纲要》针对"四个板块"，提出了相关交通设施和服务质量等总体的完善要求，并且要求分工合作，齐心协力推动实施。城市是组织综合交通运输的目的地，城市交通是支撑综合立体交通网络运行和城市群交通网运行的终端环节。交通基础设施"四个板块"在城市行政区范围内相互融合，综合运输组织均离不开城市交通的支撑，体现了城市交通在交通强国建设中的特殊地位。它们的建设和运行由城市

图2　城市群范围内交通基础设施建设
"四个板块"示意

支撑着，同时又对重塑城市空间结构、引导产业集聚、带动区域发展发挥着重要影响作用。强调以交通一体化推动城乡一体化，完善农村交通基础设施网，是推动城市反哺农村、实现城乡融合发展的新时代要求。

二、创新建设现代化城市与《交通强国建设纲要》实施融合

（一）城市社会是现代化的重要标志

2020年4月，《国家中长期经济社会发展战略若干重大问题》提出我国城市化道路怎么走是我国经济社会发展的重大问题，关键是要把人民生命安全和身体健康作为城市发展的基础目标；要更好推进以人为核心的城镇化，使城市更健康、更安全、更宜居，成为人民群众高品质生活的空间。党的二十大正式提出将推进实现中国式现代化作为重要的发展目标，同时指出"坚持人民城市人民建、人民城市为人民，提高城市规划、建设、治理水平，加快转变超（特）大城市发展方式，实施城市更新行动，加强城市基础设施建设，打造宜居、韧性、智慧城市"。

从城镇化进程看，我国已进入城市社会，进入以城市群为主体形态的发展阶段。2022年年末，常住人口城镇化率达到65.2%，预计到2035年我国人口预计70%以上居住在城市。城市是我国经济、政治、文化、社会等方面活动的中心，是贯彻新发展理念的重要载体、构建新发展格局的重要支点、实现高质量发展的重要区域，在集聚人口、支撑经济、满足人民美好生活、提供高水平的基础设施和公共服务等方面发挥了巨大作用。特别是超（特）大城市❶，既是全国城镇体系的龙头，又是辐射带动区域发展的动力源。根据第七次全国人口普查数据，我国7个超大城市、14个特大城市的人口占全国的20.7%，国内生产总值占全国三成左右，走在我国现代化建设的前列。我国城市的世界城市排名不断上升，并带动形成跨行政区资源配置的京津冀、长三角和粤港澳大湾区等城市群。我国的城镇人口及城镇化率如图3所示。

（二）城市交通是提升城市竞争力和国家竞争力的重要支撑

交通是现代城市的血脉。血脉畅通，城市才能健康发展。城市交通是连接城市其他三大功能（居住、就业及游憩）的纽带与转换载体，与城市发展相互关联且反馈。城市现代化和城市交通现代化相互交融、互为支撑，城市现代化转型发展和城市交通现代化过程是同步的。城市交通问题不是任何一种交通工具或交通系统的问题，不能将城市交通视为交通运输的一种方式。城市交通问题与城市的发展、人的理念和行为、政策、制度等都有密切关系。不同的阶段由于环境、文化、科技水平的变化，人们的生活方式也在发生着变化，对城市交通的诉求也产

---

❶ 根据第七次全国人口普查数据，我国超大城市包括上海、北京、深圳、重庆、广州、成都、天津；特大城市分别是武汉、东莞、西安、杭州、佛山、南京、沈阳、青岛、济南、长沙、哈尔滨、郑州、昆明、大连。

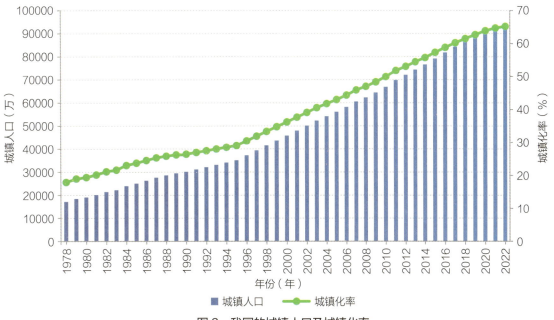

图3 我国的城镇人口及城镇化率

生了相应的变化。城市交通正在从协调人—车—路—环境关系,提供人和物的移动,向服务人的需求、组织城市高效、安全、低耗、可持续运行、带动培育发展现代化都市圈、增强城市群实力和竞争力的定位转变。城市交通发展要从城市发展、城镇化进程出发,立足于以城市群、都市圈为主体形态,站在提升城市竞争力和国家竞争力的高度,在城市发展层面上识别、解决问题,从而支撑城市高效、安全、低耗的可持续运行。

国内外相关研究显示,城市竞争力评价大致有九个方面的基本要素,可分为三个层次,如图4所示。具体来看,城市交通的定位和作用体现在以下几个方面。

图4 竞争力评价的基本要素

1. 城市交通是满足城市居民美好生活向往的重要保障

国家"十四五"规划提出,经济社会发展必须"以满足人民日益增长的美好生活需要为根本目的"。城市是人民群众美好生活的家园,这是城市最本质的属性。现代化城市的公共服务规划与配置,应充分考虑市政基础、公共服务设施、生活配套等的空间分布与功能优化,为人口流动、产业重构等创造条件,以优质公共服务打造特色磁极。同时,"人民满意"也是交通强国建设的根本宗旨。城市交通的本质要求不仅仅是车辆的移动,要从道路和交通工具的发展导向,转为更注重服务人的需求,回应人民美好生活向往,推动城市宜居、宜业的高质量发

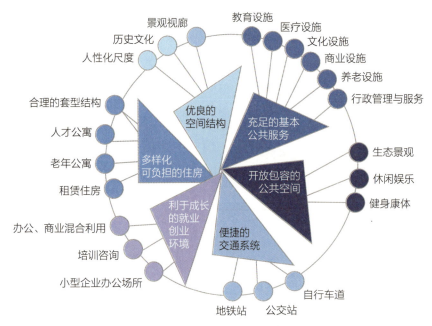

图 5 "以人为本"的城市空间建设需求

展。"以人为本"的城市空间建设需求如图 5 所示。

人口向城市的聚集必然产生人的多样化需求,其中就业需求和生活需求最为核心。作为实现人流、物流空间移动的载体,城市交通与就业机会获取、生活质量提升、健康安全等民生问题息息相关,是满足人民对美好生活向往的重要基础。

(1) 服务就业和生活需求

城市交通为市民在可接受的时间内获得更多就业选择、更加公平地享有各类优质公共服务资源、获得全面均等的发展机会创造了条件。根据马尔凯蒂定律,无论交通系统变得如何四通八达,1 小时左右的平均通勤时间应保持基本稳定。北京市 2011—2017 年的地铁刷卡数据也呈现出类似的"45 分钟定律",即 45 分钟的地铁内通勤时间(进站点到出站点的时间)已逼近北京居民可忍受通勤时间的极限。通勤时间是影响生活幸福感的重要因素。研究表明,通勤时间与个人生活满意度、工作和健康满意度以及家庭满意度都有负向关系。根据《2022 年度中国主要城市通勤监测报告》,44 个城市中超过 1400 万人承受极端通勤,60 分钟以上通勤比重 13%,北京极端通勤比重达 30%,2021 年中国主要城市 60 分钟以上通勤比重如图 6 所示。避免超长通勤带来的身心伤害与社会问题,将通勤时间控制在合理的限度,是保证生活质量的重要体现。

生活类弹性出行的时长关系到居民生活质量的改善。技术创新和社会进步释放出更多闲暇时间,与通勤交通、生活交通相比,闲暇时间的交通需求更加重视舒适性、安全性、个性化、可达性和体验性等方面交通服务的品质,并对城市公共空间和公共生活的关系提出了更高的要求。打造高质量的 15 分钟社区生活圈是提升居民基本生活服务便利性的需要。

国际城市交通发展指标均强调了市民在可接受的时间内就业岗位和生活服务设施的可达性、可选择性。如伦敦提出了"45 分钟出行时间内,公共交通所能达到的就业岗位数量",纽

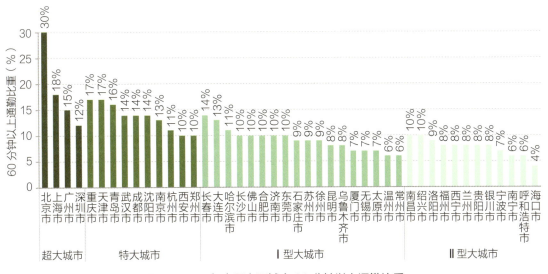

图 6　2021 年中国主要城市 60 分钟以上通勤比重

约提出"居民乘坐公共交通工具平均 45 分钟通勤距离以内的就业岗位数""45 分钟通勤距离内的居民占全部居民比例",均突出了就业岗位的可达性及选择就业机会的空间公平性,体现了以人为本。新加坡在交通指标设置过程中同样强调了交通的可达性和出行时间,提出"20 分钟市镇、45 分钟城市"的目标,即到最近邻里中心的行程,能在 20 分钟时间内通过"走、骑、搭"方式完成;高峰时段 90% 的行程能在 45 分钟时间内通过"走、骑、搭"方式完成。

(2) 引领健康生活方式

党的二十大报告中明确提出"推进健康中国建设,把保障人民健康放在优先发展的战略位置",健康中国上升为国家战略。从近年来国内外学者的研究来看,骑行等出行方式对健康有着多方面的效益,主要包括减少慢性病风险、改善心肺功能、减肥减脂、促进心理健康等。骑行等出行方式从简单的交通工具,已转化成一种受欢迎的休闲方式,还承载着人们对绿色健康生活模式的向往。当前,我国居民生产生活方式已逐渐从高生产、高消费、高污染转向绿色、健康、可持续,也更加关注通过锻炼保持健康、提高身体素质,据统计,2008—2018 年间,我国居民平均每天健身时间增加了 8 分钟。健康出行已成为出行者关注的重点,居民也将锻炼身体融合到包括出行在内的日常生活中,绿色出行比例有回升趋势。2015—2021 年北京中心城区出行方式分担率如图 7 所示。

从健康生活方式的高度,当前国内外对运动出行(Active Mobility)/慢行交通出行方式给予了空前的重视。例如:"健康街道、健康市民"是伦敦《2018 年市长交通战略》的核心战略之一(图 8),将人的感受和公众健康放在决策的中心,提出远景目标要使每个市民每天至少有 20 分钟的运动出行时间,预测在未来 25 年内减少 17 亿英镑的政府医保支出,并显著降低市民患多种疾病的风险。新加坡《2040 交通规划》提出将健康生活与出行相结合,将步行和骑行作为日常生活锻炼身体的方式之一。同时,伦敦、新加坡、纽约等城市的交通战略规划均提出了"零死亡"的交通愿景,也体现了高质量发展阶段对于"人民生命安全"这一首要价值的至高追求。

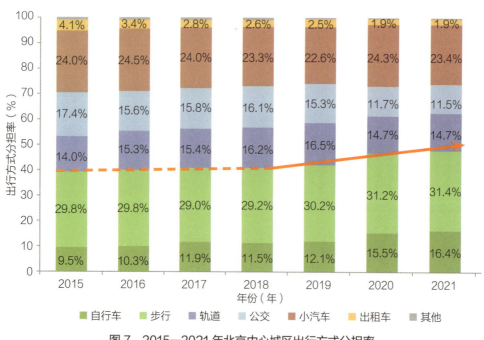

图 7　2015—2021 年北京中心城区出行方式分担率

图 8　步行或骑行对于健康的益处（伦敦市长交通战略）

2. 城市交通是影响城市可持续发展的重要方面

联合国 1992 年地球高峰会的成果文件《21 世纪议程》确认了交通在可持续发展方面的关键作用，2002 年可持续发展世界首脑会议的成果文件《约翰内斯堡执行计划》，再次强调其关键作用。此外，在 2012 年联合国可持续发展大会上，世界各国领导人一致认为，交通和出行是可持续发展的核心。《2030 年可持续发展议程》和联合国的可持续发展目标（SDGs）也体现了这一点。2021 年，第二届联合国全球可持续交通大会发布的成果文件《北京宣言》明确指出，可持续交通的目标是提高交通通达性，加强交通安全，增强交通系统韧性，提升交通服务效率，减少交通运输对于环境和气候的影响，对于实现《2030年可持续发展议程》和《巴黎气候变化协定》至关重要。城市交通是影响城市可持续发展的重要方面，在支撑城市经济、社会、环境可持续方面发挥着重要作用。

（1）支撑城市经济的持续增长

经济可持续方面，城市交通要满足社会经济发展所产生的基本交通需求，支持城市经济的持续增长，并不超出经济的承受能力。城市交通与经济可持续发展的关系体现在：

一是城市交通稳定、持续地保障人与物的高效流动，支撑着城市经济更好地运行。城市发展的过程实质上是生产要素集聚与扩展的过程。各类生产要素的集聚必须要克服空间障碍，城市交通是城市集聚经济形成与发展的前提。各类生产要素借助于便捷的城市交通实现顺利流通，城市交通能在更大范围内促进城市集聚经济的发展。交通枢纽是各种流的空间汇合体，支撑着聚流、引流、驻流和扩散辐射，枢纽经济正在成为我国经济转型升级中的新动能和增长极。物流（货运交通）是居民生活和城市经济生产的命脉系统，城市货运物流体系的高效一体化和综合竞争力，已经成为促进城市区域地位提高和社会经济更好健康发展的关键因素。城市交通拥堵也将增加时间成本与经济成本，降低社会劳动生产效率，进而影响到城市经济运行效率。据相关研究测算，北京每年交通拥堵带来的直接、间接经济损失高达数千亿人民币，大约占北京GDP的5%。

二是城市交通将托起汽车、能源、数字经济等关键产业的孵化与发展，为经济发展注入新动能。如新能源汽车作为战略性新兴产业，可融汇新能源、新材料和互联网、大数据、人工智能等多种变革性技术，推动汽车从单纯交通工具向移动智能终端、储能单元和数字空间转变，带动能源、交通、信息通信基础设施改造升级，是科技和资本密集型产业，成为引领我国在全球竞争格局中抢占经济科技制高点的重要力量。

三是城市交通投资、补贴处于高消耗期，高额成本带来较大的财政压力，是影响城市财政可持续的重要方面。北京市轨道交通投资和地面公交政府补贴情况如图9所示。当前，我国城市地面公交政府补贴负担逐年加重，轨道交通建设投资大，未来交通基础设施投资将处于建设、维修、改造的三重叠加消耗期，城市财政的可持续成为突出问题。

图9　北京市轨道交通投资（左）和地面公交政府补贴（右）情况

(2)保障社会公平

社会可持续方面，由于交通劣势往往与社会经济劣势具有密切联系，因此公平的交通服务是城市社会包容性发展的重要方面，需要通过合理配置各类交通资源，满足不同群体的活动需要和由此产生的出行需求。

从2022年开始我国进入了人口负增长时代，同时人口老龄化是贯穿21世纪的中国基本国情。在全球性老龄化趋势中，中国老龄化的速度最快、规模最大，预计2035年左右，我国60岁及以上老年人口将突破4亿，在总人口中的占比将超过30%，进入重度老龄化阶段。从国际经验看，人口老龄化的趋势和残障群体的发展趋势有一致性，其人群也有相当大的重合，对于无障碍环境建设的需求也越来越大。我国65岁及以上人口数量及占比如图10所示。

图10　我国65岁及以上人口数量及占比

城市交通环境是老年人满足自身需求、获得外界支持的重要载体，维持着老年人个体与外界的连接，对实现健康老龄化、积极老龄化目标具有至关重要的作用。老人、儿童、残疾人、低收入群体等弱势群体有同等权利享受可达、可靠、可支付的城市交通服务，获得满足自身生存、生活和发展的机会。近年来，国家针对儿童、青年、老龄人群等不同人群接连出台了相应的城市发展政策。在此背景下，城市交通服务供给也将更多转向"个性化服务"与"全龄友好"，从群体到个体，优化空间资源的个性化配置。新时代的城市交通应当是对儿童友好、对老龄友好、对外地人友好、对弱势群体友好的交通。

(3)推动实现"双碳"目标

当前，气候问题已成为全球共识，"碳达峰""碳中和"目标也为中国的发展转型提供了机遇和挑战，推动城市发展模式、产业经济结构、生产生活模式的全方位变革。我国二氧化碳排放中主体是工业、建筑和交通领域，二氧化碳排放占比分别为65%、20%和10%。在2013年以来我国碳排放增速已经趋于平缓的情况下，城市交通碳排放量已经成为增速最快的领域，也是推动生产生活方式零碳化转型潜力最大、难度最大的领域。中共中央、国务院印发《国家综合立体交通网规划纲要》明确指出，加快推进绿色低碳发展，交通领域二氧化碳排放尽早达峰。当前，国家能源安全、气候变化、全球竞争三股合力，把城市交通的零碳化推上了前所未有的新高度：

一是交通工具将经历一场由传统燃油汽车向新能源汽车转变的能源结构转型。世界多个国家和汽车制造企业纷纷加快部署，将推广新能源汽车作为未来发展的核心战略。多个国家、地区及城市陆续公布燃油车禁售时间表，传统燃油车的退出已是一个不可逆转的全球性趋势。2022年我国新能源汽车销售量达到688.7万辆，市场占有率达到25.6%，呈现井喷趋势（图11）。车辆能源结构的转型也将对城市交通的运输组织模式、规划建设标准、基础设施建设以及运行管理等产生深远影响。

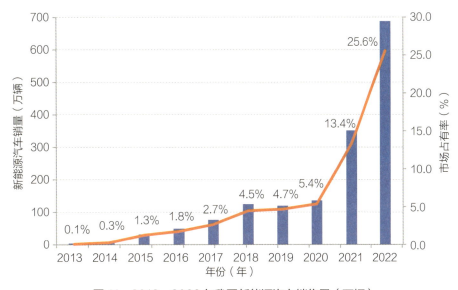

图11 2013—2022年我国新能源汽车销售量（万辆）

二是交通治理手段的重大变化。我国大城市绿色出行水平提升逐渐进入平台期，小汽车出行比例居高不下。私人小客车是交通碳排放的绝对主体和减排重点，但长期以来这部分管理体系一直是空白。以北京市为例，燃油小汽车每人公里的二氧化碳排放量为0.248千克，约是公交的3.7倍、地铁的6.4倍，城市交通碳排放中私人小客车碳排放占比达到57.6%。碳交易作为一种缓解气候变化的市场化减排机制，通过控制碳排放总量，并允许碳配额交易，为排放主体提供了灵活的履约方式，可以降低全社会减排成本，帮助国家更高效、更经济地实现既定减排目标。由于碳兼具环境和货币的双重属性，目前已经出现了社会自发的个人碳账本、交通出行碳普惠方面的实践案例，未来很可能出现政府主导的个人碳账户体系。以碳为载体，结合数字化工具，更加公平和高效地分配调节交通资源乃至其他公共资源，带来交通治理模式的重大升级。

3．城市交通是带动培育现代化都市圈、增强城市群实力和竞争力的重要支撑

新型城镇化背景下，以大城市为核心的都市圈和城市群是中国城市化下半场的主旋律，是未来城市空间的主要形态。在集聚和扩散的核心动力下，城市竞争力带动区域发展，形态是由

城市建成区、都市圈、城市（镇）密集地区向城市群发展的过程。国家竞争力反映国家经济社会发展水平，依靠具有国际竞争力的世界级城市群形态来支撑。城市交通是城市要素集聚与扩散的重要渠道与载体，高质量的城市交通是提升城市竞争力和国家竞争力的重要支撑。城市群发展的四个阶段如图12所示。

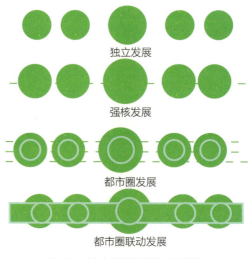

图12　城市群发展的四个阶段

（1）提升人口和产业聚集能力

产业和人口向优势区域集中是经济发展的客观规律。中国的城镇化进入下半程，人口向中心城市、都市圈、城市群集聚态势显著。以金融、互联网、专业技术服务、智能制造等为代表的现代服务业和先进制造业要求高度密集的资本和人力资源，促使城市中心区就业岗位进一步集聚。增强中心城市、都市圈和城市群等经济发展优势区域的经济和人口承载能力是必然趋势。

伴随着城镇化进程的推进，以交通拥堵等为代表的"大城市病"在全国各大城市蔓延，成为中国城市可持续发展亟待解决的挑战。国际城市经验表明，人口、产业的集聚并不必然带来拥堵，关键是要转变交通发展方式。以东京都市圈为例，东京都市圈（包括"一都三县"，即东京都、神奈川县、埼玉县、千叶县）面积1.36万平方公里，与北京市面积相当。北京人口、岗位等与东京对比如表2所示。东京都市圈承载了3691.4万人口、1898.6万就业岗位、1629万辆机动车，远高于北京等我国超大城市。东京都市圈轨道客运量由50年前的1000万人次/天增加到当前近4000万人次/天，相当于北京轨道交通日客运量的4倍，这是支撑东京都市圈人口激增而交通状况却得以改善的重要因素。东京都市圈中心区东京都23区部（面积相当于北京市五环路以内）轨道交通出行比例高达51%，小汽车出行比例仅为8%，而北京市五环路内小汽车出行比例高达23.1%，约是东京同比区域的3倍（图13）。大容量公共交通特别是轨道交通为提升城市人口产业承载力提供了重要支撑。建设有世界级影响力的城市和都市圈、城市群，必须要转变城市交通发展方式。

北京人口、岗位等与东京对比　　　　　　　　　　　表2

对比项	北京市	东京都市圈
面积（平方公里）	16411	13565
人口（万人）	2184.3	3691.4
就业岗位（万个）	1352.6	1898.6
GDP（亿美元）	6240	18017
机动车（万辆）	712.8	1629

图 13　北京五环路以内出行结构与东京都 23 区部对比

（2）支撑城镇空间结构和功能布局优化

轨道交通和综合交通枢纽是优化塑造城镇空间布局形态的重要抓手。切实转变城市开发建设方式，避免盲目"摊大饼"，是破解"大城市病"的关键举措。实施轨道交通引导中心城市、都市圈、城市群发展，是支撑城市空间结构和功能布局优化的需要，也是进一步提高国土资源集约利用水平的需要，同时对构建便捷、高效的交通出行环境、提升轨道交通网络整体服务水平和效益具有重要意义。

"交通引导城市发展"正在引起国家和地方越来越多的关注。《中华人民共和国国民经济和社会发展第十四个五年规划和 2035 年远景目标纲要》提出推行公交导向的集约紧凑型发展模式；《2021 年新型城镇化和城乡融合发展重点任务》提出建设轨道上的城市群和都市圈；《交通强国建设纲要》也提出要"尊重城市发展规律，立足促进城市的整体性、系统性、生长性，统筹安排城市功能和用地布局，科学制定和实施城市综合交通体系规划"。

东京都市圈非常重视轨道交通对城市发展的引导作用，轨道交通与城市发展紧密结合。一是轨道交通引导都市圈空间拓展。从国际都市圈的发展经验看，都市圈向外扩散的过程中，并不是匀质地"摊大饼"，而是人口和产业逐渐向着具有区位优势的交通沿线聚集，并形成新的经济聚集区。国际成熟的都市圈均呈现出"八爪鱼式"的沿交通主廊道向外蔓延的模式，即在放射状的交通沿线开发建设，形成了从中心城市出发，沿着轨道交通的人口密度梯度下降的格局。交通干线不仅串起了轴线上城市空间，还带动了沿线地区的经济发展。二是以综合交通枢纽支撑重点功能区发展。东京的都心和副都心绝大部分都是围绕已有的综合交通枢纽进行规划和建设，通过综合交通枢纽来带动土地价值的提升和地区经济的发展。东京站、新宿站等重要综合交通枢纽周边建筑容积率都超过 10，且融合商业、办公、休闲娱乐等多种功能，满足多样化出行需求。经过多年的发展，新宿、涩谷、池袋、品川等综合交通枢纽周边已经成为东京最具活力和商业价值的地区。东京站出站客流 88.7% 通过步行疏解（不包括站内轨道换乘），小汽车比例不到3%。通过步行即可到达单位、学校、商场等目的地，且90%左右的步行时间在10分钟内。

与东京都市圈相比，我国超（特）大城市轨道交通对城市结构和功能布局的引导作用不足。从宏观上看，人口和就业岗位在轨道周边的集聚程度不足，大部分轨道交通站点呈现了均质化开发特征。东京都23区部轨道站点周边500米人口、岗位覆盖率分别是北京五环覆盖率的1.5、1.8倍。从微观上看，重要功能区的轨道交通支撑力度不足。北京CBD、中关村等重点功能区域的轨道交通仍存在支撑能力不足和周边道路拥堵严重的问题，面对未来功能区的经济发展和就业岗位密度提升，仍面临较大挑战。东京都心大丸有地区为了支撑其经济体量的翻番增长，经历两轮建设高潮，轨道交通线路和密度翻了一倍，有力支撑大丸有地区成为东京乃至日本的经济引擎。

当前，我国城市发展进入城市更新的重要时期。城市交通系统的构建，仍处于轨道快速建设期，强化公交优先、绿色主导发展。这两个时期叠加，意味着交通引导城市空间和功能布局优化调整仍处于战略机遇期。"站城融合"城市更新模式不仅可以满足市民便捷出行的需求，更是带动城市土地价值、提升城市综合承载力、重塑城市活力的重要引擎。纵观世界城市的更新历程，轨道交通周边地区均是城市重要的更新机遇区。如伦敦以轨道交通线路为骨架，划定"机遇性增长区域"进行城市更新；为强化城市的国际竞争力，日本将轨道交通重要站点及周边地区指定为"都市再生紧急整备地区"，支持轨道交通站点周边进行更新改造。从实施效果看，2005—2015年，"都市再生紧急整备地区"人口、家庭数、地价分别增长了44%、46%和52%，远高于周边地区和全国平均水平（图14）。

图14　2005—2015年东京"都市再生紧急整备地区"的实施效果

（3）组织都市圈、城市群高效运行

以城市群为主体、以高质量都市圈为引领的新型城镇化格局，催生了城市交通组织效率提升的需求。城市交通是城市群交通的终端环节，将出行的起终点与对外交通通道和枢纽紧密连接在一起，如果城市交通运行效率偏低，将严重影响城市群空间组织的效率。

当前服务都市圈的长距离通勤支撑能力不足是突出短板。我国城市现状城市轨道交通网络以普速地铁（30～40公里/小时）为主，采取"站站停"的方式服务，长距离出行缺乏竞争优势，影响都市圈的出行效率。据统计，2022年环京地区进北京通勤者约33万人，平均通勤距离约43.0公里，通勤时间普遍较长，一般在1.5～2小时。北京30公里圈层轨道交通在轨时间约为50分钟，同比约是东京等城市的2倍。

（4）增强中心城市辐射带动能力

近年来，随着全国综合立体交通网的不断完善，地理区位对城市经济发展的限制逐步被打破，更多城市开始依托交通枢纽高效、快速的市场需求响应优势，吸引强竞争力企业落户和枢纽偏好型产业集聚发展，区域性交通枢纽对中心城市辐射带动周边地区发展的作用和影响日益凸显，为中心城市实现区域影响力与发展能级跃升提供了重大机遇。如：东南沿海地区依托海港大宗货物大进大出优势，基本形成了以装备制造、能源产业、化工产业等为代表的临港经济区。河南郑州、广东广州等城市则依托航空枢纽，通过深入实施"航空枢纽+"战略，形成了以临空偏好型产业为主的临空经济区。此外，以高速铁路加速成网为契机，高铁经济异军突起，成为枢纽经济发展的重要方向，上海虹桥商务区、广州南站商务区、南京北站商务区均逐渐形成涵盖高铁客运、高铁物流、现代商贸、金融服务、科技研发、文化娱乐等产业的高铁新城。应围绕城市交通支撑好超（特）大城市对外交通枢纽与空港、海港区的发展，增强中心城市辐射带动能力。

（5）促进城乡融合发展和乡村振兴

随着社会经济的快速发展，中小城市吸纳的农村劳动力数量不断增加，大量务工农民居住在农村、工作在城市，城乡之间出现了较强的通勤联系。随着都市圈一体化的推进，城乡之间逐渐发展成为一个高度关联的社会。培育现代化都市圈，有利于实现城乡在教育、医疗、社会保障、就业等优质公共服务资源的双向对流。这些新需求和新趋势的出现，势必要求对现有的城乡交通二元化模式进行深度调整。构建城乡交通一体化复合网络，将为畅通城乡要素流通渠道、实现中心城市和周边农村的资源匹配和共享、城乡融合发展和乡村振兴提供有力支撑。

4．城市交通是新技术运用的"试验田"，创新驱动、激发培育新型服务业态和模式

随着新一代网络信息技术不断创新突破，数字化、网络化、智能化的深入发展，信息革命正从技术产业革命向经济社会变革加速演进。"十四五"时期的"新基建""数字中国""大数据"将作为新时期的国家发展战略核心，科技信息化建设成为实现国家战略发展的关键要素。《交通强国建设纲要》《国家综合立体交通网规划纲要》均将创新作为贯穿始终的一条主线，对科技创新做出了一系列部署。科技创新是交通强国建设的第一动力，同时交通强国建设也为科技强国建设提供了重要场景。

城市交通是新技术运用的"试验田"。城市交通可以提供海量的数据以及丰富多样的场景，供大数据、人工智能等新技术处理、分析、学习、试验，并从中提取有价值的信息和模式，从而推动新技术的应用落地。此外，能源产业、数字科技、新基建等多个技术领域也都以城市交通作为"试验田"。

同时，创新驱动、激发培育新型服务业态和模式。一是城市交通系统的复杂性以及各类矛盾的严峻性全面升级。在"出行即服务"（MaaS）快速发展背景下，各交通方式之间的规划、建设、监管、运营服务壁垒将全面打通，传统城市交通体系面临"洗牌"。新业态可能具有"技术先进性"和"应用负外部性"双重特征，现行的政府管理架构、职能分工、管理机制、

标准规范都将面临严峻挑战，城市交通系统的复杂性以及各类矛盾的严峻性将全面升级；二是交通可持续发展战略将迎来更加多元的选择。自动驾驶、共享交通、电气化三大技术融合将为交通组织模式变革带来更多可能，包括更加灵活的空间资源配置和运营组织模式、网络化和一站式的出行服务等，小汽车运行服务效能大幅提升，公交优先等各项城市交通战略的实施路径将迎来更加多元的选择；三是交通复杂巨系统的认知突破正面临最佳历史时机。随着数据采集逐步实现空间全覆盖、传输带宽提升、计算性能突破，城市交通需求的引导和治理模式将产生深刻变革。信息技术为持续动态地挖掘城市活动和交通行为的特性及其演化机理提供了重要的观察手段与研究保障。认知、评估、推演和治理交通复杂巨系统的能力将显著提升，城市交通治理将加速迈入"协同联动＋动态优化＋精准调控"时代。

5. 城市交通是提升国家及城市治理能力的重要抓手

党的十八届三中全会提出将推进国家治理体系和治理能力现代化作为全面深化改革的总目标，首次从国家顶层设计的高度明确了政府从管理向治理模式转变的政策基调，提出构建全民共建共享的社会治理格局。2015年中央城市工作会议要求完善城市治理体系，提高城市治理能力。2019年中共中央、国务院印发的《交通强国建设纲要》提出，到2035年基本实现交通治理体系和治理能力现代化。现代治理体系的核心问题是理顺国家与社会、政府与市场、公共权力与公民权利之间的关系。推进城市交通治理体系和治理能力现代化是建设交通强国的重要组成部分，也是提升国家及城市治理能力的战略需求和重要抓手。由于城市交通问题的复杂性，涉及多方利益和诉求，需要加强政府部门间的协同以及"政府—社会—公众"之间的协同。

为满足《交通强国建设纲要》"四个板块"在城市行政区内融合的相关要求，一是关于建设现代化高质量综合立体交通网络，应做好综合交通体系的规划，促进铁路、公路、水运、民航等各种运输方式在行政区域内与城市发展的融合；二是关于构建便捷顺畅的城市（群）交通网，应积极在区域层面开展立法协作，更好地通过制度设计来协同解决区域交通一体化发展中的问题，促进城市（群）交通网的构建，从而带动区域经济的发展；三是关于形成广覆盖的农村交通基础设施网，应从城乡一体化、城乡融合发展的角度出发，统筹处理好行政区域范围内建成区与农村地区设施与服务的衔接并注重公平性，以提升基础设施建设在乡村振兴中所产生的效益；四是关于构筑多层级一体化的综合交通枢纽体系。位于城市行政区域内的区域性交通枢纽，往往涉及多层次行政权力（中央、省级政府和地方政府）、多地域市场主体和社会力量，在这类枢纽体系的形成和发展过程中需要通过相互之间互动和协作，制定相应的法规、建立相应的管理机构（管委会）来对其进行治理，以充分发挥综合交通枢纽与城市发展相辅相成互相促进的正向互动作用。

再如，新业态发展普遍面临管理模式滞后于变革创新的共性问题，传统的行业管理思路难以适应新形势的需要。网约车、共享单车等新业态在城市开始出现，其产生的治理法治化需要往往是中央立法的空白地带，也需要地方政府探索创新、先行先试，坚持政府主导下的合作协商、共建共享，推动政府职能转变。

三、高质量城市交通支撑交通强国建设

我国已进入了城市社会的新时代。城市交通是提升城市竞争力和国家竞争力、满足人民美好生活向往的重要支撑。城市交通问题是工程技术与社会问题的综合，城市交通支撑交通强国建设，需要实现创新建设现代化城市与交通强国建设实施相融合，从道路和交通工具的发展导向，转为更注重使城市更健康、更安全、更宜居，成为人民群众高品质生活空间。应围绕服务于人的需求、组织城市高效、安全、低耗、可持续运行，带动培育发展现代化都市圈，增强城市群实力和竞争力，支持新业态发展发挥引领作用，使城市交通真正融入城市运行各环节，推进城市交通高质量发展。

（一）对城市交通基础理论的再认识

我国已进入城镇化的下半场，中心城市和城市群发展是当今和今后一段时间的发展趋势，以建成区为重点，直接反映出城市经济水平、城市管理能力、城市文明程度。城市交通基础理论建设坚持创新建设现代化城市和交通强国建设相融合，应当突出建设宜居、宜业城市和区域生态保护和修复。城市交通服务于全体居民和来城市活动的人员，把通勤交通放在突出位置，关注核心城区就业岗位和职住关系的分析。都市圈交通是以大城市或者特大城市的核心建成区为核心的跨城市行政区域的交通，主要体现在通勤交通的关联性。根据空间的职住关联，以跨越行政区划均衡和高效配置各类公共资源为目标，确定空间层级结构。城市群交通是以中心城市都市圈为依托，带动周边城市和城镇化密集地区，融合协同发展的区域交通，是形成国家重点经济发展区域，对国家经济实力甚至对世界经济有影响力地区的交通问题，应以交通—空间—产业协同为目标推动区域经济发展。加强信息化建设，城市交通学科应更加注重解决城市、都市圈、城市群等多维空间尺度下人的职住特征、出行/活动特征，以及上述特征的演化规律观测、发展趋势推演，创新建设现代化城市。

城市交通学科建设研究行政区划（建制）是应有内容，要探索和创新城市交通推动都市圈和城市群发展的新机制。依据《中华人民共和国宪法》，行政区域划分直辖市、市的地域概念，法律赋予了"设区的市"享有立法权，行使行政权力包括财政体制、公共服务责任等，来保障公民的合法权益。相关法律制度的设计与行政级别相关。我国行政边界在功能上是地方政府公共权利行使的绝对空间边界，在传统的城市考核体系及财税体制下，跨行政区的交通设施建设和服务对接协调难度极大。都市圈、城市群交通具有多利益主体、差异化诉求、多模式竞争—合作的特征，需要基于跨区划、跨系统的协调机制来应对利益诉求差异。应发挥市场逻辑，打破行政分割和方式界限，综合运用政府力量和市场力量推动交通共联、市场共构，实现城市群、都市圈范围内生产要素的高效运转和资源的合理配置。

城市交通学科要补好城市物流货运的短板。现代城市的物流货运体系，是城市交通学科的基本内容。城市货运物流体系的高效一体化和综合竞争力，已经成为促进城市区域地位提高和社会经济更好健康发展的关键因素。城市交通关注的城市货运有两类，一类是生活性物流，为

生活用品提供配送；一类是生产性货运，其特征是以企业为主体、原材料分散、成品可集中输出。涉及货运集散地的布局，物流货运的配送方式和正确处理与客运组织的时间空间矛盾。就当前实际情况看，城市货运物流体系发展还存在着基础数据不全、设施布局不优、资源整合不够、运营效率不高等诸多问题。如何促进城市货运物流设施的资源整合、形成合力，实现客运与货运的健康协调发展，已经成为大家共同关注的重要话题。互联网、大数据等智能信息技术将给城市的货运物流体系发展带来更多的可能性和新的发展特征及趋势。适应这些货运物流新技术的创新发展，应做好科学的谋划和积极的应对。

谋划好城市交通支撑新型枢纽发展模式，带动城市转型发展，推动城市群空间优化。目前枢纽有两类：一类是组织城市功能运转的城市公交枢纽、支持居民基本需求的物流配送场站；另一类是服务城市群以及更大范围的区域性交通枢纽。区域性枢纽建设包括空港城市的航空港人才技术服务区规划建设、海港城市的物流公水铁转运枢纽建设、内陆城市区域货运枢纽与中欧铁路发展。围绕超（特）大城市对外交通枢纽与空港、海港区发展的城市交通问题，研究城市发展带动区域发展；围绕城市交通客运枢纽和物流配送的城市交通问题，研究如何组织城市高效、安全、可持续运行，是城市交通学科建设面对的重要内容。

特别提出，"一带一路"倡议和长江经济带等国家战略，要求我国城市，特别是超（特）大城市和区域中心城市要不断优化提升自身综合功能和内力。中欧铁路的开通和今后的中孟印缅经济走廊等，对内陆区域货运物流体系的发展提出更多创新和变革的要求，将极大地促进内陆城市群发展。如何提前谋划好新型的货运物流枢纽发展模式，推进多式联运，也是城市交通应当研究的问题。

（二）创新城市交通规划的理念和规划范式

城市空间与交通逐步进入了以存量为主的发展阶段，交通研究的基本对象已经从交通流、交通设施转向交通服务和复合交通网络，核心在于解决城市交通发展当中的（供需、资源配置）不平衡、（资源利用）不充分、（土地与交通之间、多交通方式之间、跨行政区交通系统之间）不协同。城市交通规划不应作为城市规划的从属和配套，应围绕服务于人的需求，组织城市高效、安全、低耗可持续运行这一总体目标，使城市交通真正融入城市运行各环节。

当前，单纯从空间维度研究城市交通已难以满足高质量发展要求，亟需立足城市产业、居住、交通之间的时间—空间互动关系，以为全体居民提供公平可达的就业机会和人人可享的公共服务为目标，借鉴可持续城市出行规划（Sustainable Urban Mobility Planning，SUMP）理念，研究转变传统交通规划的理念和规划范式，建立适应中国国情的出行服务规划方法。

一是规划视角由交通向人的出行转变，关注可达性和生活品质，包括社会公平、健康卫生和环境质量以及经济活力等多维度问题。可持续的城市出行规划认为公共服务与设施的可达性是城市出行规划的目的，交通只是达成这一目的的手段。出行规划的基本原则是，使用尽可能少的交通为城市居民提供出行服务，以帮助居民获得就业、公共服务和设施的使用能力。出行规划将关注重点转向对可达性与生活品质的追求，对经济活力、社会公平、公众健康和环境质量的影响等。

二是由分方式的发展转向关注不同交通方式协同发展，并向更可持续的交通方式转变。可持续城市出行规划促进所有相关交通方式的平衡和一体化发展，同时优先考虑可持续出行解决方案。可持续城市出行规划不仅关注基础设施建设，而是提出了一套综合措施，包括基础设施、技术、监管、宣传和金融措施等，以提高整体出行系统的质量、安全性、可达性和成本效益（表3）。

传统交通规划和可持续出行规划对比　　　　表3

传统规划	可持续城市出行规划
关注交通（Traffic）	关注人的出行（People）
主要目标：交通流通行能力和速度	主要目标：可达性和生活品质，包括社会公平、健康卫生和环境质量以及经济活力
分方式的独立系统	不同交通方式协同发展，并向可持续出行方式的转变
交通基础设施导向	整合基础设施、市场、监管、信息和推广等措施
行业内部的规划文件	与相关政策领域相一致和相辅相成的规划文件
中短期规划	包含长远愿景和战略在内的中短期规划
基于行政管理边界	基于人的通勤出行的城市功能区
交通工程师主导	跨学科组成的规划团队
专家规划	与相关利益团体和市民一同实施的透明的参与式规划
有限的效果评估	对影响进行系统性评估，以促进学习和改进

三是注重多方参与和多部门决策协调，并建立定期监测、评估和反馈规划实施效果的制度。确保城市出行规划与相关政府部门的政策与规划之间保持一致性和互补性、与公共和私营部门交通服务提供商进行协调配合。建立规划—实施—反馈—优化的闭环业务流程，支撑规划工作持续优化，同时建立数据驱动的规划工作机制。

四是关注城市及交通发展的不确定性，开展情景分析。城市和交通发展面临着巨大的全球性挑战，如气候、经济和安全等。此外，随着技术的进步，人们的习惯、价值观和期望也在不断发展，新的出行方式选择不断涌现。城市出行规划类的战略文件必须考虑到诸如电气化、自动化、数据经济、出行即服务（MaaS）、共享出行、行为模式变化等因素的长期变化，在详细分析交通状况的基础上，提出情景分析和愿景构建，作为编制规划的基本步骤。

（三）坚持城市公共交通优先发展的国家城市发展战略

我国城市的基本特征和社会经济的发展阶段决定了实施公交优先发展是一项重要的国家发展战略，落实城市公共交通优先发展战略是城市交通建设的重要任务。要深入理解公交优先发展的内涵:在城市行政区域里,通过优先配置资源,构建适应市场机制、政府调控监管的,符合当地经济社会发展阶段,由多种类型企业等经营机构提供均等和高效的公共服务的公共交通体系,引导出行者优先选择,引导城市集约利用土地和节约能源、保护和改善人居环境。公交优先应以回归城市发展的支撑作用的本源为标准,来评价公共交通的发展成效。

一是要全面认识城市公共交通优先发展的内涵。要以"门到门"出行链的视角来落实该战略的成果,不仅要考虑交通模式与城市发展模式的协调关系,也要考虑公共交通内部及与其他交通方式之间的协调关系,统筹轨道、地面公交、出租汽车及公共自行车协同发展。要建立和完善综合性的评价指标体系,不能仅停留在考核大运量公共交通工具的运行状态的层面来评价,不能仅停留在行业内企业服务能力和水平评价,要关注服务人的出行需求和城市可持续运行的公共交通服务水平评价,关注公共交通发展的经济效益、社会效益和环境效益。新阶段的城市公共交通优先发展,不仅仅是设施用地、投资安排、路权、财税扶持优先,更应是科技先行和市场化改革的优先。

二是要切实发挥公共交通对城市空间结构调整和功能布局优化的引导作用(TOD)。宏观层面,强化人口、产业与大容量公共交通网络布局协同融合;中观层面,促进大客流交通廊道上的职住平衡;微观层面,引导关键城市功能围绕公共交通站点周边高密度集聚,形成由近及远梯度开发的城市格局。依托城市更新为契机,推动"存量优化",对地上、地下空间进行综合统筹和一体化提升改造,优化既有公共交通枢纽与城市发展结合。

三是充分发挥信息化手段探索出行即服务的组织新模式(MaaS),提高城市公共交通服务水平。依托科技信息技术,为社会各类群体提供定时运输和动态需求响应相结合的公共交通服务,打造多元化、多层次出行服务供给体系。依托于信息技术,整合不同出行服务供应商,形成出行即服务(MaaS)的一体化服务模式。

四是公共交通可持续发展必须考虑财务可持续性。着眼于城市的基础公共服务定位,应坚持交通供给的公平与效率两大标准,确定政府、企业、社会、个人协同的责任关系,建立政府有效引导监管下的城市公共交通市场化运作机制,打造政府—企业—用户共建共享的多元一体化出行服务体系。应研究政府与城市公交企业间的特许经营制度,明确双方责权关系;建立科学合理的城市公共交通绩效补贴、票价动态调整机制;研究大运量交通出行服务的多元化定价机制,研究公共交通票款收入占公交运营总成本的合理比重,以及城市低收入家庭交通可支付能力。

五是完善城市机动车需求调控政策。当前我国汽车产业市场尚未饱和,随着我国富裕程度不断提高,汽车市场仍有很大发展空间。在畅通国内大循环、促进消费的背景下,近年来党中央、国务院多个文件明令规定释放汽车消费潜力、因地制宜逐步取消汽车限购、推动汽车等消费品由购买管理向使用管理转变、支持购置新能源汽车等。应合理定位小汽车在城市交通结构中的作用,根据城市特点和交通承载能力,综合运用经济、法律、科技和必要的行政手段完善小汽车需求管理。机动车需求调控应由缓堵的单一目标向兼顾缓堵、减排、经济发展和社会公平的多维度目标转变,引导小汽车合理保有和使用,这不只是技术问题,更是社会工程。

（四）形成带动培育现代化都市圈的交通体系

要以交通支撑和引导区域协同发展，以城市群内的中心城市为核心引擎，发挥对周边地区的带动引领作用，形成产业链带动共同发展，生活必需公共设施等服务全面共享的一体化格局，支撑城市群范围内大中小城市协同发展，促进乡村振兴。要充分发挥我国市域城镇体系格局的优势，都市圈交通建设要重视中心城市核心区带动市域边缘地区，有重点地发展功能完备的新城镇（新城区），依托新城镇以产业链引导和基本公共服务共享培育建设现代化都市圈，加强以多层次多模式区域交通体系支撑和引导都市圈和区域协同发展。

一是建立符合我国国情的都市圈空间范围划定标准，建立都市圈、城市群尺度下的交通出行特征的常态化普查机制，为城市群、都市圈交通网络构建运行和跨行政边界的交通协同治理奠定基础。

二是要创新协商合作机制和规划协调机制。建立适应都市圈交通发展的功能机构或常态化协商机制，负责推动落实都市圈交通一体化发展重大事项；探索编制都市圈交通专项规划或跨界地区的同城化交通规划；坚持共同参与、共建共享共赢的原则，可以与政府的投资平台公司合作，创新都市圈交通投资、建设和维护市场运营的新机制；建立都市圈层面的交通信息统计指标和发布机制，建立统一的交通数据平台；加大中央财政对跨行政区划的城际铁路、市域（郊）铁路建设投入，优先解决国家重点支持的都市圈的城际铁路、市域（郊）铁路建设资金需求。

三是要构建服务都市圈发展的多层次多模式交通体系。加快构建多层次多模式交通体系，特别是发挥各级轨道网络技术优势，满足不同空间圈层多层次差异性出行需求，实现都市圈通勤时间能够控制在1小时之内。制定多层级轨道交通、道路交通网络互联互通、协同运输的技术标准体系和服务评价体系，推动各等级公路和城市道路的"多网融合"，以及部分干线铁路（普速铁路）富裕运能的"公交化"运营。

四是要推动枢纽站城一体化发展。处理好轨道交通发展和城镇化地区高质量发展的关系，实现交通引领带动都市圈空间结构及功能布局完善。以城市空间结构的优化、更新为契机，促进城市交通网络结构与空间结构相协调，支撑和引导城市空间结构的优化。发挥中心城市大型客运枢纽的门户功能，促进枢纽与周边要素协同布局，形成面向都市圈、城市群的战略功能支点。充分发挥城市交通枢纽对商业、文化、生活等城市活动的聚合作用，推动枢纽布局与城市功能布局的空间耦合，推动交通与用地的一体化建设、站城融合发展。

五是要统筹城乡交通发展实现出行服务一体化。借助中心城市建设现代化都市圈的契机，以节点城市和节点新城为依托，统筹城乡，改善城乡交通体系，助力乡村振兴战略目标的实现。

（五）推进城市交通治理现代化

一是从关注行业管理向社会治理转变。新业态发展普遍面临管理模式滞后于变革创新的共性问题，传统的行业管理思路难以适应新形势的需要。城市交通治理是工程技术与社会问题的综合，城市交通问题应研究政府、市场与社会的基本关系，坚持政府主导下的合作协商、共建共享，推动政府职能转变：建立价值导向的城市及城市群交通治理顶层框架设计理论；建立政府—企业—社会组织—公众的利益诉求差异与协作机制；建立政府主导的交通服务提供与市场机制下交通服务生产的合作机制，以及保障服务质量的反馈机制；建立多元价值导向下交通治理绩效评估与公共利益调控、补偿机制。

二是关注共享出行服务的创新和个体交通治理模式的转型。互联网、车联网等信息化的发展对人的理念的影响，直接影响到未来城市交通发展模式。应关注和研究金融、资本参与设施建设，以及各种信息平台的建立和网上支付等多种形式的应用，对人们出行交通方式的选择、对交通工具拥有和使用共享的影响；关注无人驾驶环境下人的出行行为以及交通组织模式可能产生的变化等。

三是采用信息技术提升城市交通治理能力。交通信息化的发展目标不能停留在智能交通技术自身的先进性，而应与城市发展及城市交通的定位和发展目标相融合，以服务人的需求为目的，支撑城市高效、安全、低耗的可持续运行。信息化条件下的大数据分析、人工智能、大规模仿真等为观测微观个体行为、挖掘出行需求特征与演变规律提供了工具手段，是实现城市交通治理现代化的技术支撑。在居民出行机理挖掘的基础上，对不同区域或类别的出行者给予差异化的交通设施配给和供应政策，可实现需求的主动引导，实现公共资源精细化、精准化配置。

参考文献

[1] 汪光焘，王婷. 贯彻《交通强国建设纲要》，推进城市交通高质量发展[J]. 城市规划，2020（3）：31-42.

[2] 汪光焘，周继东，沈国明，等. 城市交通与法治[M]. 上海：同济大学出版社，2021.

[3] 2022年度中国主要城市通勤监测报告[J]. 城乡建设，2023（2）：56-65.

[4] European Platform on Sustainable Urban Mobility Plans. Guidelines For Developing and implementing a Sustainable urban mobility plan second edition[EB/OL]. [2021-04-28]. https://www.eltis.org/mobility-plans/sump-guidelines.

专题五

我国城市交通发展状况和展望

一、中国特色的机动化进程
二、城市交通供需发展的基本特征
三、我国城市交通发展存在问题总结
四、面向未来的城市交通发展展望

研究单位

同济大学

研究人员

陈小鸿　同济大学　交通运输工程学院　教授，博导
张　华　同济大学　磁浮交通工程技术研究中心　副研究员，博导
涂颖菲　同济大学　城市交通研究院　工程师，工学博士
叶建红　同济大学　交通运输工程学院　交通工程系副主任，教授，博导
杨　超　同济大学　城市交通研究院　院长，教授，博导
雷凌云　同济大学　铁道与轨道交通研究院　硕士研究生
刘若云　同济大学　城市交通研究院　硕士研究生

一、中国特色的机动化进程

（一）机动化快速发展

1. 机动化进程持续推进

机动化进程持续推进，人均汽车拥有水平追上全球平均水平，小汽车普遍进入家庭。1995年以来我国机动化进程发展如图1所示。1995—2020年，我国机动车总量由2535万辆增长至34608万辆，年均增长率为11%；其中民用汽车由1040万辆增长至27341万辆，年均增长率为14%。我国千人汽车拥有量从1995年的9辆增长至2019年的181辆，与世界平均水平187辆基本相当。按照2020年全国4.94亿家庭总数计算，户均机动车拥有量为0.72辆，其中户均汽车拥有量为0.57辆。

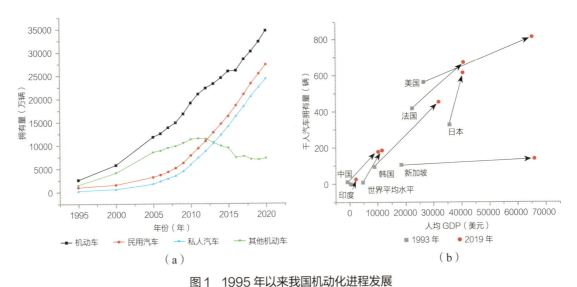

图1　1995年以来我国机动化进程发展
（a）我国各类机动车拥有量变化（1995—2020年）；（b）我国千人汽车拥有量的国际比较（1993—2019年）

2022年全球主要市场轻型汽车销售量如图2所示。自2009年我国首次成为世界汽车产销第一大国以来，已连续14年占据世界汽车产销量排名第一国家，2022年我国轻型汽车销量达2599.4万辆，占全球汽车销售市场的34.4%，机动化发展仍具有较为强劲的内在动力。

2. 大城市机动化水平高

经济发展水平高的大城市机动化水平普遍更高。2010—2020年典型大城市千人汽车保有量如图3所示。除北京、上海、广州等少数对私人小汽车上牌实施数量调控措施的超大城市之外，以南京、武汉、苏州等为代表的经济发展水平较高的大城市（或称为新一线城市），千人汽车拥有水平已普遍达到300~350辆之间，为全国平均水平的1.7~1.8倍，户均汽车拥有量为0.75~0.90辆，超过同等人均GDP水平时期的日本、韩国、法国等国家。

经济发展对机动化的激励效应呈现稳定趋势。1995—2020年，我国千人机动车拥有量年

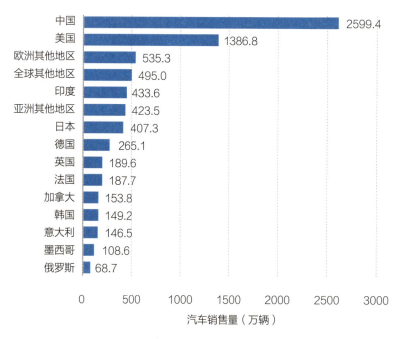

图 2　2022 年全球主要市场轻型汽车销售量

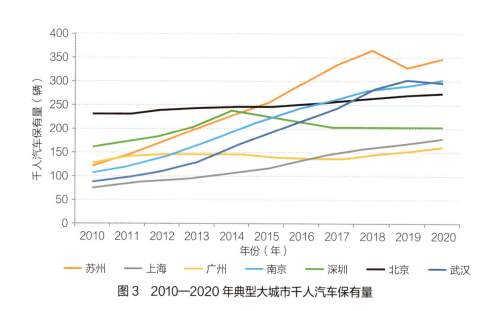

图 3　2010—2020 年典型大城市千人汽车保有量

均增长率为 10.3%，同期人均 GDP 年均增长率为 11.2%，二者速度基本相当。进一步分析千人机动车保有量相对人均 GDP 的弹性系数变化，从 1995 年开始逐年上升，至 1999 年弹性系数达到最大，直到 2003 年弹性系数一直大于 1。2004 年，我国人均 GDP 为 12487 元，人均机动车保有量与人均 GDP 的弹性系数已回落到 0.6。2009 年，国家颁布《汽车产业调整和振兴规划》，汽车消费激励政策效果显现，千人机动车保有量增长的弹性系数在 2009 年达到近期峰值（1.4）。2009 年以后，人均机动车拥有量相对人均 GDP 的弹性系数一直小于 1，仅有小幅波动，机动化进程阶段性与发达国家历程相似。

3．新能源汽车快速普及

新能源汽车快速渗透新车销售市场，是城市交通系统发展新变量。我国新能源汽车产业整体处于国际前列甚至领先地位，推动了新能源汽车在新车销售市场中的快速渗透和普及。2022年我国新能源汽车新车销售量达到689万辆，占全球销售量的64%（图4）。2014年，我国新能源汽车年销售量达7万辆左右，占新车销售市场的0.3%，几乎可忽略不计；至2022年，已占新车销售市场的25.6%，增长势头迅猛（图5）。新能源汽车加速市场渗透，既给城市基础设施系统带来新的规划和建设要求，**也因为使用成本和使用宽容（例如不限行等措施）等激励因素，给城市道路交通需求特征和总量带来不可忽视的甚至是关键性的影响。**

图4　2014—2022年全球及我国新能源汽车年销售量

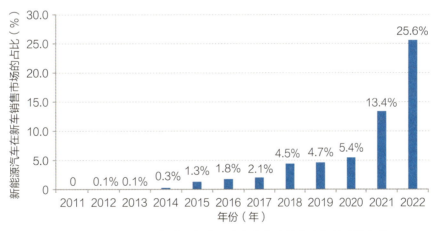

图5　2011—2022年我国新能源汽车在新车销售市场的占比变化

（二）中国特色的微机动化

1．电动自行车的广泛拥有

电动自行车的大规模拥有和广泛使用带来的微机动化是我国城市交通发展特色。受限于人口密集、道路及停车设施紧缺、私人汽车购买及使用成本较高等综合因素，电动自行车在我国城市交通体系中获得了广泛的发展空间，为城市各类居民提供了获取容易、经济成本低和使用便捷的类机动化服务。截至 2019 年，我国电动自行车保有量达到 3.00 亿辆，与机动车总量几乎相当（图 6）。

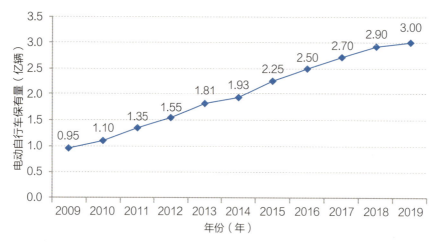

图 6　2009—2019 年我国电动自行车保有量

电动自行车在城市中的大规模发展既有其自身优势和居民自主选择因素，也有城市交通管理政策和产业市场主体的影响。机动化出行需求是城镇化和经济发展的伴随需求，在全球范围内都显示类似趋势。20 世纪 90 年代至 21 世纪的头十年是我国城镇化快速发展期，国际经验显示城镇化快速发展期通常也是机动化快速增长期。但自 20 世纪 80 中后期以来，我国大部分城市特别是大城市的中心城区陆续出台了两轮摩托车使用禁令，这使得居民在暂时难以完全负担小汽车机动化的前提下，选择电动自行车作为替代选项。同时，电动自行车产业的市场主体也对车辆重量、电池技术和行驶速度等性能指标持续迭代改进，一方面满足车辆管理政策要求，另一方面持续提升工具性价比以获得居民青睐。2000 年以来，我国电动自行车年产量从不足 30 万辆增长至 5000 万辆以上，大多数年份稳定在 3000 万辆以上，是我国城市交通机动化体系重要组成（图 7）。

2. 电动自行车在城市运行中发挥重要作用

电动自行车在居民日常生活中发挥着重要作用，即使在公共交通发达的大城市都同样如此。 以公共交通客运量排名第二的上海市为例，近几年电动自行车登记注册量稳定在千万左右（图 8）。以电动自行车为主体的非机动车是城市居民的主要出行方式，在全市出行方式结构中占比接近 20%；在中心城以外（外环线以外）地区占比达到了 35%～40%（图 9）。再以深圳市为例，深圳一直以来对电动自行车的通行管理和道路空间配置实行了较严格约束，甚至在中心区实施禁止使用等措施，但仍然挡不住居民对电动自行车的选择。2020 年深圳居民出行调查数据显示，全市电动自行车出行方式占比达到 18%，超过公共交通（地面公交＋轨道交通）的 12.8%，在城市外围地区占比更高，达到 25% 以上。居民使用电动自行车的主要出行目

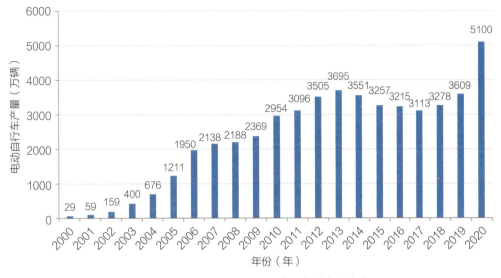

图 7　2000—2020 年我国电动自行车产量

图 8　2012—2020 年上海电动自行车登记注册量

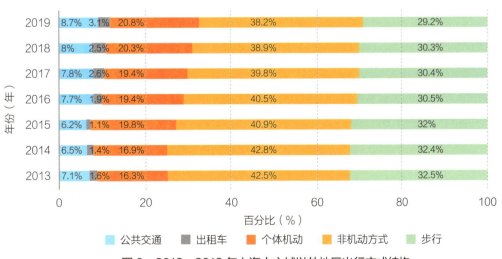

图 9　2013—2019 年上海中心城以外地区出行方式结构

是上班和上学等通勤出行，所占比例超过60%，其次为接送人和购物，占比为28%。

电动自行车是城市末端配送物流体系的重要工具。以上海为例，快递外卖类电动自行车占正在使用的电动自行车的比例达到18%～28%，在城市核心城区占比更高。电动自行车的平均行驶速度可以达到24公里/小时，在末端物流配送和电子商务中具有十分可观的服务竞争力。

二、城市交通供需发展的基本特征

（一）城市道路设施规模大幅增长

1. 道路设施供给水平显著提升

城市道路设施得到大力建设，里程增长幅度高于同期城市建成区和城镇人口增幅。1996—2020年，我国实有城市道路里程由132583公里增长至492650公里，增长了2.72倍，年均增长率为5.6%（图10），与同期城市建成区面积2.0倍、城镇人口1.42倍的增幅相比，城市道路里程增长幅度更大。

主要城市的道路设施供给水平已达到较高水平。2022年度全国36个主要城市道路网密度[1]均值为6.3公里/平方公里（图11），已达到国家标准提出的8公里/平方公里的78.75%。其中，总体道路网密度达到8公里/平方公里目标要求的有3个城市（深圳、厦门、成都），达到7.0公里/平方公里以上的城市有10个，介于5.5～7.0公里/平方公里之间的城市有17个。但路网密度水平低于4.5公里/平方公里的城市也仍有3个，分别是兰州、拉萨和乌鲁木齐，均为西部地区城市，也体现着交通设施发展的区域差距特征。

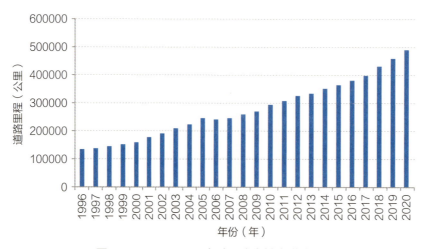

图10　1996—2020年我国实有城市道路里程

---

[1] 指标和数据来自《中国主要城市道路网密度与运行状态监测报告（2022年度）》，道路网密度指标是以各城市中心城区建成区为计算对象。

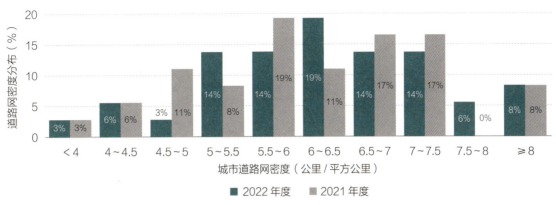

图 11 2022 年度全国 36 个主要城市道路网密度分布直方图 ❶

2. 大城市道路设施增长进入平稳期

城市道路设施增长速度趋向稳定。全国数据来看，城市人均道路面积由 2002 年的 7.9 平方米增长至 2020 年的 18.0 平方米，增加幅度为 1.38 倍（图 12）。增长过程可以分为两个阶段：第一个阶段是 2002—2010 年，人均道路面积年均增长率达到 6.6%；第二个阶段是 2011—2020 年，年均增长率降为 3.1%。

超（特）大城市道路设施增长空间已十分有限，优化设施资源利用效益是新时期主要依赖手段。我国代表性超大城市及相关地区道路设施年增长速度变化如图 13 所示。以北京、广州、深圳为例，城市道路设施在"十一五"时期年均增长率都在 6% 以上，"十二五"时期降至 1%~2% 之间，至"十三五"时期进一步降至 1% 以下。超大城市的中心城区道路设施增长空间更为有限，上海中心城在"十三五"时期道路里程年均增长率降为 0.67%，是同期机动车路网周转量年均增长率的一半左右。

图 12 2002—2020 年我国人均道路面积同比增长率

---

❶ 指标和数据来自《中国主要城市道路网密度与运行状态监测报告（2022 年度）》。

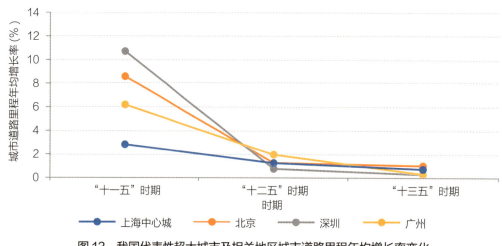

图 13 我国代表性超大城市及相关地区城市道路里程年均增长率变化

2021 年全国 36 个主要城市道路网密度增长数据显示,除武汉、天津和重庆三座超大城市之外,指标排名前 20 位的城市均为中西部地区的省会城市或重点城市,城市化相对先行发展的沿海地区重点城市也已经进入低增长阶段(图 14)。

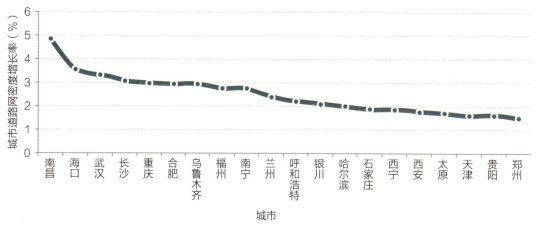

图 14 2021 年城市道路网密度增长排名前 20 位的城市 ❶

(二)公共交通基础设施得到高强度投入

1. 公交车辆和线网规模扩张

在国家优先发展公共交通战略引导下,公交线路网络和运营车辆设施获得大力投资和建设。2005—2021 年,城市公共汽电车营运线路长度由 15.9 万公里增长到 159.4 万公里,年均增长率为 15.5%(图 15)。公共汽电车营运线路的规模增长来自于两个方面,一是城市内公交线网加密带来的供给增加;二是行政区划调整和公共交通客运体制改革背景下,原来属于公路运输市场的

---

❶ 指标和数据来自《中国主要城市道路网密度与运行状态监测报告(2021 年度)》。

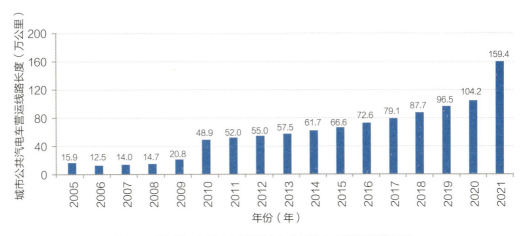

图 15　2005—2021 年我国城市公共汽电车营运线路长度

市郊线路、县市线路以及部分乡村客运线路被纳入到公共交通范畴，由此城市公交线路里程获得了显著增长。

公交运营车辆投入大幅增长，20 世纪 80 年代至 90 年代突出的公交出行"乘车难"问题得到消除。 全国城市每万人拥有公共汽电车数量从 1996 年的 3.8 标台增长至 2020 年的 12.88 标台，在"九五""十五"期间增长尤为显著，进入"十三五"时期后每万人拥有公共汽电车数量增长放缓，基本稳定（图 16）。

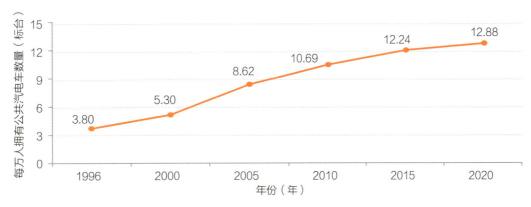

图 16　1996—2020 年我国每万人拥有公共汽电车数量

2. 城市轨道交通系统快速普及建设

在城镇化扩张与不同时期的宏观经济调控战略的综合影响下，我国城市轨道交通发展战略经历多轮变化。 20 世纪 70 年代开工建设的北京、天津地铁最初主要是为了战备考虑，后续随着国际形势缓和，加上轨道交通建设投资大、技术难度大等因素影响，建设进展长期处于停滞状态，至 1996 年全国仅有 63 公里轨道交通线路投入运营。进入 21 世纪以来，"十五"时期国家城镇化战略对大城市的规模扩张持约束导向，更多强调大中小城市的协同发展，加上城市财力有限、财务风险和社会性融资渠道不足,整体上对发展城市轨道交通是紧约束政策导向。进入"十一五"时期,《中共中央关于制定国民经济和社会发展第十一个五年规划的建议》发布,首次在国家规划中提出了"城市群"概念,要求"以特大城市和大城市为龙头,形成若干用地少、就业多、要素集聚能力强、人口合理分布的新城市群",为加速城市轨道交通建设提供了上位战略支持;2013年,国家逐步将城市轨道交通项目审核权下放至省级政府,加速了"十二五"和"十三五"时期的轨道交通建设。进入"十三五"中后期,由于部分城市的超前或盲目建设,使得轨道交通建设的客流效益急剧下滑,财务成本及财政压力持续加大,2018年国务院出台约束政策,部分审批、审核权限收紧,重新制定了城市轨道交通规划建设的基本条件。我国不同时期的城市轨道交通规划建设政策详见表1。

我国不同时期的城市轨道交通规划建设政策　　表1

时期	文件	同时期的城镇化战略	轨道交通规划建设管理导向
2003年	《国务院办公厅关于加强城市快速轨道交通建设管理的通知》	■ 1998年,十五届三中全会提出"小城镇,大战略"; ■ 2000年,"十五"规划明确提出实施城镇化道路,《中共中央 国务院关于促进小城镇健康发展的若干意见(摘要)》规定农民可依据条件和意愿转为城镇户口	通过设置城区人口规模、GDP、财政收入等条件,严格项目审批程序等,对轨道交通建设实行紧约束导向
2013年	国务院发布《政府核准的投资项目目录(2013年)》	■《国家新型城镇化规划(2014—2020年)》等	深化投资体制改革和行政审批制度改革,加大简政放权力度,城市轨道交通项目审核权下放
2017年	《国家发展改革委关于进一步下放政府投资交通项目审批权的通知》	■ 京津冀协同发展、长三角区域一体化发展、粤港澳大湾区发展、成渝双城经济圈建设上升为国家战略; ■ 2019年,《中共中央 国务院关于建立国土空间规划体系并监督实施的若干意见》	铁路项目审批权下放,加速城际轨道、地方铁路等项目规划建设
2018年至今	《国务院办公厅关于进一步加强城市轨道交通规划建设管理的意见》		考虑地方建设规模盲目扩大和地方财政能力等问题,重新对轨道交通建设城市的人口、GDP、财政收入和客流强度等指标进行约束

轨道交通快速建设和运营是2010年以来我国城市交通发展的最突出特征之一。 1996年我国仅有城市轨道交通运营里程63公里,至2022年已有53个城市开通运营轨道交通,线路共计292条,运营里程为9584公里,仅2022年一年就新增城市轨道交通运营线路21条,新增运营里程847公里(图17)。

至2021年年底,我国共有67个城市的轨道交通线网规划获批(含地方政府批复的23个城市)。其中,轨道交通线网建设规划在实施的城市共计56个,在实施建设规划项目的可研批复总投资额合计约为4.22万亿元,在实施的建设规划线路总长度为6988.3公里。

图 17　1996—2022 年我国城市轨道交通运营里程变化

3. 市域（郊）铁路及城际铁路加速建设

"十四五"时期及今后一段时期内，市域（郊）铁路及城际铁路建设将显著增长，成为中心城市及都市圈交通发展新热点。"十三五"时期以来，多个城市群和都市圈规划获得正式批复，截至 2022 年 12 月 31 日，国家发展改革委批复了《成渝地区双城经济圈综合交通运输发展规划》《长江三角洲地区多层次轨道交通规划》《成渝地区双城经济圈多层次轨道交通规划》《粤东地区城际铁路建设规划》《粤港澳大湾区城际铁路建设规划》《江苏省沿江城市群城际轨道交通网规划（2012—2020 年）》6 个项目，涉及成渝地区、长江三角洲地区、粤港澳大湾区 3 个城市群或都市圈的市域（郊）铁路建设规划。城镇人口及空间开发在城市群尺度上集聚、都市圈尺度上扩散趋势明显，尤其是伴随中心城市建设综合性节点新城的战略推动，打造"轨道上的都市圈"、推动"四网融合"的都市圈和城市群多层次轨道交通建设规划等陆续实施，市域（郊）铁路及城际铁路建设成为新一轮发展热点。

截至 2022 年年底，我国内地已运营市域（郊）铁路、城际铁路 54 条，运营里程达 3408.62 公里，运营车站数达 499 个；在建市域（郊）铁路、城际铁路 70 条，在建里程达 4084.53 公里、在建车站数达 713 个（表 2）。从空间分布来看，集中于京津冀地区、长江三角洲地

截至 2022 年底我国运营及在建的市域（郊）铁路、城际铁路规模　　　表 2

地区	已运营市域（郊）铁路、城际铁路			在建市域（郊）铁路、城际铁路		
	条数	里程（公里）	车站数（个）	条数	里程（公里）	车站数（个）
京津冀地区	12	1153.53	83	8	657.31	67
长江三角洲地区	22	945.11	226	37	2240.23	434
成渝地区	8	666.82	67	5	275.49	35
粤港澳大湾区	12	643.16	123	20	911.5	177
合计	54	3408.62	499	70	4084.53	713

区、粤港澳大湾区和成渝地区，京津冀地区占已运营市域（郊）铁路、城际铁路里程占比为33.8%，长江三角洲地区在建市域（郊）铁路、城际铁路里程占比最大，达到54.8%（图18）。其中，2021—2022年期间，新开工建设的市域铁路、城际铁路线路达23条，运营里程达1122.53公里，运营车站数达到221个，投资额超过5059.29亿元。

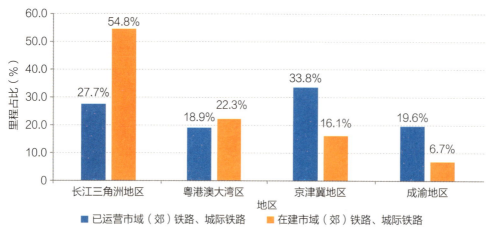

图18　截至2022年年底内地已运营及在建市域（郊）铁路、城际铁路里程占比

（三）交通数字化基础设施和服务应用的快速发展

1. 构建了完整的交通智能化框架体系

智能化是近20年来我国城市交通发展取得突出成就的领域之一。世界范围内的智能交通研究和应用整体起步于20世纪80年代末至20世纪90年代初期，以美国、日本和西欧为代表，1994年在巴黎召开了第一届国际智能交通大会。我国智能交通研究与国际基本同期发展，与智能交通发展第一梯队国家相比大约滞后3~5年起步。20世纪90年代初期至中期，以陈建阳、杨佩昆、杨兆升为代表的一批学者率先开展了跟车模型、混合交通流仿真、交通流诱导、交通状态图像识别等理论和技术研究。20世纪90年代中后期至21世纪初，国家"九五""十五"科技攻关计划连续资助智能交通领域，奠定了由9个服务领域、47项服务构成的中国智能交通系统发展路线图和框架体系。其中，交通管理与规划服务领域的体系框架见图19。

21世纪第一个十年内，在"十五""十一五"国家科技攻关项目连续资助下，北京、上海等10余个城市开展了交通信息系统建设和示范应用，交通信息采集及监测、诱导服务、联网控制、信号优先、综合交通信息平台等基础系统获得大力建设，为城市建设和交通规划决策流程改善、流程再造奠定了技术基础，并在北京奥运会、上海世博会、广州亚运会等重大活动举办中得到成功应用，取得显著成效（图20）。

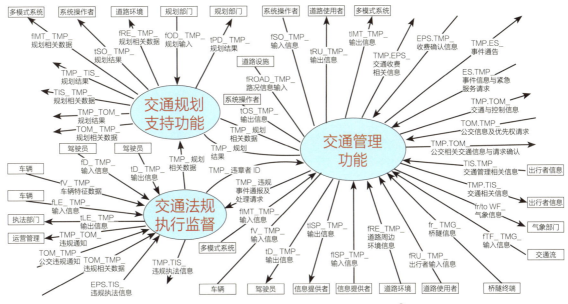

图 19　交通管理与规划服务领域的体系框架 ❶

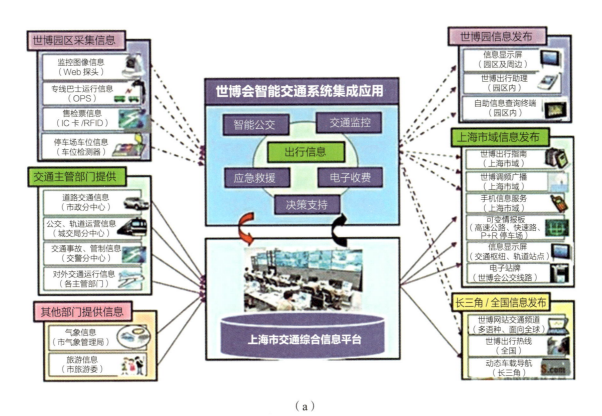

（a）

图 20　2000—2010 年上海智能交通系统应用
（a）2010 年上海世博会智能交通系统应用

---

❶ 《中国智能运输系统体系框架》专题. 中国智能运输系统体系框架 [M]. 北京：人民交通出版社，2003.

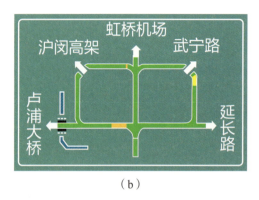

（b）

图 20　2000—2010 年上海智能交通系统应用（续）
（b）上海快速路交通诱导系统

2．交通信息化和数字化建设深度渗透

2010 年以来，城市交通信息化、数字化持续深度渗透，超（特）大城市陆续建设多源数据融合的第二代城市综合交通大数据信息平台，大规模应用于决策支持和交通系统管理效益提升等实践。第二代城市综合交通大数据信息平台集成了人口、土地、车辆、交通网络状态及物流等多源数据（图 21），数据颗粒度在时间和空间上不断细化，分析对象从系统运行状态扩展至个体级车辆和人的活动特征，分析视角从集计空间的 OD 流向分析转向人与车辆的活动流分析，进一步夯实了数据底座和信息共享能力。系统服务应用在支持中长期设施规划决策、运行发展报告编制和公众信息服务的基础上，进一步强化了日常运行管理决策支持、行业管理业务应用能力，形成"一网统管、一网通办"的集成应用。

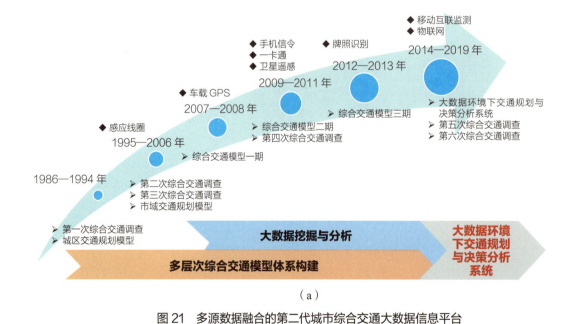

（a）

图 21　多源数据融合的第二代城市综合交通大数据信息平台
（a）上海交通大数据平台迭代演化❶

---

❶ 薛美根．大数据环境下上海交通规划与决策分析系统研发及应用［Z］．2019．

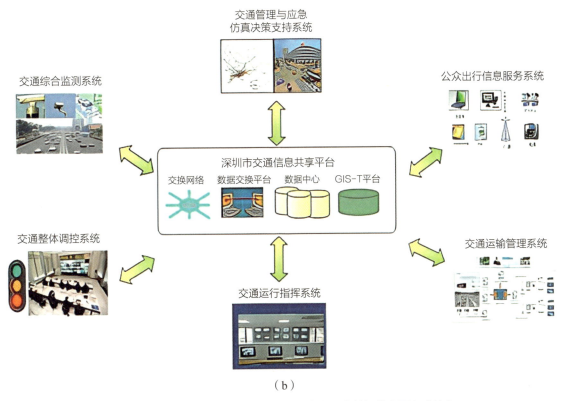

（b）

图 21　多源数据融合的第二代城市综合交通大数据信息平台（续）
（b）深圳市交通信息共享平台

城市综合交通系统仿真模拟技术及平台得到了大力发展和应用。我国城市综合交通系统仿真模型建设普遍起步于 20 世纪 80 年代末期至 90 年代初期，早期以中心城区的道路网络、公交网络模拟功能为主。随着计算能力、建模能力提升和数据资源丰富，城市综合交通仿真模型建模范围进一步扩大，从城区、市区向都市圈范围扩大，建模对象从单一方式、单一系统向多模式综合交通网络建模拓展，模型应用拓展至战略测试、网络规划决策、设施建设评估等多层次发展需求，并发展出了重点地区详细仿真模型、轨道交通系统规划分析、重大活动交通保障决策评估等专项模型体系（图 22）。

3．交通数字化服务应用蓬勃发展

随着移动互联服务和共享经济发展，交通数字化服务蓬勃创新。预约出行、共享出行、即时物流配送等创新出行服务蓬勃发展。2022 年，国内网约车日均订单量超过了 2000 万单，共享单车的日均订单量超过了 3300 万单，快递业务量超过了 1100 多亿件，日均快递量超过 3 亿件。以手机地图、导航、网约车为代表的智能出行，以交通大数据开放、融合和创新为代表的智慧交通，以交通门户网站、微博、微信号为代表的交通政务服务等都取得了全面进步。典型城市的"互联网＋交通"城市指数如图 23 所示。

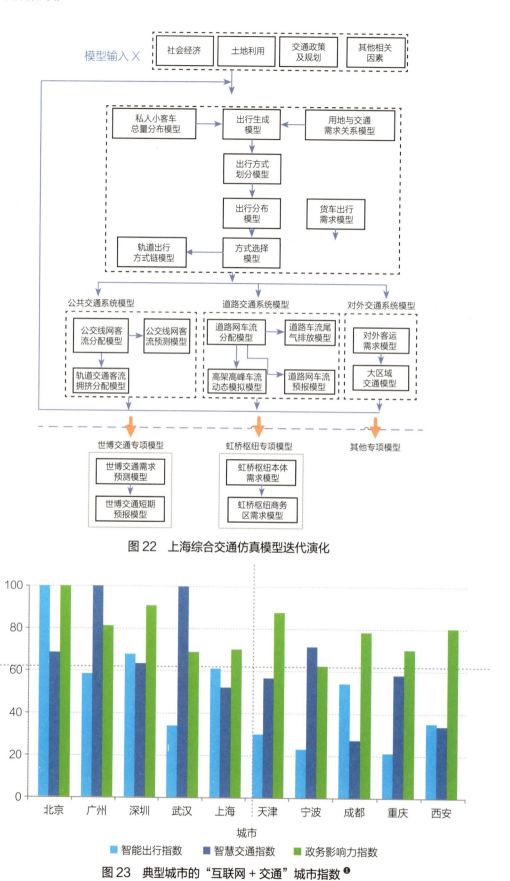

图 22　上海综合交通仿真模型迭代演化

图 23　典型城市的"互联网+交通"城市指数[1]

---

[1] 高德地图. 中国"互联网+交通"城市指数报告[R]. 2016.

城市交通大数据平台正在从职能部门的功能系统向产业性合作开放平台演变。我国第一代交通大数据平台的主体功能是交通网络规划的仿真分析,第二代的主体功能是支持交通战略及规划决策和交通运营管理。展望未来,交通大数据第三代模式将是交叉连接、开放合作的产业孵化创新平台。城市交通大数据平台是智能/智慧交通体系的基础支撑,为交通规划与决策、交通运营管理、基础设施监测维护、交通服务创新等提供全面支持,并将扩散至交通—车辆、交通—能源网络等交叉领域应用。

(四)居民活动类型显著变化

1. 居民日均出行次数趋向稳定

在城市化生活模式稳定后,城市居民日均出行次数存在相对稳定的范围。以上海、北京、东京等国际性城市为例,人均日出行次数并未随着经济水平、机动化或交通基础设施规模的增长而有明显变化,存在一个稳定区间。2004—2019年上海人均出行次数在2.15~2.30次范围内波动,2005—2014年北京人均出行次数在2.6~2.8次,东京都市圈人均出行次数也有类似特征(图24)。

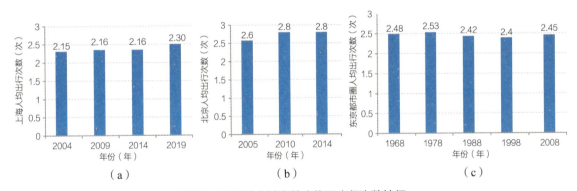

图24 国际性大城市的人均日出行次数特征
(a) 2004—2019年上海人均出行次数;(b) 2005—2014年北京人均出行次数;
(c) 1968—2008年东京都市圈人均出行次数

2. 非通勤居民活动增长显著

随着就业形态和市民生活需求的变化,通勤出行占比从高位下滑,非通勤出行占比和次数增加。在制造业占城市主体就业形态时期,居民通勤出行是出行活动的主导目的,例如上海在20世纪八九十年代通勤出行占比超过65%。人民生活水平的显著提升使得出行目的领域逐步呈现出"马斯洛层次"和市场细分。国内外典型城市均呈现通勤出行占比下降、生活类弹性出行占比升高的特征,通勤活动的出行占比通常在40%~50%范围内波动。我国中等收入群体规模持续扩大,已经超过4亿人。随着生活水平从生存型、温饱型向发展型、美好型转变,城市居民出行目的多样化带来通勤、通学等基本需求占比减少,购物、休闲等生活需求出行占比日益上升。非通勤出行的需求增长,也给交通服务带来新的要求,更加重视舒适性、安全性、个性化、可达性和体验性等交通服务的品质。

(五)城市出行距离普遍增长

1. 城市居民出行距离普遍增长

过去三十年来,我国城市空间扩张明显,城市边界内的居住与就业的市场化选择分布(级差地租驱动),**使得出行距离有较为明显的增长**。以上海、北京为例,上海单次出行距离由1995年的4.5公里增长到2019年的7.6公里,北京由1986年的5.2公里增长到2014年的8.1公里(图25)。

尽管城市扩张导致活动范围扩大,但出行中机动化方式占比提高使得单次出行时间和人均日出行时间都较为稳定,体现了城市交通中出行时间预算(Travel Time Budget,TTB)的规律性。我国大城市平均单次出行时间未超过30分钟、人均日出行时间基本保持在60~80分钟。高快速路与轨道交通两个网络有效控制了城市居民交通活动的时间成本,支持了城市经济发展,但客观上也起到了刺激城市建设尺度拓展的作用。上海、北京两个国际性大城市人均日出行时间的变化如图26所示。

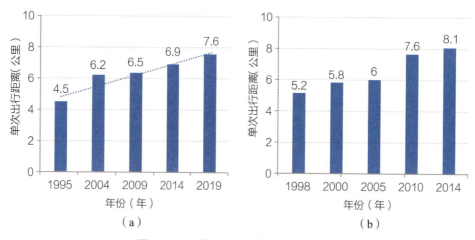

图25 国际性大城市单次出行距离变化
(a)上海单次出行距离变化;(b)北京单次出行距离变化

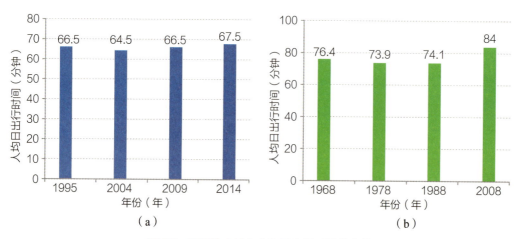

图26 国际性大城市人均日出行时间的变化
(a)上海人均日出行时间;(b)北京人均日出行时间

2. 部分城市长距离通勤现象凸显

《2023年度中国主要城市通勤监测报告》以我国36个主要城市为研究对象，分析了2022年城市通勤范围、空间匹配、通勤距离、幸福通勤、公交服务、轨道覆盖六个方面的指标。结果显示，超大城市平均通勤距离为9.6公里，通勤空间半径为37公里；特大城市平均通勤距离为8.6公里，通勤空间半径为30公里。2022年我国典型超大城市通勤特征核心指标如图27所示。北京市的通勤空间半径为41公里，职住分离度为6.8公里，平均通勤距离为11.7公里，5公里通勤占比约占36%，45分钟公交服务能力占比约为32%，轨道站点800米覆盖通勤占比约为21%。上海通勤空间半径为41公里，轨道站点800米覆盖通勤占比为30%。广州、深圳的通勤空间半径分别为32、40公里。

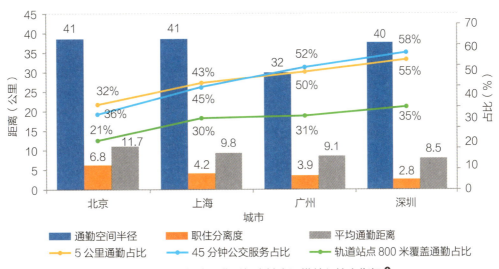

图27　2022年我国典型超大城市通勤特征核心指标 ❶

三、我国城市交通发展存在问题总结

（一）交通与城市协调发展存在不足

1. 交通与城市发展的阶段性

1978年以前，我国城市化进程较为缓慢，在1950—1980年的30年中，全世界城市人口的比重由28.4%上升到41.3%，其中发展中国家城市人口的比重由16.2%上升到30.5%，而我国城市人口的比重仅由11.2%上升到19.4%。改革开放后，我国城市化水平不断提高，城市化发展与城市建设取得了巨大成就，现已稳步迈入城市化加速发展时期。

---

❶ 住房和城乡建设部城市交通基础设施监测与治理实验室. 2023年度中国主要城市通勤监测报告 [R]. 2023.

(1) 1980—1990 年城市与交通发展

改革开放初期,以农村经济体制改革为主要动力推动城市化发展,这一时期的城市化具有恢复性。随着乡镇企业和城市改革的双重推动,城市化进一步发展,以新城镇建设为主,尤其是沿海地区出现了大量新兴的小城镇。1980 年开始,先后在深圳、珠海、汕头、厦门建立经济特区,1984 年进一步开放大连等 14 个沿海城市,之后在 12 个沿海开放城市建立了 14 个经济技术开发区。城镇化率由 1980 年 19.4% 上升到 1989 年 26.2%,年均增加 0.68 个百分点。

这一时期城市交通发展的总体特点是"人多车少,居民乘车难"(图 28)。随着国民经济的快速发展,交通需求得到释放。这一时期,城市公共交通发展水平十分低下,城市交通主要依靠自行车,国家实行了鼓励自行车交通出行的财政补贴政策,使得自行车交通快速发展。从 80 年代初期开始,我国主要大城市在通勤高峰期间已发生严重的自行车交通拥堵。

图 28 20 世纪 80 年代上海拥挤的公交车

(2) 1990—2000 年城市与交通发展

进入 20 世纪 90 年代,中国经济增长出现了许多与 80 年代不同的新特点,原因在于中国经济增长轴心发生了转移,形成了城市化推动型经济增长。1992 年邓小平南方谈话以后,我国改革开放的步伐进一步加大,各地纷纷掀起兴办经济开发区的高潮,以此作为利用外资、引进国外先进科技和先进管理经验的重要载体,开发区成为自上而下型城市化与外资城市化的共同领域和主要场所。开发区的发展与建设极大地加速了城市化进程与城市空间的扩展。20 世纪 90 年代发布的一系列城市社会经济政策,如分税制、城市土地使用制度、住宅市场化改革等极大地推动了城市化的进程。各项政策主要内容说明如下:

1) 分税制。财政税收是城市建设的资金来源之一,直接影响着城市建设速度。20 世纪 80 年代末 90 年代初,财政收入占 GDP 的比重和中央财政收入占整个财政收入的比重下降,分税制改革在中国拉开了序幕。分税制改革搭建了市场经济条件下中央与地方财政分配关系的基本制度框架。城市财政税收增加和支出自主性增强,提升了城市政府的经济实力,促进了城市的发展建设。

2）**城市土地使用制度**。计划经济体制下行政划拨、无偿使用土地逐渐转变为土地有偿出让，级差地租的作用开始在城市空间布局中显现，促进了城市土地使用功能的置换，城市土地使用效率大大提高，土地利用结构日益优化。同时，土地有偿使用制度的推行也提高了城市政府运用城市土地这一主要资源来影响城市规划、建设的能力。

3）**住宅市场化改革**。20世纪90年代中期以后，我国全面启动城市住房制度改革，直接推动了城市房地产业的迅速发展，来自海外及国内房地产公司的大量资金积极参与住宅建设，城市住宅建设规模迅速膨胀。由于地租具有从中心到边缘递减的规律，导致城市郊区产生了大批的新住宅区，人口规模达到数千人甚至上万人。在城市内部，在土地价值、住宅档次和个人收入的综合作用下，居住空间出现了明显的阶层分异现象。住宅市场化改革导致了住宅需求的上升和城市空间的扩张，进一步刺激了地方政府和开发商的土地开发行为，强化了地方政府的土地财政，从而加速了发达地区城镇化以及部分大城市的郊区化。

随着城市化进程的推进，以及国家鼓励个人购买小汽车的《汽车工业产业政策》（1994年）实施，小汽车逐渐进入家庭。城市交通逐步由自行车模式快速向汽车模式转化。全国私人汽车保有量由1990年的81.6万辆增加到1999年的533.9万辆，年均增加45万辆以上。由于城市道路等基础设施建设严重滞后，道路狭窄，路网残缺，"瓶颈""堵头"路众多是很多城市面临的现实困境。同时由于大量非机动化交通方式的存在，各类交通方式之间混行严重，削减了交通运行效率。这一时期城市交通开始呈现出"车多路少，行车难"的问题。

因此，加快基础设施建设，补偿"历史欠账"成为这一时期城市交通发展的重点。以上海为例，20世纪90年代提出"一年一个样、三年大变样"的城市建设号召，集中力量大规模建设一批市内骨干交通设施工程，包括"申"字形高架道路、中心区"三纵三横"主干路，以及地铁1号线、2号线等（图29）。

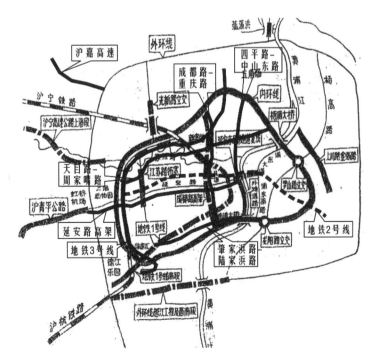

图29　20世纪90年代上海骨干交通设施工程

（3）2000年以来城市与交通发展

进入2000年以后，我国城市建设进入突飞猛进阶段，城市化发展空前提速。外部扩张（新区、开发区、园区建设）和旧城改造同步推进，城市建设用地面积和人口的增长速度显著大于2000年之前。国家城市建设方针也出现重大调整，由"控制大城市规模，合理发展中等城市，积极发展小城市"转变为"大中小城市和小城镇协调发展"的思路。《中华人民共和国国民经济和社会发展第十个五年计划纲要》提出我国推进城镇化的条件已逐渐成熟，要不失时机地实施城镇化战略。遵循客观规律，与经济发展水平和市场发育程度相适应，循序渐进，走符合我国国情、大中小城市和小城镇协调发展的多样化城镇化道路，逐步形成合理的城镇体系。有重点地发展小城镇，积极发展中小城市，完善区域性中心城市功能，发挥大城市的辐射带动作用，引导城镇密集区有序发展。《中华人民共和国国民经济和社会发展第十一个五年计划纲要》提出坚持大中小城市和小城镇协调发展，提高城镇综合承载能力，按照循序渐进、节约土地、集约发展、合理布局的原则，积极稳妥地推进城镇化。要把城市群作为推进城镇化的主体形态，逐步形成以沿海及京广—京哈线为纵轴，以长江及陇海线为横轴，以若干城市群为主体，其他城市和小城镇点状分布，永久耕地和生态功能区相间隔，高效协调可持续的城镇化空间格局。1990—2015年我国城市建设用地建设与人口密度增长趋势如图30所示。

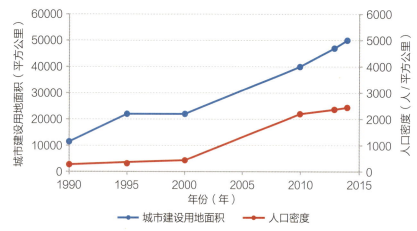

图30　1990—2015年我国城市建设用地面积与人口密度增长趋势

《国家新型城镇化规划（2014—2020年）》提出发展集聚效率高、辐射作用大、城镇体系优、功能互补强的城市群，使之成为支撑全国经济增长、促进区域协调发展、参与国际竞争合作的重要平台。构建以陆桥通道、沿长江通道为两条横轴，以沿海、京哈京广、包昆通道为三条纵轴，以轴线上城市群和节点城市为依托、其他城镇化地区为重要组成部分，大中小城市和小城镇协调发展的"两横三纵"城镇化战略格局。

进入2000年以后，城市交通发展呈现多元化、多模式齐头并进的特点。除了继续加强城市道路网络建设，公共交通网络（尤其是大城市以轨道交通为骨干的快速公共交通网络）、步行与自行车交通网络复兴等同步推进，同期小汽车进入家庭的速度也急剧上升。值得提出的是，北京奥运会、上海世博会、广州亚运会等国际大型活动在这一时期举办，一方面促进了城

图31 改革开放以来各个阶段城市与交通发展脉络及基本特征

市交通基础设施的加速建设，另一方面也为城市交通的集约化规划、设计与管理提供了实践机遇。改革开放以来各个阶段城市与交通发展脉络及基本特征如图31所示。

2. 交通与城市发展关系的认识变化

城市与城市交通共生发展是基本特点，《雅典宪章》明确交通是城市的四大基本功能之一，是居住、就业、游憩的派生功能。交通是建设大城市"永恒的主题"，同时又是"永恒的难题"。未来工业化、城镇化的发展，以及城镇居民收入增长后的消费升级，对各类资源和能源的需求快速增加，城市将面临更大的资源和环境压力，相当部分城市已面临资源、能源的瓶颈，城市后续发展受到制约。交通的作用也发生了有别于以往的变化，即通过交通与城市发展的互动，交通由城市发展的配套设施转变为通过影响国家的能源、土地和环境等政策，成为国家和城市人民政府调控发展模式的重要手段，以及发展政策的主要体现者和重点实施领域，是国家和城市解决经济、社会等方面难题的切入点。

城市交通研究的目标是"服务于人的需求，组织城市高效可持续运行"。其中，服务于人的需求指的是人和物的移动需求。交通作为城市的四大基本功能之一，伴随着城市的产生而出现，人口集中于城市，必然产生就业和生活需求，服务这两种需求，交通是最基本的保障。就业需求的本质是产业发展和就业岗位，以及相应的物流。生活需求是指衣食住行的基本需求和教育、医疗、休憩等社会服务需求。这是对城市交通服务需求定义的进一步完善。在不同的历史发展阶段，城市交通面临的问题和解决的对策有所不同，因而城市交通的关注点也在不断变化，但服务于人的需求一直是城市交通的根本。

组织城市高效可持续运行是指如何最有效地服务于人的需求。一般意义上讲城市交通是研究在现已形成的城市框架下人的出行需求，研究出行方式即人、车、路、环境的关系，以及交通工具提供的服务，包括客运和货运。面对现代社会人们生活方式的多元化、技术手段的创新发展、交通工具的现代化，尤其是当今对环境绿色发展的高要求，城市交通已不仅仅是基础设施和交通工具的提供，而要从更广义的服务于人的需求角度研究城市交通问题，更重要的是体现城市整体的综合服务功能与运行效益。

现代城市交通已经发展成为一个复杂的庞大系统，解决城市客运交通问题的主要方式应依靠公共交通，根本出路在于综合治理。应坚定不移推进落实公交优先战略，不仅从政策上扶持，而且在运行机制、公共交通的构成等方面必须进行改革，公共交通要向能满足人们多样化的交通需求发展。要从政策、规划、管理、技术和社会习俗五大方面缓解交通问题。管建并举，管为本、重体系、补短板。同时运用云计算、大数据等信息化手段，为城市智能交通体系建设提供有力支撑。

3．当前交通与城市发展的不协调

轨道交通是2000年以来特别是2010年以来我国城市交通发展的重点，取得了显著成就的同时也产生新的问题。**一是轨道交通建设范围扩张带来服务成效分化和公共财政可持续发展的挑战。**建设轨道的部分城市并不具备匹配轨道运输能力的客流规模，包括诸多城区人口规模200万人左右的城市，轨道线路客流强度一直较低，并且未来预计也很难形成轨道交通网络的规模化效应。**二是轨道交通建设投资规模大，挤压了其他交通服务模式发展空间。**部分城市的人均GDP水平并不高，例如东北地区和中西部地区的部分省会城市，经济发展水平并不高，财政投资和多元化融资能力并不强，但依然将轨道交通作为投资建设核心，在公共投入侧挤压了公共交通系统中其他服务模式的发展空间和战略地位。不同城市轨道开通年的城区人口规模和人均GDP情况分别如图32和图33所示。

在超（特）大城市中，轨道交通发展与城市空间布局和功能调整存在错位，客观上拉大了出行距离，特别是通勤距离，居民出行时间成本并没有显著节约。以上海为例，上海已经建成了56.4公里的市域轨道、934公里的市区轨道交通、148公里的公共交通局域线（类轨道交通），另有240公里市域轨道在建，建成了世界级的城市交通系统，对城市空间及人口、岗位取得了良好的服务覆盖指标。至2022年，上海内环内轨道线网密度已达到1.62公里/平方

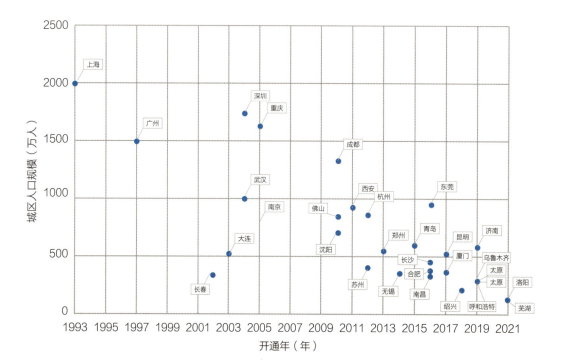

图32　不同城市轨道开通年的城区人口规模

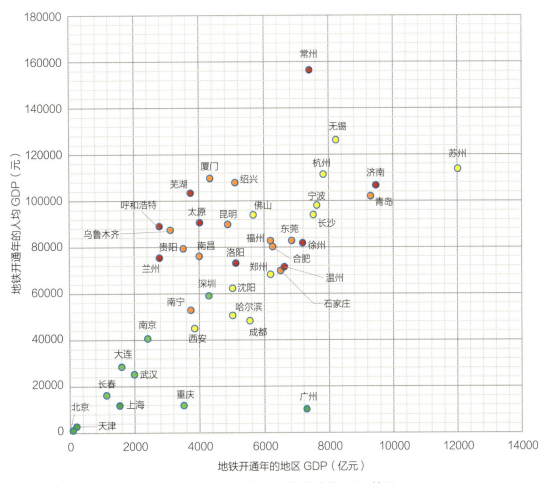

图 33 不同城市轨道开通年的人均 GDP 情况

公里，站点密度达到 0.83 座 / 平方公里，轨道站点 600 米覆盖面积、人口和岗位指标分别为 78%、88% 和 90%，已满足《上海市城市总体规划（2017—2035 年）》的目标要求。但综合来看，城市交通对非中心城区的重要节点依然存在发展支撑不足的问题。一是，大量城市副中心、地区中心、创新功能集聚区缺少直达轨道线连通，使得出行时间特别是通勤出行时间仍然有增长态势；二是，都市圈尺度的新城发展支撑力度仍有显著不足，2022 年上海 5 个新城的轨道交通站点 600 米范围用地面积、人口和岗位覆盖率仅为 10%、15% 和 18%（图 34），与《上海市城市总体规划（2017—2035 年）》提出的 30%、40% 和 40% 的发展目标仍有显著差距。

另一方面，城市居住空间调整与就业功能空间调整不一致，从源头上刺激了职住分离和通勤距离的增长，实质上是增加了无效出行需求。以上海为例，中心区及中心城是上海人口高密度集聚的传统地区。为缓解人口高强度集聚，上海于 2003 年正式提出了中心城"双增双减"发展战略，即"双增"——城市绿地和公共空间的增加、"双减"——建筑量和建筑容积率的降低，中心城人口控制目标为 900 万人。经过 10 年战略实施，人口的空间分布并未完全实现战略意图。如图 35 所示，中心区人口数量自 1986 年的 485 万人减少至 2014 年的 351 万人，但中心城人口数量并未减少，反从 2003 年 977 万人增长至 2014 年的 1176 万人，与"双增双

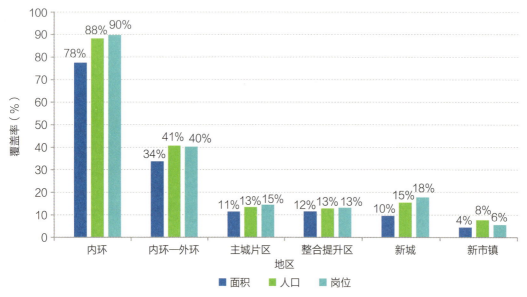

图 34　2022 年上海轨道站点 600 米范围用地面积、人口和岗位覆盖率

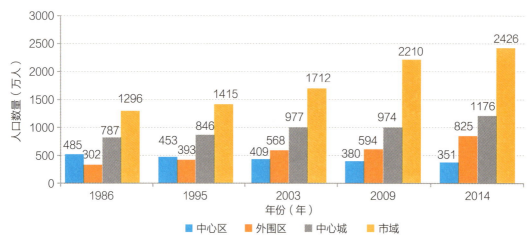

图 35　1986—2014 年上海不同空间地带人口数量变化

减"战略意图背道而行；中心区人口密度得到一定程度疏解，从 1986 年的 4.41 万人/平方公里降至 2014 年的 3.19 万人/平方公里；但中心城人口密度从 1986 年的 1.22 万人/平方公里提升至 1.83 万人/平方公里，聚集进一步强化。

与人口变化相对应的是岗位空间分布变化。过去三十年来，中心区居住人口得到了一定程度的向外疏解，但就业功能却进一步强化，显著提高了高峰期间的通勤交通强度和跨区域交通需求。中心城则是居住和就业功能都大大加强，中心城的功能疏解并未奏效。1986—2014 年上海不同空间地带就业密度的空间变化如图 36 所示。

随人口年龄结构和家庭结构变化，上海市域层面就业人口与居住人口的比例呈现从 0.59 趋向 0.5 的均衡演变，即 1 个就业人口对应 2 个居住人口；中心城层面则是略有上升，从 0.48 提升至 0.53；变化最显著的是中心区，从 0.57 增长至 0.85（图 37），就业与居住人口的不均衡现象急剧强化，中心区居住功能疏解的同时就业功能急剧强化，由此带来交通需求的时间与空间同时集中化，出行距离进一步增长以及交通潮汐现象进一步突出。

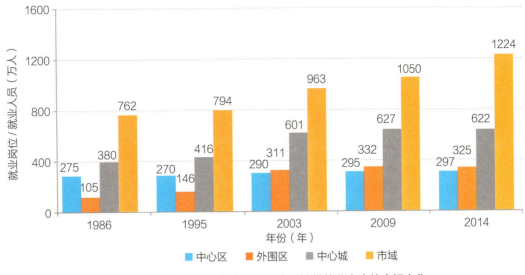

图 36　1986—2014 年上海不同空间地带就业密度的空间变化

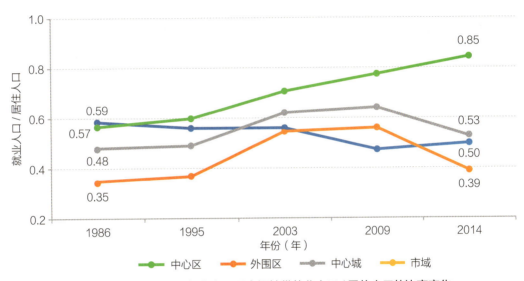

图 37　1986—2014 年上海不同空间地带就业人口/居住人口的比率变化

4．城市交通与都市圈协同发展的不协调

随着中心城市规模不断壮大和辐射能力不断增强，围绕中心城市功能形成的交通圈、生活圈、商务圈也不断扩大，超出了行政边界。在此情况下，跨行政区的交通需求日益增长。但由于中国城市行政体制的特性，城市政府建制和行政边界直接影响行政职权和财政规则实施。城市的设施建设、投资补贴和管理机制过于倚重行政区划，造成了城市之间以邻为壑，跨行政区的交通设施建设和服务对接协调难度极大。

城市政府承担城市交通规划建设管理的职权。当前我国城市政府在交通规划建设方面的职权包括：负责制定城市交通发展战略、综合交通体系规划，配套制定政策、收费定价、交通融资等事项。我国的城镇空间形态按照不同层级的规划管理要求可以分为城市集中建成区（规划区之内）、市域城镇体系、跨市的城镇协调发展地区（如都市圈）等，这就决定了城市交通设施需要分层次规划、分形态组织。城市集中建成区范围内，主要对城市道路系统、综合交通枢纽体系、轨道交通、公共交通、慢行交通、城市停车场地等方面开展规划。市域城镇体系层面上，应规划公路、铁路、市郊铁路、内河航运、航空等设施，同时规划物流运输体系。对于跨市域层面的都市圈、城市群，我国没有实体区域型政府管理，往往由上位政府（如省政府）统筹，相邻政府间通过联席会议制度来解决重大跨区域问题。如都市圈层面的综合交通体系规划由所在城市的上位政府来编制与审批，但各城市的交通设施建设分别由各市落实；涉及跨市的公共交通运输、服务保障往往由中心城市牵头组织。虽然我国的城市政府在制定交通规划与实施策略方面有主导权，但总体上缺乏对不同层次的统筹区域关系、城乡关系的研究，现象上存在"重集中建成区、轻乡村、忽视跨市协同"的问题，本质上是缺乏不同需求主体间的制度衔接，如公共交通向乡镇延伸，跨界地区的公交线路协同等问题。

城市政府财权对交通投资建设及运营方面具有显著影响。 城市政府负责城市交通基础设施的建设与维护，负责公共交通运营。我国规定对城市管辖范围内的交通设施的建设、维护，由中央、省级、城市、县等多层级财政来分担。对于国家及省级交通项目，除了中央和地方共担财政事权与支出责任外，其他部分由城市政府或辖区内的县级政府来承担。如在城际铁路、市域（郊）铁路、支线铁路、铁路专用线等方面，地方政府（省级政府、城市政府）事权包括：建设、养护、管理、运营等，具体执行事项由地方实施或由地方委托中央企业实施，但支出均由城市政府承担。早在1995年《北京宣言：中国城市交通发展战略》中就提出"城市交通领域应加快竞争机制的引进，应当发挥私营企业在公共交通、停车设施的供给和经营、基础设施规划和设计的咨询服务等领域补充和替代现行的政府职能"。但当前，我国城市政府在交通投资建设和公共交通运营方面的压力依然很大，资金渠道较为单一，多为财政支出及政府的融资平台来保障。又如轨道交通领域，国务院出台文件鼓励民间投资参与城市轨道交通项目，并鼓励多元化运营。目前绝大部分城市是国资平台主导建设及运营，仅有少数城市引入社会资金来参与建设和运营。如果城市交通设施运营长期依赖财政补贴，将会导致地方政府财政压力日益加重，特别是当前各地土地财政收缩背景下，由政府各类融资平台开展轨道交通等大额投资建设的模式已经难以为继。与此同时，在新兴交通服务方面，政府与市场的边界还不清晰，尤其近年来兴起的网约车、共享单车等服务模式，在提供了多样化的选择和带来出行便利的同时，也显现出政府监管缺位、政府响应能力不足等突出问题。此外，对于交通服务的衍生型服务产品，如轨道交通车站的综合开发、出行全过程的诱导服务、保险金融、资产管理等方面，政府的精细化管理还暂不适应当前服务发展的需求。

以城市为资源配置基本单元，不能适应都市圈空间扩张要求。 根据《中华人民共和国城乡规划法》，城市发展的城市规划区是指城市市区、近郊区以及城市行政区域内因城市建设和发展需要实行规划控制的区域。城市人民政府负责组织编制城市规划。因此，城市交通资源的投放以城市（规划区）为基本单元。实践中，都市圈的发展往往突破城市边界，都市圈交通需要跨城市进行组织。在以城市为基本单位的城市交通规划、建设、运营和管理的机制下，跨行政区划的交通系统建设协调难度大，交通设施和服务供给滞后于快速增长的都市圈交通发展需求，无法适应都市圈空间扩张的要求。都市圈交通往往成为大城市地区交通的瓶颈，出行体验差、乘车困难、拥堵严重等问题突出。以北京为例，自 2010 年以来，每日超过 30 万通勤者往返于北京中心城区与河北燕郊之间，但两地之间的轨道交通至今仍未能通车（平谷线在建中），仅依靠道路和地面公交线路远不能满足数十万人的通勤需求。

都市圈概念滥用，城市群尺度配置都市圈资源。由于对都市圈定义、内涵和合理边界认知不清，近年来，在区域规划中，都市圈概念应用泛滥。《江苏省城镇体系规划（2001—2020年）》提出规划三大都市圈：南京都市圈、徐州都市圈、苏锡常都市圈。南京都市圈成员城市为南京、镇江、扬州、淮安、马鞍山、滁州、芜湖、宣城八市，包含 31 个市辖区、8 个县级市和 20 个县，总面积为 6.3 万平方公里；徐州都市圈包括江苏的徐州、连云港、宿迁以及安徽、山东、河南部分城市，涉及总人口 3188 万人，总面积为 4.8 万平方公里；苏锡常都市圈包括苏州、无锡、常州三市，总面积为 0.8 万平方公里。《上海市城市总体规划（2017—2035年）》提出，将在交通通勤、产业分工、文化认同等方面与上海关系更加紧密的地区（苏州、无锡、南通、常州、嘉兴、宁波、舟山、湖州）作为上海大都市圈的范围，形成 90 分钟交通出行圈，积极推动上海大都市圈同城化发展。

上述都市圈规划，旨在打破行政区划的制约，促进城市之间的合作和协同，实现区域一体化发展。但空间范围之大，已经远远超出都市圈的合理尺度。都市圈概念的滥用，误导发展资源在不合理的尺度配置，规划难以实施，一旦实施，也难以避免使用效率低下的困境。都市圈中心城市为了进一步提升区域首位度、扩大辐射范围，1 小时通勤圈的范畴越来越大，周边城市也以挤进 1 小时通勤圈为目标。甚至部分区域提出了 2 小时通勤圈的概念。通勤圈不断扩大，快速轨道交通向区域大规模延伸，都市圈空间发展呈现蔓延态势，通勤距离和时间不断拉长，空间绩效下降。

以城市或城市群交通发展模式进行设施布局和交通组织，与都市圈交通需求不匹配。由于缺乏对都市圈交通需求特征的认知，都市圈沿用了城市或者城际交通服务的模式，交通供给与需求不匹配，一方面不能满足都市圈交通需求，另一方面造成交通资源的巨大浪费。扁平化的城市轨道系统不适应都市圈交通需求。2004 年《北京城市总体规划（2004—2020 年）》确立了 11 个新城建设地区，以居住为主要导向的功能外溢，推动通州、大兴、门头沟等 30 公里范围的新城与中心城区之间建立了紧密的通勤联系。北京从以中心城区集聚向 30 公里半径的都市圈集聚演进。而面向都市圈边缘地区的轨道交通系统仍然以基于既有网络的延伸为主要服务模式。目前仍存在的问题有：地铁线路长达 50 公里，覆盖半径超过 30 公里；单一短站距模式，运营速度偏低，行程时间长；列车编组仍然采用 6 节编组 B 型车，运力提升受限；远远不能满足都市圈高峰时段大规模的通勤客流。

城际交通模式不适应都市圈交通需求。北京市郊铁路 S2 线，开通于 2008 年，是在京包铁路和康延支线上开行的北京市的第一条市郊快速通勤铁路运输系统。S2 线每日开行列车仅 4 对 8 趟。2015 年，铁路部门推出了专为通勤者设计的从北京往返燕郊的早晚临客，但不久即因上座率太低停运。通勤铁路仍然沿用的对外交通运输的服务模式和水平，发车频次不高、停靠对外交通枢纽、公交接驳不便、售检票系统不便、票价水平偏高等问题，均成为通勤者使用的障碍。

（二）交通需求管理精准化能力有待提高

1. 个体机动化需求仍快速增长

个体机动化交通使用需求仍在继续增长，并且从城市中心区域向外围地区迁移，城市外围地区和新城成为新的拥堵地区。机动化出行的普遍增长是国内外大城市的普遍趋势。以公共交通发达的东京都市圈为例，1988—2008年期间，人均机动化出行次数从1.40次/天增长至1.57次/天。国内城市以上海为例，全市机动车周转量始终呈增长趋势。2010—2019年，上海市在人口增长5.4%、城市道路里程增长16.6%的情景下，城市道路车公里增长了70.1%，机动车数量增长了78.4%（图38）。与居住人口向新城、新区扩散趋势一致，机动车交通需求的空间分布发生转移，外围新城交通拥堵加剧甚至拥堵程度超过中心城区（图39），加上外围地区和新城的轨道交通等设施不足，随未来人口的继续涌入，今后一段时期内的交通状况不容乐观。

2. 交通需求管理措施效果不佳

过去十几年以来，各大城市投入巨量资源到公共交通发展中，同时对小汽车交通也采取停车收费、限行或者车牌总量管理等措施，对慢行交通也逐步重视，但取得的实际成效仍不尽如人意。从出行方式结构指标看，超大城市公共交通出行分担率的提升进程举步维艰。以上海为例，上海中心城内部出行结构保持相对稳定，个体机动化分担比率小幅增长，但中心城以外地

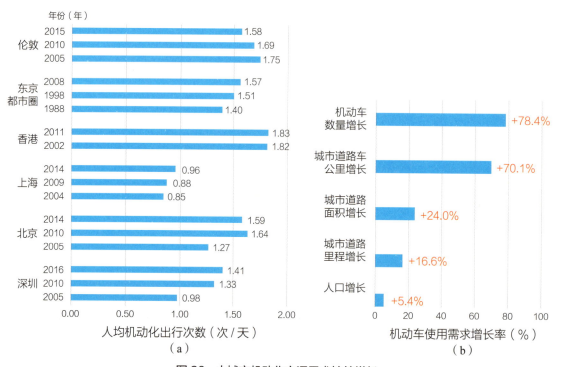

图38 大城市机动化交通需求持续增长
（a）国际主要城市历年人均机动化出行次数变化[1]；（b）2010—2019年上海机动车使用需求增长率

---

[1] 深圳市城市交通规划设计研究中心股份有限公司. 城市交通综合决策平台探索及应用[R]. 2019.

图 39 超大城市的外围新城交通拥堵加剧（以上海嘉定区为例，2021 年）

区的个体机动化所占比例增长明显，由 2013 年的 16.3% 增长至 2019 年的 20.8%（图 40）。北京从 2003 年开始加大公共交通优先发展力度，虽然公共交通出行分担率总体上呈现上升趋势，然而小汽车出行分担率却居高不下，作为绿色交通重要出行方式的自行车出行比例反而呈现下滑趋势，出行结构并未实现整体优化（图 41）。

但值得关注的是，随轨道交通网络扩张，尤其是连接外围新城与中心城区的线路建成和加密，进出中心城区的相对长距离出行中，公共交通方式占比有持续提升的趋势。上海进出中心城的出行中，公共交通占比从 2013 年的 39.6% 提高到 2019 年的 49.6%，同期个体机动化占比从 47.3% 下降至 41.7%。

图 40 上海出行方式结构变化
（a）2013—2019 年上海中心城内部出行方式结构；
（b）2013—2019 年上海中心城以外地区出行方式结构

图 41　2000—2020 年北京出行方式结构变化

3. 交通需求管理措施定位模糊化

城市交通网络的构建和运行，特别是稳定可持续的高效运行，必须依赖稳定明确的交通发展战略，特别是交通—土地利用、交通—环境组合政策、交通—需求调控政策。纵观我国城市交通需求管理，从 20 世纪 90 年代开始，上海、北京等城市逐步落实车辆使用管理、总量调控、停车收费等一系列交通需求管理措施，一方面在机动化出行需求调整方面发挥了重要作用，另一方面为大规模建设城市轨道交通系统开辟了时间窗口，整体上取得了重要效果。但总结来看，依然存在三个方面的不足。

一是交通需求管理的本质认识不统一。交通需求管理是国家或者地方政府制定的城市交通政策。交通需求管理政策是缓解城市交通拥堵的重大战略措施和系统性政策，是城市机动化发展到一定阶段后的必然选择。交通政策不是从某一个角度来讲，而是包括城市交通各系统内部要素之间以及与系统外部因素之间的相互关系，讲的是提高城市总体运行效率的政策措施。狭义的交通需求管理就是通过交通政策的引导，促进交通参与者进行交通选择行为的变更，以减少机动车出行量，减轻或消除交通拥堵；主要包括调节机动车拥有、机动车使用和出行需求三类。更多学者认为交通需求管理应是更加广义的，是指通过调整土地利用布局、控制土地开发强度、改变客货运输时空布局和改变市民出行观念与方式的方法来达到优化城市交通需求总量和交通结构，改善城市交通拥堵的目的。当前交通需求管理被理解为限行、限购、限外、拥堵收费等单一的策略，政府、业界、学者以及社会层面也都没有很清晰的说法，这是十分片面的。

二是交通需求管理的目标定位不清。交通需求管理的本质是处理好政府、社会、公民之间的关系，其有两个目标：目标一是人的需求满足，且不仅仅是人的出行需求满足，而是强调对人的生活需求的满足；目标二是在交通基础设施相对稳定的条件下，处理好不同主体之间的权利与义务关系，以发挥交通系统的最大效益，而不是局限于处理好人、车、路、环境之间的关系。

三是交通需求管理政策制定及保障制度不完善。由于法律体系尚不健全，目前的交通需求管理政策多以政府令的形式实施，缺乏明确的法律文件支持，法律效力受到质疑且长期执行难以保障；政策的制度设计缺乏，涉及的政策、管理规定等文件较为零散，多针对单独政策，难成体系，地方缺乏系统性设计和制定方法指导，多跟风实施；政策实施的保障和监督评价机制缺失，导致政策执行的随意性，政策运行效率无法保障，同时政策实施的监督和评价缺失导致政策易进难出，引发市场投机行为和市民质疑。

（三）城市公共交通系统协调发展不足

1. 公共交通运营效益持续下降

"十三五"时期以来公共交通客运量的维持或增长，依赖于轨道交通设施规模的增长。 2010—2019年，我国公共交通客流持续增长，但呈现放缓趋势（图42）。2014年以后，公共汽电车在车辆规模和线路规模都继续扩张的前提下，其客运量仍持续下降，从2014年的723亿人次下降到2019年的629亿人次，下降了13%。同期，轨道交通客运量从2010年的56亿人次增长到2019年的239亿人次，年均增长率17.6%，是公共交通客运量整体增长的主要来源。

图42　2010—2019年我国城市公共交通年客运量变化

轨道交通客运量的增长更多是来自网络规模扩张，而不是设施客流强度或设施客流效益的提升。 2010—2015年，随着轨道交通网络化运营，覆盖城市中相对高强度的客流走廊，客运强度总体呈上升趋势，日均客运强度从1.03万人次/（公里·日）增长至1.21万人次/（公里·日）。但2015年以后，随着轨道交通网络继续扩张，客运强度出现下降，单位里程的设施利用效率下降，由2015年的1.21万人次/（公里·日）降低到2019年的0.71万人次/（公里·日），仅为最高值的58%（图43）。**从客运强度分布来看，具有两级分化的趋势。** 全国约有60%的城市轨道客运强度水平小于全国平均水平0.7万人次/（公里·日），网络里程占比为28%；8个城市的客运强度超过1.0万人次/（公里·日），里程占比为50.7%（图44，表3）。

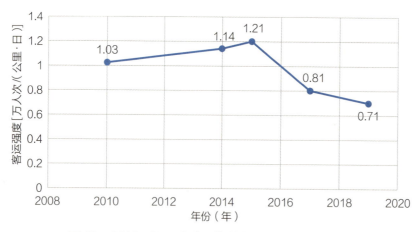

图 43　2010—2019 年我国轨道交通每公里日均客运强度

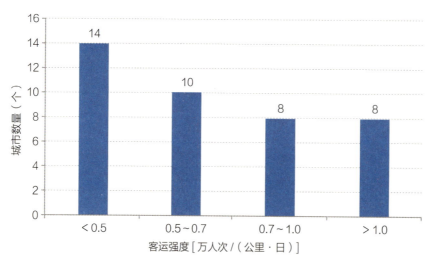

图 44　2019 年我国城市轨道交通客运强度分类统计

2019 年我国城市轨道交通客运强度的里程统计　　　表 3

客运强度 （万人次 / 公里·日）	城市个数（个）	里程合计（公里）	里程占比
<0.5	14	669.6	12.2%
0.5～0.7	10	870.8	15.9%
0.7～1.0	8	1158	21.2%
>1.0	8	2773.9	50.7%

公共汽电车数量保持增长，但客运量持续下降，资源利用效益加速恶化。自 2010 年起，全国公共汽电车的客运量就已经呈现下降态势，由 2010 年的 18.3 万人次 / 车下降到 2019 年的 10.8 万人次 / 车，2020 年仅有 6.7 万人次 / 车，为峰值的 36% 左右（图 45）。即使在人口更密集、公交设施更完善的超大城市也是如此，上海、北京、深圳等都显示了类似趋势。

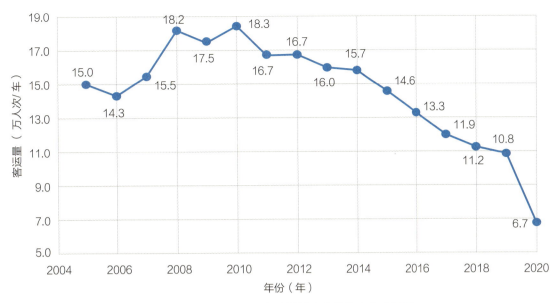

图 45　2005—2020 年我国城市公共汽电车客运量

人均年公共交通使用次数下降，公共交通对出行者的服务吸引力在下降。2010—2019 年，城市公共交通使用次数呈现先上升后下降态势，自 2013 年的 110.8 次 /（人·年）下降至 2019 年的 98.1 次 /（人·年），降幅为 12%（图 46）。公共交通竞争力不足，大部分城市在通勤高峰期的公共交通行程速度为小汽车的 65%～75%，地面公交的"门到门"全程平均速度仅为 10.7 公里 / 小时。我国部分城市高峰时段公共交通与小汽车行程速度比如图 47 所示。

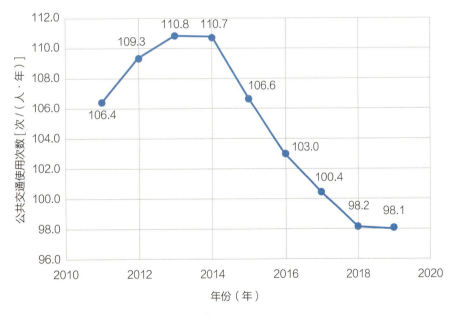

图 46　2010—2019 年我国城市公共交通使用次数变化

图47 部分城市通勤高峰公共交通与小汽车行程速度比

2. 公共交通服务缺乏整体竞争力

虽然近年来公共交通基础设施规模大、增幅大，但总体而言，公共交通服务水平不高、竞争力不强等问题突出，难以吸引小汽车乘客转移，主要体现在以下两方面。

一是门到门出行效率低，与小汽车相比缺乏竞争力。根据《2022年度中国主要城市通勤监测报告》，2021年，我国44个主要城市中45%的通勤者45分钟内公交可达。公共交通出行速度相对小汽车仍然缺乏竞争力。**公共交通服务全链条整体效率不高。**从北京公共汽电车门到门出行时耗分布来看，公共汽电车等车/换乘和步行时间占全过程出行时间的36%（图48）；上海的数据

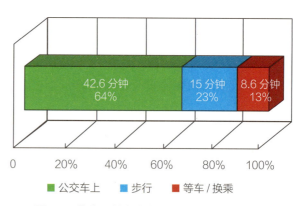

图48 北京公共汽电车门到门出行时耗分布

显示，无论出行起终点所在的空间区位如何，公交出行的车外时间都占到全过程出行时间的44%~50%。

二是公共交通功能层次、运营模式较为单一，尚未形成与多样化需求相适配的发展模式。当前我国公共交通功能层次、运营模式较为单一，与客观需求多样性之间存在较大矛盾，尚未按照不同时空、不同目的、不同用户群体的客观市场需求做合理配置。轨道交通方面，轨道交通制式较为单一。我国城市轨道交通以地铁为主导制式，2020年地铁占我国城市轨道交通总里程的78.81%（图49）。与国际大都市区相比，都市圈层面大容量、高效率的市郊铁路/区域快线发展不足。以北京为例，目前北京轨道交通以普速地铁为主，平均旅行速度为30~40公里/小时，长距离出行效率低，30公里圈层轨道交通出行时间约为国际城市的2倍，无法支撑都市圈范围内的快速出行需求。公共汽电车方面，现状公共汽电车服务供给大部分仅满足基础保障型服务需求，固定网络、定时定线运行的传统运营服务模式无法为出行者提供多样化服

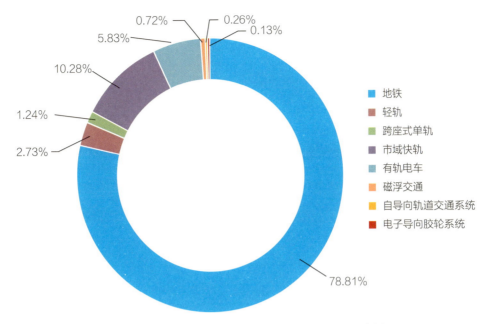

图 49　2020 年我国城市轨道交通系统制式里程比例

务,导致公共汽电车服务愈来愈难以与小汽车竞争,吸引力每况愈下。

3．公共交通财政可持续发展压力大

我国城市公共交通体制机制整体历经三轮制度改革,分别是 20 世纪 90 年代初期的市场化改革、2002 年的鼓励规模化经营改革和 2008—2009 年的国有主导的再次改革。以上海为例,三轮制度改革导向和重点措施都有显著差异,与上海城市交通发展需求、公共财政能力、行业监管效率等诸多背景因素密不可分。1996 年的第一轮改革前,上海公交行业完全国有化产权、月票票制、营收完全独立、服务绩效考核缺失等原因,造成企业运营效率状况恶化、公交服务水平差(基本运力都严重不足)、公共财政不堪重负等突出矛盾。第一轮改革重点以建立现代企业制度、提高企业经营动力、解决乘车难和缓解公共财政压力为导向。进入到 21 世纪后,随着城市空间和需求变化以及轨道交通的建成运营,对公交线路调整需求不断提出,但第一轮改革后形成的完全市场化投资和经营机制使得公交网络优化、线路调整等发展措施难以实施,因此开展了第二轮改革。在这轮改革中,随着政府公共财政保障能力提升,大幅开展了鼓励股份化合作和兼并收购、缩减行业运营主体数量、提升企业规模,政府主管部门逐步回收线路审批权和重新分配线路运营权等工作,使得政府公共部门对公交网络的调整实施权逐步回归。以 2010 年世博会举办和轨道交通基本网络成型为契机,上海进一步强化公共交通服务的公益性定位,**以国有资本为主体构建了保障公益性要求的产权制度,并明确了运营的市场化机制**,通过政府的成本规制等手段对政策性亏损实现补贴,保障企业的持续运营。

公共交通发展突出公益性的同时,对服务提供机制、服务考核机制等具体制度设计的不完善,使得公交投入产出效益急剧恶化,政府财政资金补贴负担逐年加重,财政投入的可持续性问题突出。由于车辆资源投入增加、人力成本上涨和客流量下降,地面公交的人次成本居高不下,票价收入远不足以抵销成本支出(表 4)。城市地方政府普遍面临公共交通运营补贴资

金逐年增长的局面，财政面临巨大压力。北京地面公交的财政补贴由2008年的72.5亿元增至2020年的163.9亿元（图50），上海公共交通（地面公交＋轨道交通）市级财政运营补贴由2010年的22.2亿元增长至2019年124亿元（图51），加上外围郊区自行承担的补贴金额，年度运营补贴资金估计超过140亿元。

上海、北京、深圳公共交通人次运营成本及票价营收　　　　　　表4

公交人次运营成本与票价营收	上海地面公交（2019年）	上海轨道交通（2018年）	北京地面公交（2020年）	深圳地面公交（2018年）
每人次运营成本（元）	6.58	5.32	10.20	7.03
每人次票价营收（元）	1.79	4.23	—	—

注："—"表示缺少数据。

图50　2008—2020年北京地面公交运营收入与政府补贴情况

图51　2010—2019年上海公共交通市级财政运营补贴情况

（四）城市交通系统韧性能力有待提升

韧性的概念源于物理学，进入高度不确定的"风险社会"后，韧性理论在自然领域、社会领域和人文领域得到普遍研究和应用，给人们应对日益复杂的风险挑战带来启发。城市作为一个复杂巨系统，其整体系统的韧性日益引发关注。由于城市系统的复杂性，对于韧性城市建设，学界从不同角度均有论述，并在韧性城市理念、管理对象、管理过程等维度不断拓展。交通系统在一定程度上塑造了城市的基础性空间结构，是城市正常运行的基础，是城市韧性能力的重要体现，为此韧性交通建设应置于城市复杂系统背景下进行多维度发力。

在城市这个复杂系统中，交通韧性能力的建设应关注城市平时运行、战时（灾时）应急风险样态的动态性、复杂性，以整体性的视角着力韧性交通发展，包含行业治理、运行管理等一系列问题。换言之，整个交通系统应在各类慢性压力和急性冲击下能保持安全、有序、可持续运行，并在城市应对重大突发事件中，交通基础设施和运行能力可以有序匹配城市应对各类突发事件的需求，避免风险进一步传播。

1. 常态化运营事件频次高

常态下城市交通骨干系统突发故障事件频繁，对城市正常运行影响较大。 以上海轨道交通系统为例，2012—2021年上海轨道交通系统平均2.87天发生1起影响运营服务的故障事件，80%以上的故障事件发生间隔小于5天，0～2天的时间间隔最为常见，间隔为0表示在同一天发生了2起甚至3起故障事件。平均27.2天会发生1起延误时间大于1小时的重大故障事件，甚至同一天会发生2起重大影响事件，此类事件会导致大面积列车晚点，并通过换乘站影响关联线路的运营服务，是城市安全运行的重要风险来源。上海市交通骨干系统故障案例如图52所示。

2. 非常态突发事件极端影响大

以自然灾害等为代表的非常态城市交通韧性能力有待提升。 随着城市规模扩大和人口高度集聚，以气候变化和公共卫生事件为代表的社会及自然不确定性风险显著增加，风险挑战的不确定性和极端性越来越强，主要体现在各类突发事件对交通系统的冲击上。

（1）**自然灾害的极端性增强。** 在自然灾害方面，风险的不确定性不仅表现在类型上，还表现在程度上。如自然灾害的极端程度超越了人们的认知范畴，而且这类事件日益"趋多"。2021年河南郑州"7·20"特大暴雨灾害中，当日郑州国家气象站出现最大日降雨量624.1毫米，接近郑州平均年降雨量640.8毫米，而当日16时至17时又出现了极端降雨，突破我国大陆气象观测记录历史极值。越罕见的极端天气气候事件，其发生频率的增长百分比越大。从未来趋势看，随着全球变暖进一步加剧，预估极端热事件、强降水、农业生态干旱的强度和频次以及强台风（飓风）比例等将增加。

（2）**事故灾难的破坏性不可忽视。** 事故灾难对交通系统的冲击始终是难以回避的风险。虽然数据显示，中国安全生产事故逐年下降，2022年安全生产事故死亡人数和2017年相比下降46.9%，但这类挑战始终存在。特别是随着城市交通网络密度的增强，城市生产空间、生活

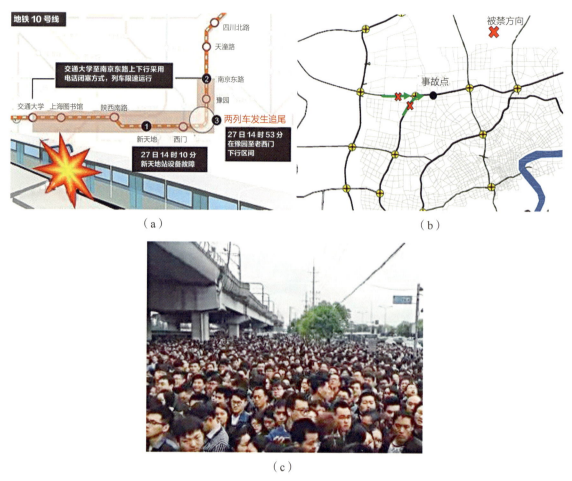

图52 上海市交通骨干系统故障案例
（a）2011年地铁10号线追尾事故；（b）2016年中环线北段中断12天；
（c）2016年地铁8号线中断3小时

空间的融合，造成的破坏性往往巨大，对交通基础设施的建设、日常管理、快速恢复提出了新要求。2015年8月12日，天津市滨海新区天津港的瑞海国际物流有限公司危险品仓库发生火灾爆炸事故，造成165人遇难，包括参与救援处置的公安消防人员110人，事故企业、周边企业员工和周边居民55人。事故暴露的管理问题和对交通基础设施破坏及影响都十分巨大。

（3）公共卫生事件对交通系统韧性提出动态适应的新要求。近年来发生的传染病等公共卫生事件对城市交通运行产生了动态适应的新要求，这是韧性能力的重要方面。传染病暴发初期、顶峰、恢复期对城市的出行要求是不同的，如基础设施能否满足接触较少的短距离"慢行"需求，能否通过精准动态管理保证刚性、应急物资保障运输需求，对韧性交通的动态性、易达性、智慧性等提出了新的要求。不少研究认为，应通过对不同情形下的交通供给进行动态调整，在其适用期间进行弹性扩充可提升城市交通系统的韧性（图53）。

3．交通生态迭代演化带来新风险

交通系统复杂性蕴含多重风险挑战。复杂系统在日常运行中本身就面临诸多风险挑战，对交通管理提出了新的要求。超大城市交通系统规模大、样态丰富，海陆空交通系统蕴含不同风

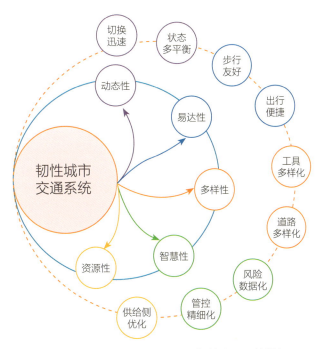

图 53　面向非常态突发事件的韧性交通系统特征

险挑战。不同空间类型交通系统如城市群交通系统、城市区域交通系统、城市社区交通系统面对的挑战不同，对韧性能力的要求各有侧重。交通系统的复杂性还体现在其本身是一个复杂的生态。基础设施、各类主体占据了不同的"生态位"，在自适应的过程中会涌现多种不确定性因素。例如新技术在资本、创新组织、市场管理要求、市场竞争的多方博弈中不断被筛选，其在安全性上的取舍往往有一个过程，常常蕴含着阶段性的风险。鉴于很多新技术最终实现安全和效率的平衡往往由事故推动，可见在这一复杂系统的自我发展迭代中本身就蕴含着各类风险，为此如何实现风险的可承受始终是管理难题。

（五）城市交通治理现代化仍需持续进步

1．城市治理现代化的战略要求

党的十八大以来，中央召开了十八届三中全会、新型城镇化会议、中央城市工作会议等，提出城市治理的水平，尤其是特大城市的交通治理现代化，是国家治理能力的集中体现。同时，城市交通展现出全新的发展趋势，出行需求个性化、差异化，服务模式多元化、融合化，公民意识理性化、法治化，都迫切要求变革当前城市交通治理结构。国家对于城市治理体系和治理能力现代化的论述如图 54 所示。

实现未来的可持续交通需要在行为、系统和政策方面作出重大改变。未来城市更多强调治理而非管理，突出政府的服务转型，体现社会共识价值。城市治理体系将凝聚城市战略体系、公共政策体系、智慧交通支撑体系和治理机制体系于一体，关注交通需求的精准管控和交通服务的个性提供，提升未来城市智慧化治理水平。

面向包括城市交通物理空间、社会结构、创新技术、交通参与者及其行为在内的复杂巨系

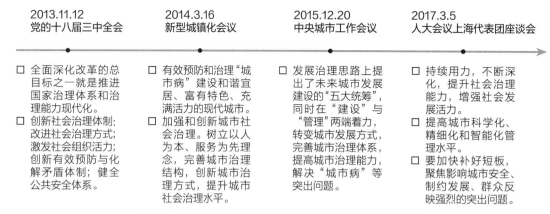

图54 国家对于城市治理体系和治理能力现代化的论述

统,需要建立高效、多元的城市交通综合治理体系,提高城市交通治理的现代化水平;出台指导交通技术发展的政策、法规和规则,规范并引导城市交通领域的创新活动。

2. 当前交通治理现代化的典型难题

目前我国交通治理法规体系存在立法不完备、配套不完善等问题,仍存在不少的法律空白,同时对已有法律或法律已规定的事项缺乏配套法规。有些政策的实施虽然有配套法规,但不够完备,需要不断补充和完善。

(1)对交通稀缺资源进行价格杠杆收费的法理争议。以停车收费为例,在国家层面,《国家计委关于印发〈机动车停放服务收费管理办法〉的通知》要求"非自然垄断经营性质的机动车停放服务(商场、娱乐场所、宾馆酒店、写字楼等建筑物的配套停车场等停放服务)收费,实行市场调节价";《国家发展改革委关于放开部分服务价格意见的通知》(发改价格〔2014〕2755号)进一步要求"放开住宅小区停车服务价格"。但在地方层面,经营性的停车服务价格仍较多采取政府定价或政府指导价,采取市场调节价的比例较低。机动车停车收费定价一般都纳入地方政府定价目录,并作为CPI计算的子项,部分城市纳入了价格听证目录。这种行政性最高限价的定价方式,尤其是商业、办公、住宅类项目较多实行政府指导价,限制了企业市场化自主定价的弹性空间。停车收费听证这类相对复杂的定价与调价模式也使得定价更新滞后,难以快速反映成本效益及供需关系的变化。对停车收费的价格管制是中国城市停车供需关系失衡的内在原因之一。路外停车场停车调节费则涉及行政事业性收费事权限制。征收路外停车场停车调节费政策实质也是一种特殊的拥挤收费。当前主要法治障碍在于国家有关部门的文件未将路外停车场停车调节费列入国家、省两级行政事业性收费管理目录。

在各项交通需求管理政策中,交通拥挤收费政策较能体现小汽车使用者自付的原则。目前,中国城市推行交通拥堵收费尚缺乏相应的法律依据,且收费存在与国家现行政策相违背的问题。《国务院办公厅关于治理向机动车辆乱收费和整顿道路站点有关问题的通知》中提出"严格对涉及机动车辆收费的审批和管理""除法律法规和国务院明文规定外,任何地方、部门和单位均不得再出台新的涉及机动车辆的行政事业性收费、政府性集资和政府性基金项目"。2004年出台的《汽车产业发展政策》第六十三条中明确"国家统一制定和公布针对汽车的所有行政事业性收费和政府性基金的收费项目和标准，规范汽车注册登记环节和使用过程中的政府各项收费。各地在汽车购买、登记和使用环节，不得新增行政事业性收费和政府性基金项目和金额，如确需新增，应依据法律、法规或国务院批准的文件按程序报批。除国家规定的收费项目外，任何单位不得对汽车消费者强制收取任何非经营服务性费用。对违反规定强制收取的，汽车消费者有权举报并拒绝交纳。"此外，拥挤收费同样存在未列入国家、省两级行政事业性收费管理目录的实施难点。综上所述，地方政府推行交通拥挤收费政策存在一定法治障碍。交通拥挤收费在技术层面无疑是一项合理的收费款项，但在法理依据上要更有说服力，需要开展相关修法工作并报国家、省相关部门审批。

（2）**限制性政策的合法性争议**。以小汽车限购政策为例，主要法律依据来自有地方立法权的交通管理条例的授权。主要存在的争议：一种在于决策未综合权衡其他合理调控城市机动车规模的方式，涉嫌违反行政法必要性原则；另一种是应经公开听证方式听取公众意见后方能出台。

（3）**政策出台过程的程序合法性争议**。依法行政不仅要合法行政、合理行政，还要遵循程序正当、高效便民、诚实守信和权责一致等原则。党的十八届四中全会提出，须健全依法决策机制，把公众参与、专家论证、风险评估、合法性审查、集体讨论决定确定为重大行政决策法定程序。交通需求管理政策一般涉及广、影响大，如小汽车增量调控就是一项高度敏感的举措，涉及社会稳定。交通需求管理政策出台过程中如何组织公众参与、采用何种程序还需不断探索完善。

四、面向未来的城市交通发展展望

（一）城市交通发展水平是城市实力和全球竞争力的重要组成部分

1965年出版的著作"Urban Transportation Problem"被认为是首个对现代城市交通问题的系统性研究，书中提出"一个大都市的经济和社会运转良好与否在很大程度上取决于其交通系统运行状况，交通系统不仅提供了人和物的流动空间和服务，并且通过提供地区可达性，影响着城市增长模式和经济活动水平。"自此之后，城市交通对城市生产、生活的需求满足和高效运行的重要性被不断认知，尤其交通运行状态恶化通常被认为是"城市病"的突出问题。1977年发布的《马丘比丘宪章》提出"城市处在连续发展与变化的过程中，未来难以确定或预测，运输系统的设计应随着增长、变化及城市形式作经常调整试验"，城市交通系统运行质量和效率对支持城市发展的关键作用得到了普遍重视。

城市综合实力是由多方面因素共同决定的，通常包括产业结构、创新能力、教育水平、商业环境和交通效率等。城市交通承担着城市内部、进出及转换有关的客、货流通功能，促进城市发展有关的资源、活动的衔接和交换，是城市社会经济发展的动脉，直接影响着城市综合实力。城市交通发展水平的直接体现是出行服务的高效性、交通管理的效率、交通基础设施的完善性、交通信息获取方式更加便捷、货物运输更有效率、绿色出行分担率增加等方面。

近年来，城市竞争力研究中，对城市交通发展水平的重要性予以了普遍的重视。瑞士洛桑国际管理发展学院发布的全球智慧城市指数（Smart City Index，SCI）、纳瓦纳大学商学院发布的城市运行指数（City Motion Index，CMI）以及中国社会科学院财经战略研究院发布的全球城市竞争力指标体系，都将城市交通发展水平纳入整体评估指标中（表5和表6）。

城市竞争力指数及相应指标 表5

指数英文全称	城市竞争力指数	指标
Smart City Index	全球智慧城市指数（SCI）	健康与安全、流动性*、活动、机会、治理
Global Cities Index	全球城市指数（GCI）	商业能力*、人力资源、信息交换、文化经历
EasyPark Cities of the Future Index	城市未来指数（CFI）	数字生活、移动创新*、商业技术、基础设施、可持续性
IESE Cities in Motion Index	城市运行指数（CMI）	经济、人力资本、技术、环境、国际形象、社会凝聚力、流动性和交通*、治理与城市规划等
City Development Index	城市发展指数（CDI）	人口活力、社会福利*、健康与安全*、环境、经济财富、发展、开放、教育、人力资本、连通性*
Global Power Cities Index	全球城市能力指数（GPCI）	经济、研究开发、文化交流、居住、环境、交通
City Index	城市指数（CI）	商业投资、宜居度、文化遗产、可持续与交通*、治理、科教
Global Urban Competitiveness Report	城市竞争力指数（UCI）	可持续发展目标（SGD）

注：*代表与交通有关的指标。

不同的城市竞争力指数采用的城市交通指标 表6

类别	指标	城市竞争力指数
交通效率	容忍度	CFI
	效率指数	CMI
	交通拥堵	SCI、UCI、CFI、GPCI
	通勤时间	CFI、GPCI
商业运输	航空运输	GCI
	航海运输	GCI
	国际货运量	GPCI
停车服务	停车位数	CFI

续表

类别	指标	城市竞争力指数
停车服务	停车服务	SCI、CFI
	停车技术	CFI
	实施水平	CFI
可持续发展	低碳技术普及	CFI
	人均电动车和新能源车普及率	CFI
	人均充电站数量	CMI、CFI
	自行车站点	CMI
公共交通	非机动车租赁系统	CMI
	高速列车	CMI
	航线数量	CFI、GPCI
	公共交通效率	SCI、CDI、GPCI
	共享单车	SCI
	公共设施密度	CMI、GPCI
其他指标	信息传递	SCI
	商用车数量	CMI
	汽车保有量	CDI
	机场连接性	CMI、GPCI
	交通事故	CDI

在表中，SCI 主要关注交通新技术在城市中的应用；GPCI、UCI 更注重城市对外运输方式的影响；CI 考虑了交通的便利性；CMI 考虑了慢行交通方式、交通效率和对外交通方式；CDI 关注了传统的交通指标，包括汽车保有量、公共交通设施密度；CFI 关注了交通新技术、交通效率和可持续发展目标等。

综合各类城市竞争力的评估指标，整体上交通发展水平指标可以被归类为：交通效率、商业运输、停车服务、公共交通和可持续发展等。大部分的城市指数会考量城市交通的运行效率和公共交通运行；城市未来指数和智慧城市主要研究城市未来的发展方向，其指数会考量城市交通运行效率、停车服务和信息服务等城市交通信息化指标；全球城市指数对城市交通的考量着重于经济效益方面，主要包括城市的货运能力。

综上所述，城市交通作为连接城市不同功能区直接的动脉，促进城市间人员、资源要素的流动，渗透在城市的方方面面。城市交通系统的高效运行能够带动城市整体功能运转的流畅度，是城市综合实力和城市竞争力的重要组成部分。

(二)城镇化新阶段对城市交通的新要求

1. 城市高质量发展阶段的市民交通需求

城市是满足人民群众美好生活的家园,这是城市最本质的属性。党的二十大报告提出:"**坚持人民城市人民建、人民城市为人民,提高城市规划、建设、治理水平,加快转变超(特)大城市发展方式,实施城市更新行动,加强城市基础设施建设,打造宜居、韧性、智慧城市。**"面向人民城市建设要求,我国城市管理服务水平不高,"城市病"问题仍突出。一些城市空间无序开发、人口过度集聚,重经济发展、轻环境保护,重城市建设、轻管理服务,交通拥堵问题严重。根据世界城镇化发展普遍规律,我国仍处于城镇化率30%~70%的快速发展区间,但延续过去传统粗放的城镇化模式,会带来产业升级缓慢、资源环境恶化、社会矛盾增多等诸多风险。随着内外部环境和条件的深刻变化,城镇化必须进入以提升质量为主的转型发展新阶段。

通勤出行时间控制在合理的限度是保证生活质量的重要体现。人的平均通勤时间存在一个合理的限度,超过这个限度,人的时间支配自由度会大大降低,生活质量将受到影响。根据北京2011—2017年地铁刷卡数据研究,45分钟的地铁内通勤时间是居民可忍受通勤时间的最大值。济南市通勤出行时耗的增长态势如图55所示。综合来看,我国城市居民的通勤时间明显过长,并且还有继续增长的态势,超长通勤现象十分突出,严重影响居民生活质量。

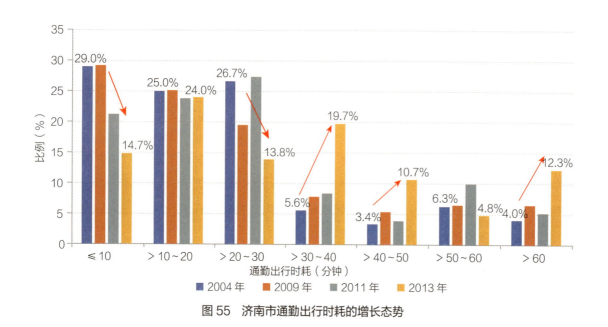

图55 济南市通勤出行时耗的增长态势

我国中等收入群体规模持续扩大,衍生新的交通需求,生活休闲出行的便利性关系到居民的生活质量。我国中等收入群体现状及趋势预测如图56所示。随居民人均可支配收入稳步增长,我国中等收入群体规模持续扩大,中等收入群体消费需求将带动城市交通服务供给模式的升级,即从单一、固定、有限的交通供给转向多元、定制、弹性的供给模式,不仅要满足数量需求,更要注重质量提升。每个人一天内用于出行的总时间预算有限,因此在通勤时耗不断增长的情况下,生活出行时耗应该在满足基本需要的前提下越短越好。伴随着生活水平逐渐提

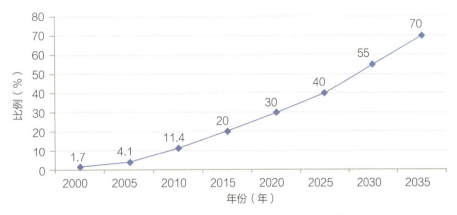

图 56　我国中等收入群体现状及趋势预测 ❶

高，人民群众的出行目的也日益多元化。

老龄化趋势下的弱势群体出行权利保障要求日益重要。据世界卫生组织预测，到2050年我国或有35%的人口超过60岁，成为世界上老龄化最严重的国家之一。随着生活水平的提高和预期寿命的延长，老年人的出行意愿比以往更加强烈。当前我国城市整体步行环境差、过街通道安全性不足、交叉口过大、信号灯配时不合理等问题成为老年人出行的巨大障碍。公共交通的适老性仅仅体现在经济补贴上，车站覆盖率低、发车间隔长、无障碍设施缺失等问题的存在使公共交通无法满足老年人出行需求。总体而言，当前我国城市适老交通体系建设是滞后的。

2. 支撑城市功能空间高效组织的交通要求

城市群已成为支撑世界各主要经济体发展的核心区和增长极，城市交通质量的高低直接关系到整个城市群的发展效益和综合水平。城市群交通由涵盖城市交通、都市圈交通、城际交通、区际交通在内的多个层级组成，每个层次都具有不同的特点和主要矛盾。区际/城际交通服务于区域性社会经济、相对独立的体系化运输组织，强调移动的效率，支撑城市群的社会经济联系。都市圈交通服务于以城市建成区为核心的跨行政区域的交通联系，行政体制的限制导致这一层次的交通服务存在明显欠缺。城市交通是城市群交通的终端环节，服务于行政区内部、高密度聚集、多种方式衔接的交通体系，重点服务人的日常出行需求。

面向培育现代化都市圈和城市群竞争力提升发展要求，构建全面"1小时"的多层次综合交通体系。基于"1小时"定律的大都市圈空间—交通体系如图57所示。在城市群层面，形成大格局、优化大网络、建设大通道，建立一市多枢纽、一城多中心的网络化运输服务，提高城际出行的直达性；支持城市延绵区邻接城市的跨城高频通勤与游憩等功能的高效能交通服务，改善区域商务、邻市通勤、城市枢纽三种紧密联系的交通衔接点；以公交为骨架引导空间发展的格局形态，以公共交通廊道引导空间布局，带动重要节点城市的集聚发展；建立多模

---

❶ 国务院发展研究中心国际经济格局变化和中国战略选择课题组何建武，朱博恩. 2035年全球经济增长格局展望[J]. 中国发展观察，2019（Z1）：37-44，60.

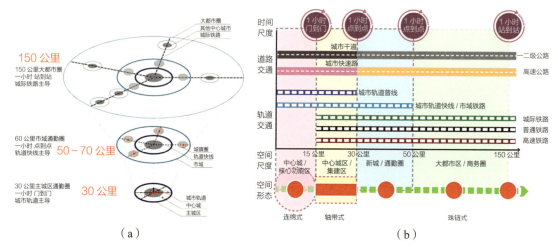

图57 基于"1小时"定律的大都市圈空间—交通体系
（a）基于时间约束的大都市圈空间层次；（b）多层次的大都市圈交通体系

范围	空间圈层		轨道制式	运行速度（公里/小时）	站间距（公里）	长度（公里）	联通形态		
	服务目标	上海							
城市之间	可达	上海⇔全国	高速铁路	200～350	35～100	>100			点
	商务1小时半径150公里	上海⇔长三角	普速铁路	120～200	10～40				
			城际轨道		5～20	50～200			
城市内部	非通勤交互1小时半径50公里	上海市域	市郊铁路城市快轨	100～160 55～65	5～7 3～5	30～60		轴	
	通勤1小时	上海中心城及周边集中化城区半径30公里	城市快轨城市轨道轻轨	30～45	外围：2～3 中心：1～1.5	15～30	网		
		上海外环内半径15公里 上海内环内	城市轨道中运量轨道	20～30	0.5～0.8	5～15			

图58 大都市圈轨道网络功能与层次结构（以上海大都市圈为例）

式轨道交通"1小时"优先发展区域，形成面向差异化活动目的与活动特征的空间交通组织模式。大都市圈轨道网络功能与层次结构（以上海大都市为例）如图58所示。

城市内部空间更新的再组织，构建15分钟社区生活圈。现代化城市的公共服务规划与配置，应充分考虑市政基础、公共服务设施、生活配套等的空间分布与功能优化，为人口流动、产业重构等创造条件，以优质公共服务打造特色"磁极"。城市交通的本质要求不仅仅是车辆的移动，而是服务于人的需求和支持城市的可持续运行。研究城市交通要从道路和交通工具的发展导向，转为更注重城市宜居、宜业的高质量发展。更宜居的城市要求：公共服务设施和社区公共开放空间5~15分钟的步行可达覆盖高；提高慢行网络的连续性和功能性，构建"慢行廊道和专用通道、接驳通道、休闲绿道"等网络；营造高品质慢行交通环境，完善"B+R"和共享自行车系统，在枢纽周边等公共活动地区建立轻型自行车高架等连续性通道；优化生活圈慢行交通组织，鼓励结合公交枢纽设置公共活动中心，在居住社区、商业街区等地区推广稳静化交通措施，形成低速低噪的交通环境。城市内部活动空间的再组织要求如图59所示。

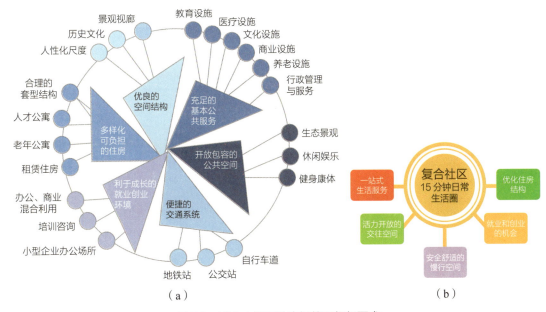

图 59 城市内部活动空间的再组织要求
（a）"以人为本"的城市空间建设需求❶；（b）宜居城市的复合社区功能

（三）信息化时代城市交通供需模式与调控手段变革

1. 信息化时代的居民就业与生活方式转变

信息技术改变人的出行需求和行为。信息化、"互联网＋"深刻改变了人的思维模式，使得人们更加强调即时性、开放性、利他性和体验性等，提高了人们对交通信息的需求和交通服务的要求。信息技术改变人的生产生活方式，培养了人们全新的工作、生活、出行习惯等，进而影响了出行需求特征（表7）。信息技术将带来超越距离的新工作场景，例如虚拟视觉的办公及会议系统催生新的自由职业，使工作和生活的边界可以逐渐模糊；同时也改变交通供给方式和物理设施空间需求，例如自动驾驶汽车的高效性能，省下来的空间可以用作卸客车道、人行道或自行车道，对道路空间、停车空间的需求大幅下降。

2. 信息化发展催生新的交通服务供应模式

数据驱动的一体化出行服务将成为未来重要的出行服务模式。《国务院关于积极推进"互联网＋"行动的指导意见》（国发〔2015〕40号）将"互联网＋便捷交通"列为"互联网＋"战略的重要行动领域之一，要求加快互联网与交通运输领域的深度融合，推进基于互联网平台的便捷化交通运输服务发展，显著提高交通运输资源利用效率和管理精细化水平，全面提升交通运输行业服务品质和科学治理能力。以数据驱动的共享单车、分时租赁、定制公交、共享车位、网约车等一系列具有共享特质的交通服务新业态不断涌现并快速发展，既给传统客运组织方式带来挑战，也为交通运输服务的变革和创新提供了新机遇，一体化整合的出行即服务

---

❶ 汪光焘，叶青，李芬，等. 培育现代化都市圈的若干思考［J］. 城市规划学刊，2019（05）：14-23.

信息化对出行需求的影响 [1]　　　　　　　　　表7

信息化下的场景	需求分析	出行阶段的角度				
		出行的产生	目的地选择	时间选择	路径选择	方式选择
网上购物	A B	★				
网络医疗	C B	★				
线上教育	C B	★				
网上购票	A B	★		★		
居家办公	C B	★				
网络会议	C B	★				
出行信息服务	D B		★	★	★	★
预约出租车	D			★	★	★
预约快车	D			★	★	★
定制公交	D			★	★	★
顺风车	D			★	★	★
代驾	D			★		
分时租赁	D					
网约车位	D	★	★	★		

注：A：客货运的转化；B：出行需求降低；C：出行结构变化；D：影响交通时空均衡；★：有影响。

（MaaS）将成为新的趋势，也是现有公共交通系统提质增效的重要途径。信息化时代出行服务新模式如图60所示。

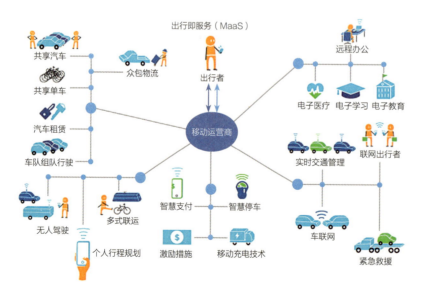

图60　信息化时代出行服务新模式

---

[1] 汪光焘，等. 未来城市交通预判——2035年愿景［M］. 北京：中国建筑工业出版社，2020.

3. 信息化提供了交通供需调控的新手段

信息和智能技术改变城市交通设施配置方式和丰富管控手段，设施综合效益存在巨大提升潜力。 信息技术的广泛应用让城市交通设施空间更加灵活、高效，例如自动驾驶对停车空间的需求大大降低，而人与车的交互空间需求则显著增加。道路空间组织方式改变，运行规则从以车辆运行调控为主导转向以人为本。继续提高交通设施规模来缓解拥堵是非常缓慢且耗费成本的措施，通过对既有设施的智能化改造，基于大数据、全要素信息感知构建新型交通控制系统，面向精细化治理需求，针对分类用户、分类空间的车道级管理和个体级需求调控等措施，可以实现从简单管制、单点控制向精准识别、循证决策、激励引导、主动合作的交通治理方式的转变。个体级交通需求精准调控技术模式如图 61 所示。

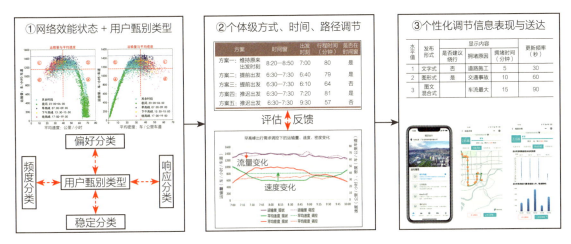

图 61　个体级交通需求精准调控技术模式

（四）面向未来的城市交通高质量发展愿景

1. 回归满足人的需求的城市交通新内涵

未来城市应保障人人享有可持续的交通服务。 第三届联合国住房与城市可持续发展大会发布的《新城市议程》提出"我们的共同愿景是人人共享城市"。通过法律制度、技术创新、社会保障等各种途径改善弱势群体的交通服务水平，从而推动经济社会发展。基于人的活动信息，辨识个体的活动需求及其时空规律，优化城市交通资源和服务配置，从而更好地满足人的需求。在融合发展视角下，人的活动决策机制不是关注出行是不是便利，而是考虑对城市系统整体服务的满意度和获得感，从关注交通的通行能力向提升出行的可达性、公平性与可持续性转变，更注重多种出行方式融合与出行环境改善。未来城市交通服务应具有包容性和平衡性，满足日常基本出行需求外还应满足其他更具特征的出行需求。以服务人的活动需求为导向，以保障交通公平性和社会包容性为前提，引导和规范交通服务业态投放和相关技术开发应用，提升城市可移动性。城市交通、社会公平与社会排斥之间关系如图 62 所示。

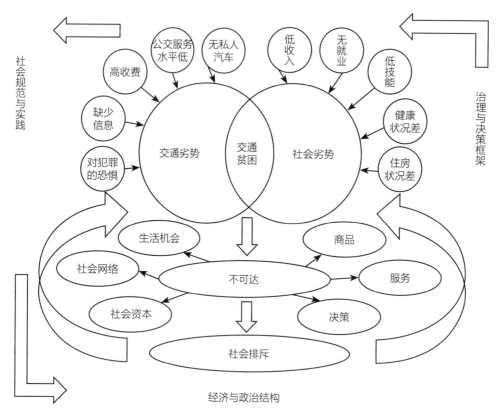

图62 城市交通、社会公平与社会排斥之间关系

2. 新内涵认识下的城市交通发展范式

面向2035年城市发展目标，城市交通从车本位转向人本位范式。 至2035年，这是城市发展的短暂时期，但又是我国城市发展的一个重要转型期（甚至可能是最重要），城市交通将迎来全面转型发展。发展目标上，城市交通从满足车辆通行能力需求转向对保障居民公共服务配置；评价维度上，出行机会、易达性、交通服务可支付能力、财政可持续性、城市空间治理、交通环境与安全性等受到重点关注。面向城市目标变革的城市交通要求和面向未来的城市交通发展评价维度分别如图63和图64所示。

面向多元主体协作参与的移动性规划成为新的政策工具。 2014年欧盟发布《可持续城市移动性规划》（Sustainable Urban Mobility Plan，SUMP）编制与实施导则，作为指导新时期欧盟城市交通发展规划的纲领性文件。经历道路交通和交通运输规划，SUMP被视为一种全新的规划理念和规划范式。SUMP与传统交通规划对比如表8所示，SUMP的突出特点表现在以下三个方面：

①**规划视角由交通转向人的出行，由此带来规划目标、规划思想、规划成果及编制和评估手段的一系列变化。** SUMP认为公共服务与设施的可获得性是城市移动性规划的目的，交通只是达成这一目的的手段。SUMP的一个基本原则是，使用尽可能少的交通为城市居民提供出行服务。更少的交通，意味着更少的能源与资源消耗、更少的污染、更低的成本、更少的交通事故等。以往对交通流通能力、交通速度的关注，也进一步转向对可达性与生活品质的追求，对

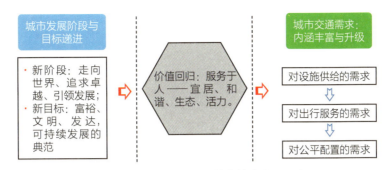

图63　面向城市目标变革的城市交通要求

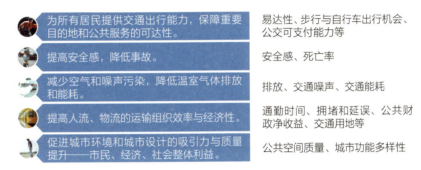

图64　面向未来的城市交通发展评价维度

传统交通规划与《可持续城市移动性规划》对比　　　　表8

项目	传统交通规划	《可持续城市移动性规划》（SUMP）
规划关注点	交通	人的出行
规划目标	交通流通行能力与移动速度	可达性与生活品质，同时注重可持续性、经济活力、社会公平、公众健康和环境质量。
规划思想	分方式的独立系统	不同交通方式协同发展，并向更清洁、更可持续的交通方式转变
规划成果	基础设施建设导向	一系列整合行动计划，成本—效益高的综合解决方案
	行业内部规划报告	与相关行业（如土地利用和空间规划、公共服务体系规划、公众健康规划等）整合、互补的规划报告
	中短期实施规划	与长远目标、战略相协同的中短期实施规划
	基于行政管理边界	基于人的实际活动（尤其是通勤）空间边界
规划编制	交通工程师	多学科背景构成的规划团队
	精英规划	公众和相关利益团体共同参与
规划效果评估与调整	有限的效果评估	定期规划实施效果监测与评估，适时启动规划完善程序

经济活力、社会公平、公众健康和环境质量等多维度的关注。

②注重多方参与和多部门决策协调。SUMP认为人的活动需求是城市移动性规划的核心。因此，规划编制过程中公众和相关利益团体的共同参与尤为重要。只有公众和相关利益团体全

程参与，才有可能认可和支持SUMP的理念并付诸实施。同时，SUMP着重强调了与其他相关政府部门决策协调的重要性，提出要打破基于行政管理的边界，服务于人的实际活动（尤其是通勤）空间；跳出在交通行业内部编制规划的约束，与土地利用、经济发展、环境保护、能源、公众健康等相关部门协调；摒弃按照单一交通方式编制规划的思路，围绕人的需求整合各类方式，并将资源分配向更清洁、更可持续的交通方式倾斜。

③**建立定期监测、评估和报告规划实施效果的制度，适时启动规划完善程序。**SUMP设定可度量的城市移动性规划绩效目标，并通过一整套指标体系监测和评估绩效目标的实现程度，对规划目标和（或）方案提出修正措施。可持续城市移动性规划流程与主要目标如图65所示。SUMP还建立了规划绩效报告制度，定期公布规划实施效果，公众和相关利益团体可以及时掌握这些信息，以更好参与规划编制、实施与修正过程。

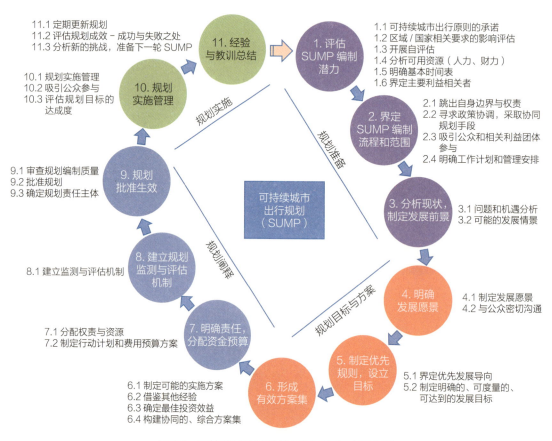

图65 可持续城市移动性规划流程与主要任务

3．新发展格局下的城市交通发展机制创新

《中共中央关于制定国民经济和社会发展第十四个五年规划和2035年远景目标的建议》提出，要加快构建以国内大循环为主体、国内国际双循环相互促进的新发展格局。构建新发展格局，关键在于实现经济循环流转和产业关联畅通。根本要求是提升供给体系的创新力和关联性，解决各类"卡脖子"和瓶颈问题，畅通国民经济循环。城市交通是城市居民生活和经济生

产的基础系统，新发展格局下更是要求进一步提高效率、打通堵点，特别是促进城市交通系统之间和跨城市之间的体系化合作，实现更高水平的一体化发展。城市交通的合作与协同发展，与体制机制也就是制度创新发展是密不可分的。

我国的行政管理体制决定了城市发展建设方式和实施路径，城市交通的规划管理、建设运营、服务保障等与国家和城市的行政管理体制密切相关。我国城市政府管辖范围除了城市建成地区，还包括一定地域范围的农村地区，以及附带一定数量的县级行政单元。因此城市政府兼有城市与区域管理事权，也具有城乡统筹的任务，是混合型政府。由于城市行政管理基本单元具有不同的空间管理层次，由此涉及的交通组织模式问题，设施建设和运营投融资问题，企业提供服务的收费和定价机制问题等也具有空间差异性。总的来看，各类空间资源配置和设施布局与中心城区（建成区）、规划区、市辖区、市域和跨市地区等不同的行政管理范围高度关联，城市政府的交通设施供给及服务保障也是如此。

城市政府财权对交通投资建设及运营方面具有显著影响。城市政府负责城市交通基础设施的建设与维护，负责公共交通运营。我国规定对城市管辖范围内的交通设施的建设、维护，按照中央、省级、城市、县等多层级财政来分担。对于国家及省级交通项目，除了中央和地方共担的财政事权与支出责任外，其他部分由城市政府或辖区内的县级政府来承担。如在城际铁路、市域（郊）铁路、支线铁路、铁路专用线等方面，地方政府（省级政府、城市政府）事权包括：建设、养护、管理、运营等，具体执行事项由地方实施或由地方委托中央企业实施，但支出均由城市政府承担。

在我国现行的行政管理体制和财政体制影响下，城市交通发展总体上呈现"注重政府投资建设、社会资本参与不足""注重城市自身发展，统筹区域协调不足""注重建成区交通建设，乡村交通建设滞后"等特征。根据立足新发展阶段、贯彻新发展理念、构建新发展格局的总体要求，随着各项改革措施的不断深入，各级政府开展了积极探索，力图解决发展中的矛盾和问题。例如，为解决行政区划分割与交通一体化发展需求之间的矛盾，需要建立以资本为纽带的合作，完善多层级的利益协调机制。随着我国进入"以城市群为主体形态"的发展阶段，通勤、跨区多点执业、旅游休闲、货物流通等跨区域交通联系日益紧密，城市群成为承载人民幸福和我国参与全球竞争的重要载体。亟待探索相关区域的利益协调机制，实现"规划同图、建设同步、运输一体、管理协同"机制，来解决我国跨区域交通一体化发展。

（五）面向未来城市交通问题研究的知识变革

1. 既有城市交通问题研究理论体系

20世纪20年代以来，世界范围内铁路、汽车等交通工具开始普及使用，尤其是小汽车大规模进入家庭，给城市和交通发展带来了质的变化。现代意义上的交通工程理论研究也是缘于小汽车的广泛使用。1927年英国率先使用信号灯管理交叉口，以解决人车冲突；1930年美国成立交通工程师协会，标志着交通工程正式进入理论研究阶段。1920年以来的城市交通理论研究大致分为三个阶段：理论储备期（1920—1950年）、小汽车交通理论形成期（1950—1990年）、多

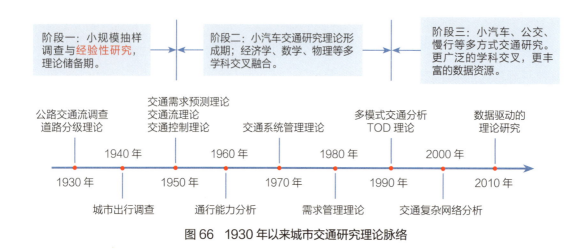

图 66　1930 年以来城市交通研究理论脉络

模式复合智能交通理论发展期（1990 年至今）。各个阶段的主要理论研究关注点见图 66。

①理论储备期。这一时期主要通过小规模抽样调查开展经验性研究，如公路交通流调查、城市出行调查等。基于调查结果尝试建立交通流运行参数（流量、密度、速度）的经验关系，以及对居民出行规律的初步探索。

②小汽车交通理论形成期。经过前三十年的理论储备，这一时期来自于经济学、数学、物理、系统工程、控制工程等多学科人员对小汽车交通开展了大量研究，形成了交通流理论、交通需求预测理论、交通控制理论、通行能力分析方法、交通系统管理理论、交通需求管理理论等理论方法，奠定了延续至今的交通理论研究基本框架。

③多模式复合智能交通理论发展期。20 世纪 90 年代之后，随着对城市与交通发展规律的深入研究，认识到不能依靠单一的小汽车交通解决城市居民出行，需要同步甚至优先发展公共交通、步行、自行车等多模式复合交通，开展了包括公交导向发展（TOD）、复合交通网络等理论研究。当前随着交通数据来源与样本的极大丰富，以数据驱动为手段、以先进智能为导向的新一代交通理论研究正迎来重大变革期。

通过分析中国和欧美地区的城市及交通发展特征，可以看到中外差异非常显著（表 9）。我国城市高强度的土地开发，城市功能在空间上高度集中，交通体系呈现多模式、复杂系统特征，加之经济、社会、文化的差异，使得我国城市居民出行特征显著区别于其他国家和地区。既有城市交通研究大多是在中、低密度的土地使用背景下，以小汽车为主的出行模式上建立起来的。针对我国城市与交通发展要求，面向主动式精细化需求管理和城市交通综合治理的转型要求，建立现代城市交通理论体系，是今后一段时期亟需解决的理论问题。

2．城市交通研究理论变革需求

新时期出行需求生成规律与特征的理论要求。满足人的需求是城市交通的根本目标。新常态下城市与交通发展模式转型、居民就业与生活方式转变、对居住与生活质量要求的提升，以及新技术不断催生的新出行业态和新服务模式，都要求重新认识人的出行需求规律，识别新时期的人的出行特征。每个人都有自己的活动—出行时空菱形（图 67），通过分析个人的活动—

中外城市与交通特征差异　　　　　表9

	中国	欧洲	北美
交通发展历程与阶段	马车时代—自行车时代—小汽车时代	马车时代—铁路、公交时代—小汽车时代	马车时代—铁路、公交时代—小汽车时代
城市发展	由增量为主转向存量优化，有序建设适度开发	基本稳定	基本稳定
与土地开发的互动关系	土地公有，交通服务于土地开发	土地私有，联邦及地方政府通过发展交通（资金约束）引导土地开发。	
交通需求	增长潜力大，时空分布不确定性大	趋稳，可预期	趋稳，可预期
交通供给	道路网+轨道网+公交网+慢行网；资源受限	道路网+轨道网；资源较受限	道路网为主；资源丰富
交通流	异质混合交通流	机动车流+公交流	机动车主导交通流

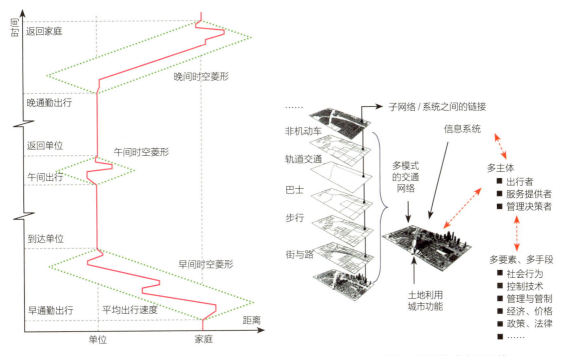

图 67　人的活动的时间—空间菱形　　　　图 68　城市交通多模式交通网络

出行时空菱柱，可以揭示其活动类型及其起始时刻和时长，以及方式、线路、中驻点和目的地，这些信息完整地定义了个人日常活动—出行行为模式。

跨网络组合出行需求特征研究理论需求。支持多模式交通的复合网络既是我国城市交通持续大规模建设的主要成就，也是未来城市综合交通系统存在的基本形式（图68）。随着城市交通出行方式的多元化，跨网络（轨道网络、公交网络、步行网络、自行车网络等）的多方式组合出行已成为新时期交通出行的典型特征。

支撑主动式交通综合治理创新的理论需求。新常态下城市交通大规模基础设施建设受到诸多条件制约。传统解决城市交通问题的主要思想和手段——不断增加交通供给（即以小汽车为导向的道路设施建设与资源分配）以试图满足交通出行需求，正受到越来越多的质疑。实践证明，以无限满足需求为导向的交通系统规划、建设理念是不可持续和不切实际的。交通供给的增长永远赶不上需求的增加，单一依靠供给增加最终都会陷入"按下葫芦起来瓢"的窘境。另一方面，人多地少的现实国情使得中国城市发展普遍面临土地与空间资源的约束。"严格控制人均建设用地增长"在新的城市规划建设用地标准中得到进一步强化。基础设施建设的规模与空间越来越受限制，事实上北京、上海、广州等一批大城市道路交通设施大规模建设阶段已基本结束。在交通供给增加空间十分有限的现实条件下，在节约能源、保护环境日趋严格的强制约束下，转变传统交通发展模式实现交通系统可持续发展成为当前中国大城市交通发展亟需解决的重大问题。

党的十八届三中全会提出，推进国家治理体系和治理能力现代化是社会主义现代化的应有之义。中央城市工作会议也要求完善城市治理体系，提高城市治理能力，着力解决"城市病"等突出问题。城市交通问题是"城市病"的突出体现，是世界性难题。作为实现人流、物流空间移动的载体，城市交通与就业机会获取、生活质量提升等民生问题息息相关，成为体现出行权益与社会公平、公正、共享的焦点场域（表10）。新老矛盾交织与新旧利益碰撞，城市交通已经呈现出与以往差异显著的基本特征，交通服务共建、共享、共治成为新要求和新趋势。提供安全、高效、公平的交通服务以满足人的活动需求是组织城市高效运行的根本目标，对城市交通发展的认识，必须由提供基础设施向提供均等的公共服务转变；衡量城市交通的发展，也必须向能否满足人的需求、能否提高交通服务共建共享水平转变。

城市交通治理转型的要求　　　　表10

核心关注	问题焦点	解决问题的学科知识	解决问题的核心理念与价值	解决问题的基本手段
交通资源配置	交通功能冲突	工程科学	功能合理，效率优先	政府管理
交通需求—供给匹配关系	交通政策选择	公共管理	公共选择，社会秩序	
多元交通需求间的矛盾	多元交通主体利益冲突	管理学、社会学	利益协调，公平优先	协同治理

因此，需要探索以交通服务为对象、以权益关系为内核、以大数据为技术支撑的交通治理现代化理论体系，为解决城市交通新老矛盾交织与新旧利益碰撞提供新的研究范式和实施途径。这既是解决交通"城市病"的现实需要，也是落实与提升国家及城市治理能力的战略需求和具体抓手。

3. 新时期城市交通研究的理论范式

新时期，我国城市大规模交通基础设施建设进一步受到资源、环境、资金约束，城市与交通发展由增量为主转向存量优化、有序建设和适度开发。同时，以人为核心的城镇化，决定了交通系统建设由关注交通流转向关注交通服务。这就要求在基础设施规模、形态、结构基本稳定的条件下继续扩大交通服务供给能力，满足人的需求。移动互联网催生新技术应用和新业态服务，绿色、共享、智慧出行由理念转向实施，引发就业与生活方式、拥车与用车行为的转变，也为城市交通的运营组织带来新的变化。

过去三十多年的城市交通研究与实践说明，任何单一的对策如道路交通拥堵的治理、或对单一系统的改善如公共交通系统线网与票价调整，都不能对综合交通体系甚至交通模式的结构产生决定性影响。奥运会、世博会等大型活动交通的成功经验，证明了将多模式交通网络作为一个整体，同时通过政策和信息对交通行为、交通系统进行干预与调控，是城市综合交通体系构建与完善应遵循的基本规则。

吸收借鉴国际上交通发展新理念和交通研究新手段，基于我国城市交通研究与发展实践的总结，围绕新时期城市交通发展趋势和要求，需要变革当前城市交通研究范式。变革的方向是依托多方式复合交通网络，利用交通信息化与大数据技术，从人的需求产生机理出发，构建面向出行服务体系的城市交通基础理论方法。改变传统从交通设施和工具着手的研究范式，转向以服务功能和交通网络为主线研究城市交通；依托信息化、云计算、大数据技术，克服当前城市交通理论研究的局限。即：以提供可持续出行服务为宗旨、以主动引导交通需求为导向、以复合网络构建与运行为核心，综合运用工程、经济、法律、社会等多学科交叉手段，依托现代信息技术和大数据分析技术，建立城市交通理论研究新范式（图69）。

新理论范式的关键内容说明如下：

1）**时代背景：**新的城市交通研究范式需适应新常态及供给侧结构性改革背景下，城市与交通发展由增量为主转向存量优化，有序建设，适度开发的新阶段。

2）**关注点：**从关注交通工具转向关注人的出行需求，这既是新型城镇化的要求，也是城市交通服务内涵的应有之义。

要素		既有研究范式	新的研究范式
时代背景		交通设施大规模建设	由增量为主转向存量优化，有序建设，适度开发
关注点		满足交通工具的移动	满足交通出行者的需求
理论对象		交通流——交通设施	交通服务——交通网络
基本逻辑		被动适应需求： 增加交通设施满足交通流运行要求	适应并主动引导需求：构建、组织、调控交通网络满足一体化出行服务要求
核心内容		交通基础设施：分方式单一交通物理设施网络独立构建（如道路网、地面公交网、轨道网等）	交通服务体系：多方式复合交通网络（物理设施网络、运输组织网络、信息诱导网络）整体构建与运行调控
应用场景		面向中长期设施建设	既面向中长期设施建设，又面向短期甚至实时管理调控
理论需求	需求理论	基于出行统计的需求预测	基于个体行为决策的需求分析
	供给理论	单一设施网络的交通承载力	多方式复合网络的交通服务能力
	交通流理论	机动车交通流	混合异质交通流
研究手段	数据来源	小规模抽样调查	现代信息技术和移动互联网支撑下的多源大数据
	分析方法	数学解析，仿真模拟	人工智能、计算实验、平行控制
	模型支撑	宏观、中观、微观模型独立构建	宏观—中观—微观一体化模型
	学科交叉	以工程学为核心	综合运用工程、经济、法律、社会等多学科交叉手段

图69　新时期城市交通理论研究新范式

3）**研究对象**：从重点研究交通流与交通设施间的匹配关系（车—路关系），转向交通服务与复合交通网络间的动态链接关系。

4）**基本逻辑**：由通过增加交通设施来满足交通流运行要求的被动适应需求模式，转向适应并主动引导需求模式，构建、组织、调控交通网络满足一体化出行服务要求。

5）**核心内容**：由提供交通设施向提供交通服务转变。即改变分方式单一交通物理设施网络独立构建（如道路网、地面公交网、轨道网等）模式，向多方式复合交通网络（物理设施网络、运输组织网络、信息诱导网络）整体构建与运行调控转变。

6）**应用场景**：新的城市交通研究范式，既要面向中长期设施建设，又要面向短期甚至实时管理调控。

7）**理论需求**：为实现研究范式转变，需要对既有的交通需求、供给和交通流运行理论进行升级改造。要建立基于个体行为决策的需求分析理论、面向多方式复合网络的交通服务能力分析理论，以及混合异质交通流运行理论。

8）**研究手段**：跳出传统工程学研究范畴，综合运用工程、经济、法律、社会等多学科交叉手段。数据来源从小规模抽样调查转向依靠现代信息技术和移动互联网支撑下的多源大数据，分析方法从数学解析和仿真模拟，转向人工智能、计算实验与平行控制相结合，定量模型支撑由宏观、中观、微观模型独立构建转向宏观—中观—微观一体化模型构建。

4. 新时期城市交通研究重点理论技术

在新的研究范式下，需要重点突破基于活动的出行行为与需求分析理论、面向服务提供的复合交通网络性能分析理论，面向异质混合交通的交通流运行理论和城市交通治理现代化理论。具体如下：

1）**基于活动的出行行为与需求分析理论**

交通需求分析的两类基本模型——出行模型和行为模型有各自的特点与适用性。出行模型以单一出行为基本统计单元，构建基于统计关系的出行需求预测方法；行为模型强调交通需求派生于活动，构建基于行为（决策）关系的预测方法。前者适用于中长期的需求分析，服务于交通基础设施建设需要；后者既适用于中长期，也适用于短期的需求分析，服务于交通设施建设、交通政策与管理措施效果评估需要。服务于新常态下城市交通研究范式转变，需要重点突破基于活动的出行行为模型。个体活动特征识别与机理解析是核心内容，出行链分析技术（可能发生于多个设施网络）、基于智能体的建模技术是核心手段，信息技术是支撑工具，需要克服分析方法的复杂性与数据获取的庞杂性。

2）**面向服务提供的复合交通网络性能分析理论**

随着多方式复合交通的建设，交通网络供给分析由传统单一方式及单一网络，转向道路网—公交网—地铁网等多方式网络进行整体关联的复合网络交通承载力分析。以提供服务为导向，既关注不同方式网络间的关联，又注重网络构建与运行调控的统一，适应需求与引导需求并重。多智能体建模、计算实验与平行计算是复合网络性能分析的核心手段。

3）异质混合交通的交通流运行理论

交通方式的多样性也给交通流理论研究提出了新的挑战。微观上要求以小汽车为主导的机动车交通流，向考虑行人、非机动车在内的混合异质交通流拓展。宏观上要求不仅关注单一网络，还需考虑多方式复合网络；不仅关注静态的网络均衡，更需注重网络状态的演变（如拥堵传播与消散），建立复合网络交通动力学理论、模型和方法。在此基础上，进一步探索交通网络拓扑结构的统计特性与交通网络上的出行行为（出行选择、自组织等），解析"个体出行者—交通网络拓扑结构—网络交通流"之间的映射机理。

4）城市交通治理现代化理论

运用公共治理领域的基础理论方法，针对城市交通服务链（提供、生产、消费与评估）的特征与要求，研究政府、企业、社会组织、公众等多元主体在交通服务体系构建过程中的权责关系。综合城市交通的社会性、政策性、经济性、工程技术性等规律，运用信息化与法治化手段，设计维系多元主体权责关系的正式与非正式制度安排，包括法律、法规、政策、机制、教育等。

围绕城市交通多元主体间协作关系的生成动力与演化机制，解析多元主体利益诉求，构建利益相关者合作博弈模型，研究由价值认同向情感信任、利益合作的传导机理，研究政府与企业合作的交通稀缺资源市场配置模式，研究交通服务供给与公众需求响应的协同演化机理。基于交通服务准公共产品特性，平衡交通服务均等与高效需求，研究多元价值导向下交通治理绩效评估与公共利益调控、补偿机制。以 MaaS 等一站式出行、定制公交、共享单车、分时租赁、智慧停车等交通服务新模式的服务提供、生产、消费及评估为对象，基于大数据分析与大规模网络动态交通仿真，研究支撑交通治理的法治化管制方针和实验分析手段，包括交通系统管理（TSM）、交通需求管理（TDM）、交通引导城市发展（TOD）等公共政策相关的城市交通综合治理方法。

5）基于人工智能与计算试验的交通研究方法

现有的城市交通研究理论是在观测技术及手段较为有限的条件下发展起来的，通过数学和物理模型（如重力模型、流体模型等），基于"还原论"思想研究城市交通问题。然而现实中的城市交通是一类典型的复杂社会—技术系统，参与主体的行为异质性、交通组成要素的复杂关联性、交通运行的动态变化性，使得传统研究方法与手段在面对城市交通这一开放复杂巨系统时捉襟见肘。

由多种异质网络（道路、轨道、信息等）、多个行为主体（出行者、运输企业、政府）组成的城市交通体系，是一个以服务为本质的大尺度、多模式、多主体开放复杂巨系统。其具有复杂巨系统的许多共性，如多样性、随机性和非线性，以及骤变、震荡和自组织，同时其也有鲜明的个性和内在规律。交通系统复杂性的典型体现是交通流从畅行相到拥堵相的突变，尤其是某种特定环境下由局部堵塞到全线/网瘫痪的骤变；数以万计的出行者在广义出行费用和服务水平这双"看不见的手"的"指挥"下，自发选择出行目的地、时间、模式和路径，生成早晚潮汐式出行高峰；同时，交通服务提供者如公交企业，又用"看得见的手"（即优化线路、时刻表及票价）来吸引更多的公交乘客。"看得见"和"看不见之手"共同作用形成了综合交通系统的供需均衡，也是自组织和他组织共同作用的结果。

在现代信息技术和移动互联网支撑下，交通观测手段和数据获取能力发生了质的变化，大数据技术催生并加速了人工智能、计算实验和平行执行方法在城市交通中的应用。通过构建人工交通系统、计算实验以及平行控制来解决交通系统的复杂性、实时性和动态性。具体思路是：应用人工系统（Artificial Systems）建立所有交通实体的微观模型（目前多采用基于多智能体建模技术）；应用计算实验（Computational Experiments）通过人工系统有目标、系统化地运行来评估和优化交通方案；应用平行执行（Parallel Execution）将得到的方案作用于实际系统，并根据实际运行效果调整人工系统的模型、参数以及实验方案，通过二者之间多次迭代得到实际交通系统的最优方案。基于计算实验方法的研究架构示意如图70所示。

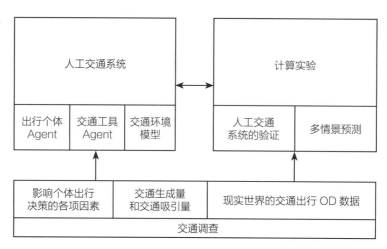

图70　基于计算实验方法的研究架构示意

基于计算实验方法的基础是人工社会的构建。目前在人工社会建模中，最为流行的方法是自底向上的基于主体（Agent）的建模方法。在人工交通系统的建模中它也有多种应用。一般包括对出行个体的建模、对交通工具的建模和对外部交通环境的建模三大部分。

①出行个体建模

由于西方国家主要的出行交通方式为开车，所以目前在人工交通系统建模中，大量的研究工作都针对"司机—车辆"结构体的行为进行建模。针对出行个体行为的研究较少。然而，我国城市最为重要的出行方式仍然为公共交通和慢行交通，故对出行个体的行为研究是必不可少的。出行个体Agent模型包含以下几个模块：感知模块、决策模块、行为模块和状态转换模块（图71）。感知模块实现出行个体Agent、公共交通工具Agent、交通环境之间的信息交换作用。出行个体Agent会感知外部环境，如天气、交通地理信息等，同时会接受公共交通工具Agent共享的信息，如车型、车上剩余空位、发车时间间隔、出行路线等。决策模块的功能是根据个体的自身状态以及所有出行心理知识和规则，个体会自主推理出其对出行方式及路线选择的偏爱。根据推理出的决策，行为模块会执行相应的行动。例如，若个体选择出行方式为公交车，则会进入公交站点等待；当所选车次到达该站点，则触发上车行为；当到达目的站点时，触发下车行为并离开系统。每执行一次行动，会触发个体状态的转变，并且转而影响外部环境。

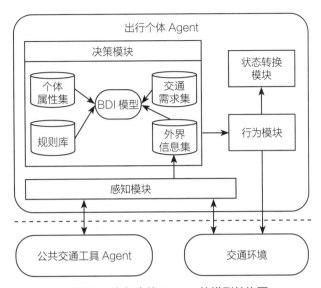

图 71　出行个体 Agent 的模型结构图

大多数基于 Agent 的研究工作中对出行个体的建模往往基于纯数学模型。事实上，出行决策是每个出行个体根据自身已有经验知识和外界信息，进行独立思考、自我判断并执行选择行为而形成的。出行个体的思维状态和行为反应的异质性建模至关重要。然而，与个体选择行为相关的个体知识、属性，以及外界信息，很难单纯用数字化的形式表达，纯数学模型的应用在此方面受到限制。一种基于经验学习的出行个体建模方法已被提出，但其仍然缺少异质性个体在出行过程中思维和行为变化过程的推理演绎。常见的用于解决这一问题的方法有 BDI 模型（Belief–Desire–Intention）。BDI 模型是一种基于形式化描述的逻辑模型，由信念模块、愿望模块、意图模块和计划库组成（图 72）。BDI 模型对定性与定量结合以研究异质性个体出行过程中的思维反应过程有重要作用，基于 BDI 的 Agent 建模方法在交通管理系统等领域中已有应用。

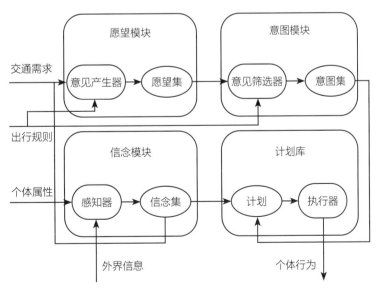

图 72　出行个体的 BDI 模型结构图

②交通工具建模

具有完整出行功能的交通工具 Agent 模型结构如图 73 所示。该模型包含以下几个模块：个体属性集、规则库、感知模块、行为模块和状态转换模块。交通工具的出行行为主要取决于其自身属性（例如，车号、车型、发车时间间隔、乘客容量、剩余空位、服务水平、票价和行车路线）、用于约束车辆何时何地发动和停止的简单规则库，以及外界交互信息。

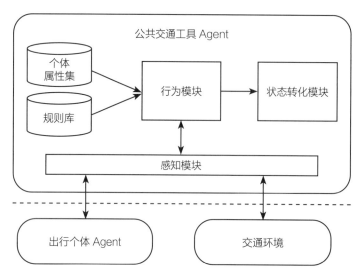

图 73　交通工具 Agent 模型结构图

交通系统中的出行工具也因为异质性具有不同的属性。以公共交通工具为例，其 Agent 的属性集包括类型、发车间隔、乘客容量、剩余空位、服务水平、乘车费用、运行路线等。在感知模块中，公共交通工具 Agent 在出行过程中会接收到出行个体 Agent 共享的信息，包括个体 Agent 当前的状态和对出行方式以及路线的选择结果，并且公共交通工具 Agent 还会实时感知交通环境的信息。

③交通环境建模

交通环境模型包括自然环境和社会环境两部分内容，如图 74 所示。以公共交通为例，自然环境包括公交路线网络拓扑结构以及天气、空气质量、温度等；社会环境建立在公交路线网络之上，主要描述公交站点附近小区的属性，包括站点名称、站点周边土地利用类型和人口密度、经济发展状况、政府对公共交通的政策、使用车辆类型、行车速度、重大社会活动举行情况等。

自然环境和社会环境的变化都会影响出行个体 Agent 和公共交通工具 Agent 的出行行为。例如，当自然环境中的天气发生变化时，出行个体的出行交通方式和出行目的会发生一定程度的变化；当社会环境中有重大活动举行时，地区的交通分布将发生显著变化。

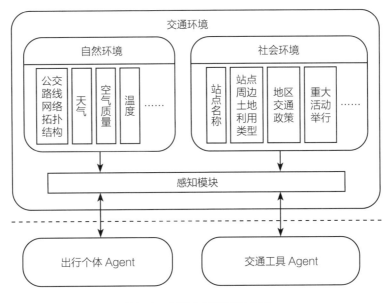

图 74　交通环境模型结构图

5．城市交通人才培养体系变革趋势

行业创新发展依赖于人才培养的创新。新时期的城市交通研究从技术系统转变为社会—技术系统研究，与城市、社会运行的各个要素相互关联。城市交通研究也要求基础理论与技术方法的变革：超越工程研究范畴，通过经济学、社会学、行为科学、城市规划、公共管理、交通工程、信息与数据科学、土木工程等多学科理论交叉创新，运用大数据分析、人工智能、计算实验、社会实验及平行控制等技术手段，从空间结构与行为模式、服务体系与规制政策、对策组合与系统响应等层面，探讨技术系统对个体与群体的行为方式、社会系统对系统组织和管理方式的影响，引导城市智慧增长与有机更新，推动城市交通理论体系与研究范式的交叉创新。

城市交通专门人才需要具备工程科学、社会科学、管理科学的知识和应用能力；具备对低碳交通、新能源交通、共享交通等交通服务新模式和车联网、无人驾驶、人工智能等交通新技术的探索与研究的能力；具备交通企业营运管理、城市交通综合治理和政策法规咨询及决策支持能力；具有自我学习能力和成长性。城市交通交叉人才培养框架和知识体系分别如图 75 和图 76 所示。

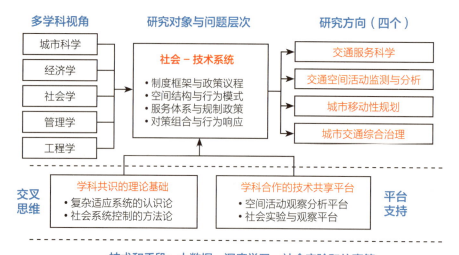

图 75　城市交通交叉人才培养框架

图 76　城市交通交叉人才知识体系

附录

三份国内外城市交通有关报告的比较与评述

（一）前言

自 1995 年开展"中国城市交通行业研究"并发布《北京宣言：中国城市交通发展战略》至今已近 30 年，我国经济社会发生了巨大变化，已进入了以城市群为主体形态的城镇化发展阶段。面对新时期城市交通的新特征、新问题和新要求，需要立足现实状况，面向 2035 年，重新审视并研究新的中国城市交通发展战略。当年为更好借鉴国际经验，我国通过与世界银行合作，邀请了国外专家与我国专家共同开展研究。在如今全球一体化发展的大背景下，制定新的中国城市交通发展战略，更应该从国际视野更加全面地看待我国城市交通发展战略问题。近 10 年联合国发布的两份国际报告，即《新城市议程》和《北京宣言》，分别聚焦城市发展和交通发展，其中涉及关于城市交通的观点值得学习。

本附录作为专题五《我国城市交通发展状况和展望》的补充，回顾上述三份报告，旨在比较从 1995 年至今城市交通发展时代背景的变化，城市交通问题关注重点的变化，我国城市交通发展理念的变化，以及在这个变化过程中国际社会对城市、交通以及城市交通的关切，从而再次审视当年所提出的中国城市交通发展战略，为开展本次面向 2035 年的中国城市交通发展战略研究提供支撑。

《北京宣言：中国城市交通发展战略》是开展本次研究的重要基础。该报告是 1995 年 11 月在北京召开的"中国城市交通发展战略研讨会"上发布的纲领性文件（英文为 Statement[1]）。此次研讨会是建设部、世界银行和亚洲开发银行从 1994 年开始合作进行的"中国城市交通行业研究"的结果，也是改革开放之后，我国举办的层次最高、参加人员最广泛、涉及领域最多的一次城市交通研讨会。《北京宣言：中国城市交通发展战略》具有三个重要特点：一是它是专门针对我国城市交通发展问题所形成的研究成果；二是它是由我国政府主导、邀请国内外专家基于国内实地调研联合开展的一系列专题研究的基础上所形成的成果；三是它具有鲜明的时代特征，是在我国机动化起步和市场经济体制建立初期所提出的城市交通发展纲领性文件。同样的，本次所开展的面向 2035 年的中国城市交通发展战略研究，也一脉相承地具有三方面特征，即聚焦于我国的城市交通发展问题、以系列专题研究为重要基础形成指南（纲领性文件）、体现鲜明的时代特征，旨在进一步深化这些年来所取得的研究成果，明确回答下一步我国城市交通该怎么做的问题。

"城市交通"包含"城市"和"交通"两个关键词，它既与城市有着密不可分的关系，也与交通有着千丝万缕的联系。研究城市交通问题必须从城市发展的角度看待人和物的移动，将复合交通网络的构建与运行作为核心。《新城市议程》和《北京宣言》都是面向全球性问题所形成的报告，前者重点在城市，后者重点在交通。

---

[1] Statement 可以理解为在达成共识的基础上的一种陈述和说明，也包含了行动建议/倡议。

《新城市议程》是在世界城市化进程过半的时期，2016年第三届联合国住房与城市可持续发展大会上审议通过的一份战略性文件，也是一份面向多方主体，即政府、企业、组织等的行动性文件（英文为 Agenda❶）。该文件聚焦城市发展中的住房、环境等问题，对城市交通也提出了要求。我国参与了这份报告的起草工作。城市交通是城市发展中的重要议题，是城市应提供的基础性公共服务。本书从这份报告中理解当下国际上对城市发展所提出的要求、城市交通在其中所应发挥的作用，从而思考如何推动城市交通的发展，以更好地促进城市的可持续发展。

《北京宣言》是在由联合国主办、中国政府承办的第二届联合国全球可持续交通大会上通过的成果文件（英文为 Statement），面向政府、企业、消费者等多元主体，提出包括技术、经济、合作、创新等多维度的行动建议。大会在全球可持续发展的大背景下讨论交通，主要围绕公路、铁路、航空和水运等交通方式所面临的问题。城市交通作为综合交通的一部分，既与之存在共性，又具有其自身特点。大会设置了六个专题会议，其中第六个专题以"可持续交通与可持续城市"为主题，专门对城市交通相关问题进行了探讨。本书通过对报告中的观点进行梳理，基于对"大交通"与"城市交通"不同语境差异的理解，分析在交通工具、大空间范围内交通组织等方面的发展中值得城市交通发展借鉴和参考的理念与方法。

（二）中国城市交通问题的研究成果——《北京宣言：中国城市交通发展战略》

1. 研究背景与主要议题

1994年8月，原建设部城市建设司汪光焘司长与世界银行中国与蒙古局环境与城市发展处S·谢凯琳处长达成了关于合作进行"中国城市交通行业研究"的备忘录。此后双方共同选定了9个研究专题，并挑选了一批国内外著名专家承担专项研究并撰写专题报告。基于这项合作研究的成果，形成了《北京宣言：中国城市交通发展战略》，并在"中国城市交通发展战略研讨会"上发布。报告提出了指导我国城市交通发展的五项原则和衡量城市交通规划和政策的四项标准，还提出了城市交通行业应采取的八项行动，其中包括对中央政府和地方政府两个层面的行动建议，对于当时我国城市制定交通发展战略、规划和政策具有重要的指导意义。

《北京宣言：中国城市交通发展战略》的形成，具有强烈的时代背景。一方面，1995年9月25日至28日，党的第十四届五中全会召开，通过了《中共中央关于制定国民经济和社会发展"九五"计划和2010年远景目标的建议》，提出要实行经济体制从传统的计划经济体制向社会主义市场经济体制转变、经济增长方式从粗放型向集约型转变这两个具有全局意义的根本性转变。另一方面，1993年年底，财政部发布了《关于取消购买轿车控购审批的通知》；1994年7月4日，国务院正式发布《汽车工业产业政策》，提出"使我国汽车工业在本世纪末打下

---

❶ Agenda 可以理解为有时间窗和行动纲要的文件。

坚实的基础，再经过两个五年计划，到 2010 年成为国民经济的支柱产业，并带动其他相关产业迅速发展。"中国汽车工业就此踏上了快速发展的道路。可以预见小汽车进入家庭的速度将进一步加快，由此将给城市带来两方面重要的影响——交通拥堵和环境污染。

在"中国城市交通行业研究"专题报告的撰写过程中，由建设部、世界银行和亚洲开发银行的官员和国内外专家组成的中国城市交通行业考察团先后考察了北京、上海、广州、成都和济南五个大城市，了解了城市交通建设与发展状况，获得了大量第一手资料，为针对中国问题、提出适合中国城市交通发展的对策建议奠定了坚实的基础。通过多次交流和评阅工作，形成了围绕城市交通运输管理体制、交通基础设施私人融资、公共交通改革、私营部门的作用、交通运输使用收费、机动化、机动车污染、自行车交通、大运量快速运输系统、城市交通规划等议题的 12 份专题报告。

除了专题研究所形成的专题报告外，研讨会上的主题报告也讨论了中国城市交通当时所面临的问题及解决这些问题的机会和对策，包括：交通基础设施和交通服务的供给不足以满足需求，城市交通问题成为制约经济和社会运行的突出因素；中国城市交通的三个关键性问题——高速机动化进程、公共交通的作用和自行车交通的作用；必须要深化管理体制改革，建立适合国情的城市交通发展战略与政策；应当积极引导和有效利用社会资金、企业资金和各种外资投入城市交通，并提高城市交通投资的综合效益；交通设施使用收费制度是控制高速机动化进程所引发的消极影响的有效手段；如何建成一个能够与不断增长的私人交通进行强有力竞争的公共交通系统是中国城市交通所面临的主要挑战。

基于上述一系列报告所最终形成的《北京宣言：中国城市交通发展战略》，是在深刻理解新时期中国经济社会发展环境和多元诉求的基础上，提出的城市交通发展战略。报告指出城市交通是一个高度综合而复杂的问题，必须从政策、机构、体制、管理、收费与价格、基础设施建设和投资等各个方面同时入手解决，只偏重其中一个方面而忽略其他方面，则不可能真正解决问题。《北京宣言：中国城市交通发展战略》是城市交通发展理念的一次重大革新，其对现实交通问题的超前洞察力，已被后来大量的行业实践所证明。

2. 对本次研究工作的启示

首先，从工作机制上，城市交通发展战略的形成，需要建立在针对中国城市交通问题深入研究的基础之上，通过梳理我国城市发展、经济社会发展、机制体制、政策要求等时代特征，剖析和预判城市交通发展所面临的问题，提出符合我国国情、对政府实践具有指导意义的行动指南。

其次，从议题选择上，应突出体现国家发展特征，结合时代发展要求和国际发展趋势，确定若干主题鲜明、逻辑清晰的专题。对比 1995 年，以人为本的新型城镇化和新一轮信息革命成为当前城市交通发展的重要背景。对比 1995 年的专题报告，即使是相同的表述，其内涵也已发生变化，或可融合成含义更为丰富的新议题。比如，曾经关注的自行车交通问题，如今可纳入慢行交通、绿色出行范畴进行专题研究；公共交通方面，城市公共交通优先发展已成为国家城市发展战略，不能仅局限于公交、地铁等公共交通方式进行讨论，而应放在城市转型发展的框架下进行专题研究；环境问题，已由当初关心机动车尾气排放问题，转变到围绕"双碳"目标开展工作；体制机制及价格问题，需要基于对我国经济体制、行政体制、财税制度、法律制度等的理解进行深入讨论，其中便涉及对城市交通问题定位的认识。此外，还有新业态、新技术、新基建给城市交通理论体系、治理体系带来的机遇与挑战，等等。只有深入开展系列专题研究，才能更好地回答面向2035年，政府、学界、企业、社会下一步该怎么做这一问题。

第三，要具有国际视野。我国的城市化和机动化发展起步晚于西方国家，尤其是在发展初期，国际城市交通发展有许多值得借鉴的经验。在我国只有少数城市有交通问题的20世纪90年代，我们将国外专家请进来，考察研究我国的城市交通问题。随着我国城市化和机动化的快速发展，更应该始终保持国际视野来审视问题、借鉴经验、创新发展。在新发展理念下，城市交通与经济、与民生、与生态文明、与科技创新等都产生了不可分割的关联，这些都是国际社会持续关注的问题，也是联合国一直以来研究的重点，如召开了前文所提到的"联合国第三次住房和城市可持续发展大会""联合国全球可持续交通大会"等。因此，有必要对相关重要的研究报告进行学习，从中提炼出对制定城市交通发展战略具有指导意义的观点、理念及方法。

（三）国际对城市发展的要求——《新城市议程》

1. 报告背景与主要内容

2016年10月17日至20日，"联合国第三次住房和城市可持续发展大会"（以下简称"人居三"）在厄瓜多尔首都基多召开。会议正式审议通过了《新城市议程》。

人居会议每20年召开一次。人居一是第一届联合国人类住区会议，于1976年5月31日至6月11日在加拿大温哥华举行，会议通过了《温哥华人类住区宣言》，该宣言首次为各国界定了"适当住房"的概念并提供了实现这一目标的建议，具有历史意义。人居一还为1978年联合国人类住区规划署（简称人居署）的设立奠定了基础。

第二届联合国人类住区会议于1996年6月3—14日在土耳其伊斯坦布尔召开。1996年世界有近一半人口居住在城市，超过10亿人没有适当住房，超过1亿人流离失所。当时预测，到2025年世界将会有超过三分之二的人口居住在城市。会上通过了《伊斯坦布尔宣言》和《人居议程》，各国政府据此承诺实现人人享有适当住房和建设可持续人类住区的目标。

第三届联合国住房与城市可持续发展大会会议召开时，世界上有一半以上人口居住在城市。预计到2050年，世界城市人口将增加近一倍，城市化会成为21世纪最具变革性的趋势。作为旨在有效解决城市化带来的复杂挑战并着眼于行动的计划，《新城市议程》是会上的重点讨论内容。

《新城市议程》是一份战略性文件也是一份行动性文件，由三部分组成。第一部分为基多宣言，题为"全人类的可持续城市与住所"，包含了共同愿景、原则和承诺以及行动倡议。关于共享的城市愿景表述为：人人平等地使用和享受城市和人类住区，寻求促进包容性，确保所有现在和未来的居民，没有任何形式的歧视，可以在正义、安全、健康、方便、负担得起的、弹性和可持续的城市和人类住区中定居、生产，并提高所有人的生活质量，促进繁荣。第二部分是行动纲要，包含五个篇章：①社会包容和消除贫困为目标的可持续城市发展，特别强调了鼓励世界各国引入全国性的城市政策；②对于全人类可持续和包容的城市振兴与发展机会，全面归纳了城市发展的规则；③环境可持续和韧性城市发展，强调了城市设计的前沿认识；④塑造城市治理结构：建立一个支持性框架，梳理了城市政府的作用；⑤城市空间发展的规划与管理，提出了城市改造、发展和拓展的思路。第三部分是实施手段，强调了每隔4年对《新城市议程》的落实进行检查和报告，并作为评价和巩固《新城市议程》落实的成果，建议联合国大会考虑在2036年召开第四届联合国住房和城市可持续发展大会。

《新城市议程》的核心内容主要包括六个领域：社会融合与公平、城市制度、空间发展、城市经济、城市生态环境、城市住房和基本服务。尽管并未直接包括城市交通领域，但城市交通与上述六个领域都有密切的关系。因此，文件中所提出的相关要求及建议，对我们研究制定城市交通的发展也具有指导意义。

在发展理念方面，强调包容性发展、合作与分享的理念；在问题趋势方面，强调城镇化、城市问题是当今全球面临的共同挑战；在政策工具方面，强调优良的城市规划是引领健康城镇化、应对气候变化和社会分化等重大全球挑战的重要工具；在应对措施方面，强调城市时代所面临的问题必须有系统解决方案：①从社会、经济和环境这三个可持续发展的基本维度入手；②通过政府、企业和社会的合作与互动；③运用立法、体制机制以及金融等杠杆；④从国家政策到规划与设计、规划实施全过程，进行创新与协同。

《新城市议程》中多次强调了公共空间在城市发展中的重要性，提出理想的城市和人类住区要优先确保安全、包容、便利、绿色和优质的公共空间。城市交通对于城市公共空间的品质而言，具有重要的影响。从公共空间内部看，包括街道、人行道和自行车道等部分，是公共空间能对包括老人、儿童、孕妇、残疾人等在内的所有人群保证包容性的基本要素。从公共空间外部看，好的城市交通系统能使得公共空间具有更好的安全性、便利性，从而提高其吸引力和利用率，让城市对所有人群更加友好。

2. 从城市发展看城市交通发展的要求

城市发展与城市交通的发展不可分割。城市交通不仅关乎交通工具和交通设施，与城市的社会、经济、环境、能源等息息相关，也与人们的生活密切相关，同时还受到行政及财税体制的影响，是一个高度综合的领域。因此，需要从城市的维度看待城市交通，关注其复合网络的构建与运行。为支撑实现《新城市议程》中所提出的城市发展的愿景，行动纲要中也多次出现与交通相关的表述，对城市交通发展提出了具体要求，与我们一直以来开展的城市交通研究也具有高度的一致性。最主要包括以下四个方面：

一是突出了城市交通归属于城市的基础公共服务范畴，明确城市交通不是满足某一类人群或者优先满足某一类人群的移动性需求，而是要满足所有人的需求的特点。报告中提出：人人平等地获得在移动性和交通等方面的公共产品和优质服务。提供便利残疾人和他人平等出入和利用公共空间、公共交通等设施和服务。特别关注所有妇女、儿童、老年人、残疾人和弱势群体的需求。

二是要充分重视公共交通在城市可持续发展中的作用以及交通与土地利用之间的协调关系。报告中提出：增加公共交通、慢行交通等方式的选择，提倡公共交通为导向的土地开发并着眼于住房和就业与服务的搭配。

三是重视政府部门、私营部门之间的机制与合作关系，并强调技术创新给城市交通带来的机会。报告中提出：支持地方政府与交通服务提供者之间建立清晰、透明和负责的合同关系，包括数据管理，进一步保护公共利益和个人隐私，并确定相互的义务。鼓励扩大融资手段，改善交通基础设施和系统的技术创新。在国家层面建立城市和区域交通基础设施和服务基金，确保行为主体和干预措施之间的协调以及问责制，其多种资金来源可包括公共赠款以及其他公共实体和私营部门捐款等。

四是城市交通与社会、经济发展密切相关，突出了在城市可持续发展中客货运交通的重要性。除了生产性货运之外，生活性货运在城市发展中的重要性日益提升，由此产生的相关软硬件设施、法律法规、监管制度等都成为城市及城市交通发展所应关注的问题。报告中提出：节约资源的客运和货运交通系统，实现人员、地点、货物、服务和经济机会的有效互联。在规划时要考虑城市货运规划和物流的概念，最大限度地减少对环境和城市宜居性的影响，并尽量增加对经济增长的贡献。

归纳起来，联合国发布的《新城市议程》，对于研究制定面向2035中国城市交通发展战略的启示在于以下三个方面：

第一，需关注时代背景。2014年中共中央、国务院印发的《国家新型城镇化规划（2014—2020年）》提出，随着我国经济社会发展，城镇化发展进入了以城市群为主体形态、大中小城市与小城镇协调发展的阶段。2022年末全国常住人口城镇化率已达到65.22%。城市交通应充分考虑城镇化发展的水平和趋势，服务于以城市群为主体、以高质量都市圈为引领的新型城镇化格局。

第二，需明确城市交通问题的定位。城市交通问题具有城市基础公共服务的属性。城市交通一直以来由政府主导，同时也鼓励市场主体企业参与，为满足城市居民人和物的移动需求提供服务。城市交通是在城市生活的居民同等享有的权利。因此，在上述定位基础上，要突出公平性、包容性，要向所有人提供安全、便捷、可负担的交通服务，老人、儿童、残疾人、低收入群体不会因为年龄、身体能力、经济能力的显著劣势而被排斥。城市应该通过法律制度、技术创新、社会保障等各种途径改善对弱势群体的交通服务水平，使其获得机会参与相关活动，从而反过来又推动经济社会发展，造福居住在城市中的各个群体。

第三，需有针对性地制定行动纲领。现阶段尤其应考虑城镇化、"双碳"目标对城市交通提出的新要求，老龄化等给城市交通带来的新特征，信息化、智能化给城市交通带来的新机遇，城市交通从管理转向治理的新范式，提出能指导实践的具体的行动计划，充分发挥城市交通在推动城市群、都市圈发展中的作用，支撑15分钟生活圈的构建与发展，利用好新技术提升城市客货运系统的服务水平以及城市交通治理水平。

(四)国际交通发展趋势——《北京宣言》

1. 报告背景与主要内容

联合国全球可持续交通大会是联合国就可持续交通举行的全球性会议。第二届联合国全球可持续交通大会(以下简称"大会")于2021年10月14日至16日在北京国家会议中心举办,主题是"可持续的交通,可持续的发展"。

《北京宣言》是大会的成果文件,介绍了可持续交通的重要性,描绘了全球可持续交通发展的未来愿景,阐述了加快向可持续交通转型是推动构建人类命运共同体的重要途径,提出了加强交通合作的行动倡议,为联合国2030年可持续发展议程与交通相关的各项目标的落实提供了框架。

文件中所提出的诸多观点,尽管是从"大交通"的宽视角出发,主要围绕交通工具提出的新要求,但其代表了当前交通发展的主要方向,对于城市交通的研究及发展同样适用,在城市交通发展战略研究中值得借鉴。诸如:交通促进了人和物的流动,支持生计和就业,从而有助于消除贫困、确保粮食安全和减少不平等;仍需要关注温室气体排放和交通事故造成的人员伤亡、空气和噪声污染,汽车和船舶的"报废"回收等负面影响;疫情可能正在促进交通服务需求和供应的长期变化,行业需要相应地进行变革和调整;加快向可持续交通的转型将是为人类创造一个共同未来的社区的核心。

值得注意的是,城市交通中的"交通"存在语境上的差异。比如,同样是小汽车交通,在高速公路和城市道路的运行管理有差异;同样是地面道路,城际间道路上所承载的交通方式与城市道路有所不同;如此等等。因此,在借鉴此次大会所提出的观点时,需要针对城市交通问题的特点,寻求在促进人和物的流动、实现"双碳"目标、完善出行服务等方面的解决方案。

此次大会包括了六个专题会议,分别聚焦"可持续交通与消除贫困、服务民生和经济复苏""可持续交通与区域发展""可持续交通与互联互通(包括农村地区和特殊处境国家)""可持续交通与绿色发展:气候变化的减缓、适应及抵御""可持续交通与政策""可持续交通与可持续城市"等议题。其中专题会议六与本次所开展的城市交通发展战略研究关系最为紧密,与会各方围绕可持续交通与可持续城市主题,分享实践和创新经验,共同描绘出一个清晰的愿景:发展可持续交通,建设安全、绿色、多元出行的宜居城市。

首先,强调了安全是城市可持续发展的首要问题。"保障公共交通的安全性,让所有人都有安全的出行环境是很必要的。"全球每年有逾百万人死于道路交通事故,要建设可持续城市,必须优先创建包括便利步行、骑行等出行方式的更加安全、绿色的配套基础设施,建设更具包容性、环境友好型的公共交通体系。再次突出了城市交通要以人为本,以满足人的需求为目标,而不能围绕汽车做规划。

其次,强调了绿色出行对于可持续城市的重要性。指出:可持续城市的无限张力包含丰富内涵,但要追求舒适宜居与长远发展,唯有绿色低碳才能将二者无缝衔接。自行车非常高效,占用空间远低于乘用车,更多的自行车意味着更少的交通堵塞、碳排放和噪声,而且骑行者往往身心更开朗、更健康,高血压、慢性病等发病率更低,这是其他交通方式无法比拟的优势。

并提出：完善城市交通管理体系可以给教育、就业、卫生、健康、休闲等带来诸多益处，但是如果城市交通系统缺乏连贯性，就可能加剧空气、噪声污染，破坏环境，导致气候恶化，减少体育活动的机会，增加交通事故伤害。

最后，强调了公共交通和满足公众多样化的出行需求在可持续城市发展中的重要作用。多样化城市公共交通建设对于调控城市交通需求，提高效能水平，提升出行品质具有重要作用。应优先考虑城市地区的包容、可靠、安全、无障碍和负担得起的公共交通、非机动化交通（步行和骑自行车）和多式联运选择，作为可持续交通解决方案的重要组成部分。城市公共交通优先发展已成为国家城市发展战略，支持新业态的发展也是城市交通的目标内涵之一，这都是城市交通能更好地满足人民群众对美好生活的向往的应有之义。

除此之外，《北京宣言》在所提出的实现可持续交通转型的前进方向中，还强调了应采取跨学科、跨部门的方法，应加快新技术的研发与应用等方面。这与本书研究团队近年来开展城市交通问题研究具有高度的一致性。

2. 从交通发展看城市交通发展的要求

城市交通的发展是国家交通发展中的重要部分，是我国交通强国建设和实现交通可持续发展的重要支撑。城市是综合交通运输的目的地，城市交通是支撑综合立体交通网络运行和城市群交通网运行的终端环节。《交通强国建设纲要》明确提出建设现代化高质量综合立体交通网络，构建便捷顺畅的城市（群）交通网，形成广覆盖的农村交通基础设施网，构筑多层级一体化的综合交通枢纽体系。这四个网络体系可称为"四个板块"，它们在城市行政区范围内相互融合，综合运输组织均离不开城市交通的支撑，这体现了城市交通在交通强国建设中的特殊地位。

第二届联合国全球可持续交通大会及其成果文件中阐述了当前世界上对交通可持续发展所提出的要求，并给出了实现可持续交通转型的方向和措施建议。可作为我们审视城市交通所面临的问题、研究制定城市交通发展战略的重要参考与借鉴。

第一，面对环境、能源等问题，绿色低碳的交通是社会经济发展的必然要求，也是城市可持续发展的必然选择。相较于大交通领域中以交通工具、基础设施为主要对象，对于城市交通而言，除交通工具清洁化之外，在出行方式选择、出行模式优化等方面也有大量的工作可以深入研究与开展。

第二，安全是城市居民最基本的保障需求，随着城镇化水平的提高，韧性对于城市的重要性也日益提升。出行环境的健康与安全、城市客货运系统的韧性，都是城市交通发展所必须关注的问题。

第三，服务品质与服务效率方面，可持续交通的发展目标包括提高出行通达性与提升交通服务效率。相应地，城市交通应提供人人可享有的出行服务，在设施、工具、服务等维度上充分考虑包容性，为居住在城市的人们提供多样性的出行选择，同时，也应通过技术的创新与应用、对新业态的引导与支持，不断提升出行品质与服务效率，尤其是通勤交通这一城市交通的重要需求。

第四，重视跨部门、跨学科的合作。城市交通学的提出已充分论证其具有学科交叉属性，应采取多学科思维、系统论方法研究城市交通问题；城市交通治理是对以往城市交通政府决策与管理范式的重要转变，在构建基于"价值—信任—合作"的城市交通多元主体协作关系中，中央与地方政府间、政府各部门间以及政府与市场、政府与公众、市场与公众等协调合作机制，是城市交通治理能力提升的重要问题。

（五）比较小结

通过以上对三份报告的比较，可以更加明确本次开展面向2035年的中国城市交通发展战略的研究工作应遵循的原则及基调，具体如下：

第一，研究城市交通战略应充分把握我国的国情及时代特征。根据《北京宣言：中国城市交通发展战略》的经验，应在充分调研的基础上，开展一系列深入的专题研究，充分把握我国城市交通发展所处的时代特征，从而形成符合我国国情的发展战略，指导未来一段时间的发展方向与路径。

第二，新时期城市交通战略研究应具有国际视野。从1995—2021年，我国从学习国外经验，到在国际舞台发出呼吁，经历了快速发展并取得了突出成就，同时也体现了我国交通研究一直坚持面向国际不断发展的态度。

第三，城市交通发展战略研究应立足现实而提出行动建议。既要放在国家发展、国际环境的大背景下，审视城市交通的定位，服务于国家战略，制定发展目标，也要充分考虑我国在行政体制方面的特点，基于城市交通是城市基础公共服务的本质，结合国际上对城市可持续发展、包容性公平性、合作治理等要求，以及对可持续交通在绿色、安全、韧性等方面的要求，形成指导我国城市交通发展的原则及行动建议。